商务印书馆文库

THE COMMERCIAL PRESS LIBRARY

法相唯识学

下册

太虚 著

商務印書館
创于1897 The Commercial Press

图书在版编目(CIP)数据

法相唯识学(下)/太虚著.—北京:商务印书馆,
2002(2025.4重印)
(商务印书馆文库)
ISBN 978-7-100-02870-7

Ⅰ.法… Ⅱ.太… Ⅲ.佛教—宗教经典—研究 Ⅳ.B94

中国版本图书馆CIP数据核字(1999)第18262号

商务印书馆文库
法 相 唯 识 学
(下)
太 虚 著

商 务 印 书 馆 出 版
(北京王府井大街36号 邮政编码100710)
商 务 印 书 馆 发 行
北京虎彩文化传播有限公司印刷
ISBN 978-7-100-02870-7

2002年1月第1版　　开本880×1230 1/32
2025年4月北京第7次印刷　　印张14⅝
定价:75.00元

《商务印书馆文库》编纂大意

本馆自 1897 年始创，随着意译介西学，编纂课本，以昌明教育、开启民智为务。

迨五四新文化运动起，学界亟需高等书籍，本馆张元济、高梦旦诸先生乃与蔡元培、梁启超等学界前辈擘画宏图，组编诸科新著，以应时需。是为本馆出版学术著作之始。

尔后数十年，幸赖海内外学人伐山开辟，林林总总，斐然可观。若文学，若语学，若史学，若哲学，若政治学，若经济学，若心理学，若社会学以及其他诸科学门类，多有我国现代学术史上开山之著、扛鼎之作。学术著作的出版使本馆进一步服务于中国现代教育事业的培植和民族新文化的构筑，而分享中国学界的历史光荣。

五十年代以后，本馆出书虽以移译世界名著、编纂中外辞书为先，而学术著作的出版亦未曾终止。近年来已先后有多种问世，今后拟更扩大规模，广征佳作，以求有为于未来中国文化的建树。

转瞬百年。同人等因念本馆素有辑印各种丛书的传统，乃议无论旧著新书，凡足以反映某一时期学术思潮、某一流派学术观点、某一学科新的建树、某一问题新的方法以及其他足资长期参阅的作品，均拟陆续选汇为《商务印书馆文库》而存录之，俾有益于文化积累而取便学林。顾兹事体大，难免力不从心，深望各界学者、学界通人共襄助之。

商务印书馆编辑部

1997 年 10 月

目　　录

唯识理论类

二无我论

太　　虚

补特伽罗无我，达摩无我，曰二无我。

补特伽罗，译数取趣，是“数数取天人畜鬼等趣业报身者”之义。变言之，即流转三界二十五有之“精神个体”或“灵魂”或“业识”也。凡已舍“天”、“人”、“畜生”、“饿鬼”、“地狱”五趣之现报，未定转取何趣之时，先业力故，集“识上色功能”，化成一种细色根身，任持业识，曰“中有身”，亦名曰“中阴身”。以业报未定，故非五趣摄，而是数数取五趣报果者。所谓补特伽罗，于“已取”或“未舍”五趣报身时，皆隐没不现，唯在中有身时，始得指目之耳。审谛言之，中有身亦五蕴和合相续假身，相虽不同，犹之人身与天身之不同，其为五取蕴身，固无异也。然除中有身则世间所名为灵魂者，益无可指物已。此补特伽罗无我，亦译人无我，有情无我，众生无我，人者有情类之一类，有情类者众生类之一类，众法“和合”“相续”而生者曰众生，虽无情之个体，若星地金木等亦名为众生也。有情则专指动物类而言，故众生较宽于有情，有情较宽于人，图示如右：

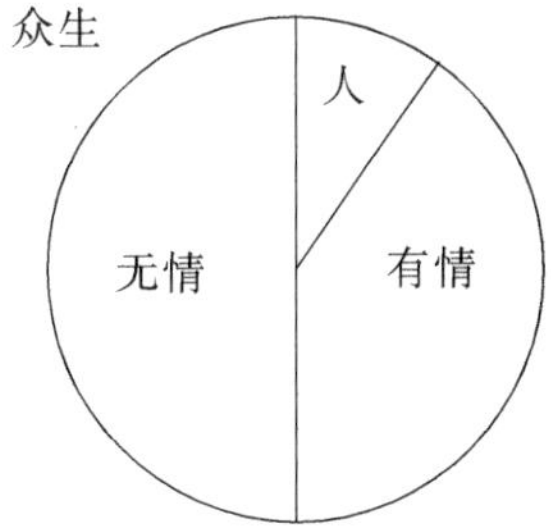

今此补特伽罗无我正印，译为有情无我。然以言说便故，举人为有情类或众生类代表，名“人无我”。或以顺古译故，于有情与众生二名无所区别，简称为“生无我”，亦无不可。

达摩无我，译法无我。补特伽罗指一切由众法和合相续生存之“个体物”。法指能集成个体之“单性”，例如四大五蕴假合为人，人为四大五蕴众法所集起之个体，地大乃至识蕴等众法为集起个体之单性物，故众生属假有，法属实事，此以众生与法相对而言则然，究之法者轨持，轨范物理，任持自性，实固实法，假亦假法，圣凡染净有无色空事理心物性相体用，尽一切可言可思乃至不可言不可思者，悉得名之为法，故法界较众生界为深广，亦较众生界为幽玄也。图示如下：

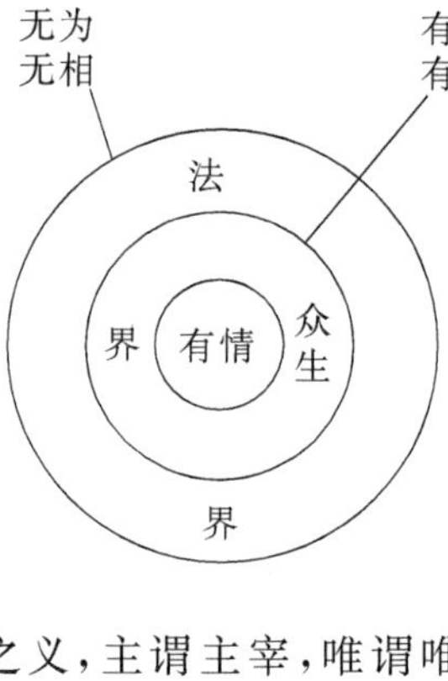

我者主唯实常之义，主谓主宰，唯谓唯一，实谓实在，常谓常住，常人所谓之我，固无不执为本人之主宰，且执一人唯一，不容有二，执实在故，爱著不舍，顺之则乐，违之则苦，执常住故，贪取无厌，得之则喜，失之则忧。然此犹是一切凡愚与生俱生而无不同有之我执。诸邪外则更依此俱生我执而分别计度，于五蕴中或五蕴外，于五蕴之一或五蕴之总，妄执为各各常存实在唯一之主宰，或万有全体精神常存实在唯一之主宰。此皆所谓补特伽罗之我见我执也。法执之我，或有主唯实常四义，或但“唯实常”之三义，或但“唯实”二义，或但“实常”二义，或但“实”义。要之人我执必依法我执为本而起，法我执或可不依人我执而自存在，故二乘圣人难舍人我执，而法我执犹未能断，人我执为烦恼障本，故由之而烦恼生死，流转缠缚，不能止息解脱。断人我执，则生死空而证生空真如，法我执为所知障本，故由之而宇宙心境，冥昧窒碍，不能觉悟圆通，断法我执，则心境空而证法空真如。

云何知“人无我”？人由五蕴和合相续生存，众法和合假成，众法中无一实主宰可得，五蕴法中更无一实主宰可得，法法刹那生灭，虽相续不断而非常，故人无我。

云何知“法无我”？由仗因托缘，众事集现故。由识心转变，分别显现故，依他起故，无自性故，无实用故，无定相故，刹那生灭故，当体空寂故，故法无我。

依人无我法无我门，说为生空真如法空真如，而真如实不带数相，非一非多，亦复非空非不空也。故无著大师曰：二我无即二无我有，二无我有即二我无，以无我法，故非不空，以真如故非空，真如由无我法而显，是以非有非空，非非有非非空，离四句，绝百非，强存一句，曰无而有，以无而有，故证此“有”时，必言语道断，心行处灭。

唯物科学与唯识宗学

太　　虚

三界唯心，万法唯识，固圣教之决定量，佛理之根本义也。就三界依正之总相言之，则曰三界唯心，就诸法体用之别相言之，则曰万法唯识，故唯识宗学实为大乘之始，自海西科学之功盛，以其所宗依者在乎唯物哲论也。海西哲学诸宗始于多元论二元论于纯正哲学未能极成也进至一元之唯物论与唯心论然唯物论未极成唯物论唯心论亦未极成唯心论以唯物论所云之原质轶出于证验而唯心论仅为神我论也又进为一元二行论即指天地人物之和合连续假相以为一元而物质精神为二行新近诸科学大概均以此一元二行论为依归核之精此乃“真唯物”论耳盖所云物者本指天地人物之和合连续假相中之现象非谓物质精神物质精神则天地人物之现象上同时并著之二现象耳此一元二行之真唯物论颇近小乘俗谛盖小乘之俗谛亦即天地人物之和合连续假相其缘起流转因果义亦说色心二行即“大微”之物质与“惑业”之精神是也真谛则为生空真如即和合连续之假相本来空寂及缘起流转之幻事择除还灭是也然小乘之所重固在由实践哲学之道品以断俗证真此虽非一元二行论所有然专就纯正哲学以言之小乘固近于一元二行论者也一元二行论又近于大乘唯识现量性境以其即现对之天地人物为一实元以精神与物质为二行相近似唯识论以前六同时亲所缘缘之色尘为实事以四大极微等为意识假想观慧所缘缘影也但此为免违世间过随顺世间世俗谛姑纵许之耳究之乃是似现量似性境所谓非量与带质境非真现量真性境也何者以真现量真性境中无复和合连续假相之天地人物等故也然无论为现量性境抑非量带质境此一元二行之真唯物论卒不得不归之大乘唯识真唯心论中之一部分也其详当阅本社所出版之道学论衡楞严摄论遂畏闻大乘佛教之名，抑若一言大乘佛教，即挟神权幻术俱至。不知大乘唯识论之成立，先尝经过小乘及大乘之空宗，将邪僻唯心论正名公神或我神论之常见与邪僻唯物论之断见，同日摧荡清理，乃开大乘唯识中道。故竺乾当日大乘唯识论之所缘起正以胜论之多元或二元论等，天神汎神及数论之神我论等，顺世论四大极微之物质论等，小乘之有论空论等，大乘之空宗等，探究玄奥、观慧微密，皆极一时之盛，迫于人心之要求所不能自已。大乘唯识论乃应运兴起，且彼时虽有小乘之正论，徒高超世表而不能普救群生，与今日虽有科学所宗依之一元二行近真唯物论，徒严饰地球而不能获人道之安乐亦恰相同，故唯识宗学不但与唯物科学关通甚切，案中华隋唐间因研究竺乾外道小乘之学者颇盛故大乘唯识宗学因之昌明由五代入宋元各学衰微唯识宗学遂亦因之湮没相承者但禅宗及净土宗耳正可因唯物科学大发达之时，阐明唯识宗学，抑亟须以唯识宗学救唯物科学之穷耳。

突然闻唯识无境物之言，似乎可惊，然未能细按唯识之义耳。言唯识者，识有四分：一者相分，即识心上所明了分别之境象，如镜中影，世间所言物质，不越乎此。二者见分，即识心中能明了分别之功用，如镜上明，世间所言精神，不越乎此。三者识自证分，即识心不待他证明心有而能自证明者。如境象之有无必待心为证明非心证明即为虚妄无验之言心自证知故曾起心能自忆之更不待他此为识心自体，喻如镜面。四者证自证分，即识心自体所证明之结果及能证明识心自体者。此为识心体实，喻如镜身。后之二分，皆世间所未与知也。若知有“识自证分”者，则一元二行论之所谓“一元”者，不难见矣。否则虽立“一元”虚位，实无元耳。又曷尝有所谓“一元”者哉？诸识心之一相分中，境凡有三：一者实境，此又有二：(一)一切法真如性境，此转识成智时第六第七第八识相应之无分别智了之。(二)一切法自相性境，此前六识及第八识与其心数了之。若现量所了一一色声等离名言之自相是也。二者带质境，此又有二：(一)以心缘心真带质境，此第六第七识与其心数了之。(二)以心缘境似带质境，此唯第六识与心数了之，即现在天地人物等宇宙现象。乃和合连续如幻如梦之假相，亦谓之意言境。其根则在以心缘心之第七末那识执第八识相为内自我体。法兰西特嘉尔所谓吾生始终唯一意境，殆亦有见于此。三者影像境，唯第六识与其心数了之，亦谓之意言境，略分为二：(一)妄情执著境，若执著无验之原质为实体等。又若执著造物主等。（二）随念分别境，若念过去未来之境，及假想观慧所观之境等。未得无分别智亲证虽观真如亦影像境复次言唯识者，有二类识，一者本识，即第八识，为诸色法心法心数法分位法作因，而又有自现行之四分心与心数者。二者转识，即前七识，各各有自识之现行四分心与心数，亦还熏习本识，增长本识功能而为本识作因。复次有二类识：一者有漏恒俱转识，即第七识与第八识，乃和合与连续二假相之根本，作生死依。二者不定恒俱转识，即前六识，依和合连续心倏起倏伏，亦还牵引有漏恒俱转识，受生死轮。又唯识言，总含诸法，非谓一切绝无，色声等法识变现故。眼识乃至藏识识自体故。触、欲、信、贪、寻等识眷属故。时、方、名、数、前后、同异等前三分位故。真如乃前四实性故。皆不离识，俱非心外，故名唯识。又唯识宗说人生世界之缘起，非谓一霎忽有，或异熟焉，或等流焉，或共共业力化成焉，或不共不共业力化成焉，或共不共业力化成焉，或不共共业力化成焉。十二有支，十五依处，三习四缘，十因五果，理趣宏深，兹难具述。不应闻言唯识，即指器物，责心令造。要之种种业习因缘并所生果，皆非识外，俱不离心，故名唯识。以此圆净成实真唯心论，律一元二行之唯物论学。抑而夺之，虽未知真实义，纵而与之，固真唯心论之一分，必明唯识宗学，诸唯物科学乃能消归自己而成妙用焉。

唯物科学与唯识宗学相关通之处，不言其远，即就佛教大小乘共同之说以观之，佛言身为虫聚，又言滴水有多微虫，此虽佛及诸圣弟子天眼之所亲见。然诸肉眼凡夫所不能见，故无证明。今得科学所制成之显微镜以观之，则获其亲观矣。又若四洲一日之所照临而互视有日夜之别，得今之天文学益明其指。又说色身之所生起，乃有起身根虫，证以今之精虫说而确验，略举数事，余可类推。近顷以光学电学之进步，已能窥见宇宙储存在物皆是和合连续假相，绝无不透明无空隙之固实质，刹那刹那，生灭流动连续而现。展转展转，抵吸调剂和合而起。是以一切无常无实，其实常者，正唯“空”耳。盖密迩小乘之生空观矣。第何缘而现起和合连续假相诸物且有类别及恒轨乎？彼刹那生灭展转拒摄之微体，究为何性，复依何现起乎？且平常见天地人物之时，既不见其为刹那生灭展转抵吸之连续和合假相，逮藉光电，见为刹那生灭展转抵吸之连续和合假相时，又失平常所见天地人物之相，则欲藉光电证明彼缘理性源，亦终为不可能之事。然究实唯一真如性，藉光电犹见有生灭抵吸相者，仍在乎能见心上之有障碍耳。依此可知空不定空，有不定有，但心明见臻何程度，即心之境则成何状。是以能从唯识宗学，如实修证，则得圆成五眼。此举眼以总表六根当知耳鼻舌声意亦各成五种遍知诸境，以人眼本曰肉眼见天地人物，以天眼见透微远预，以慧眼见常遍空寂，以法眼见缘起因果，以佛眼彻证唯是一心更无二相可见，而圆显真如觉性。然五重境皆即唯心真如觉性，故佛眼具前四眼，而前四眼不能具佛眼，藉光电所见者，可准为天眼慧眼之少分。修唯识宗学则渐得成五眼，一念中平等了知五重境，知藉光电所见者，虽境界不同，实即吾人平常之所见者，亦可推知吾人妄造惑业妄受生死之现行无明境界，即如来之不动智光矣。道有可证，言非凭虚，思之思之，夫亦何远之有。

尝有二因明比量曰：（一）佛所说阿赖耶识人人所能谛信，以可内自证知故。凡可内自证知者，必人人所能谛信。如人居暗中，皆审知非无自身。反之则人人所不能谛信者，必是不可内自证知者耳。如言天神上帝。（二）佛所说五眼六通众人皆能谛信，以有众同分现量可得故。凡有众同分现量可得者，必众人皆能谛信。如质学化验。反之则众人皆不能谛信者，必是无众同分现量可得者耳。如言上帝创造天地。夫科学之可贵，在乎唯征真理实事，不妄立一标格坚握之，以所知自封而拒所未知耳。若不求真是而排妄蔽，则与迷神教者亦复何异？习唯物科学者，若知佛乘唯识宗学，其贵乎理真事实，较唯物科学过无不及，则必不将佛教视同天魔畏途而相戒不游也，乃作此以忠告诸治唯物科学者。

对辨唯识圆觉宗

太　　虚

或曰：依贤首五教分判，则唯识乃大乘分教，与三论同为大乘始教，属大乘权教摄，而圆觉则正为顿教。前缩终教，后通圆教。属一乘实教摄。又依圭峰三宗分判，则唯识仅为法相宗，进之乃为三论之破相宗，再进之乃为圆觉法性宗，教相宗体，如此迥然不同，今乃和会以为一宗，其乌乎可？

辨曰：立名取义，判教分宗，意趣歧异，未应一割求齐。尝观天台之立藏通别圆四教，判三论为通别圆教，前摄藏教，后通别圆，而以通教为正，故今亦谓之大乘摄小宗，以其共般若犹为三乘之平等法也。判唯识则为别圆教，而以别教为正（其判华严则圆兼别而判唯识则别兼圆虽无明文其义必然）。独但大乘，不通于小，历别法相，不即于圆，故今亦属之大乘不共宗，以其与圆觉同为大乘之殊胜法也。然在贤首于始教有分始空始之二，其诠次则分浅空深，遂谓天台之别教，仅为分始教，即圭峰法相宗，天台之通教，乃为空始教，即圭峰破相宗，天台以通为浅，以别为深，先后之序，已适相翻。但天台之通别，要唯贤首之始教耳。故天台之圆教兼终顿教，即圭峰法性宗，非贤首纯圆之圆教，顾天台亦讥贤首之圆教为兼别圆，非天台纯圆之圆教。二家之徒裔各据一势以争胜，迄今未有以论决也。然以何意趣成此歧异乎？盖贤首之圆教本依唯识演增而相一贯，欲显华严特胜，正由相近而恐相合，故设空始教终教顿教三重隔离之。而天台之圆教本依三论演增而相一贯，为显法华特胜，亦由相近而恐相合，故设别教一重以隔离之。今以淘融二乘法执入大乘之般若为无生法性宗，以大乘不共者为唯识圆觉宗，法华开示悟入佛之知见，佛知见即圆觉，融会三乘而归存一大乘，即是由般若入圆觉，华严是佛本自住之大乘，正为圆觉，菩萨悟唯识得一切智智，果即圆觉，故皆总统于唯识圆觉宗。如此分判，似较贤首五教及圭峰三宗为允当，遍诸教文，亦无违难。

按梵土传大乘教之本宗，盖唯般若、瑜伽，般若为空宗法性宗，瑜伽为有宗法相宗。圭峰改名般若为破相宗，别依胜鬘、密严、楞伽、华严、法华、涅槃等立为法性宗，夫如如不动为法性，而缘缘无尽为法相，圭峰所云法性，谓之法性固可，谓之法相亦无不可，且摩诃衍论以真如当体，以如来藏当相，谓圭峰所云法性是指真如言，毋宁谓其是指如来藏言，如来藏虽不遗体用，而于相义为显，犹之真如不遗相用，而于体义为显，故圭峰所云法性不如谓之法相尤当也。究之法性法相二名，义诠虽二，法实唯一，何者，性有体性之性，相用之性，相有形相之相，体用之相，相用之性乃是即相之性，故法华谓之实相，而涅槃谓之佛性，实无欠余。体用之相，乃是即性之相，故楞伽谓之识海，而华严谓之法界，亦无欠余。三论显性，侧重体性之性，唯以遮诠空一切法，殆同有主无宾，劣者未能入于具显相用之不空性，然固当名之为法性宗也。唯识彰相，深探体用之相，虽以表诠立一切法，未尝取貌弃神，悟者皆能证于全彰体用之如幻相，固可名之为法相宗，尤当与即相之性法华等即性之相华严等同名为中实宗也。乃圭峰于三论遗其法实，但名破相，于唯识似指其得假遗真但彰形相，于相性之法华等及性相之华严等，又遗法相，单言法性，而不彰性相不二之中实，似乎皆有未当。今将法义图示如下：

由此观贤首五教之大乘四教，亦可见为并入大乘妙觉海之四门，而决非如贤首家所排列为由浅进深之四阶级也。先以图示，后为说明：

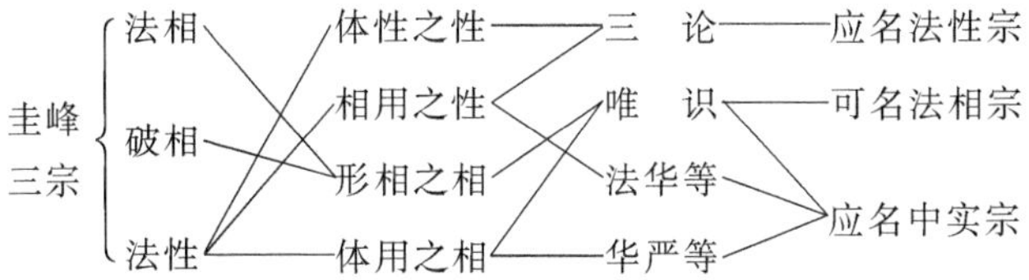

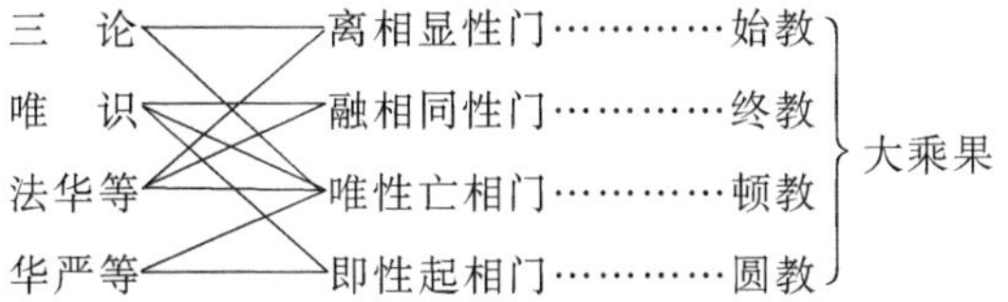

般若宗以远离荡除一切法相，皆毕竟空而显性真，若性显即唯性亡相，则通禅宗，故黄梅曹溪皆宏扬般若，转之若融一切法相皆等同于法性，则通天台，故天台教观乃依智度中论流出也。瑜伽宗先分别离析一切法相皆唯识变而显性真，次性显则唯性亡相，同于禅宗，故少室传楞伽以印心也。终乃即性起相而同华严，此其序次阅天亲三十颂甚明，天台宗法华等经宏融相同性之教，一根一尘皆是法界，一色一心无非中道，然圆教妙觉佛坐虚空座身同虚空，则又唯性亡相，贤首宗华严等经宏即性起相之教，珠网交罗，芥瓶炳现，无际无尽，无障无碍，然亦统唯一真法界，融相同性，由此四门，同入密严，但以无生法性乃根本智境是大涅槃果，唯识圆觉乃后得智境是大菩提果，一可摄小，一独在大，故复分为二宗。

或谓古师尝立十别以拣异于所云之法性宗及法相宗，一、一乘三乘别，二、一性五性别，三、唯心真妄别，四、真如随缘凝然别，

五、三性空有即离别，六、生佛不增不减别，七、二谛空有即离别，八、四相一时前后别，九、能所断证即离别，十、佛身有为无为别。此若未能一一论决，则唯识圆觉犹不得为一宗也。

辨曰：若依楞伽、密严、华严统为唯识宗本之经，则彼所引以成立圆觉宗之义据者、原即唯识宗之义据，所宗既同，复何须辨，但此师意中之唯识宗专属在《深密经》及《成唯识论》（或专属护法师言及窥基师言）。故复逐条一疏解之。

一、谓法相之深密等经以三乘为实，一乘为权，法性之法华等经以三乘为权，一乘为实。故一乘三乘别。辨曰：约佛意则一乘为实，五乘为权，以一雨一地故。约生机则三乘为实，一乘为权，以三草二木故。一乘为实，说为一乘则权，因机起说，别被不定机故（虽亦兼通余机专为则在于是）。五乘为权，说为五乘则实，通被一切机故。又约融相同性门则五乘权一乘实，即性起相门则一乘权五乘实。故华严之无小唯大，异于法华摄小归大，以显佛乘最上乘之殊胜大乘。又华严，或有国土说一乘，或二或三或四五，如是乃至无有量，异于法华废多存一，以显一乘无量乘之普容大乘，深密独为第三时无上无容之中道了义，是显殊胜大乘。又云普为发趣一切乘者，是显普容大乘。故深密与华严同而与法华涅槃异，然不足以别彼宗所云之法相与法性也。以法华华严同是彼宗所云之法性宗故，余义别见对辨大乘一乘。

二、谓法相则说佛性三无二有而有五性差别是实，皆有佛性是权，法性则说一切众生皆有佛性是实，而说五性差别是权，故一性五性别。辨曰：佛性是如来藏异名，如来藏通摄真如及无漏智种，约融相归性门指真如为佛性，故说皆有佛性，约即性辨相门指智种为佛性，故说五性差别。依第二门又有现实展转二门。约现实如是门，以十方三世不离刹那心故，则始终决定有五性差别，佛性三无二有。约展转增上门，以唯为一大事佛种从缘起故，则先后不决定五性差别，佛性可皆能有。然二二门皆不足为法性法相之别，以在彼宗同是法性宗故。

三、谓法相宗说八识从惑业生，一期报尽，便归坏灭，以其识种，引起彼识，依生灭识种建立生死因及涅槃因，法性宗立八识通如来藏，但是真如随缘成立，故法相之唯心但妄，法性之唯心通真妄。辨曰：既为涅槃因则已通如来藏矣。况《成唯识论》之说第八识，与《起信论》之说阿黎耶识，一为从浅达深一为由深到浅之不同耳！故《成唯识论》第三云："然第八识虽诸有情皆悉成就，而随义别立种种名"，谓或名心，或名阿陀那，或名所知依，或名种子识等，此等诸名通一切位(此即通如来藏以无漏智种是如来藏故)；或名阿赖耶，无学及不退菩萨位舍，或名异熟识，舍入如来地，此二可唯妄；或名无垢识，唯如来地得，此一则唯真。偈云："如来无垢识，是净无漏界，解脱一切障，圆镜智相应。"且同卷释"及涅槃证得"句，谓能所断证皆依此识，则此识通为真妄之依，明矣！况第九又明真如即唯识实性，何得但取共局而不观其通乎？

四、谓法相宗立真如常恒不变，不许随缘，法性宗说真如具不变随缘义，故真如随缘凝然别。辨曰：不然。真如即唯识之实性，不离唯识有故随缘，一切法常如其性故不变，若定执真如有能熏所熏，则反失不变义而仅随缘义矣！故唯识真如具随缘不变，而彼宗真如但随缘耳！

五、谓法相宗依他是有，非即真空，经说空义，但约所执，法性宗则依他无性，即是圆成。故三性空有即离别。辨曰：《唯识三十颂》云："由彼彼遍计，遍计种种物，此遍计所执，自性无所有，依他起自性，分别缘所生，圆成实于彼，常远离前性，故此与依他，非异非不异，如无常等性，非不见此彼”。案此颂显依他幻有，虽有而无遍计执所执之实有性故空，虽空而有分别缘所生之幻有相故有，于有依他起法若远离遍计所执性即圆成实，故曰圆成实于彼常远离前性，此非依他无性即是圆成之义是何？故此语但欺未见《成唯识论》之人耳！

六、谓法相宗说一分众生定不成佛名生界不减，法性宗以一理齐平，故说生界佛界不增不减，故生佛不增不减别。辨曰：约融相归性门，则一理齐平而生佛不增不减，约即性辨相门，则五性常别，而生佛不增不减。非辨于相，尚无生佛，说何不增不减；非归于性，既执生佛，难免见增见减。故须二门以成其义，全则双是，遍则两非，然相彻性里而性彻相表，表里周圆，何德何失。夫生佛皆唯识而识性即真如，于一切法常如其性，宁不一理齐平也哉！

七、谓法相宗真俗二谛迢然不同，法性宗第一义空该通真妄，故虽空不断虽有不常，故二谛空有即离别。辨曰：遍计俗有真空，依他真空俗有，圆成真有俗空，有亦该通真妄，空亦该通真妄，俗有空故不常，真空有故不断不坏不杂，无障无碍，法相如是，未应执取其一而攻其一。

八、谓法相宗因灭非常，果生非断，同时四相，灭表后无，法性宗则四相同时体性即灭，故灭与生而得同时，故四相一时先后别。辨曰：约法剋实，故曰同时四相，约义释名，则云灭表后无。执名迷实，何至如此。且《显扬论》及《唯识述记》等，明缘生法体性即灭，其文非一，何不稍窥。

九、谓法相宗根本后得，缘境断惑，义说双观，决定别照。以有为智，证无为理，义说不异，而实非一。法性宗则照惑无本，即是智体。照体无自，即是证如。故能所断证即离别。辨曰：所断能断，能证所证，惑智智如，两种能所。不即说离，不离说即，说离以审名实，说即以彰德能，不即不离，何乖何诤？

十、谓法相宗既世出世智依生灭识种，故四智心品为相所迁，佛果执身，有为无漏，以生法必灭，一向记故。法性宗既世出世智依如来藏，始觉同本，则有为无为非一非异，故佛化身即常即法，不堕诸数，况于报体，即体之智，非相所迁，故佛身有为无为别。辨曰：既云有为无为非一非异，约非一义以辨其异，报化异法，故唯有为，约非异义以彰其一，化报即法，故亦无为，何须自为矛盾。若归融相所同之性，固如彼所云之法性，然辨即性所起之相，必如彼所云之法相。

此在古师设此为拣，已无当矣！后师依之衍为八重对拣，每重五义，从初对拣性相至八对拣同别，更属缴绕无已，故今一切断之，统立一唯识圆觉宗。

唯识观大纲

太虚法师 讲　孙绍基 赵曾俦 记

修唯识观，当与唯识各经论之弥勒等菩萨，天亲等论师，所发信愿相同始能成就。故发心初首，须作方便：一者，归命三宝，以决定信心。二者，普求二利，以发大愿力。如《成唯识论》曰："稽首唯识性，满分证觉者；为自利利他，令法久住故。"

唯识性者，对唯识相言。能变之识，与所变之法，即唯识相；一真法界，平等真如，即唯识性也。于唯识性，唯佛能圆满证觉故，名唯识性满证觉者。诸菩萨亦能分证故，名唯识性分证觉者。所证唯识性，是性。能证性智，是相。统此无漏真实性相，谓之法及佛僧。佛能于法圆证圆说，僧能弘传佛法，如实修证。故此三者，皆应归依。稽首即倾身命归投之，以决定信心也。谓归命唯识性相之法佛僧，欲实将身心境界镕归于唯识无漏性相之海也。

发大愿力者，誓证一切法唯识究竟真实性，是自利也。观一切众生同依一唯识性为体，普导含灵，胥成正觉，是利他也。证此觉性，解除烦恼，了却生死，成就圆满福德智慧，使佛法普行，佛种不断，此通利自他也。

是故乘大信心，发大愿力，修者依此，即为因地法行，发心充实，自可无有蹇屯。

以上所言，凭自理观之力。复有事缘，可相辅成。如读诵大乘经论，凝心圣教，持念释迦本师，弥勒菩萨，礼拜诸圣，以祈加持；并忏悔无始来一切业障，使修观不起魔难。譬如筑堤，既固址基，复肃智眚，则可久远。自因助缘，亦复如是。

言观行者，即具二分：一能观智，二所观境。复摄此二为能证入门，以证入所证入法，故是一观，具二能所。

能观智者，各宗皆同。天台，贤首，禅宗，净土，莫不须依第六识心王相应之慧心，为其主体。余如五遍行，及欲，胜解，念定，与善法之信，精进，等心，亦皆相应，以为助伴。

（一）五位百法之唯识观

所观境者，在唯识观，乃通观一切法皆唯是识，故法界一切诸法，皆所观境。言一切法者，广大悉备，无不穷尽，世界微尘，难喻其数，如此纷纶，何堪摄取。是故慈尊造《瑜伽师地论》，约为六百六十五法。无著大士依之作《显扬论》，又约为百有六法。至于天亲大士遂立百法，以此百法，摄尽一切。

百法者，初地菩萨之所证法。初地所证，皆百法门，如见百世界，供养百佛等等，皆以百数。二地则千，三地乃万，以至大觉，数不可穷。是故修观当明百法，熟悉各法，何者为性，何者为业，了然心中，以成观境。今举大要，明其唯识。

百法者，略分有两。一者有为，二者无为。有为者，复别为二：一者实法，二者假法。实法有二，心与色是。假法有一，寄在心色分位假立，心不相应行是。心复有二：一者心王，二心所有。

心王者，正所言识，明了分别，为其体用，故谓之心，或名为识。《二十论》言："心，意，识了，名之差别。"然此心王，唯是眼，耳，鼻，舌，身，意，末那，阿赖耶之八识。

心所有者，不能自有，随心王有，与彼心王相应不离，心王是主，此为仆从。言相应者，非一非异，谓体虽二而事常一，同依一根同缘一境。八识心王，于五十一心所有法中，各与其相应之心所有法而转，与识相应，随识而有，是故唯识。

次论色法，今言物质，在佛法义说有二性：一者变灭，二者窒碍。宇宙万有，前六心王对境，皆可云色，是故六识名了别境。以言其数，五根，五尘，法所摄色，凡十有一。五根发识为不共增上缘，变现五尘为所缘缘。眼识所缘有见有对，耳等所缘有对无见，意识所缘无见无对，若散位独头，梦定中缘，皆法所摄色。以此诸色皆心所变，何以言之？心自体相，为自证分，其作用相，则有能所，能者见分，所者相分，相分变现，唯见所取，心自证知，故云唯识。

复次假法，心不相应行，行表行蕴，遮非无为及色受想识蕴，心不相应，遮非心所有法。上言心所有，多是相应行，与此正相违异。心所有中，除却受想，皆行蕴摄。此中得等，虽在行蕴，而与心不相应，故立此名。详此一法。惟是心色分际位置，对实法言，谓之假法。较其所属，通局有殊，如命根者，属心分位；如异生性，属心所分位；若无想定等，属心心所分位；若时、数、生、灭等，通为心色分位。是故当知此诸假法，唯依心色分位而立，无独自体，故亦唯识。

无为者，无有生灭，不可变异，亦无作用，不能表示，列为六法，五随相立，其一真如。此中虚空，非方分空，乃是观智空无相境，唯心所变，还自缘取。虽湛明照而非真如，乃识所变似真如相。真如性者，其所言法，无可言思，离一切相，不思议故；见无所得，不可立故；诸法常如，各遍显故，此乃唯识之真实性，故是唯识。

一切法界，无量诸法，皆此百法之所成立，观此百法唯识，即遍观一切法皆唯是识。上能观智，与所观境，即为能证入于唯识法之观门；而由此观门，所证入之唯识法，初则了然观见法界一切诸法，皆唯识所变之相；次即离一切染唯识相，而证真唯识性；次由证真唯识性，而能如实照了诸行，犹如幻事等，虽有而非实；由是证得圆满清净转依，性相不二，身土一如，是为究竟唯识。

（二）依真有幻全幻即真之唯识观

包罗万有，唯是一心，即此一心，融贯凡圣，而能任持一切法之种子，及有情无情之根身器界，故又名阿陀那识。此识非真非幻，全真全幻，为真幻之所依，通于佛位，众生位者也。遍持诸法，唯一真心，故亦谓之一真法界。一者，绝对待。真者，无变异。为一切法根本依处。至佛果上之离垢清净地，又名庵摩罗识，此识圆满清净，离染污法，乃无漏智相应之真净一心也。此真净一心，在众生位，名如来藏，至如来地始能究竟证明显现故，在众生位含藏在众生心中故。表此一心非虚妄故曰真。无变异故曰如。真如云者，的指此一心之性体。上言阿陀那识，庵摩罗识，一真法界等，虽同一体，随相异名。惟此一心，通一切位。依真有幻，故曰一心生灭；全幻即真，故曰一心真如。欲观一心真如生灭之体用，今另列图如下页。

图中大圆圈，即表示一心真如本无形相限量可言强作此形量表之耳阿陀那识，为世出世间有漏无漏诸法所依持，有发生一切法之别别功能，指此别别功能名一切种，为圈内所表之长曲线是。而此一切种，亦遍十法界一切位。

由此一切种有根本无明发生，所谓不觉心动，忽然念起，如

“乙”所表，是谓末那之根本法我痴见。其乙线里面所表“丙”，即念念执阿赖耶见分为内自我。如“甲”线内部分即阿赖耶识之范围，完全为末那所执之我爱执藏。此阿末二识互依为根，末那依阿赖耶而起我见，阿赖耶依末那而成我爱执藏；同时阿赖耶又变起根身器界，转为异熟识，是为三细。此三细实无先后之别，概括言之，动为末那阿赖耶，能起为一切种，所起为异熟识。忽然乍动，无明相应，末那即执阿赖耶见分为我，念念不息，使阿赖耶识内种子皆成有漏，于是现起一切根身器界，此即依真有幻之义也。

一心真如生灭图

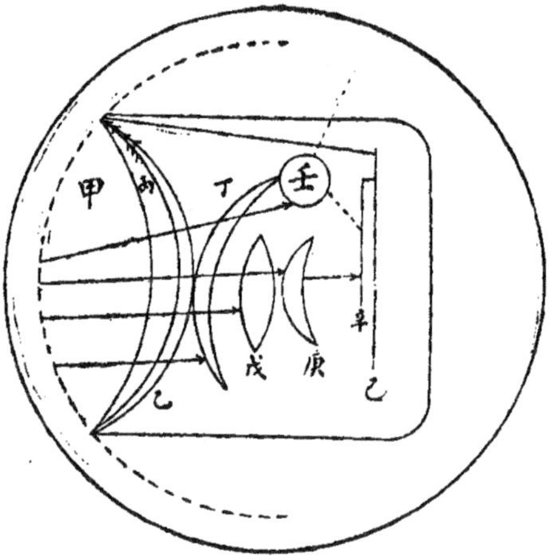

从末那背方，依阿赖耶内种子而现起者，如图“丁”所表，是为意识。意识方向与末那相反，末那向阿赖耶见分，意识向阿赖耶所变根身器界，盖末那执内为自我，意识认外为各个我。且末那为意识不共增上缘之依托根，故意识亦必带有俱生我执。然虽依末那为根，实从阿赖耶内之有漏意识种子所现起，如图有直线由阿赖耶通发于意识是。

如图“戊”所表为五根身，即正报身。而此根身虽经过意识而成，却仍从阿赖耶色法种子而生，故此根身非浮尘根，乃清净四大所成之五净色根。为藏识安危与共摄为自体者。云何现此根身？因末那执我，欲有所见，有所现故，正面由藏识变起根身器界，反面由根身器界发生意识，遂建立有情世间及器世间。末那能执之力，仿佛海中有一种鼓荡之力能起波浪。又如叩钟有撞力而发声，是故情器世间之生起，皆由末那潜运力而出发也。

如图“己”所表为器世间，虽间接亦由末那之执染，而直接唯阿赖耶种子之所变及见分之所缘，乃为微细流行转化之象，刹那刹那，生灭不停，不易觉察。吾人所见之山河大地，仍属粗相耳。何则？以末那所执之藏识，变动不息，其所现之相亦变动不停故。凡属根身器界，皆是如此，而无一刹那之暂住者。

如图“庚”所表为眼、耳、鼻、舌、身五识，从阿赖耶种子经过末那意识而生。故前五识以阿赖耶为根本依，以末那为染净依，以意识为分别依，五识各以净色根为不共依，而净色根又以浮尘根为寄托。前五识现于五尘时，即意识同现时，故意识遍分别于五识也。

如图“辛”所表为五尘，五尘性境，即前六识自变之相分，但须依阿赖耶所现器界为本质，此本质即异熟识境，由业所感，前六识依之而变为相分。何谓性境？性者，实在之义。前六识现量所缘之相分，完全与阿赖耶所变之境相同，毫未改异，是谓性境。一刹那间，第六识起随念计度分别，则非性境矣。

如图“壬”所表为独头意识所缘法尘境界，分别有三，谓散位，定中，梦中等是也。其率尔心缘现量境，离于随念计度分别，斯须即入独头意识，非复现量性境，而已为前五尘之落下影子矣。遂由意识内依末那我执及藏识中名言习气，变造为意识所现之法尘境。

凡前尘种种之相，皆为阿赖耶种子所现。独头意识所缘，则为前尘影境，故独头意识所现之境，多为似带质境，即吾人现前之境物是。

又意识能忆过去境界，即前尘影境经意识念度过而藏于阿赖耶识中者，忽然念起，或于梦中现起，皆是独头意识所现。除无想定外，四禅八定，亦皆独头意识所缘之境。因不是由异熟所生，故不感业果关系。如梦中所现之境，全是虚妄，则甚易见也。若由异熟习气所发生者，属于先业，故有果报关系。比如放炮，弹乘炮力，飞行空中，必至炮力衰竭，方始落下，缘为先力之被动，不能自由而止也。异熟亦然。有此道理，常人不知，误为自然，不知实先业之感招也。又此意识法尘境界，亦可超出异熟范围之外，而达于不可思议之境，以意识功用甚宏故也。

综观上图，可以寻由真起幻，从幻反真之途径，常人不明此理，执此根身器界为实有，不知皆阿陀那识一心之幻现也。夫一念心起，无不依一真法界而有，无始无明，念念不息，即是全法界尽在无明，是故一心之动，即万法所由生。万法之变，悉唯识之所现，故曰万法唯识；而唯识之实性即是真如。能知此义，斯可以观依真有幻，全幻即真之唯识也。

（三）悟妄求真真觉妄空之唯识观

上既说明依真有幻，全幻即真之理，此更进演悟妄求真，真觉妄空之义。所谓妄者何指？指第六意识所起之似带质境，即吾人现前所谓之天地人物是也。原意识依末那为根，二执俱生，恒与前五根识托阿赖耶所现之根身器界，变缘五尘，随续分别，因综合离开之结果，认为实有种种物体，乃执何者为长短方圆，何者为红黄黑白，何者为我，何者为非我，重重错妄，莫能穷诘。如此妄执，是谓遍计所执自性。此妄执境，在与前五识俱起之意识现量上，本无所有，实为意识重缘五尘之影，而自加以分别所成者也。故修唯识观者，首当悟此现前妄执之境，皆是遍计所执自性，是为悟入之第一步。

今更可以梦喻之。吾人入梦时，或见花鸟人物，或感苦乐悲欢，当其时何尝不声色俱备，情怀真切，却至南柯醒后，都杳无所得，究竟真耶？妄耶？推之现前所见事事物物，非不在在是实，一一逼真，如得无明豁破，慧目开朗，反观现在之境，亦等如梦中所见，毕竟一无所得矣。是故对于现在之境，先应作如梦观，以遣意识上遍计所执之我法，则根身器界，宛然唯识心变现之虚幻相而已。或谓梦境既空，梦心亦空，应云唯空，何谓唯识？不知梦中之心即醒时之心，境异梦醒，心贯醒梦，故醒后心中亦能了然梦中之境物，而欲求梦物于醒境，则必不可得也。是以梦境实空，梦心幻有，境空不离心有，心有元即真觉，境空心有，善成唯识。然则心可通幻，亦可通真，真妄之转，统依一心，是为悟入唯识之第二步。

夫此所谓真觉，指现行意识之证智而言，意识完全不现行时，若所谓五无心位者，岂不心境俱空，如何得成唯识？是故当进观意识所依之意根，及种子心。盖意识依末那为根，从阿陀那种子识生，此之二识，恒时现行，意识等种子亦依存不断，故虽至睡眠闷绝时，意识不起，知觉中断，而醒后仍能继续忆知前经事，不相乖谬。可知末那恒审思量念念执阿赖耶为内自我，未尝稍息；而阿赖耶受异熟持种子，无始至今，亦未尝稍息。前六根尘识心，依藏识种为因，末那为缘，乃以继续生起而不断也。彼外道不知观此，凭禅定力，强伏意识，不使现行，待定力尽时，仍堕生死流转！犹之睡眠闷绝，醒后仍复攀缘意境，不相离舍。此可以悟意识止伏，另有潜势力存乎其根底，曰末那阿赖耶，无始恒转，此为悟入唯识之第三步。

无始以来，末那执本识见分为内自我体，而有俱生法执，是为根本无明。本识为末那所执故，变为我爱执藏之识，受前六识之熏，而藏守诸杂染法种，固执不失，枉受业系。六识取尘造业，若明中张手现影而捉取其影；藏识受熏持种，若明灭犹固握其拳以为影在。蔽藏识不明者，是为根本无明。根本无明一明，则阿赖耶转成离垢清净之庵摩罗识，此识能任持一切法，而不为一切法之所蔽，镜智相应，得大自在，是为唯识观之究竟。

（四）空云一处梦醒一心之唯识观

合上二观以喻明之：

一、喻依真有幻全幻即真　谓依空有云，全云即空，云之有非自有，依空有也。无云之空，喻一真心。不起根识身器，全如虚空；根识身器起如空中生云，顿呈昏暗之相。然云不从虚空生而从空气生，喻根识身器，不从真如生，而从阿陀那识一切种生也。空气由波动而凝聚为云，即本识由末那无明之动而现诸蕴界焉。夫云之为幻，原无实体，以比依他起性，幻不离真，如云浮空，而无自体之可言也。然而云起于空，实不碍于空，以云之在处，空未尝不在故。且空大无边，片云何足为蔽，不过常人眼识低隘，一为云所笼罩，即不能遍见澄空之相。假使有人立于云表，则云自浮暗，空自湛明，了无相涉矣。此喻识生诸法，不变真如，若妄执我法，随业流转，则不显真如之性。设一旦觉悟，则幻自虚疏，真自常寂，亦了无相涉矣。就上义，可以广大虚空，喻如来之法性身，以虚空明相喻如来自受用身，以腾起霞云，喻如来之他受用身及应化身。但云有光彩，耀人心目，是为卿云瑞云，非乌云浓云耳。且佛应化之云，若身若土，皆同幻现，诸佛证真，真可容幻；众生在幻，幻亦含真；真幻不二，则真性即是幻性；空云不二，则空处即是云处；幻即同真，真即同幻，真幻相含，幻幻相含，所谓真俗不二之理事无碍事事无碍观是也。

二、喻悟妄求真真觉妄空　谓悟梦求醒，醒觉梦空，如观现醒之物，皆同梦境，则梦中之物，亦同醒境。梦不知梦，是为妄中执妄，醒定执醒，亦复未出妄中。醒境梦境，不离一心，是一心真贯世出世间，总持十法界而不可以区别者也。试以梦为喻。初地菩萨，知梦未离梦相；七地以上菩萨，梦醒未离醒相；从金刚后心至佛地，方能大觉，梦醒无碍。众生在迷妄颠倒中，梦醒俱梦；诸佛随缘而度众生，醒梦俱醒。是同一心境，而凡圣互见，各不相侔也。

复次以心为喻。梦中之心，凡夫心也；梦中知梦之心，菩萨心也；梦觉之心，佛心也。虽然三种心境，仍是一心所现。盖梦中之境，唯心所现，觉中之境，亦唯心所现，是以梦中之心，即觉时之心，众生之心，即佛之心，心佛众生，三无差别。一心现起，即是心之全体，并非少分。所以佛能遍法界而度众生，众生亦以此心具造十法界，而终能悟入佛之知见也。

综上二义，换言之亦可云空云一空，梦觉一觉，成为一真无障碍法界之唯识观。又上节所讲，犹为渐次，此中所说，方为圆融。何则？生佛不二，空云一空，真妄俱泯，梦觉一觉，是为圆满一心之唯识观。

（五）五重层次之唯识观

上来反覆推阐唯识观之理，不外于从妄而显真，即真而空幻，以归到真幻一心一心真幻之实相。是实相虽一，而观非无渐次，兹更依古德所拟之五重唯识观，提出重宣此义。

一、遣虚存实唯识观　云何遣虚存实？即遣遍计所执之虚妄，而存依他圆成之实有也。前已云遍计所执，如认梦为实境，如执云为固体，唯是虚妄，依他起性，如心现梦，如云浮空，幻不离真，而无自体。此云遣遍计执之虚，而存依他圆成之实者，以双观真俗二谛，而专遣虚妄执耳。就俗谛说依他起亦为实，就胜义说圆成实方为实。对虚说实，是为空有相对之唯识观。复次二谛，又为性相二门，相依性而常显，性离相而常住，《起信论》云："一心生灭门，即是依他起性。一心真如门，即是圆成实性。"二者皆不离乎一心，此唯识所以成立也。

二、舍滥留纯唯识观　一切诸法，皆不离识，识分心境，境别内外，上云遣虚，仅遣去心外之虚妄执境。此云舍滥，乃将心内之相分境，一并舍去，较为更进一层。然心外本无境，凡所缘皆心内相分，能缘皆是见分，悉统于百法之中，今就百法舍去十一色法，二十四不相应法，六变相所缘之无为法。所留者，为八识心王及五十一心所。留能缘心，舍所缘境，是为能所相对之唯识观。

三、摄末归本唯识观　心心所法，各分本末，本者，心之自体。末者，自体上所现之相分见分。上虽已舍相分，犹存见分之用。此则摄彼相见二分归就识心之体，心体云何？即自证分也。谓摄取识心上之相分见分，而归于自证分。以鞭辟入里，较上二重，更进一层也。是为体用相对之唯识观。

四、隐劣显胜唯识观　心王心所，胜劣悬殊，心王为胜，心所为劣，以心所原为心王之所管领也。就胜义说，显主体之心王而隐属性之心所，亦由博而约，从粗而精之理，以便作观耳。至此又去五十一心所，仅存八识心王，是为王所相对之唯识观。

五、遣相证性唯识观　心王虽尊，有事有理，事者，差别之相用，必须遣之。理者，无差别之法性，必须证之。是为事理相对，事尽理显，智无所得，入真唯识之唯识观。上五重唯识观，总核其理性可约为三义：(一)周遍计度为唯识之虚妄法，属妄执性，是应遣离者。(二)依托他缘为唯识之世俗法，属缘起性，是应转净者。(三)圆满真实为唯识之胜义法，属真胜性，是应开显者。就此三义，更可约留二法：一世俗，二胜义。而二法又各有四义，谓"虚妄"，"道理"，"证得"，"真实"是也。以此二法。互融四义，第一重为虚妄世俗，第二重为道理世俗兼摄虚妄胜义，第三重为证得世俗兼摄道理胜义，第四重为真实世俗兼摄证得胜义，第五重为真实胜义。

所云"虚妄"，是应离舍。"道理"，是当了悟通达。"证得"，是有修行，有成功者。"真实"，是无对待，无变易者。随何一法，无不如是，诸法本性，是唯识性。循此观想，夫亦可以悟唯识而证真如矣。

阿陀那识论

太虚 讲　　会觉 记

一　出名

（一）《解深密经》云："阿陀那识甚深细，习气种子如瀑流；我于凡愚不开演，恐彼分别执为我。"《大佛顶首楞严经》云："陀那微细识，习气成瀑流；真非真恐迷，我常不开演。"

此识为圣凡总依，真妄根本。唯识宗义，恃此以明，今就二颂觉察其句义，凡指异生，愚包二乘，意谓"阿陀那识"甚深甚细，摄藏无始劫来习气种子，为执持有情一期总报之主体，如暴流水，望似恬静，不唯异生不知，即愚法声闻亦莫能了。故我于彼不为开演，恐彼分别执为我也。凡夫分别执我，益增生死之苦，二乘种姓，可离生死，分别执我，迟其趣证，是不若不闻为得也。楞严初二句同，习气即种子故，三句别开两面，谓此识甚深甚细，生灭相续，相续故似真。生灭故非真，若迷为真，堕增益执，永在生死，若迷为非真，离此别求真不可得，堕损减执，亦永在生死。对深密第四句，分别执为我，即迷之为真。然迷为非真，亦是分别执以为我，恐彼迷真非真之故，故我常不开演也。执为我，即固执为实我实法义，谓彼凡愚于此识上可起真非真之分别执也。二颂对观，意义斯足，而深密唯明一义者，乃举其最为易起之偏胜义明也。

（二）《瑜伽师地论》，全据深密中文以明，他若摄大乘、显扬、成唯识等论，处处引用此名，兹不枚举。是经论中已有之“阿陀那识”名为本论之根据。

二　界义

界义即定义，阿陀那识以何为定义，梵语“阿陀那”，译云“持”。在经中无分析解释，《摄大乘论》解二义，不若《成唯识论》之完备，论卷三曰：“以能执持诸法种子，及能执受色根依处，亦能执取结生相续，故说此识名阿陀那。”此中三义，今欲从粗至细，从浅及深，故逆次明之：

（一）能执取结生相续义　结生相续者，烦恼业生三法，即通常所谓惑业苦，由烦恼造业，由业结生。结生者，谓初受生时结胎以生身也。又从此一生至彼一生，由本有至死有，由死有至中有，由中有至后有，应有一恒行无间之识于中执取，使之相续不断，若无此识，则一死即断灭，是成大过。《首楞严经》第二卷初，波斯匿王曾依外道起断灭见，常怀悲忧，闻佛说法，悟明死生相续道理，了知从生趣生，舍身受身，变者受灭，彼不变者原无生灭，得大欢喜，盖断灭见者，一死永灭，即觉人生毫无价值，故须了解有此恒行无间，而执取结生相续之“阿陀那识”，进一步言：明此执取结生相续之识，能对治凡夫外道之断灭见也。

（二）能执受色根依处义　眼耳鼻舌身五根，谓之色根，即指净色根以言，粗色根为根所依处，总此名为色根依处，即有情一期之报身。此一期报身所摄有为诸法刹那无常之众法聚中，而能使之一期相续存在，不散不坏，即由有此“阿陀那识”执受之故。执受之言，谓执为自体，令生觉受故。又色根依指有情身，依处亦通器界，外器世界，此一物与彼一一物相碍，此一微尘与彼一一微尘相碍，亦由有此识执持不失故。但不生觉受为异耳！章太炎尝论矿物植物有身识，（见《齐物论释》）究其论证，非关身识，实由“阿陀那识”执持之故。而章君不明此，误为身识，身识但关于觉受痛痒等触尘而已！执持一一物之自体以相碍者，固在此也。

（三）能执持诸法种子义　诸法统括一切有为法，然大类可分二：一、有漏有为，即杂染法（异生法），二、无漏有为，即清净法（圣者法）。种子可分业种（异熟习气），法种（等流习气）之二，各各现行诸法，皆由自类种子而起，均等流类，名等流种，业种即思心所种子，乃思心所心王及善染等心所之活动作用，以自现对自种，亦等流种，但同时有特别功用，能为增上统摄他法，如国之统领然，就自体言，亦国中之一人，而同时有统摄全国作用，业种亦复如是，其所以异他者此耳！业种亦通有漏无漏，然种子为潜在功能，无有现行法体可得，若无一现行法为之摄藏，即散失而不能存在，不存在故，不能起现行，不起现行故，便失坏一切世出世间法，然能摄藏此潜在功能者，即阿陀那识也。有执色法能持种子。不应道理，性变碍故。又生无色界者，无色法故，更何能持种子，复次，心所法亦不能持种。不自在故。前六识亦不能持种，无想灭定等位无此前六识故，第七识虽恒行不断，亦不能持种，是有覆无记性故，经菩萨之转成清净智位，后复起诸染法，不应道理，由此以论，唯此阿陀那识，无覆无记，一类相续能持诸法种子也。此义菩萨亦但知少分，唯佛智乃能究竟穷尽。

三　释名

《成唯识论》第三卷云："然第八识，虽诸有情皆悉成就，而随义别立种种名，谓或名心，由种种法熏习种子所积集故，或名阿陀那，执持种子及诸色根令不坏故，或名所知依，能与染净所知诸法为依止故，或名种子识，能遍任持世出世间诸种子故。此等诸名，通一切位，或名阿赖耶，摄藏一切杂染品法令不失故。我见爱等执藏以为自内我故，此名唯在异生有学，非无学位不退菩萨有杂染法执藏义故，或名异熟识，能引生死善不善业异熟果故。此名唯在异生二乘诸菩萨位，非如来地犹有异熟无记法故。或名无垢识，最极清净诸无漏法所依止故，此名唯在如来地有，菩萨大乘及异生位，持有漏种可受熏习，未得善净第八识故。"此外更加初能变根本如来藏种种异名，今次第略出以抉择其义，(一)阿赖耶，译云藏，诸论解藏，通以能藏所藏执藏三义释之，此藏义纯在异生有学位立名，二乘无学及念不退菩萨，无杂染法执藏义故，即不名阿赖耶，其名既狭，故不取之。(二)初能变，此识含藏诸法种子，变现根身器界相分，凡愚不了，执为我法。破其执故，说诸我法皆为识变，能变有三，此当其初，是对所执我法及假施设我法说此名为初能变也。既对所执我法及所施设之我法得名，即不能尽此识之量，摄义不周，故亦不取。(三)异熟，有异时而熟异类而熟变异而熟之三义，较阿赖耶名虽稍宽，将成佛时即舍此名，故佛位无异熟，二乘灰身泯智亦无此之异熟，义不普遍，亦不取也。(四)庵摩罗，译云无垢，即清净识，此识唯在佛位，非异生二乘菩萨所得名。菩萨尚有现行无明及杂染种不清净故，此名既唯限于佛果，即不能摄尽此通凡圣染净之识体，故不取也。（五）心，心之一言，通凡夫二乘菩萨佛一切位，诸经论中，有以心意识三通名八识者，有唯就第八名心七与六名意及识者，而有时心心所法都统名为心，或兼色法亦名为心，如心脏之肉团心等，其名太宽滥，亦不取也。（六）根本，前七转识及一切染净法，以此为依止故。称此为根本识，亦通一切位，但根本言，不唯此第八识。如证真如智，亦名根本智。是称真如为一切法之根本也。此既有滥，亦不取用。（七）第八，此依数目得名，从前五六七数至此，目此为第八识，乃从粗至细从浅至深以数之数目，虽可通圣凡位，亦无滥同他失，但不能显此识相用，不过一带数名词为符号而已！（八）所知依，名出《摄大乘论》，取义宽广，通一切位，所知即指一切染净诸法，一切法以此识为依，故名为所知依，依此立名，备显此识相用，然不取者，在论所知正指三性而遍计等诸所知法。其实亦依真如或意识等，是依义亦可通他法，不若阿陀那义尤精确也。（九）一切种，在《成唯识论》，名为此识因相，亦通一切位，在佛位可名一切无漏法种子识，宽狭相对。与阿陀那略同，但一切种，乃此识所摄持及所缘之相分，不是现行识体，持此种子之识，即阿陀那，且就能持种子识言，仅阿陀那三义中之一义，故亦不取。（十）如来藏，在经论中与第八识相关，其义甚广，今略出其意。藏即覆藏，杂染无明能覆藏一切有情本具之如来智慧德相清净法身，如来清净法身为所覆藏，杂染无明为能覆藏，能所合名，称如来藏。虽可通一切位，但此名之立意，在专指杂染覆藏中之清净法身功德名如来藏，不通杂染法，恰与阿赖耶相对，阿赖耶偏目杂染法，如来藏偏目清净法，故义太狭，然此名又失之太宽，以亦摄无为真如并前七识一切清净法，总名为如来藏故，以此简别，唯以阿陀那名此第八识，最为允当。

四　出体

此段文在本论最为扼要，可先知其大概，依上严格思择，唯是此阿陀那名义，名义所依之法体究何在，然不可于一切法外别求阿陀那识。须知天地人物，全是阿陀那识，其所以不见为阿陀那识而见为天地人物者，以我法二执恒行故，如病眼见空花，以眼病故，唯见其花，不见是空，众生有二执二障故，不见其为阿陀那体，唯见为种种杂染诸物。古人云，若人识得心，大地无寸土，意即此也。

（一）大圣自住后得智境（阿陀那识），耳所闻者为声，眼所见者为色，由声色之名义，可指与声色之法体，今阿陀那名义既了，故须出体，阿陀那识，见不到，闻不到，云何而得出其体耶？虽依圣教及由理论，如依持取结生相续，推知有此阿陀那识，或由能执受色根依处，比知有此阿陀那识，或从能执持诸法种子，考知有此阿陀那识，此皆比量推论而知，还同哲学家之悬拟默揣，不足显此识体，如有人于此，未尝到庐山，但闻人言庐山风景，或见摄影镜所摄诸山水，知其某为大林峰，某为五老峰、某为牯岭，然皆比量推想而知，终未曾亲见庐山也。阿陀那识亦复如是，教理不过比知，须得能证之智，乃能亲证知也。然则要何种智，方能证见此阿陀那识体也。曰大圣自住后得智，大简小乘，圣简异生，正指初地以上菩萨而言，其智有二，所谓根本（如理智）后得（如量智），然能以此阿陀那识为所知境者，唯后得智，后得又二，此为自心安住与他无涉之后得智。诸佛果位即为自受用身，故名曰自住后得智。四智前三皆具根本后得之二，唯第四成所作事智但名后得，以不能亲证真如故，菩萨唯以平等性智、妙观察智之自住后得智证知此阿陀那识，第七未转时虽唯缘第八，然转智时亦能了知一切诸法，然了知诸法皆阿陀那识耳！瑜伽真实品云："菩萨于自性假立寻思唯有自性假立已，如实通达了知色等想事中唯自性假立，非彼事自性，而似彼事自性显现。"离于自性假立之事自性，即菩萨安住如幻三摩地所缘诸法唯识之如幻境，所谓藏识海常住也。佛果圆成四智，究竟穷尽此识底蕴，安住海印三昧，遍能了知如幻不空之法，此略明菩萨自住后得智所缘为此识义，详为料简抉择，俟诸他处。

（二）根本智境（即真如），上出阿陀那之识体，是出事之当体，犹非体性之体，故云"相似显现，而非彼体"，若了知此真如体性，则唯是根本智，在根本智所证知，则唯是无相真如，如质学家，明全宇宙唯是若干原质，生物学家则知其唯是生机力，所谓仁者见之为仁，智者见之为智，自住后得智了知阿陀那识，则一切法皆阿陀那识，根本智了知真如，则一切法皆真如也。

（三）涉他后得境（即染净诸法），佛及菩萨与佛菩萨及诸众生相交涉故，四摄六度种种善巧，种种施设，皆依此涉他后得智上安立，此智了知圣凡诸法，若自若他，若染若净，众生各各性欲不同，随机化导，与之起种种交涉，而有菩萨之上求下化及如来之现身说法，但此时虽分别自他染净诸法，而同时悉了知如幻如化，皆唯识之所现。

（四）小乘智境（即四谛染净诸法），声闻缘觉，修四谛十二因缘观，证生空真如，虽了知诸法无我，而计执有染净诸法可得，不如菩萨能了知皆唯心所现，智证人我是空，唯有四谛染净诸法，是二乘之智境，亦佛菩萨智之一少分也。

（五）异生智境（即随类之宇宙物我），五趣三有异生之智，即二执二障相应之有漏虚妄分别，随业报为何趣何类，随其趣类各各现其所了知之宇宙物我，此唯是此，而不是彼，彼唯是彼，而不是此，如人见之恒河，鬼见猛火，天见琉璃，所谓随异生心，应所知量，循业发现也。不了世间唯心所现，随类不同，取相安名，起遍计执，计我计法，所以随类各有其一一之物我，皆异生之虚妄分别智境也。就能了之智，有此五重分别，离智则无名可名，不可施设，不可安立，强谓之一真法界，言语道断，心思路绝也。

五　会释

阿陀那识，其体是自住后得智之所缘境，随义施设，有种种名，此诸名义，今会释之，此识有摄藏诸法杂染种子等义名为阿赖耶，由或善不善先业而引招为现生无记之异熟报体，复名异熟识，又因缘所生如幻有法，及异生遍计所执之若我若法，皆以此识为能变，故名为初能变，如来证得二转依时，舍此识杂染转成清净无垢，是名庵摩罗识，又或是能缘虑法，及能积集诸法种子，名之为心，又或是一切染净法根本，称为根本识，又此识为识类中之第八数，故名第八识，又指所含藏之一切种子，名一切种，又未离杂染时，如来无垢识为无明染法所覆藏，乃名如来藏，以种种不同，故有种种异名也。

六　破谬

一切谬执，皆由迷此阿陀那识而起，摄论等有摸象之喻，即明不了此识以成妄执，广见经论，兹不烦出，今就大乘建立此阿陀那识文中，有因翻译之讹，或以解释之误，至成种种谬计，特一明之。

（一）北魏时菩提流支译世亲之《华严十地经论》等，依之立地论宗。此宗中或因阿陀那有执持义，误传此为第七执我之识，不知阿陀那之执持，乃持种及根等不失之意，与第七识执我之执不同，误阿陀那为第七识，其谬孰甚，谬种流传，沿袭成典，天台诸籍，往往见引，因经前辈大德承用，后世学者是非莫决，知其出于传译之讹，则其疑可祛矣。

（二）地论宗尚有执第八识为纯净之识，以染污专属前七识，转识成智，乃灭前七之染污识成为第八之纯净也。迄今犹有承袭此谬，流传为灭前七识或前六识等口头禅者，亟须揭破，诸佛菩萨之根本智亲证真如，甚深甚细，言思泯绝，所谓第一峰头，不容话会者也，第二峰头略可商量，诸法缘起（法界缘起阿陀那缘起等），皆在后得智上施设安立，如来第八纯净，菩萨以还，第八皆未离染，若云第八纯净，则一切杂染法缘起皆不得成，若谓前七是染，故可成立，亦不应理，前七转识，不能执持诸法种故，诸法无种不得生故，计无因生非佛子故。复次诸佛四智亦不得成，灭前七染成第八净，则无妙观察智等故，由是种种道理，如来以外，第八非净，原是无覆无记，理善安立。

（三）真谛三藏立庵摩罗为第九识，第八为染净和合识，前七为染污识，转染成净，以灭前七染及第八染分，其净分成为第九识，其实不过舍第八识之杂染分，圆证其清净分而已！并不是全灭其体而别有一识为第九也。此种错谬，或因翻译错谬，或因译人在梵文上本不深知其义，如今日之有名学者，译传明清间唯识典籍于外国，错谬重重，以人为重，袭而用之，其实则出于误传也。近有调和此种谬传，别为古学今学，其实古学是传释之错误，而唯识学原自一贯，本无古今，某君依《大乘庄严论》巧立唯识古学，谓真谛之第九识名，依真如立，然真如为识之体性，识实性故，假名为识，理亦可通，但不应以庵摩罗名，考《如来出现功德经》颂文，庵摩罗固以名清净第八，不以指真如及可别名为第九也。故不如依楞枷真相识为第九，以楞伽之真相即真如故，真谛以庵摩罗为第九，则不是用遍一切法之平等真如性为第九，乃是别指第八净分以为第九，故不宜也。摩诃衍释论有十识，庵摩罗为第九，坚实心为第十，亦依第八识净分假施设为第九及依真如假施设为第十而已！某君引《佛地经论》解《功德经》颂，以大圆镜为净第八而与第九庵摩识相应，然按颂文并不如此，颂曰：

"如来无垢识，是净无漏界，解脱一切障，圆镜智相应。"

此如来无垢识即通指净第八心心所聚，圆镜智即此识相应之智，以净第八已得解脱一切障故，与智相应，智相应者，实是净识及善心等智增胜故，佛地经论通合净第八心心所说为大圆镜心，非谓与真如或第九识相应也。

七　立宗

唯识宗之特胜点，即在第八识，明此阿陀那识，即自明一切法唯识，故本论以明一切法唯识为宗，复可以此因成立一切法如幻宗，以皆唯识现故，依第八识建立唯识宗义，广如摄大乘成唯识等论明。

八　显用

若依遍计所执之我法而说，则唯有遮破而已！我法执尽，即证菩提，如般若三论等。无有一法可立，然智劣者则堕空执，即不能通达于诸法实相，或如禅宗诸祖，单提根本智证。要悟就悟，不悟则不别为权巧开示，亦失菩萨度生方便，贤首等宗如来智境，阔谈圆妙，流于玄虚，本论胜用，则在先明阿陀那识，识通圣凡。在人即人，直指人心以为发明，即就此识显一切法，使不堕损减执，以一切法唯识故，皆如幻如化，亦不起增益执，二执遮破，悟入非空非有之唯识性，是为本论大用所在。

能知的地位差别上之所知诸法

太虚 讲　　善长 记

一、吾人的能知上所知之天地人物

二、五趣有情各类能知上所知之宇宙

三、三乘共慧上之所知蕴等

四、大乘根本智之现证真如

五、大乘后得智之唯识如幻诸法

六、佛智之圆融法界

(引言)今年本定上期讲《成唯识论》,因各处宏法因缘之牵涉,遂尔搁置。不能在此为大众常讲,殊觉不怿。虽然,善因法师及化声讲师,所讲亦多是佛学院学课中重要之课,如《摄大乘论》,亦为成立唯识论道理之要典,三论亦与唯识义理相贯通。以空后方能显诸法唯识如幻故,吾虽未讲,亦如闻吾之言,且善因法师与化声讲师所讲者,时间宽裕,必能真切详尽,而吾此暂来少时,实不能详讲经论,只提其大要以言之耳!

今此讲题,曾于南京法相大学及上海国民大学讲过二次,当时未有人记录,今再提出重讲于此,亦可为讲唯识论之总纲也。

(一)现在且言本题,于此先分能所二知来说,然后合说。所知中复先说所知义,次所知诸法。此所知一名,与常言烦恼障所知障之所知二字相等,即为能知所缘之境,亦即种种诸法,故所知包一切法。能知虽与所知相对,然能知亦包于所知内,以"能知法"亦是所可知之境故。所知诸法者，如《百法明门论》，观于百法，则百法为所知，观为能知，故所知诸法范围甚宽。此连上能知的地位差别上之所知诸法读之，即显所知诸法都非离能知而有彼所知可单独存在。常人思想上如见此桌，即知其为桌，故名曰此桌也。若不知其为桌，而尚谓桌物仍然存在，其孰能证知？故桌物之存在，即存在能知上，此桌之能知无故，所知之桌亦无。在能知地位上有差别，则所知亦随异。不可谓在此差别地位上所知诸法，亦不同此，其大意如是，喻如眼见讲桌，平常见之大概无异，或者平常眼识变更，则见此桌亦异其物，如现在人以"X光"窥物，则所见不同平常，再用显微镜窥物，又大异乎X光之所窥见者。即此"X光微镜"所显之物，固已大异乎吾人平常眼识之所知者，天眼慧眼更可比而知矣。盖以吾人同类业报上所感之真异熟识上之异熟生眼识，以同类故乃相类似，然亦已有许多之参差不齐。若乎天趣之天眼，直可以透视而无碍，其他傍生饿鬼，所见由其所感业报之根识不同，而所见者亦递有等差，是以能知之地位如何，可确定其所知为何法也。对此大意已竟，以下分开来研究。

比如吾门人类，有四大部洲之不同，十方世间之分别，兹姑不论，而就共业所感一地球上之人类言之。其能知上由五根发五识见闻觉知，在五根对境发识之时，复有同时意识上所变缘之名字言语，仰观俯察，盈天地间，所有同类之人，异类之物，此皆吾人见闻之所觉知到者，在吾人意识上所有观念思想之深浅虽不同，而依五根所发之五识大概相同也。有人于此，为常人之眼根所不能见者，而此则能见，常人之眼根所能见者，而此则不能见，则成为病态的眼根识矣。此人类五根发五识之见闻觉知，其限量大抵如是。人类意识上虽有种种推想思维不同，大都摄持人类相同之五根上所发之五识以为依据。唯其人类有相同之限度(中外人见闻觉知如是,旁生鬼修罗等在其同类亦如是),以所得之异熟识体大概相似,因此能知同故。所知天地人物,亦大致相似,遂迷执为实在,误认离能知之心识实有物质存在,于此展转贪著,造业受生。盖凡感受得一种异熟业果,即落在此业果范围之内,堕在天趣则为天趣能知所限,堕在人趣则为人趣能知所限,堕在余趣则为余趣各各业果能知之所限。如五趣有情各观恒河之水,于饿鬼中见之则为脓血,人则见之为水,而人不能见为脓血鬼不能见之为水者何也?亦良由能知不同而所知随异耳。此第就业果识上讲,而人之所以迷为实在,执为实有不变者,其根本即无明是也。无明亦称为愚,约有二种:一曰真实义愚,二曰异熟果愚。其异熟果异则见为异,同则见为同,所以人等迷执于不知不觉之中而不悟也。当知吾人所见天地人物,以及天文中之日月星宿,地理上之山河草木,人事上之语言风俗,器世间之形形色色,是皆人类见闻觉知到者、思想到者,然以之与诸天及三乘圣者论齐一,则不可也。何哉?以有何类能知,方现何类所知法,此类能知无故,即此类所知亦无,吾人凭五根识以见闻觉知此人间世,加以语言文字及观察思惟考虑之所知者,遂以为天地人物必定如何如何,不知实由其能知之如何如何而来也。佛法随俗解释,随人类见闻觉知语言思虑之所及者以为准,乃说为如何如何,使其能缘之智应所知之量而得了然于心,此盖随情强说而已。若依佛菩萨智慧上之所知境以立言,则其实全无此事,故如恒河之水,在饿鬼之业识上全无此水,人类虽见为水,而以天人所见之琉璃衡之,亦全无其事,天人虽见为琉璃,而在佛菩萨慧眼观之,则唯是虚空真如耳!以故观自在菩萨行深般若时照见五蕴皆空,其语为有证也。夫世间不外五蕴和合,而菩萨观为空无所有,则何处更有天地人物，若从此处了知，则知吾人所知之天地人物宇宙万有，皆业报所感五根识之能知与人类言语思想意识之能知，大致相似，乃觉知了解到之天地人物宇宙万有，亦大致相似，不致颠迷错觉，并能了知人类意识上之能知无时，则天地人物宇宙万有，亦可刹那消殒，此中有教可以引证，《深密经》慈氏问释尊云："世尊，若彼所行影像即与此心无有异者，云何此心还见此心"，"善男子，此中无有少法能见少法。"然即此心如是生时，即有如是影像显现，换言之：即但有如是能知，即有如是所知，此能知无故，则此所知之法亦无。关于意识上之观念起伏，常人易于了知，其不易了知者，即业所感之异熟果，是故吾人之所知一切诸法，皆不出真异熟识及此真异熟识所生之五根识等，此若无时，余亦随灭，是故吾人之异熟报舍时，人类所知之一切诸法，亦皆随之消殒，一人如此，一切人亦莫不如此。上来就吾人通常之能知地位上有此所知天地人物之异，至若修真习禅之士，如得色界禅定，其定心上之所见，已非人间世天地万有，彼修得者全异报得。又修得神通者，其先不能知者至此能知，其先不能通者至此能通行无碍矣，良以报得之五根识限量，至此已为打破，而另得一能知之地位，故所知亦即不同，就人类加以修证，已为变移莫测。可知吾人同见之天地万物，由人类能知之类似而决定，理非虚谬。

（二）五趣有情，通摄三界，五趣即天道、旁生、饿鬼、地狱及人道是，三界即欲界、色界、无色界是，天趣通欲色无色三界，欲界包天人等五趣，故天人畜鬼狱五趣皆为欲界有情，而一趣内亦各有其差别，就天而论，其在无色界者为四空天，与欲色界之六欲天、四禅天不同，故三界又分九地，天既有欲、色、无色之分，人亦有四大洲中各类之不同，若细分之，色界天更有初禅三天、二禅三天、三禅三天、四禅九天之等差，人有四洲种类之分别，前节第就人趣立言，此节扩充论点，概论三界五趣，而其有情各类地位之差别，已如上说之庞杂。若更为细密之观察，则同一无色界天，有空无边处识无边处等之别异，同一人趣，有转轮圣王及梵志等之不同，《瑜伽师地论》析九有二十五有为六十二有，犹未足语其细微。其在旁生，则有所谓二足多足等动物，飞潜蠕动等族类，饿鬼有上中下之品类，大福德大威力之鬼趣，即为修罗罗刹夜叉等，地狱亦有八寒八热中边无间孤独等异，求其所以致此天地升沈之悬殊，福乐罪苦之感受，乃由善恶业招别别之异熟识，能知的地位有差别，而所知之诸法亦随异也。色界无色界离人类渐远，无大关系，唯欲界天趣等有情，与人趣界系相同，关系亦随之密切。人类之业报未失时，其与人类之关系亦纠缠不断，但虽有此相互密切之关系，以成其共业所感之依报（各各赖耶识中有共相移变之器世间），还互相共同受用，然亦各类各类相参差以营其殊异之业用，此实由各各异熟识各变而末由强同也。是故蚁命虽微，黄黑异族，莺鹏同飞，远近殊方，斯盖以类相别也。然若就其五根所发之五识以相测度，则在同类未尝不同，斯又何哉？则其相等业力所感之相类异熟果，固大致类似也。夫惟如是，故五趣有情，各类能知上之所知者，亦即其各类宇宙万有也。傍生如是，余可类推，此就报得之异熟赖耶识，内变根身外变器界之昭示者，已若是之不可端拟，是则有情所知之宇宙万有，岂非如幻如梦乎？盖就人类范围内而观察万有以为同一实在，若就异类而观之，则即知其不如实也。以现代哲学家心目中之宇宙观而论，亦多能看破此层，盖吾人所谓广宇悠宙，亦不过一刹一刹时间念之相续，与夫一点一点微尘相之和集，实则无所谓宇宙万物之存在也。庄子有言：人“见毛嫱西施为美，鱼见之则深入，鸟见之则高飞。”又人以为美味盛馔，安知异类不为恶露奇污哉！故曰：海中飞来大鸟，人以为祥，备大牢三牲祭之，鸟忧以死，可见人以为美，异类未必以为美也。经论上亦常说恒河之喻，人见为水，天见为琉璃，鬼见为猛火脓血，水族处之，如人处空气中鸟飞天上，不自知其在河也。是故一类一类之业报不同而所知全异，亦复如是。夫人见水执水为实，在天见为琉璃执琉璃为实，在鬼见脓血猛火又执血等为实在，然则果谁何为实在哉，是故吾所见虽非全无，而亦未可遽执为实在，而于此可以悟知三界惟心万法唯识之义矣。唯识所变，故宇宙为幻有也。常人入火则烧，而复有异类能在火中生活，有神通者入火不焚，身心不觉其热，所以者何？由其能知异也。诸所知法不离能知，此理诚不易悟，若从五趣有情各类业报之不同而交互参究，则此理复易明白，虽各趣有情中之同类者，亦可见其所知随能知以相殊之宇宙观也。

（三）三乘共慧即三乘共般若，与大乘不共般若异也。共般若为悟生空人无我之慧，乃佛菩萨辟支声闻之所共同者，不共般若为悟法空法无我之智，非二乘之所共有者。其在三乘共慧上一味平等，盖非有高低大小之不同也。在人类中以有圣教传承，大概可以推知，若旁生等则否，又人或能推知畜，而畜不能推知人，又若人类不易推知天道，而诸天则能推知人道。复次，二乘于天，则亦如天之能知于人，反之人天则难了知二乘，佛于菩萨，菩萨之于二乘，亦复如是。此种以上智而能知下愚之能知，则为随他类能知之所知而知者，非自证智之所知境也。（圣者真实智）在三乘圣人大乘菩萨各有其自证智之所知境，非是随他之所知可比也。其随他五趣等之所知而知者，则世俗智也。是故三乘圣人自证智之所知，其所知行相为何？迥非吾人凡愚之所能知，而吾人所知之天地万有等，亦绝非三乘共慧之证智的所知境也。在三乘共慧之证智境，实无天地万物，唯是五蕴十二处十八界等诸法耳！非常人所见一个一个之天地万物也。若人能同此证知，即为得生空人无我之般若智者，在此三乘共慧现前，则其在人类平常能知上之所知如何，此时大非原形，所谓天地粉碎，大陆平沈，只是蕴等诸法，所谓唯蕴无我是也。所以三乘圣者于斯时也，第见五蕴十二处十八界等而已！此出世净智之所证者，非凡夫境界之所能实知到也。其所见之蕴等和合之假集合物，譬如阳焰，远疑为水，走近则无所见，唯有蒸气而已！此亦如是。凡夫见为天地人物，圣者第见蕴等，不见人物。常言五蕴皆室，四大非有，此理未免高深，难以了知，故必三乘亲证唯是蕴等，方可进蕴等亦空耳！但所谓五蕴和合假，此虽三乘证得者，然非恒人所知者异物也。乃即于吾人所知之天地人物见为惟是蕴等，故三乘所证者，实与吾人所见者同物，不过能证之慧有异，而所知诸法不同耳！比如分明红颜如画之美人，若以“X 光”视之，则见白骨一具，而常人眼目中固一娇好美人也。所对者一，而以能见地位差别，其所相立异其趣，可深长思矣！至于生空人无我之境界，要圣智现前方能见到，吾人无能证知也。有之唯修证可得，此所以鬼见恒河为血，人见恒河为水，天见恒河为琉璃也。其一得报同则所见亦同，如人类同见为水，鬼趣同见为血之类也。得报异则所见亦异，如上可知。其一则修得通智者，未得通智时见为水，固无异乎恒人之所见也。一旦得通，则彻视无碍，或见为莲花藏海，或见为琉璃，迥异常见矣！总之无论修得报得，要必改转吾人向来能知之心，然后易其境也。若人对于五阴等法，欲如实了知非有，要依种种法门，修习禅定，观照纯熟，得证三乘真无漏慧，自然如人饮水，冷暖自知，正所谓有如是心起，即有如是境现前也。

（四）大乘者唯此一乘，更无余乘，然不共二乘，就因位为菩萨乘，就果位为佛乘，而通因位与果位名大乘。果上不可施设，不可安立，要依因显果，所以华严以普贤行海显毗卢果海，故此亦以因位上初地菩萨之根本智，以显果位及上地菩萨。根本智即证真如之智，以真如为一切法之根本故，而真如亦即一切法之真实相，故根本智亦可云真实智。亦云如理者，以根本智乃如如空所显之真理故。如量智则为证真如后变缘诸法之后得智，由能缘心所变变相真如及相分诸法，非诸法根本之无相真如，所以《八识规矩颂》之五识云变相观空为后得，在根本智上所谓现证真如，异于别种就能知心之见分自证分证自证分三种之心量上变缘所知相分，能缘心变，所缘相亦随变，如镜照像，像由镜光中变现，而影像显于镜光之中。若镜中影像不显，则全镜光但显清明镜体，根本智证真如，亦复如是。复次在别种心上，比方如手拿物，证真如心如手不拿物，如镜不照像，故证真如，必唯此一无所得之根本慧，大乘重要者即在得此根本智也。若人得此智即为大乘圣位菩萨与佛，若未得此智，则为二乘及五趣有情之未证真如者。然则如何而方得此智耶？曰、惟修二空观可得。修此二观，又重在法空。前言生空人无我乃三乘之所共者，此则修法空法无我观，修法空观有得，自然具足生空人无我智，初伏二障至分别所起我法二执断，俱生二障亦随断一分，如秤低昂同时，由法空观断除法执而得根本智。在根本智现在前时，即证真如实体，离一切相，即一切法，亦无能证所证。然当其亲证真如时，非离天地万物外别有真如法，即于常人所知之天地万物如实证得其真实常如之妙体，消失万有之幻相，体即真如，在根本智不现在前时，虽言真如，实为名言假相，要待根本智现前方亲证真如，离相绝名。又所谓真如者，非与万法对立之别一法也，即此万法离相之体即是真如。或有执法外有真如者，非也：若根本智常现在前，是常为真如，不现在前，即是五趣有情二乘等心，或菩萨后得智与有漏心之所缘境，彼为余心所障，不能证得离相真如，是以生诸差别，一旦根本智现前，本来常恒不变清净之体，得以全露。又此智现时，非有诸法相对之种种可得。在别种心上，有能缘所缘能现所现，在证真如心上了无能所，由此当能了知法性真如之义矣。此从言教上讲明真如，乃假设名相，如以指指月，此以真如名相之诠指，指佛菩萨根本智所证离言真如之真月，是以真如不能离根本智现在前时妄计另有真如实法，彼计一切未有之前，一切既无之后另有真如者皆非也。在大乘根本智地位上一切全是真如，无有少法非真如者，所谓离分别、绝思虑、不可施设，不可安立。

(五)云何为后得智？要先得根本智断分别我法执所起二障及俱生一分，方能如实证得根本智，由此转起能知所知圣凡因果等差别心境，始成后得智。大乘后得智在入初欢喜地时，第一刹那引起后得智。初地见道位有二，一曰真见道，即第一刹那根本智现前亲证真如，二曰相见道，即第二刹那仿照前根本智所证真如变似真如相及种种业果无量差别诸法，在此后得智上，方有佛有法有净土有众生种种差别可说。若未得根本智以前，带有我执法执，执心外圣凡差别诸法。此已离执证如，显一切法唯识所现，如幻不实。虽如幻不实，而有种种差别诸法，各各不相互混杂，各有不同之地位现不同之诸法，各有种子所起现行与现行所熏种子之不同，在大乘后得智上，方能证明诸法如幻唯识所现之真义，若细说明，非一语可尽，即唯识宗诸法唯识之道理也。此义在幻有上为赖耶所现，眼得之而为色，耳遇之而为声，乃至意得之而为法等，无非此识之所变现也。唯识所现，如幻不定，在未得根本智以前，徒依名言意想，非事实上亲证，所谓无征不信，语良不诬。

（六）佛之如实境界，唯佛与佛方能了知，故只能就因上加以说明。若就果上言，则不可说不可说也，明佛果智之不同菩萨者。菩萨后得智变似万法，前一刹那根本智现时，非后得智，后一刹那后得现时，亦非根本智，佛智则无如此区别，以佛为遍知，无一刹那不亲证真如，亦无一刹那而不遍知诸法，故佛号为正遍觉者，以同时圆融故，没有无诸法相之根本智真如可指，亦没有有诸法相之后得智诸法可说也。性相之分，亦由能证之智而异，根本智所证者为法性，后得智所证者为法相，而佛智则无法性与法相条然之区别可得，故在佛之自证能知上，其所知者唯可强名曰圆融法界而已！无差别可说，亦无无差别可得，古德杜顺和尚有偈云："青州牛吃草，益州马腹胀，天下觅医人，灸猪左膊上。"志公有偈云："空手把锄头，步行骑水牛，人从桥上过，桥流水不流。"亦谓此也。由此观之，则所谓法性法相者，唯在俗谛有言可说，若至圆明佛智，实无法可说，无佛可见，亦无能所可得也。然世有所谓见佛身闻佛法者，亦唯在菩萨二乘凡夫心上变现，在佛果上毕竟无可见相，无可置说，亦无所得也。唯识如幻诸法，有此诸差别地位之不同，故说由其能知深浅高下不同而有诸法不同。

（结论）上来所讲，依大乘圣教分三宗，第四第五即大乘之性相，以大乘依根本智证真如，即谓法性，而此法性，由已空我法分别之无分别慧所证得者，实无一法可立，于此即遮一切，一切皆非，故第四可名法性空慧宗，以能空我法分别之慧为宗也。第五法相唯识宗，唯识如幻种种法相是，第六段于言教上安立，可谓法界净智宗，以圆融法界唯佛智证得故。

在中国向来流行之大乘法教上言，大略如此，由能知地位之差别而现所知诸法，就安立施设，虽分三种，广义言之，可统名“法相唯识宗。”何以故？所知诸法，不离能知故，能知即心心所故，然则由上六条言之，岂非真能成立诸法唯识乎？岂非真能显示诸法如幻乎？凡言说所安立，皆不能离此诸法唯识等，离能知而欲明所知法，必不可得也。又此所知法可言皆不能成立，种种法相，一切皆非，以皆依能知上而现所知差别故，由此义言，亦可统名“法性空慧宗”，一切皆非，一切皆空故合此前来二种言之，则一切皆是，一切皆非，盖除却能知地位差别以言，则五趣宇宙与三乘诸蕴，可言即大乘所知根本真如，又此真如亦可言即佛智之圆融法界，而佛智之圆融法界，亦即吾人现前所知之天地人物，一切皆是而同时一切皆非，亦可统名“法界净智宗”。此所言大意，即明大乘佛法之总要也。以此观察，可得大乘佛法上之概略，亦一以简御繁之一法门欤，诸生其自勉于广大深微之佛法藏耳！

人心所缘有为现行境之本质与影像关系

太　　虚

此题"人心"简能缘之余"佛心等"。"有为现行"简所缘之余"无为及一切种",盖专就人心所缘之有为现行境以论者,分为下列二条以明之:

(一)影像法托质不托质及本质法

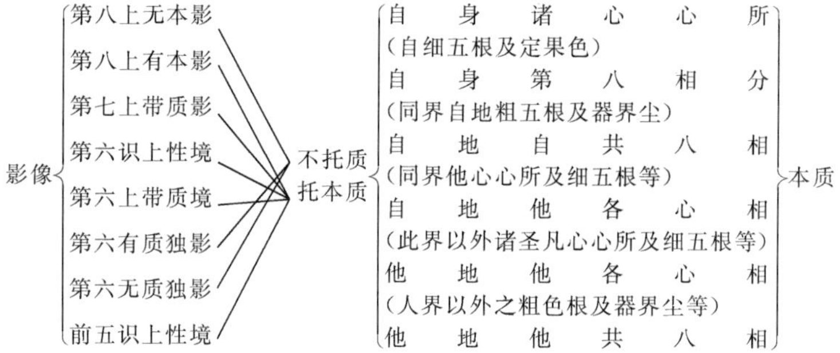

(二)"能托影像"……与"所托本质"之关系

（现亲）
第七识带质境
（现亲）
第六真带质境 ……自身诸心心所
（现隔）
第六有质独影
（过未）
第六无质独影

第八上无本影
第六识上性境 （细五根及定境）
第六有质独影 ……自身各变八相
（过未）
第六无质独影

第八上有本影
第六识上性境
第六似带质境
第六有质独影 （同界自他粗色根及器界尘）
（过未及兔角等） 自地共变八相
第六无质独影-名-
前五识上性境

（现隔）
（第六有质独影）
（过未）
（第六无质独影）
（所缘他心等）
通智
第六上带质境
（所缘根色）
（意眼识上性境）

（同界他心心所与细五根等）
自地他各心相
他地他各心相
（人界以外诸圣凡心心所及细五根等）

（现隔）
（第六有质独影）
（过未）
（第六无质独影）
（所缘根尘）
通智
前六识上性境
（所缘人物）
（第六上带质境）

（人界以外诸圣凡粗五根及器界尘等）
他地他共八相

种子法尔熏生颂

太　虚

一、法尔唯无覆。熏生通三性。无记通善恶。善通有无漏。

二、有覆通三性。无覆唯无记。有漏通无覆。无漏唯是善。

三、有覆始终有。无覆终无始。有为无漏种。有始而无终。

为无为漏无漏对观颂

太　　虚

无为唯无漏。有为漏无漏。有漏唯有为。无漏为无为。

遣虚存实唯识观之特胜义

太　　虚

论卷七云，识言总显一切有情，各有八识，六位心所，所变相见，分位差别，及彼空理所显真如，识自相故，识相应故，二所变故，三分位故，四实性故，如是诸法，皆不离识，总立识名，唯言但遮愚夫所执定离诸识实有色等，此即五重唯识观中第一重遣虚存实观，而唯识观之最胜点，即在乎此。以本祇要此第一重唯遣虚妄识存真实之唯识观，后之四重，只是为钝根人展转离过，以入真耳！若利根人，只此一观，一了百了，直至究竟，以遣虚则妄无不尽，存实则真无不圆故。

作此观者无他，只于无论何事何物，观为“唯是五位诸法之一聚识，除此别无一件实有之物”而已！作此观时，妄执我法，遣无不尽，而无百论等落空之弊，其殊胜一。真如相性，显无不周，而无起信等堕优侗之弊，其殊胜二。但观明现前事物，本来如是之实相（譬如饮茶，只是五位诸法之一聚识，别无所饮之茶，只是五位百法之一聚识，别无能饮之人，譬如听讲，只是五位诸法之一聚识，别无听者，只是五位诸法之一聚识，别无讲者），而无（若观佛境观上地等）悬想他界之弊，其殊胜三。即观明本分，而于余界余地一切分无不通达，若自若他，若染若净，若生若佛，若圣若凡，若因若果，若身若器等，莫不是五位诸法之一聚识故，而无拘局一隅之弊，其殊胜四。

故作此观，但明此理，无论何人，皆可作之，无论何处，皆可作之，他药虽妙，每可由药生病，独此一药，增益损减之执，烦恼所知之障，病无不治，更无从药生病之虞，故为独一无二大妙观门，诸有智者，应勤修习。

听太虚法师谈唯识

唐大圆

治唯识学，应明本识，本识名阿赖耶，译言“藏”，具能藏所藏执藏三义，亦名“阿陀那”，译言“持”，谓能持种及根身器界。就能藏及持种义边，名一切种，乃极微妙虚灵均等周遍之恒行流动，即藏识之等流现行。就所藏及持身界义边，名异熟识，所谓异类而熟异时而熟变异而熟者，即藏识之异熟现行，此异熟识即一期之总报主，有各各差别可言，诸有情依此故非一，彼一切种对异熟识及余识心心所法四分为一切种，而在自则非种非现，但是极微均之恒行流动诸有情依此故非异，一切种可略分识种业种，识种属名言习气，如微尘模型等，属我执习气，如人工等。业种属有支习气，如依人工微尘等由水成为泥团，但有泥团，尚未成器，故仅谓之种耳！至前六识对此名异熟生，谓由异熟识而生者，但末那四分仅通识种，从无始来，恒执第八见分为我，属我执习气，如模型然。第六四分通识种，亦通业种。有我执名言有支等习气，其我执习气如工宰，名言习气如微尘，前五四分亦通业种识种，然以无执，故无我执习气，仅有名言有支习气，如匠工，依第六之工宰，照第七之模型，将名言识种之微尘，造作器具，但第七执第八见分为我，不过一种空洞之计画，实无可执，如造楼阁者，先作一图，后以第六之运筹，驱役前五之工匠，造成第八之真异熟及前六之异熟生，由是以观，第七虽执第八，若无前六之运造，则虽执不成业果，前六虽有运造之能，若无第七之我执，则不能有所依据而造成异熟，第八之异熟虽为前七所造，亦含藏前七一切种子，有是展转依持，乃成缘生因果之理。一切种中漏无漏种，法尔具足。一一有情展转增上漏无漏法，亦互相熏，起信论将无漏说在真如，故有真如熏无明无明熏真如之说，诸有疑漏无漏种不互相熏者，一由太认种为有形碍之实物，如世谷麦等种，二由不明展转增上即是熏义。盖一切种，但是识上差别功能，当未现行时，毫无形碍，如人手有习书画等功能，尚未书画时，手中书之功能与画之功能，有何形碍，又识种业种，皆通有漏无漏，有漏只是有执，无漏即是无执，诸有但以遣执空理名真如者，以是别说有为无漏，若知真如有空不空义，空即妙观平等二智相应之遣执空理，而不空即大圆镜等四智相应之执尽实相，合此空不空，谓之一真法界，亦即真如，则诸无漏皆为真如，彼偏执无漏无为是真如，乃仅就择灭涅槃言，但知其空，不知不空，不唯于真如义不全，即于无为义亦不全，以诸漏永尽，非漏任运现行，不假功用，无暂停息，亦即无为义也，唯识究竟位颂所云，此即无漏界，不思议善常，安乐解脱身，大牟尼名法，岂同二乘灰身灭智耶。若但知空相空性空理等遣执之共相道理谓之真如，因而固执真如不可说相用；遂以非难起信论真如无明相熏之义，何不观于欧阳居士唯识抉择谈云，虽则涅槃而是无住，不住生死，不住涅槃，尽未来际，作诸功德，然作功德乃得无住，而相寂然仍得涅槃，涅槃即是无为，无为即是真如，圆诠了义，讵可不一致思耶？

唯识诸家会异图

太　　虚

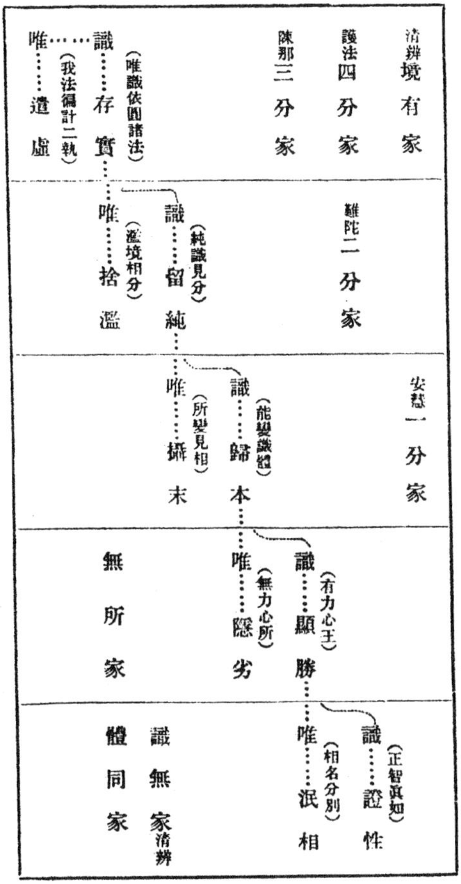

清辨境有家
護法四分家
陳那三分家
識存實（唯識依圓諸法）
唯遣虛（我法徧計二執）
難陀二分家
識留純（純識見分）
唯捨濫（濫境相分）
安慧一分家
識歸本（能變識體）
唯攝末（所變見相）
識顯勝（有力心王）
唯隱劣（無力心所）
無所家
識證性（正智真如）
唯泯相（相名分別）
識無家清辨
體同家

诸法众缘生唯识现

太　虚讲
楼杂克记

社长皮怀白致欢迎词云：

一、中国佛教僧众，受家族制度影响。如方丈犹家长，徒众犹子弟。以致佛学不能昌明。法师有鉴于此，故作僧伽制度等论，以期改革。我们因此，应欢迎改进教徒之太虚法师。

二、佛教徒因教育不能普及之故，以致对外少效力。法师有鉴于此，故在武昌设立佛学院等，为振兴佛学起见，吾辈应欢迎作育人才之太虚法师。

三、中华自晚唐以来，密宗绝响。法师为提倡复兴故，于著作刊物，先行登载密教事实，并派遣上首弟子，如大勇大刚等，赴日赴藏留学。吾们应欢迎重兴密教之太虚法师。

四、吾国僧家专研经典，鲜通科学。法师五明并修，不仅内明。吾们应欢迎博学多通之太虚法师。

五、吾国教徒行化，仅及国内。法师意在普及全球，曾传教欧美，到处受人信仰。吾们应欢迎国外宣传之太虚法师。

法师开示

今天承贵社开盛会欢迎，及刚才社长所论种种理由，太虚甚觉愧不敢当。因为在思想上或言论上虽曾有其事，但尚未见诸实效也。惟今天能在此与诸君一堂相聚，甚为难得。故乘此机会，将本人对于佛学研究所得之大略意思说出，以为互相讨论资料。

在佛学中可贯通全部佛法大义而统括无遗者，为“诸法众缘生唯识现”之一语是。今分别解释其义于下：

（甲）诸法众缘生

（1）诸法。佛典中所用法之一语，其义最广；无论何处何物，属事属理，统名曰法。法者轨持义，遍诸一切所可知可言的，谓之诸法。若有为，若无为，若实法，若假法，若有法，若无法，包罗一切，谓之诸法。

（2）众缘。凡事物非凭空而有，必假凭借，凭借即缘，亦即关系。事之生起，均以此为凭借的关系，故名缘。一法生起，不只一种关系，故曰众缘，可分为四大类。

（子）因缘。直接生起各法之各各主要因，曰因缘。

（丑）增上缘。诸法生起，除其主要因外，其余一切相扶助而起的，曰增上缘。

譬如草木，种瓜得瓜，种豆得豆，曰因缘。水土日光种种，曰增上缘。

以上二缘，遍于一切诸法之生起。（即诸法均要有此二缘方得起故。）

（寅）所缘缘。以此心所观的境，为此心现起之缘，曰所缘缘。

（卯）等无间缘。等者均等，即同类之义，无间者，中间无有间隔也。眼识等（即视觉等）心理现象之起，刹那刹那，无有丝毫间隔；须前一念灭，后一念才起，如前一念不灭，而隔在其间，后一念即不能起，同类相续，须无间隔，方得生起。后之二缘，专属心心所等精神现象生起之缘，不关物质，大小乘经论，均明其义。每一法生起，必众缘备具，缘本甚多，大类为四，色法可仅以前二缘生起，心法生起，必兼备四缘。

(3)生。此一法以前无有，因众缘和合，今始现起曰生。但此所言生，兼含四义：曰生。谓从无而有。曰住。住者存在义。曰成。有成就成立二意，贤首宗多说缘成，以此。曰得。向来未有，现始得之。此四皆由众缘集合而致。

宇宙一切事物均因众缘和合或具足而得生起存立，不同无因、自然、不平等因、大梵、神我、时间、方位、极微等诸外道也。

(4)不圆澈的诸法众缘生义。(小乘)

上来一义，为佛法最普遍之义，大小乘共明之。但有圆澈与不圆澈之别也。因不明此义者，即非佛法。小乘古分六宗，然约归于法有我无。(神我无蕴人界有)以有情众生为蕴集合，故无神我。以蕴等法为有自体，故有。不知诸法既以众缘和合而起，则无自体明矣。此其所以犹为不圆澈也。

不圆澈之诸法众缘生义，可以包括一切小乘。然亦有深(近于大乘但不究竟)浅(通于人天乘主我法皆有)之分耳。

(5)圆澈的诸法众缘生义。(大乘)

我法二执俱破，不认任何法有单独存在之实在自体，一切法皆依众缘俱足而得生起，或成就，及存在。大乘教义皆圆满澈底之诸法众缘生义。不然则非大乘教义。兹从中国流行之大乘教义略说如后。

(子)诸法众缘生故毕竟空(龙树学)

凡龙树学系，均从诸法众缘生而明诸法毕竟空。故有偈曰：诸法众缘生，诸法毕竟空。何以故？以一法如有自性或实体者，不必众缘生故，以无一法有自性或实体，故毕竟空。

（丑）诸法毕竟空故众缘生（贤首学）

贤首宗教理，可从诸法毕竟空中而广明众缘成义以见之。一法现起，毕竟无有自性可得。（日本密宗空海大师曾判此宗谓极无自性性。）故从法界诸法展转无尽众缘之所生成。

（寅）诸法即空缘生即缘生空（天台学）

天台宗广明此义，随观一法即空（毕竟空）即假（众缘生）即中（众缘生，即毕竟空，毕竟空，即众缘生，空假不二即中）。所谓一心三观。其所观境，即真即俗即中。所谓一境三谛，以上均圆满透澈的诸法众缘生义。三论宗嘉祥大师传龙树学，所谓因缘即空，空即因缘，正明此义。上义又名诸法实相义，苟违乎此，即非大乘教。

以上讲诸法众缘生一大科竟

（乙）诸法唯识现

平等万有诸法真俗理事，前第一义曾经摄尽，以识亦诸法中之一法，即识亦从众缘而生。今再明此义，为令心未与实相相应诸有情类，转染成净，转凡成圣（即转识成智）。有入手方法故。犹已明宇宙观，以后再明人生观也。

（1）唯识。识包括一切心心所法，心起定有心所相应起故。通常即所谓心，故唯识又名唯心，唯者不离义。一切法不离识，曰唯识。何以故？以色法为心之变现，即心之相分，时间空间等，为心心所色法上假立之分位。真如为心等诸法中所显之平等实相，均不离识，故名唯识。

(2)现。现有二义：一变现(变起)。二显现。

不言唯识变，而言唯识现者，无为法不变，变不能概括故。又《解深密经》云："诸识所缘，唯识所现。"即现字义故。凡色心等有为法，皆由识变现而起，即兼变现显现义故。真如唯根本无分别智相应之心心所法所显现故。则但显现义，故一切法皆所知境，相分可摄尽一切法，识为一切所知境之依止，故《摄大乘论》说为所知依。

见闻觉知各种境界，无一不从智(净曰智)识(染曰识)变现而起(或托本质或惟自识)。皆不能离识而存在(凡是存在的皆是被知的)。

识现虽含二义，而特重于变现，泰西哲学亦有此义，然不及佛法圆澈。全部佛典，皆有此义，但有显了不显了之分。

(3)不显了的诸法唯识现义。

(子)无明等十二有支缘起义，大小乘通义。

大小乘皆明十二缘起，十二支之首即无明(又可曰无明缘起)。无明即心所法(指六识上之迷事迷理者)。以心所法不离心故，从无明起故，即唯识现义。

(丑)制心一处，无事不办义。(亦大小乘通义)

此言见于《四十二章经》上，亦为一切事唯识变成义。上二虽明此义，既不完全，亦未究竟显了。

(寅)依真如以迷悟而起义。(三论天台义)

如古来流传之真如缘起说。以真如为迷悟依故。迷之起诸染法，悟之起诸净法，理虽可通；然实从迷悟之心起，非真如起，以真如不生他法，亦不从他法生故。从迷悟心起，即识变现义，但不甚显了，且易误会耳。诸法皆所知境，真如亦所知境（即所缘缘），故亦可通。

《楞严经》云：“真心有为空，缘生故如幻。无为无起灭，不实如空花。”亦明此义。

三论宗谓法性为一切佛法之祖父母，般若为父母，以依证真如而成般若故。

天台教说《维摩经》之从无住本立一切法，亦明此义。

（卯）如来藏觉不觉缘起义。（起信论）

第八识亦含藏如来无漏清净功德种，故名如来藏。《起信论》说藏识，有觉不觉义。依觉义上起清净法，不觉义上起杂染法，故亦明唯识变现义，天台贤首真言诸家教义，皆有取于此，但亦未甚显了。

（辰）真界或法身缘起义。（贤首真言义）

《华严悬谈》云：“大哉真界，万法资始。”

真界究何所指，虽不明了，而就贤首教义研究之，系指庵摩罗识（即佛果上之识亦通众生之前六第八现量心）。即从此现量之见闻觉知，为诸法现起之本，故亦明唯识现义。法身狭义与报化相对，广义指具足如来一切功德之法身。所谓安乐解脱身，大牟尼名“法”者，此亦佛果唯识变现义。

上来五种。虽皆可同明此义，而不全显了。

（4）显了的诸法唯识现义。（无著天亲护法玄奘等义）

一切众生，论始皆有八识。第八含藏有漏无漏种子。而有漏种无始现行，现又薰种，种又现行，受苦求离，薰无漏种，始起觉行。如《成唯识论》所说，三能变识等广明。

从唯识变现义，最要明了者，即吾人生死流转，皆为前六识上之心心所法，迷事理而造染业之所致，欲脱苦果，须悟理事而造净业，为圣为凡，可由自心作主，故说此义。

以上释第二大科诸法唯识现义竟。

（丙）诸法众缘生唯识现与三性三无性

三性。即依他起，遍计所执，与圆成实也。他即众缘，依即唯识，起者生起也。故由诸法众缘生唯识现即明依他起义。

不能如实了知诸法众缘生唯识现义，执为实我实法，而起我执法执，及贪嗔等烦恼，即遍计所执义。将在依他起上之遍计所执破除净尽，而此我法二空所显之依他起真实相，即圆成实性。三性义即三无性义。依他而起。无自然或大自在天等无因一因等义。空了一切实我实法，无有可执之体性，而二空所显之真如（又名无相）更非言语所可形容。故上来为佛法大纲上三要义，普遍一切佛法。总括三藏十二部之大乘究竟了义。

（丁）观此义为境所起之行

明以上之境为观，而修行有下列二行：

（1）波罗密行（普修六度）。

（2）大总持行。一门深入（总持诸行为一行的方便），如修一行三昧，一心念佛，一心三观或依陀罗尼，法界观，无得妙观，唯识观及禅宗之向上一著等而专修。

(戊) 依此境修行所证之果

(1)大涅槃(大解脱)。

(2)大菩提。成就一切功德智慧(一切智慧)。

(3)大法身(佛果法身)。依上二义,略明境行果义竟。佛法甚深,含义甚广,时间有限,略说大概。

法空人空与唯识

太虚大师 讲演
弟子胡法智 记

今天的总题，是法与人之研究，下面又分为二段，一段是法之研究，一段是人之研究。本来佛学的大旨，就是说明“法空所显真理”，及“人空所显真理”。所有佛学，皆不出此二！现因要讲佛学大意，所以提出这个讲题。

但是要了解法空所显真理，又了解人空所显真理，须要从“人”及“法”上头加一番研究，这二种研究，假如用哲学名词解释，法之研究，可以说是宇宙哲学，人之研究，可以说是人生哲学。在佛学上法之一字，意义最广，无论什么，都可以叫做法！佛典中所谓“诸法”“一切法”等语，实在赅括一切所有。所以法之一字最广泛又最普遍！梵语“达磨”或“达尔磨”，华文译做法；所谓“法”，意思是一切所有各有自有的性质，能够叫我们及一切有情生了解，换句话说：就是凡可以生了解的，都叫做法！所以他的意义，广泛而且普遍，所以法之研究，就是拿宇宙万有来研究，就是宇宙哲学！现在依表从最下一条讲起：

（一）法之研究　表中最下一条线“事法”，事者事情事实之谓，括弧内注色声等者，总括五根所对之五尘而言，——眼见之色，耳闻之声，鼻嗅之香，舌尝之味，身感之触，及其同类的色法，皆为事法，以其皆为一一之事也。但佛学所谓事，乃包括心法而言，此表且

(一)法之研究

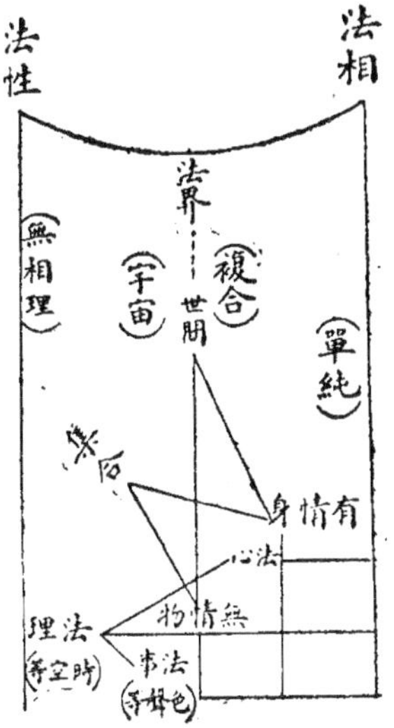

依一派哲学,如新实在论谓事乃中立,非心非物,而为心物中间的事情,彼所谓中立之事,惟在五识所感之五尘,如罗素来华所说:谓事者,非心非物,而为心物之原素,等语之类,但佛学上事之意义较彼为广耳。

第二横线“理法”,理者,条理分理之义。括弧内注时空等,时指古今过未等,空指点线面积等,余如生住异灭,长短一多,生灭去来,方圆大小,诸数理论理等,皆为理法!譬如吾人所见或红或白者,事也。又如红而圆,白而方,或红者一,白者三,则此圆也,方也,一也,三也,皆为理法。可知事乃各别,理惟贯通,理法惟在事法上显现,故理法虽另有其义,而不能与事法相离,亦可见有事即有理,而且理法上所谓时,空,数等,不但事法上有,即心法上亦有,故理法者,乃事法心法上普遍之条理,表现之分理,转变之位次也。故表中另以斜线联之。!

第三横线“心法”，简言之能觉知者，即是心法，分析言之，则有心王及心所有法(亦称心所)。依唯识宗心王有八种：一眼识，二耳识，三鼻识，四舌识，五身识，六意识，七末那识，八阿赖耶识。心所有法有五十一，即是心之作用及行为，如思想感受乃至定慧等(参看百法明门论兹姑从略)。以心王心所皆是能觉之相，故皆谓之心法。

上来事法，理法，心法三种，事与理乃被觉者，心乃能觉者，但此三种现则同时，不能相离！有其一即有其三，无单现其一者，以其无单现，可称之为基本法！佛学所谓“法相”，即指此三种，故表中三线直上通于“法相”，以其最单纯，如科学所称之原素也。佛学上常分“相”，“名”，“分别”，“正智”，“真如”，五种法。吾人常识以为有名而后有相，所谓顾名思义者，其实误也！即如三种法相皆可不待于名，而能实际觉及之，如人觉知冷暖黑白，固不待先有此冷暖黑白之名，而后有此冷暖黑白之相，至若一“人”或一“屋”则异是，必先有名而后“人”义“屋”义乃见，吾人习言见“人”见“屋”而不知其误，实则所见者黑白红绿之显色——事法——与夫肥瘦高广美丽之形色——理法——而已。然人与屋非但显色形色已也。若此黑白与夫高广等可说为实际之“人”及“屋”，然则影片之中，形色备呈者，亦可认为“人”“屋”，不亦谬乎！？故“人”“屋”待名而生义，非可实际觉知，事法理法不然！故谓之基本法相，心法亦尔，能自觉知。盖被觉者事理，能觉者心，同时此心亦能自知“其能觉此事理”，故佛学上以三分说明心法，所谓“相分”，“见分”，“自证分”。自证者，能自觉到之谓，故心法亦基本法，不须名而有相！

综上事法理法心法三者，为单纯之法相。可比之哲学所称论理的原子论，今则称为“知识的原子论”，此知识原子论，只认基本实在之三种法相，与常识认“人”“屋”等名为实在者，迥然不同。近世哲学如新实在论，对于此义，亦有一部分相合，但仍有一部分相反，以其仅知事法理法为基本实在，而以心物，皆为论理构成品实则无情物为事法理法构成，如表中直线所示，譬之杯然，色白为事，形圆为理，事理组合而成物，名之为杯，故此事法理法可谓等于原子，此其同也！至于心法亦如事理之单纯，不应与物平列，而应与事法理法平列者，新实在论虽见事法理法之实在，而于心法未能认清，故与知识原子论仍有相反处也！

中行直线“无情物”，即佛典所谓器世间，包括一切矿植，亦如常识所谓一件东西，小之原子，电子，微尘，大之地球太阳，无非一物，以法相论及新实在论哲学观察之，凡所谓物，皆为事法理法所组织而成，既为组织而成，如团体然，无有实在，以此十九世纪唯物论之根据遂打破无余，科哲诸学，至二十世纪始打破唯物论，而不知二千余年以前之佛典，早见及此而说明之。况新实在论犹不知心法之实在，则其所见，但得少分，近世相对论量子论亦然，亦仅从事法理说明物质非实而已。

右边短直线“有情身”，即佛典所谓有情世间，包括“人”及动物，但有情身亦集合体，不过组织之原素（即法相）不同，盖无情物，只事理二法集合，而有情身则事理心三法集合，以有心法故，故无情物与有情身得而区别，二者于表中斜线表示为集合体。

中行“世间”为有情世间及器世间之总名；其义赅括家国天地，乃至一太阳系，一三千大千世界及无量数世界，皆为世间，与吾人习言宇宙之义略同。世间乃复合体，故表中以括弧旁注（宇宙）及（复合）以明之，复合云者：以由集合体（有情身及无情物）组织而成之谓，故法相（事理心法）可假设为实在，而集合与复合则只可说为假立，然此二者仍有区别，盖集合体在佛学上说为依业力而成之果报，在常识上则认为自然物，至复合体则为一类一类之总合，所谓宇宙，世间，乃为思想上之概念耳。

上说事法理法心法，为实在之基本法，而无情物与有情身，皆为非实在之假法，良以身物所依以组织之基本法，觉知极纯，生灭极速，故身物仅得在空间之团结上及时间之连续上呈其假有之相。故凡假法，必须有名！否则其义不能存在。以其不能如单纯之法相可实际觉知，而须合多数觉知组织成一概念，观定其意义而后能知，是以集合与复合诸法，皆非实际感觉上之相也！

今者既知单纯觉知之法相为实，集合复合者为假，则吾人常识向认宇宙人物乃至一切所有皆实者，此种习想，亟须改变，须知世间一切所有，无非事法，理法，心法，组合之假相。若于一切所有看得出皆三法之假相，则能改变误谬之常识，亦谓之见得第一重法空——分别法执空。

由此言之，以观察事理心法等之实，故能空诸身物世间等之假，然则此事法理法心法者似乎非空矣！？但事理心三，皆依知觉而现，基于三种分别——自性分别，计度分别，随念分别——中之自性分别，如以视觉之自性分别故见诸色相，此自性分别即为基本知觉，故知法相只建筑于基本知觉之自性分别上，所谓法相唯识者是。修此法相唯识观，久之久之，即能空诸法相而证法性，法性即无相理，如表中左直线所明，证此无相所显之真理（即法性），谓之根本无分别智（以无诸识之自性分别也）。故根本智空相而证性，复从根本智而起后得不思议智，则能真实通达诸法法相，以证真如，乃能了知法相惟依众缘所起唯识所现而非实故！

如前所言，在常识上必先有名物，而后有事理诸法，终乃了知心法，但观法相则知一切名物皆假，此犹知解边事，所谓讲到非证到，诚以未改常识，则恒觉先有名物，不知其假，适与法相观相反也。若能改变常识，先观法相，了知一切名物是假非实，后观唯识，了知法相唯识如幻现，离相亲证法性，然后真见法相，即到大乘初地境界。从根本智起后得智，二智久久修习成熟，不假功用，常得现前，即至八地，过此至于成佛。一念之中，如理如量（如理智即根本智如量智即后得智），事理不二，性相不二，时时相应，于见无量差别法相而证无相平等法性，即为诸法中道实相，即为法界。初证法性时，乃无相空性，能所分别皆空，至八地始证性相不二，佛地四智圆成，故能究竟实证性相不二之法界。

表中“法界”下以虚线联于“世间”，以明法界非虚玄之称谓，乃即世间是法界，等而至于有情身，无情物乃至一心一理一事无非法界，以性即相中所显现，相即性中所建立，故差别即平等，平等即差别，所谓众生及国土全露法王身，是故一一法皆现法界性，一法统摄一切法，一切法普遍一法，故每一法皆法界，禅语所谓拈一茎叶作丈六金身，将丈六金身作一茎叶，皆无不可，譬如一刹那心之视觉现起（即一瞬之视觉），其功用亦遍法界，以事理心三法不能相离，同时而现，是以一现一切现，亦即一切现而一现，推而至于一色，一声，一香，一味，无不性相具足，皆全法界。是故一一皆法界，是为究竟法界观，穷了性相不二之法界，亦即圆满的法界观，是为佛学的宇宙观！

兹以华严教义五重法界，比例前说：

（1）事法界　　即前之观事理心三法之法相实在，而空诸集合之有情身及无情物，与复合之世间宇宙。

（2）理法界　　即前之由法相唯识观，以空无量差别法相，而证无相平等空性。

(3) 理事无碍法界　　即前之性相不二，理事不二，以无量差别之相皆在性中建立，而无相平等之性皆在相中显现。

(4) 事事无碍法界　　即前之即性即相，观世间乃至一一法皆法界。

以上四义，皆可依言说安立，谓之安立谛。

(5) 一真法界　　即前所谓穷了性相不二之法界，为圆满之法界观。

此一真法界，非可依言说思想安立，故为非安立谛，以诸法本真，本来如是，不落言说故，法之研究，姑以此为结论。

(二)人之研究　佛学上所谓“人空”“法空”，实则人空非单指人类而言，不过以人代表一切有情(即有情身)，或称一切众生，以

(二)人之研究

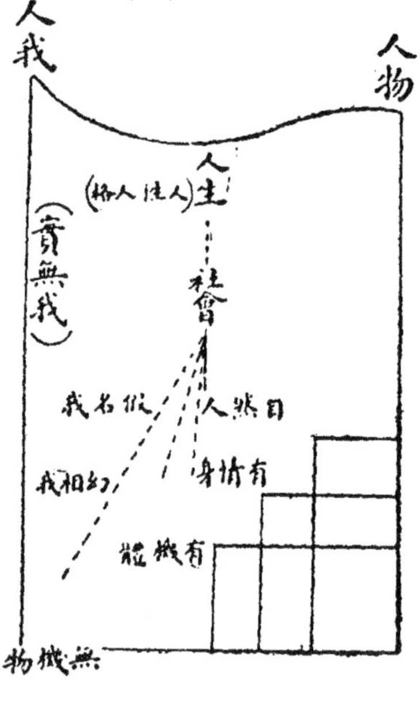

释迦牟尼佛现身人中，不妨在人言人，就人类而立说。今之研究亦然，亦以人类为范围，而从切近之人生问题下研究，成为人生哲学。人生既明，则一切众生亦可推类及之，故人生哲学之范围与人空同。

表中最下第一横线“无机物”，第二横线“有机体”，二者即前法之研究中之无情物，以其皆为事法理法所结合故，在此分之为二以便说明。一者无机物，又可分为二种，其一最基本者，如化学所谓原素，所谓九十二种原质，其二化合者，如空气、矿质、水土等，二者有机体，即较无机物略进，须以无机物加有机组织而成，虽为一体而有各部分工合作之意义，如草、树等，叶司吸收生活素，乃至根，干，花，果，各有作用是。又有新陈代谢之遗传，如树至结果，老树萎谢而新芽茁生是。有机体有此等意义，故较无机物为高一重，无机物最简单，有机体则加复杂，表中于二者之间以直线联之，以示有机体包含无机物，又加其特有性质而成也。虽然，二者乃组织不同，非性质不同，从单纯之法相观言之，无机物与有机体均为事理二法组成，仍无心法要素，以较有心法之有情身，则又迥然不同，故二者均属无情物。

第三横线“有情身”，内典亦称为有根身，如鸠摩罗什译六根为六情，以根能发识，——眼根发眼识，耳根发耳识，鼻根发鼻识，舌根发舌识，身根发身识，——故有根即有情。但意根（即末那识）属于心法，前五根为色法，均以发识而有根义，故有情身有心法合成要素，较之无机物及有机体（无情物），非仅组织不同，实为性质不同！表中以直线联贯之，亦示有心法者包含无情物而又超出于无情物之上。至平常所称动物一语，与有情身同，但其义较混，不能如有情身一名之能具体表现。

第四横线“自然人”，人亦有情身之类，即动物之一，惟于“有情身”上再加意义，如称“人性”“人格”（见表），义即自然人特有其性格，亦见人类有其特殊之地位及意义，而在一般有情身之上，兹故另列。略言其不同之点，则人皆直立，而有情身类皆非直，故内典称余有情为“旁生”或“横生”。又动物单靠生来身体而生活，无创造力，人类则否，行时只用两足，而余两手可以作事，故衣食住多以自力制造，而非纯赖天然素朴之物，人类富有工作创造之能力，以谋供给其需要，即显然与其余有情身不同。佛典亦云人类最有造作能力，其余有情身类皆受报，但人能造业，且以富于造作能力故，知识因以发达，既有语言以达意，又能创造文字以代语言，而排除空间（远地）时间（将来）上之阻隔，其所造作，蔚然成为学问，知识，文化，道德，而代相遗传，犹之个人之衣，食，住等之生活财产之遗传于子若孙然，此则尤非一切动物所能者。取要言之，形状竖立，以手工作，能力富于创造，心力富有知识，皆显然异于群类，故能自达其所欲达之目的，自觉其所应觉之趋向，善能变化，不纯受自然力之拘束，是以人类在宇宙中，实为万有之中心，故特列之。

表中右直线“人物”贯于四横线，若言人亦是一物，故有“人物”之称。譬如从化学上研究，人为十四种原素而成，内典则谓地、水、火、风，四大和合为身。由是以言，人实等于无机物。若在生物之生理学上观察，则人亦有机体，如树之有根、干、枝、叶、花、果，而为呼吸消化生殖等作用。至与有情身比观，人在自然界中亦一动物，饮食睡眠男女，贪生怕死，乃至一切生活运动，受环境机械的支配，皆与动物同。若谓业报不同，则水陆动物，移地则死，亦因业报不同。且人之不能潜于水，亦如狗之不能潜于水，若谓形相有异，则牛固与狗异，牛狗又与鱼鸟异，乃至非其类者莫不异，皆不足据以为相异之点！故从自然科学，化学，生物学，动物学等观之，人亦自然界中万物之一，一切万物同受机械的因果律支配，人亦同受支配。譬之自然界如机器，其中无机物，有机体，有情身，自然人等，则如机器中一部分之机件，以其同受必然之因果律所支配，动则随动，莫之能外，且可以科学方法研究出其“变化公式”，人之活动，实等于风吹水流诸活动，故人实机器性之自然物！如唯物论哲学所明，一切基本皆无机物，其有植物，动物，乃至人类之分者，以有力故。力者，质之活动，人则活动至于灵妙而已，初无所谓精神或灵魂也。至行为派心理学，仅认人为有机体，更不承认心法，可称为取消心理学，所谓心理现象如意识等，无非受刺激而起反应，例之物被风吹而摇，眼被光刺而眩，故将意识、精神、灵魂等等，根本推翻，此等科哲诸学，类皆以人同受物理变化而与一切动植无机等观，亦未尝非见一边之真理。故近世科学的人生观，亦仍有一边之真理，但必能融会中道，始得人生之真相耳！

中行直线“社会”，社会以人为主，若以自然科学之视人同物，则社会亦可说为物质的，譬之家有家室家产家畜，国有领土及动植出产，推而至于世界之大，无非包罗各无机物，各有机体，各有情身，而以人为主位，虽称人类社会，亦有动植诸物为要素也。倘以人有精神作用而言，则社会复可说为精神的，而不必基于物质条件，如异地之人，虽至远隔天涯，而以同心同行故，亦可以团结而成一社会，又如尚友古人，则精神相通亦有团结之义，故可称为精神的。

自然科学以人类同在物理支配之下，而视社会为唯物的社会。盖以泰西十九世纪，唯物思想独霸一时，故其时社会学亦唯物的，如唯物史观谓社会变迁，乃依人之物质生活，经济状况为基本，苟生活与经济变化，则社会随之变化，人之社会遂等于无机物之受物理支配，而成为唯物史观或经济史观之社会学，是皆一偏之见，其说明只在唯物一边。最近科学不然，如相对论物理学言物质一概念之构成，纯为众多关系（因缘）而来，否认实有物质存在，量子论说明力合为质，而否认力依质有，恰将十九世纪唯物旧说推翻，此等学说，吾华知者尚少，以译本多十九世纪旧籍，故犹封蔽如未闻，但此最近学说，虽能打破旧说，而说明一面真相，要亦一偏之见而已。

自唯物科学发达以来，否认有精神之存在，而成为机械人类观，所有灵魂，神我，或精神自我等统被打破无余，绝对否认，佛学亦尔，所谓空诸"我执"一语，即在破除神我，自我，及灵魂等观念，绝对否认人之身中有固定不变，永久，常住，单一的自我存在。苟有我执，即成"常见"。但自然科学等以机器方人，而打破神我等"常见"，以其所见只有物理故，则执人至死亡，不过仅有所余物质存在，而无精神活动之继续，故又成为"断见"，是皆与真相相反。佛教小乘人，一般愚法声闻，其观察与科学略同，以为人者，四大，五蕴，十二处等组织（和合）而成，即是惟有诸法（如物质原质），而神我自我皆空，再见刹那生灭，而修无常，无我，等观，其无常观，同于科学万有皆动之说，无我观亦同于但认质力之物理。然其见理虽同而趋向有异，盖愚法声闻以自身为对象，见四大五蕴等之生灭而观无常，无我，虽以不明法相及法空理，尚有法执，但以我执既破，其因我执而起之贪、瞋、痴等烦恼，已根本消灭，故得解脱生死轮回证罗汉果。至科学者，不反观自身以破除俱生我执，但观自身以外之人类动物等，既无精神存在，譬诸土木，可以应用科学方法，鲁莽从事，以对矿物者施诸人类施诸社会，消灭宰割而毫无不忍人心，以求发展一已之我（俱生我执）。充其意似谓“唯我是人其他皆物”！此十九世纪之偏见，生于人心，人皆自期优胜而奋斗，实则难免对方反抗，故演成私人乃至国家与阶级之斗争，是故无常，无我之理，小乘与科学之观察略同，其结果也；一则以之斗争，一则以之解脱，是不可同年而语矣！

兹以大乘教理观察而言：不主张决定有我，如印度昔日之胜论，数论，瑜伽等派学说，皆认有独立常时不变之我，近日太哥尔亦云：人者，一方面立在宇宙法则支配之下，一方面又有独立的精神自我，虽全宇宙的压力亦不能屈服之，故皆欲寻求最根本之自我而得自由！在此点上（真实之我），认为每人及每一动物皆同有此之我执，表中左直线“人我”即此义，佛法则认作妄执，而一一破除之，故人我线下注（实无我）以实体之我无故，谓之“人空”，故佛法大小乘经皆破实体自我而明真实无我，表中“有情身”，“自然人”，旁注“幻相我”及“假名我”，即明无实自我而有幻我假我之意，良以动物以有心理现象（即心法），故与植物不同。每一有情，皆有八识及其心所，此中第八阿赖耶识，虽刹那生灭而一类相续，是以似常似一，受薰流转，幻成我相，故每一有情，得以统摄其一期报身而不散。同时第七末那识又恒时坚执此虚幻我相为实自我，基此而起第六意识，故有情莫不带有“我”之性质、精神、意义、色彩，是故有情世间，虽无实我，但以末那迷谬，认幻为实而成我执，遂以求自我之保存发展而起“贪”，彼此冲突而起“瞋”，不明我幻即为“痴”，恃之自高而为“慢”，故有一切非理的感情作用，人与动物，莫不皆然，则皆此“幻相我”之为祟也。及至人之阶位，则更有“假名我”之产生，盖以语言文字增上作用，成为种种概念，建立种种名字，又以各人观念不同，认识不同，我之意义及价值亦随之不同，幻相我与生俱来，末那所执，名为俱生我执，假名我由分别生，意识独有，名为分别我执，又以认识不同故，人各有其我之定义，略言之如谓身体是我，受苦受乐者是我，辨彼此是非者是我，能造作者是我，乃至知识是我，推而广之，如国家学谓国家有独立主权，亦即我义，乃至一神教谓宇宙亦有独立之我，如上帝之类，凡此假名，皆依幻相推度而产生，可见心法有无情器攸分，有情世间，与物有别矣！

一切动物，求自生存，残害他物，其心理之贪、瞋、痴、等现象，见诸行动，至于人而加厉，更有假名我以为团结工具，其志趣同，行为同，乃至思想，信仰，力量同者，所谓天涯比邻，虽远而合，其不同者，所谓肝胆楚越，虽近而离，是故社会组织上，不能不承认精神势力之伟大也！

夫物质生活之需要，固所尚矣。若遂抹煞精神，而以经济（物质的）支配为已足，必至纠结滋生，彼思想简单之人，以为社会者，衣食住行而已，男女性欲而已，解决之固易易，此种观察乃大谬不然！试思古今大战之起，其主动者，决非迫于冻饿之人，盖彼志在谋衣食之流，纵迫饥寒亦为鼠窃狗盗而已，乌能兴风作浪，为祸天下！然以饥馑疫疠，流亡者多，野心家得此机会，思所利用，揭种种名义以为号召（即利用假名我作祟），以偿其争意气，争体面，争光荣，争领袖之欲，微特不为衣食之谋，且可牺牲一己之财产身命，从事于此。故谓社会问题纯属物理，思以经济支配力以解决之者，实为不见人生真相，只知一偏之谬论。盖社会问题变化，物理固大，心理亦强，自我之贪、痴、见、慢、常伏动机，相互之恩怨冤亲，尤生关系，若不观察明晰，妥善安排，太平之期，不几绝望？此谈人生者所当注意及之也！

佛法打破实我，而以四大五蕴诸法说明无我，小乘遂起法执，认定实有诸法及无我理，将幻相我假名我消灭之，以成其解脱。大乘不然，真无我之理既明，其事实上之幻我假我即不为所惑，幻则明其为幻，假则明其为假，所谓还他本来面目，固不必改造消灭之，以其明了无惑即无颠倒，譬如合土地人民制度等等而名之为国，则知国为假名，非离土地人民制度等等而别有，不过土地人民制度等得“国”之一名以统括之，故假名亦有假名之用。最近科学亦见及此，以为凡名乃思想言说上之一种便利，有杯于此，色白而圆，中空而有容量，得此假名，名之为杯，则诸法相概括无余，便利孰甚!?但不惑为实在而已。大乘以人空理观一切有情，“真我”是无，惟有似常似一之阿赖耶识及余心王心所，是为“唯识人生观”，明此似常似一之幻相，是识非我，故末那不起误执，意识亦除我见，即人我空（即真我之见消除）而证人空所现真理，从人空所现真理，乃能显现幻相假名之作用，如前所言，阿赖耶识虽刹那生灭，而展转薰习相续不断，故能从幻相我上觉知人生固非一成不变，心法变化上皆有改善之可能，只在破除迷谬希望觉悟，人皆可以向上渐增渐进，希贤希圣乃至成佛，而且对于人生的社会，亦可从假名我上见到有改善之希望，与进步之道路；譬如一家一国一民族，乃至宇宙无非和合似一，相续似常之团体，此种相似常一之团体，皆以人为主位，可见每人皆有社会性，社会之构成，皆借种种关系集合，及人的活动力量，故人对于社会皆有构成性，人与社会关系密切，故谈改善社会，须观察人的一方及社会的一方，而后善恶利害可辨，不为一己而谋福公众者善也，损害其他而自图权利者恶也，善为社会利而恶为社会害，害所当去而利所当作，非可由个人压迫或残害其他之人，亦非可由一部分压迫或残害其他部分，而后社会乃得由此互相交遍之精神，而成功为蒸于善利之社会。

上来“人物”“人我”二义，皆见一偏，故成妄执，妄执者遣除之，合理者收集之，而归纳为人生之观察。盖人生者，包括人之生活生命，虽不离于物理，亦非完全受物理支配而有相当自由者也；譬如醉人，为酒（物理的）支配，乃呈晕态，但能自由不饮，即不受酒力支配，人有心法，故有选择判断动作之自由，可以转移物理，是故人生非物非我，即物即我。

人与他物之区别为人生性，即人之特性，如百法所明二十四不相应行法，众同分中，人有人同分，同分者类性之义，人同分即人类性，此人类性可以概括人之一切而具体表现“人”之不同，以有人性支配故，故人之物理关系即非凡物之物理关系，其心理亦系人的心理，是类性上即可显有人性。若认人之性格即人格，则人生之义即包含人性人格，其关系有物理的及心理的，故人生有其意义，有意义故有价值。以佛学言，人在宇宙间，一方面与一切有情随业受报（即自然力支配）等无有异，又一方面则人之特性，富有造作，思想，觉悟之自由自动之能力，故可凭自力认识“人空”“法空”所显真理，而改善个人、家、国乃至全宇宙，此为佛学上人生之意义与价值，人各具有，当视各人之心理为出发点，自由活动，改善向上，有此自由创造活动之力，故有其丰富之意义，与广大之价值，而人生之希望亦无穷，人之研究竟。

兹请总结一语，证明“人空”“法空”所显之真理，达到宇宙人生究竟之至善！

爱恩斯坦相对论与唯识论

昧　　盦

爱恩斯坦为当代最大之科学者，以相对论著闻于世，顾其说号称难解，英国人汤姆生尝论之曰：

"爱恩斯坦学说之特点，在置吾人于未有空间时间特质诸念以前，以至于最原始之真体，即吾人本之以构成如是之空间时间物质诸念者也。今请揣其本而言之，其说自易明矣。试设一羌无经验之灵性，忽焉置之于斯世之场野，其最初所觉察者，即此场野及其中凡物之全体。吾人且将设此灵性为人类之灵性（在人说人不限于人），少顷始能辨物，随即辨认此场野之一部与其他部，且将觉其本身与此场野为二物也。又设此灵性具有躯体，以为其致思之中心，于是始有彼此之分辨矣。使此灵性适见一花，花中有蜂，花之与蜂，初为一浑然之个体现于彼处耳。有间，其蜂飞出而集此灵性之手，则向之个体一部，昔在彼而今在此矣。又使此蜂螫刺其手，则其事之发生，必在此蜂与此花合为一体之后。此也彼也，先也后也，空间时间之观念于是起矣。且此手中之蜂，原在空间者也。使其悟此，则物体占空间与时间之观念，由是生焉。盖空间有不同处，时间有不同点，其理一也。如是推之，物质之概念亦成矣。"

此其知识论上之空时物质缘起说。虽未逮"藏识"缘起说之深密，亦庶乎近之矣。其云"最原始之真体""羌无经验之灵性"，今可译之以"藏识"。"忽焉出现于此，其最初所觉知者，即此场野及其中凡物之全体”，则“藏识顿现器界根身”也。“觉其本身与此场野为二物，则“末那”执“藏识”为“内自我”也。设此灵性具有躯体，以为其致思之中心，于是始有彼此之分辨。则第六识依萨迦耶见所起我我所之分别也。过此以往，前六识分合以了其别别之境。彼花也，蜂也，此手也，蜂之先在花而后来手也，则物体与空间时间皆炽然现前也。依兹物体，离而析之，空不同处，至极微处，时不同点，至极微点，于是而物质之分子原子电子等概念始成立。故溯爱恩斯坦相对论之本以穷其末，实与唯识论符契。而彼以电子原子为本之唯物论，适与之相反而本末倒置焉。

唯识答辩类

答黄觐子问

太　　虚

问一、八识之中，第六是意而第七末那为意识所依故亦名为意。若然，则六为能依，七为所依，即与眼识之依眼根，耳识之依耳根无异，何以六名识而七亦名识乎？

答一、梵语“末那”，此译为“意”。八识中第七识正名为意。意者，恒审思量是也。第八恒而不审。第六审而不恒。前五不恒不审。唯第七恒审思量，以执第八见分为内自我体，故名为意。克实言之，第七第六俱名意识，以恐相淆，故第七存末那之梵语，而不译为意。然立名虽同，而义还有异。第七名为意识，是持业释，意之恒审思量是第七之业用，识之了别，是第七之体相，即用此第七识之业，标第七识之非他识，即用显体，即体持业，意即是识。第六名为意识，是依主释，犹夫眼识依眼根，故名为眼识。第六依第七为根故亦名意识。根者，胜增上缘，有依如发属助五义，依意之识，意助之识，属意之识，意发之识，如意而转之识，故名意识。意之与识，二各有体，用其所依胜增上缘之根，标此第六非是他识，故与第七即意是识而名为意识者义有异也。第七之为第六识根，正如眼耳鼻舌身为前五识之根也。然第七识自体是识，以复为第六识依助属发如之根故。又名意根，但在意根一名，又有三义：一者即第七识独为第六胜增上缘，复通为前五染净依，即第七未净，则前六皆染，与第六之如第七而转同，复与赖耶为俱有依，有则俱有，第七不执第八为我，第八即舍赖耶之名，故第七识偏名意根。二者八个识之等无间缘，通名为意根，此即自体是意根也。三者在隐秘教，但说有六识而未说有八识者，所云意根，即隐含第七与第八二识，此通常说六识六尘六根之意根也。

问二、如来一代时教，天台贤首均判五时，独慈恩宗则依深密等经，判为三时，而以最初华严判属第三时，本在方等之后法华之前之般若，却又判属第二时，种种不同他宗之处，果何据乎？

答二、慈恩依深密等判为三时，所谓有时空时中道时者。时者时义，非指时代，此中亦有顿渐不定。顿教不历三时，从始至终皆中道时即华严是，在不定教，亦不定历三时，或从有入中道，或从空入中道，方等诸经皆是。唯约渐教，乃历三时，初从依他起性秘相而说，对治凡夫断见，说续有情，建立人天因果。对治凡夫断常二见，说惟有诸法而无我，建立二乘因果。次乃依遍计执性，说毕竟空义，淘融执见，解除法缚，在经正指般若诸部，然后会归前二性显圆成实性，令入中道，在经正指深密法华等部。盖在顿教之机，从始至终，皆闻华严，在不定机，从始至终，皆闻方等，亦有始终。唯闻阿含教机，亦有始终。唯闻般若教机，亦有始终。唯闻法华教机，唯不定教中有一类从小入大，从空入中之渐机者，乃历此三时耳。故天台之判五时教，亦有通五时以融之，阅教观纲宗可知矣。

答王容子居士问

太　　虚

容子居士净鉴：得元白居士来翰，知居士潜心佛法，欲精究唯识，以成妙观。甚见志道之笃而择门之专也！略贡所习，希借览焉。考唯识五观，最注重者，乃在遣虚存实与舍相证性二观耳。中间三观，特简菩萨智中之微细淆讹而已。欲成观智、先明理趣。欲明遣虚存实舍相证性之理趣、当审究三性之义。何谓三性：一者遍计所执自性。此即第六意识依第七末那为根，执宇宙物我等一一法为实有自体。乃五趣二乘之凡愚有情共有之虚妄执箸，此即所当遣除之虚也。二者依他起性。乃了知假实色心有为无为有漏无漏诸法一一皆展转互相仗托以为因缘，而悉由识心，分别显现，了无离识心外之实有物。所执为宇宙物我等之实有物，但是意识所取名言之境，唯有假名，都无自体。若如是知，则顺实相，此即所当存留之实也。准此谛理，一遣一存，相为剀切，安住中正，由比量之假观，入现量之真观，是为最初唯识观成。三者圆成实性。由第一观更进一步，舍离一切识心变现名言境界，而进观即心自性之离言实性。由之证入本来圆满，本来常住，本来清净，本来成就一切功德之真如心，是为究竟唯识观成。此唯识观，皆中道观。一入现量，便成祖佛。下手极分明简易，彻体无淆讹过患，诚有智者所当勤务者也。至上生兜率净土之法门，有弥勒上生经及兜率龟镜等书，居士当能自寻览之，可毋庸赘述尔！专此顺讯道安。释太虚和南。

关于唯识之问答二则

太　　虚

其一

（一）种子亦刹那生灭相续者，而种子又有“长时不起现行者”，使非种子自类前引后生，则前一刹那种子灭，后一刹那不能续生，种子何能长劫恒转不断，故因缘应具“种引种”之义。

（二）前种所引后种，全与前种相同等，至经过现行熏习，则或有新生起者，或于前种有熏增者，故有不同。（增上缘违熏更有熏减熏断者）

（三）推观极远之边际色曰极迥色，析观极微之边际色曰极略色，同属假想色曰体无别，推远析微不同曰义有异。

（四）现引现属增上缘所缘缘等无间缘，非属因缘，故因缘中简除之。

（五）他心但托为本质，为疏所缘缘，不为亲所缘缘，不惟他心，即自身“他识”（例如意识缘眼识）亦然，其亲所缘缘，则仍为自识托变之相分即已！

（六）百法五位乃通约一切有情以统计者，非专属人类，亦非各各皆具，若根若识若所等多有减略不全具者。

（七）可于前条所答意会之。

（八）所喻近似，然触食通六识触受六尘，意思食为意识之希望。

（九）独影境惟是意识之亲所缘缘。

附某君问辞

（一）因缘具种引种种生现现熏种三义，夫种既生现，现复熏种，二法递转可至无穷，具斯二义，为用已足，何以又有种引种义，又前种既能亲引后种，则后种何用现熏，现行既可熏种，则后种实待种引。

（二）种所引种与现所熏种为同为异。

（三）金陵刻《百法明门论》，昙旷义记，四卷七页，谓"极迴色与极略色体虽无别而义有异"（据原解似无有异）其异何在。

（四）三法二种，何以简除现引现一层。

（五）他心在吾识外，能为吾之所缘缘乎？（注《观所缘缘论》者有缘他心之说）

（六）百法五位，有情皆具，抑专就人类而言。

（七）凡属有情，具有八识义不违，然下等动物，官觉或阙，则前五识且不全，及心所何以能具感觉运动，有极简单者，如蚓如蛆，是否能具五十一种复杂之心所。

（八）唯识论，有触食意思食之名，以为触食，如刍豢之悦口，意思食如义理之悦心，当否？

（九）独影境是亲所缘缘否？

其二答善因问：

问：五遍行心所，是否属现量所摄？

答：且看是何识之五遍行，如是第八识及前五识之五遍行，是属现量，若是第七相应，则属非量，若在第六，则通三量，待临时方定。

问：现量是否要离念？

答：夫经论中所谓离念者，是离三界有漏心心所之虚妄分别念，非是完全不了知如无想定等，且无想定等，亦非完全无心识，不过伏灭前六识之心心所，而第七第八二识之王所全存，不得谓全然无想。

不宁惟是，即无分别之根本智，此五遍行四别境（除慧以慧即智是主故）十一善法及心王（因中或六或七心王果上加第八心王）犹完全相应不减失，假使此二十一法都离，则完全消灭矣！何能谓智谓明谓菩提哉！故知经论所谓离念者，即离虚妄分别而已！非连无分别智相应心心所等亦离去也。

问：无分别智，以何为主？

答：无分别智，以无漏慧心所为主，余皆属伴。

问：禅定与参禅两名辞，其工夫固知大别，而两个禅字，似亦不同，谓一是定而不思，一是思而不定？

答：两禅字不必别，以参禅虽是思惟参究，而禅定亦非全无思虑，不过但守定中之空寂静虑，不同平常粗浮乱想而已！且此空寂静虑时，其五遍行四别境十一善法及心王，亦皆趋于定心所，非谓定中全无一切如木石而已！

问：真现量不许拟议，如有问曰，吃饭否？而答者随诺，不涉拟议，斯是真现量否？

答：非也，以此际虽未拟议，然往昔实从拟议比较计度过来，不过日深月积，相习成性，似乎未涉拟议也。而实则非真现量，乃似现量也。或名世间现量亦可，盖真现量，惟是圣智自证境界，非言说所能形也。

问：世间随问随答之语，既不可为现量，然诸大善知识，在法台上或他处之随问随答，其不涉拟议者，斯可算是真现量否？

答：亦非真现量，以彼此际虽未涉拟议，然往昔亲证现量后，亦曾用诸法比较其正误，以故一经直问，遂能正答，且问者开口至语落时，已历许多刹那，答者何能将现量境界一直道出，故曰第一峰头，不容话会，第二峰头，略可商量，但此种答问，如果从真现量中来，亦可算是道理现量。

问：近日所谓感觉，似即五遍中之意触，是否？

答：感即触，觉即受。

问：第六定中独头意识，可算现量，然率尔意识，既未明证众境，何得亦算现量？

答：现量有二种，一者观行智证现量，具遍行别境等法，在定中独头及无漏智是。二者世间现量，但有遍行五法或痴等，无念慧等，昧然若无所知。即率尔意识及有漏前五识与第八识是。古之开悟者，如香严等，皆因平日常修习定慧心行，同时意识一旦忽然与慧心所相应，即得一刹那之现量智，此现量智，观行位上，虽偶暂观，然功力未充，如闪电而已！若得初果，或登初地，则成证不退也。

问：此二种现量，其区别何在？

答：世间现量无定慧等，虽见闻如未见闻，观行现量（即定中独头）有定慧等，所以能了了常知，若智证现量，则同明镜，了然无忘矣。

见相别种辨释难

太　　虚

难曰：妄执火体实唯有一，则一世俗体可有无量世俗用，宇宙万有尚是一体，何又谓诸灯别体耶？

释曰：汝云何知妄执火体实唯有一，及执世俗体一，乃至执宇宙万有一体耶？

难曰：原文说故，如原文说，可别种生而体一者，若光热别种而生一火体。

释曰：原文不说火体实唯有一，为证不成，一世俗体，宇宙万有一体，更非原文，既非原文，但出妄计，推妄计还妄计，让妄计破妄计。

难曰：与外道之唯一因生一切果何以异？

释曰：汝云何知唯一因生一切果耶？

难曰：原文说故，如原文说，可同种生而体异者，若光光同种而生诸灯体。

释曰：原文不说，唯有一因生一切果，为证不成，既非原文，但出妄计，推妄计还妄计，让妄计破妄计。

难曰：然则原文所说体一，一火体，体异，诸灯体，此依何义以名体及说一异耶？

释曰：能喻之火体灯体但世俗名体，四重世俗谛中属假名无实谛，如瓶盆军林等，喻在易晓世俗，故取极浅俗义以立，亦犹汝说火体之喻，所喻之一体异体亦世俗事体，四重世俗谛中属随事差别谛，如从九缘生一眼识及一意识通作前五眼俱意耳俱意等，故一火体与诸灯体，但依三假相以名体，不得执是实体一异，汝知“火等诸喻皆不极成假说共体体实是无若实有体不名唯识”，此何不许。

难曰：然则原文所说别种，光热别种，同种，光光同种，此依何义以说种别同耶？

释曰：此依十八界中色尘界（光）触尘界（热）界别，以说种别，复依色尘界同，（光光）以说种同，四重世俗谛中亦属随事差别谛者，汝计火之光热种别而体亦别，定别不许假名体一，世间应无火之假名，以世间火名但依和合假体施设故，汝计众灯之光体别而种亦别，定别不许无形种融，种子应同灯之形别，以灯光众多但依别别假形施设故，今此能生种别而不坏所生之假名体一，故虽光热种别，得随世间名火，有和合假体故，众光灯异而不妨能生之无形种融，故虽众灯形别，得言光种是同，同色尘界种故。

复次：一聚一聚和合假体形别，此火之名但名此火，彼人之名但名彼人。故无世俗同一体过，若不许和合之假体形别，应有宇宙万有一体之过，一界一界无形自种能生，色尘界之光种但生于光，触尘界之热种但生于热（犹汝所说各各势用有各各功能或种体为之因缘此若外道汝应外道），故无一切唯一因过。若不许能生之自种无形，应有因中先有万物之过。

难曰：体用二义，本唯二重，开为四重已是方便，不料益务支离，重开为十六重。

释曰：若执定唯二种，应亦不得开为四重，不执定唯二重，亦应得开为十六重，开为四重信亦方便，奈诸迷者犹生谬执，故更方便开十六重，彼既方便，此何不然？此若支离，彼宁不尔。

难曰：二取三假，非即能所现行中之相见乎？须此“世俗用用”何用，实相真性，非即二空真如中实相无相乎？

须此胜义体体何用，“世俗体体”“胜义用用”亦同此破，若“世俗体用”与“胜义用体”亦已包于“世俗用体”云云。

释曰：此十六重，义趣繁广，既对粗心，难为细说，约言少分，以示大要。世俗用用说有漏取，胜义体体说非安立，世俗体体说有漏体，胜义用用说无漏用，世俗体用说有漏识一切种，胜义用体说无漏一切种识，世俗用体说异熟识及七转识，异熟所缘根身器界，即在世俗用体相分中摄，胜义体用说实相之犹带无相二空智言。

复次：说用中体以包本识假体，可见尚有本识假体隐未显说，说用中用以包自证假体，可见尚有自证假体隐未显说，即此说有未尽，故为方便开遣。

复次：所言同种别种之异，颇见学解有进，然安慧见相分是遍计无，譬如龟毛兔角，既不应说龟毛兔角同一种生，亦不应说龟毛兔角别二种生，是无法故，故更应知相见种同别之二说，无关安慧，但是许相见亦依他有家自有此之二说，故述记云：“许有相见二体性者，说相见种或同或异”，又评：“故相别种于理为胜。”

复次：所作驳斥四大段，已知自语失检，复知犹有其余可驳可攻之处，足征虚己求解，智无留滞，佛法大海，不以意限，前观所作，颇滋众惑，逐句辨别，益费闲辞，乃略言以遮止，亦假说之方便，若蒙谅心，愿同法喜，必图快意，任相诤论。

复次：原文“近来欧阳渐之徒景昌极等，自兴相见别种非别种之诤”，措语过重，不无愆尤，特此申谢。愿息嗔心，如嗔不解，请诵菩萨戒本。

复次：本社应时对机，每多权巧，设言施语，不居故常，前后相寻，岂无舛漏，唯要不渝令世人于佛法生正信开正解之旨而已。

复次：对于欧阳居士之重刻大藏经序瑜伽师地论序真实义品序等，实深钦重，即对于王君恩洋之佛法非宗教哲学佛法与外道之差别及其根据，大乘非佛说辨与缪君之唯识今释等，均表推重。惟对于操戈以图内乱之举，不能默尔，稍为设遮，君等乍游佛法之门，能执利器（名相分别）以防御邪外，固所乐闻，若将深入堂奥，则当舍干戈而从容趣入之，未应持械以冲墙倒壁为事也，否则增自之惑，益人之迷，两害无利，何取多言，质之君等以为何如。

附景幼南先生难阅见相别种辨来函

（前略）贵社云："可别种生而体一者，若光热别种而生一火体，可同种生而体异者，若光光同种而生诸灯体"，于兹可见贵社中人不但对于同种之义未能了解，即所谓别种亦茫然未知其是何旨趣也。（极）文中虽取火光等喻，然尝郑重声明云："然此诸喻皆不极成，假说共体体实是无，若实有体不名唯识，一切皆以识为体故，善会其意斯在阅者。"

不意贵社阅者误会其意，妄执火体实唯有一，其令人有不可理喻之感，夫现行之火有火之大种为增上缘，使火之色声香味触之诸造色种，得以现行，亦犹瓶盆有地之大种为增上缘，使瓶盆之色声香味触之诸造色种，得以现行耳。亦犹山河大地宇宙万有之有其地水火风之种，为增上缘，而使山河大地宇宙万有之色声香味触之诸造色种得以现行耳。若谓色之与触可同一体，是则色之与色更可一体，是则宇宙万有之形形色色亦唯有一体，是则一世俗体可有无量世俗用，是则匪为道理相违，即贵社亦未能自信也。不然，宇宙万有，尚是一体，何又谓诸灯别体也。由是当知，火之光热，种别而体亦别。

至若光光同种更不知何所据而云然，将谓星光月光灯光萤光皆同种而生耶？此与外道之唯一因生一切果何以异耶？此理极浅，此事极明，不知贵社中人何以对于此唯识学中极浅明之常识而生误解，稍一读书，当能知之，毋待（极）絮絮为也。由是当知众灯之光，体别而种亦别。

上来皆就用中之体言，用中之体云者，谓尚是功能未有势用，虽未有势用，而为势用之因缘所自，对实势用，故且说为用中之体，即种子是各各势用，有各各功能或种体为之因缘，此为同种家别种家之所共认。而贵社之说，伦于外道，则为同种家别种家之所共斥。然则同种别种之异何在？曰：同种家直破二取，明相分毫无势用，惟是"义"用，或影像相，别种家偏重依他，明相分亦有各别熏种为缘生见之势用，明达法相者。苟若奘基已虽主别种而不定非同种，即非吾所必争，（极）于所作唯识今释补义一文中，已详辨之，迷谬法相者，虽主同种或同体，犹吾所不取也。

体用二义，本唯二重，何以故？以是二者无为有为别故。开为四重已是方便，何以故？体中之用，无实用故，用中之体，非实体故，此种方便，亦非竟无法师特创，护慧奘基并已开示，竟公恐愚者不察，特为拈出导人，不料贵社不察方便，益务支离，更以似是而非之二谛搀杂其间，逐由四重增为十六重，画蛇添足，一望而知。且问二取三假，非即能所现行中之相见乎？则须此"世俗用用"何用，实相真性，非即二空真如中之实相无相乎？则须此"胜义体体"何用。"世俗体体""胜义用用"亦同此破。若夫"世俗体用"与"胜义用体"亦已包于"世俗用体"之中，何以故？以功能即是本识相分，本识即是功能见分及自证分故。且本识相分非唯功能（种子）尚有根身器界现行之本质尘，不审贵社又将若何安置，乃得整齐美观，使人目迷五色，莫测高深也，竟吾师以种子无有实用也，故说为用中之体，举本识之假体而包于其中。以现行无有实体也，故说为用中之用，举自证之假体而包于其中。至若二空真如之为无相，一真法界之为实相，实相无相，本即是一，即用显体，方便说二，皆是胜义，谁为世俗，旨犹明显，奚待支离。由是可知竟公之抉择体用可谓尽善尽美，而景昌极之相见别种种，亦虽攻而未必破也。（后略）

答起信论唯识释质疑

释　　者

王君恩洋，对于《起信论唯识释》，摄为二义（一者对于起信论立论依据之审定，二者对于真如含义之解释）。以质其疑，设难扼要，立语谦冲，不可无答，先总答之：

一、菩萨造论之宗点虽立于自证心境，而所说明之一切法，上探佛智，下揽生情，非限自证心境，盖“宗”犹一国“政权集中之国都”。谓其国都在此，非谓此外无统治之全国，谓马鸣立论之宗点，在菩萨之自证心境，非谓此外无所说之诸法，盖宗点之所在有殊，则其所说明之法义随异。例同说四谛等诸法，小乘大乘，上地下地，轻重详略，有多不同（若同说无我，大乘则详法略人，同说佛身，上地则重受用而轻变化），故须慎审立论之宗据耳。质者疑指论所明法，限其自证心境，误设三难，都成唐捐！

二、起信唯识释者，用唯识显了之名义，以探释起信中同名异义异名同义所密含之意趣，犹诸论之释异门密意教，非要名义尽同，乃可引释，在唯识书，虽此名无此义（若“真如”一名不含“正智”义），或此义有他名（若“真如用”别名“正智”），然观起信中之此名，可与唯识书中何名何义相当，即引彼之名义，以释此名而显示其隐含之义。故观起信中“真如”一名之含义，当唯识书中何等之名义，用为诠释，非定令所引名句齐一也。摄论云：名义互为客。瑜伽真实义品尤详论“名”“义”之互离。虽学术上为使用名词之便利，有

“此名”定唯“此义”之要求，然言语文字之实际应用，卒难如愿，故不应执名以求义，亦须观义以释名也。质者疑必彼书名义同此名义，乃能成释，误设二难，亦致唐捐！

据上总答，所疑已不须更释矣，日居无事，姑曼衍以为辞：

吾释起信缘起，通四缘说，于释文中释熏习段，明言“具此四缘熏习力故”，何尝舍因缘增上缘而独说等无间缘耶？此由质者未能虚心毕读全释，唯阅用“有漏无漏无间相生”释“依如来藏故有生灭心”段，致生疑误，心法之起，必具四缘，则四缘皆有能起义，何独排“等无间缘”谓非缘起耶？纵云狭劣，亦不能排等无间缘非缘非缘起也。况所缘缘等无间缘但心法有，非狭非劣，正其殊胜，是能虑变之心法乃有此缘故，既起能虑变之心法，间接即起所虑变色法故，至云圣教何在？则唯识论“阿陀那识及前五识，有漏无间有无漏生，第六七识有漏无漏染不染等无间互生”。此缘生义，非圣教耶？由世第一入通达位，从有漏心起无漏心，前刹那世第一之有漏心，对后刹那通达位起之无漏心，为胜顺增上缘，亦即等无间缘，即由前一刹那有漏善心开避引导，为胜增上，后一刹那之无漏心，得现起故，菩萨心位六七识中，有漏无漏无间互生，根本无漏引生后得，后得无间引生有漏，有漏胜观引生无漏，势相邻近，引导乃成，此缘胜用，于是乎见！大抵平凡心聚，前灭后生，消极开辟，引导无力，由下而上，由漏无漏，必邻似心，为胜引导，不退菩萨心位，上上胜进，等无间缘为胜开导，唯识就异生无始染缘起，故且说因缘增上缘，此论就菩萨净缘起，以谈染净缘起，等无间缘亦成胜用，必下忍引中忍，中忍引上忍，上忍引世第一，世第一引根本智，根本智引后得智，后得智有时复引有漏心故，谈等无间缘起，宁违正理!?

至于熏习，吾虽通说四缘熏习，未别提等无间缘熏习也。然唯识就因缘目生增种子为熏习，故能熏唯前七而所熏唯第八，此论通就四缘，目凡法有展转互相影响之关系为熏习，故诸法通为能熏及所熏。（前刹那心能影响于后刹那心即为等无间缘熏习。）就其列“真如”“无明”“业识”“妄境”四法谈熏习可知也。熏习名同，熏习义异，故不能执唯识中之熏习名义责此令齐！至此论所言熏习之详义，具于释文，如有疑沮，寻文自释！

真如一名，吾亦喜五法中与正智等相对而立，名义清正，然五法名不遍大乘，而大乘教都说真如，其不立五法之大乘教所说“真如名”，则不能定律于正智对立之“真如义”。以每真妄净染相对，指真净曰：真如。或曰：真心。或曰：觉性。或曰：如来藏。或曰：自性清净心。指妄染曰：妄念。或曰：不觉。或曰：无明。或曰：凡夫心。或曰：客尘烦恼。此其所用之真如名，自兼含“正智义”在中，若未立八识教，隐含七八在意根之内也。观义释名，以其如此，释其如此，本无非五法对举不得用“真如名”之禁例！又谁能谓兼含正智义于真如即成外道论耶？起信用真如名，有时单指理体，若言一者体大谓一切法平等不增减故，有时兼指智用，若言一者净法名为真如，其言真如为能熏所熏段，明言“净法”名为“真如”。此“真如名”与“清净名”含义相等，摄论之自性清净离垢清净得此道清净（正智）生境清净（圣教）摄诸清净法，此“真如名”亦摄诸清净法，就清净义，正智真如，合名真如，亦何不可？且唯识论随胜德假立十真如，亦含智断恩德以说真如，彼既假立，此何不可？严格言之：分别但属有漏心王，应遗心所，正智但为净慧心所，应遗此余净心心所，此则五法摄法不尽。又唯识唯分别，摄正智于分别，而起信宗真如，含正智于真如。云违五法平列，俱违五法平列，许彼拒此，有何所以？若云正智真如“为无为”异，故不可合，分别正智“漏无漏”异，亦不可合。若云分别正智同有为故可合，则亦正智真如同无漏故可合，理由相等，离合何碍？至真如能熏为因缘（无漏种）所缘缘（圣教法性）增上缘（佛菩萨心及无漏现行自心等）等无间缘（前刹那自类心）所熏例知，具如释文，不限等无间缘，故来难皆虚设！

所云起信通说众生菩萨佛诸境界，非限入地菩萨心境，此不违于释旨，无须更解，质者来疑既皆通释，则起信无过如唯识等论，更何疑惑！？

虽然，起信为马鸣作，吾与欧阳居士同承认者，内院师资破斥过当，吾乃为释以通其难，实乃吾非马鸣，宁曰必知马鸣论意？唯以疑难不绝，则吾之解释亦相与无穷，有味哉！欧阳君“马鸣八地语略难知”之言，勇于攻难此论者，殆未知其难知耳！殆初得法喜，说之过详耳，日将月诸，庶几近之！

关此问题：须参阅武昌察院坡正信印务馆出版之《大乘起信论研究》，武昌佛学院出版之《大乘起信论唯识释》，支那内学院出版之《内学》第二辑。

编者志

四大种之研究

太虚法师 讲　研究部员 录
法　芳 编

（一）佛典地、水、火、风之四大种，与通俗所谓地、水、火、风有何区别？

四大种即坚、湿、暖、动之四性。种乃能生义，大乃普遍义，四大种者，谓具大种二义者唯有此四。因地、水、火、风、空、识之六界，空则大而非种，识则非大非种，余种子等则种而非大故，此四大种换言之，即四件普遍能生一切色法之物，乃带数持业释也。又此四大种体相用均大，故称大种。体大者，谓四大种普遍于一切所造色，又为一切所造色之所依。相大者，谓坚之增盛则成金石之刚劲，湿之增盛则成江海之汪洋，暖之增盛则成炉焰之炽燃，动之增盛则成飓飙之猛暴。用大者，谓坚有承载覆压之功，湿有融摄腐朽之能，暖有成熟烧毁之效，动有增长摧败之力。又四相互摄，地大内有水、火、风，水大内有地、火、风，火大内有地、水、风，风大内有地、水、火。其言地大水大者，乃就其偏盛者而言也。此四大种既但坚、湿、暖、动，非显形色，身根所触，眼识弗见，仿佛儒家阴阳，科学质力，故与通俗所称之地水火风迥异！通俗所称之地、水、火、风，乃四大种所造显形色等（地具色香味触四尘，水具色味触三尘，火具色触二尘，风具触一尘），为眼等识所缘之境，与只为身识所缘非显形色之四大种，大有区别也。

（二）四大种是种子是现行，若是现行云何名种？

四大种是第八识中所藏四大种之种子所发之现行，其所以称为种者，因四大种有切要殊胜助生根尘等所造色之功能，故假名种。实则色香等所造色各有自种子含藏于第八识为能生亲因，但须四大种种子发现为四大种后，诸所造色种子藉其资助，始得生起诸所造色，否则不生，因其对于所造色之生有亲切增上之关系，故假说为种耳。

（三）四大种为何识所缘？

色法但为所缘，心心所法通能所缘，大种（能造）造色（所造）均为色法，俱时而有，两不相离。然四大种唯触非余，故为赖耶意识身识所缘。云何为赖耶所缘耶？此识缘境有其三类：曰一切种，曰有根身，曰器世间，总称第八之执受处。执受各其二义：执二义者，一、摄为自体义，二、持令不坏义。受二义者，一、领以为境义，二、令生觉受义。第八缘一切种有执之二义，及受之领以为境义，第八缘有根身，则四义俱备，有根身大种之所造，不离大种，故大种亦为其所缘，第八缘器世间有执之执令不坏及受之领以为境二义，器世间亦为大种所造，故亦为赖耶之所缘。

云何意识所缘？此意作用力强，能遍缘十八界及三世有无诸法。虽然，意识缘境，有其二种：一、同时意识缘境，谓与前五识俱时而了别色等诸法。二、独头意识缘境，谓不与前五俱起，而独缘一切诸法，故此四大种既为身识同俱意识所缘，其名义相，又为独头意识所缘。

云何身识所缘？身识缘触，此四大种是触一分，故知四大种为身识所缘。

（四）四大种之大类区别有几？

曰：大类析之，可分为二：一者有执受四大种，二者非执受四大种。云何有执受四大种？谓异熟识不共相种熏习成熟所起能造一切凡圣色根及根依处者，是为内四大种！凡圣有情执持为体，令生觉受，故云有执受大种。云何非执受四大种？谓异熟识中共相种熏习成熟所起，能造大地山河草木丛林器世间者，是为外四大种。凡圣有情领以为境，不执为体令生觉受，故云非执受四大种。问：有情各有八识，其所变之相，胡无差别而相同耶？曰：众生虽各有八识，所变有异，然以其同业感故，所以所变之相相似。论云：如众灯明，各遍似一，斯言诚可释此疑也！

（五）身意二识所缘之四大种，有大小久暂之限量，赖耶所缘亦如是否？

第八识所变缘者，即有根身种子器世间是也。前五所变缘者，托第八所变缘之一分为本质而变缘也。第六识所变缘者，托前五尘而变缘一切诸法也。欲穷三识变缘不同，当研三境与本质相分之关系，故略表于下：

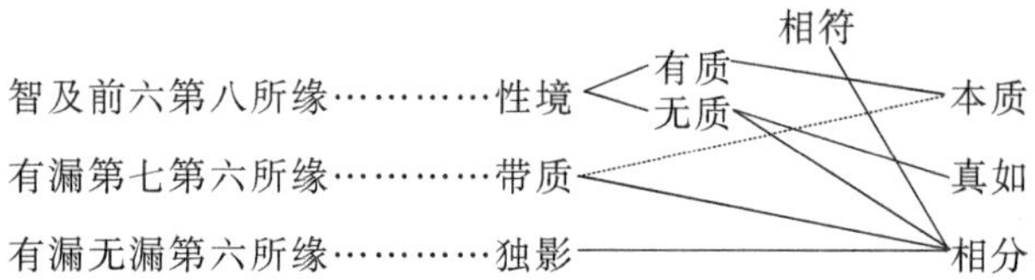

前五识所缘者，有质之性境也。即是色声香味触之五尘，此五尘是五识之相分，乃托赖耶所变缘为本质而现，然所缘相分与本质相符，故为性境。但相符亦就其变缘之一刹那点以言耳，非能与第八所变缘身器之体相悉符也！诸身器聚各自成系，能造为四大种，所造为各身器。在有根身，即为有执受大种。在器世间，即为非执受大种。第八所缘深广微细，难可测知，以吾人无无漏清净慧故，故能所缘皆非所知，金刚心后大圆镜智相应，方可了知，即为事事无碍之境，故身意识所缘，不能与赖耶所缘适如其量。

然身识所变缘与第八不同者，以身识所缘是五尘分隔之一相分，此一虽与第八本质相符，然色之一分，是眼识所缘，不为他识所缘，身识缘触，亦复如是；喻如生盲摸象，耳鼻脊腹，各取一分，虽第知一分，而此一分，确是象上之一分，故云：相符。盲者若以触知一分执为是象，则妄矣！前五识所缘之一分符本质境，第六增益认为一物，则成似带质境，堕俱生分别之我法执。故身识所变缘是各别间隔，第八所变缘则是融通交遍！

身识缘触有觉不觉之差，全不全之别，然此非身识自变独有，乃托第八之一分为本质变为相分触而缘也。故身识不缘时，第八恒缘，以第八所变之器界，不可测故，第八所缘之量，与身识所缘之量，于现器界中尚不能等，况第八尤能变缘十方器界耶？由此观之，前五所变缘者，是条然有别之五系，见不出色耳不超声第八变缘者，乃交遍之一一总系也。然非第六七识法我见所执之一一我法体，五识所缘五尘，为第六识取而别组为一系，第六恒缘，则似带质境也。此境虽似托本质，而实不符本质，意识所缘之和合相，如死物而固定，第八则活动且交遍涉入，以其顿起顿灭，顿变顿缘，刹那刹那，由种而现，由现而种，非染识可知，因其在刹那上变缘不可说，在变缘相续上亦不可说，说为生灭者，以前刹那顿灭之相，不同后刹那顿生之相故，然身器相续不坏者何耶？以有业为统系之力，此统系力令其续续生灭，相似相续，故有身器之和合相存在。然此和合相续相，乃刹那恒变，法界交遍者也。故非吾人现前意识所取之相。

然此刹那相续之相，虽地上菩萨亦不能确知，有知亦是比知者也。故第八识之境，即事事无碍之法界，斯法界至佛智方可如量证明，由斯异生第八识刹那生灭所变缘之诸法自体相，亦即佛果上之海印三昧境界，亦即佛之法界无障碍智境也。然似带质境，即意识综合前五识上所缘一分变为自识（第六）所缘之相分也。此境不符第八变缘之境，故非实有，然吾人现见之个个天地人物等相，即是此第六变缘之带质境。

近日西人科学方法，依前五识所缘五尘，在直接感觉上用第六意识之计度分别，从经验中求万有之实体，然只得意识所变缘之似带质境，及比量计度之独影境而已。何能了达第八识变缘之器界全体有根通身刹那生灭现量亲缘之实境哉？故欲知现实之真相，亦非成佛不可！

然则凡夫日为烦恼所知二障缠覆，如何能了第八之微细境相耶？佛说三藏，无非为此大事而已。然佛法无际，若不舍繁取简，将茫然无从矣！夫净慧之发，由于止观，故欲知赖耶真相，非先修止观不可！初修之时，当先以正比量智，遣除第六识上之遍计谬执，染执既空，净慧自生，以真智慧渐除诸微细障，一地二地及至金刚心后异熟空时，则万有之真境豁然开朗，显现于大圆镜中矣。故是现量，此即从华严之理法界观，及天台三观之空观入手者，禅宗之参话头，不涉解路，欲从前六及第八之现量上顿得相应，无阶级可由，颇难契入。能究唯识之教，直观吾人现行赖耶心相，本为事事无碍之佛境智，则顿依佛慧圆观实相矣。学者于是当精进焉！

对于唯识试题之总批

佛学院长

"末那十门三位与赖耶十门二位之同异"

此题所重不在材料而在条理,遇此种繁杂之思想,必得有精密之方法,乃能分析综合而组识表显之。通观诸篇,法尊于法义所得较多(密锓近之),而犹有相混。满智能分为名目及义理二纲,是其胜处。惜内容错误尚多!会觉(能学翠华性林近之)按同及异等四纲以数列举,颇有长处。若善朴之只在门名之次第上逐条言同,致皆成为同而异者,殊为不善用思。其余或得题不全,或未能做到题上,故为此篇以示方略,各人将自作一篇对观之,可知得失之何在矣。

(甲) 能诠上之同异 二

(一)形式上之对辨 四

一、同者二

(一)末那颂与赖耶颂各分十门

(二)末那释与赖耶释各分八段

二、异者二

(一)末那有三颂而赖耶二颂半

(二)末那分三位为总束而赖耶分二位

三、同而异者一

末那释与赖耶释虽同八段，然末那以（四）段合解（四）（五）二门。（五）段合解（六）（七）二门。其八段只解十门。而赖耶以（一）段合解（一）（二）（三）三门。（二）段合解（四）（五）二门。正解十门只七段。其第六段系别解触等故。

四、异而同者一

虽末那分三位赖耶分二位而皆同总束前之十门八段故。

（二）名次上之对辨　四

一、同者三

（一）末那第五门与赖耶第五门同辨行相故

（二）末那第八门与赖耶第八门同辨三性故

（三）末那第十门与赖耶第十门同辨伏断故。

二、异者十一

谓末那有出名所依自性染俱界系之五门，而赖耶无之，赖耶有自相、因相、果相、受俱法喻之五门，而末那无之，对辨之成十异而三位与二位名次全异，总为一异，故成十一异。

三、同而异者二

谓末那与赖耶同列所缘门，而一居第三，而一居第四，又末那与赖耶同列相应门，而一居第七，一居第六，名同次不同故。

四、异而同者七

十门中除第五第八第十三门余末那与赖耶七门相对皆名异而次同故

（乙）所诠上之同异（法尊所表虽多得所诠而法义犹未分析也）二

（一）法类上之对辨　四

一、同者四

（一）末那“缘彼”与赖耶“不可知执受处”同是辨所缘故

（二）末那“思量为相”与赖耶“不可知了”同是辨行相故

（三）末那“有覆无记摄”与赖耶“是无覆无记”同是辨三性故

（四）末那“出世道灭定阿罗汉无有”与赖耶“阿罗汉位舍”同是辨伏断故

二、异者二

谓“末那”辨所依而赖耶无之，赖耶辨受俱而“末那”无之，对之成二异故。

三、同而异者二

（一）末那“次第二能变是识名末那”与“初阿赖耶识异熟一切种”虽同是出名，然末那只约性相出一名，而赖耶约自相果相因相出三名者有异。

（二）末那“四烦恼常俱谓我痴我见并我慢我爱及余触等俱”与赖耶“常与触作意受想思相应”虽同是辨相应心所，然末那约染俱余俱分为二门，而与赖耶但一门异。

四、异而同者三

（一）末那“思量为性”与赖耶不出自性虽异，而赖耶“不可知了”与亦出自性同。

（二）末那“随所生所系”与赖耶明果相虽异，而赖耶“异熟”亦与明界系同。

（三）末那三位与赖耶二位虽名数有异，而同是总明生佛圣凡之识有染净差别。

（二）义理上之对辨　五

一、同者一

谓同舍受

二、异者五

(一)赖耶之异熟果相义末那无

(二)赖耶之一切种因相义末那无

(三)赖耶之恒转如瀑流义末那无

(四)末那之染俱义赖耶无

(五)末那之界系义赖耶无

三、同而异者五

(一)所缘义虽同,而末那以八见为所缘,赖耶以执受处为所缘则异。

(二)行相义虽同,而末那以思量,赖耶以不可知了则异。

(三)心所相应义虽同,而末那有十八心所,赖耶惟五遍行则异。

(四)三性中无记义虽同,而末那有覆赖耶无覆则异。

(五)伏断中阿罗汉位虽同,而出世道灭定舍与无有则异。

四、异而同者一

(一)末那与阿赖耶之名义虽异,而依自相义以立名则同。

五、异而同同而异者二(此单在义本唯是同而异,须兼类言乃明,故成此式。)

(一)赖耶虽不明所依,而寄明亦有所依义故异而同,虽同明所依,而一以自种自前灭及赖耶现为依,一以自种自前灭末那现为依,又同而异。

(二)赖耶虽不明自性,而亦曾带明自性义故异而同,虽同明自性,而末那自性是思量,赖耶自性是不可知了,又同而异。

评印顺共不共研究

太　　虚

原文根据识论之所说，义诚正确。但于解释“用”义“变”义与对于基师或破或救诸义，则犹多缺误之处；兹据理评决之。

共中“共”与“不共”二句，指器界，即外色言。不共中“不共”与“共”二句，指根身，即内色言。此之分判与论文及述记学记等教理皆极符顺，自是正义。相宗纲要以鬼等异见之猛火等外色，判为不共中共，其有违论违理之谬误，无待再言。而尚成为问题者，则在基师以属已田宅等判为共中不共及鬼等异见之猛火等何以在共变用中带有不共变用义？又扶根尘等何以在不共变用中带有共变义耳？此则须先将用义变义加以说明，而后乃可分判也。

寻绎识论与述记等，此中所说之用字应通下列三义：

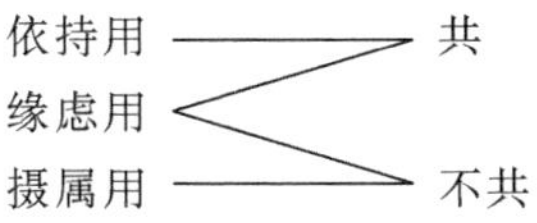

依持用最宽，正所谓“处”，可但共变。缘虑用较狭，如所谓器世间，以广大故不可知；不可知即不缘虑。又鬼等之猛火人等不缘虑，人等之流水鬼等不缘虑，然亦有通异趣共缘虑者，故缘虑用通共不共。至摄属用则诸趣约异类而不共，若鬼等所见猛火。但摄属鬼等有被烧用，同类约各身而不共。若某人田宅摄属于某人用，最显著事。例若轮王之轮宝等唯摄属轮王用等，是识论虽以鬼人天等所见异故明别受用，系从缘虑用言；然实无遮止摄属用（即原文之使用）之义。且共中之器世间相，诚有不能缘虑而未尝非依报之依处者，原文限以缘虑论用，缺依持与摄属之用。至于基师属已田宅之共中不共误为有违识论，其实基师之加此句有助明论义处，初不违论义也。

原文之诠“变”义，谓外色有二：赖耶所变本质色法一切自地有情共变，六识所变影像法色，随类共变，不变他类。然则影像色法不唯不共缘，且不共变，而与并非不共变只是不共受用之自语相违。如此则六识所变影像色法应可不同赖耶所变之本质。然影像可不同本质者，仅第六第七之带质境。可离本质者，仅第六之独影境。前五识但缘性境。性境影像必同本质。如何共变之本质上可有不不共变之性境影像？若非性境则鬼等于所见猛火应不受燃烧实苦，若实受苦，则是异熟果色，如何可非赖耶所变之本质？由此应决定说此中所言共不共相种成熟力所变之色法，或可是赖耶本质而无前六影像，若人等胜义根为人等五识不能缘故。若前六影像则必同赖耶本质，是性境实色故。此可知影像不共变则本质亦不共变，本质共变则影像亦共变矣。

用义变义既定，再进言用与变之关系可作二句：

一共用必是共变。

二不共用必是不共变。

据此以言，可知原文以他方自地器世间虽共变而不能共用，判为共中不共，实与义蕴道邑师上一字说变下一字说用，同一误谬。因此上下之二共与二不共应作如下分判：

上共……指非情器物外色言。

上不共……指有情根身内色言。

下共……指共变共用言。

下不共……指共变不共用言。

然下共与不共当再分析以尽其例。

- 下共
  - 自地
    - 全分
      - 自方器世间
      - 异方器世间
    - 少分
      - 自类扶根尘
      - 异类扶根尘
  - 异地
    - 报得
      - 上地用下
      - 下地用上
    - 修得
      - 上地用下
      - 下地用上

- 下不共
  - 多有情
    - 多分……天人鬼鱼异感
    - 少分……阶职家国异属
  - 各有情
    - 全分……自胜义根
    - 少分……独属己物

依此可知基师所说属己田宅系多有情或各有情中少分之不共,复是非情器物,故为共中不共。但何为少分共与少分不共耶?少分共者,谓根身,多分系不共变用。然此则带有少分共变用,器物多分系共变用。然此则带有少分不共变用。譬塑一佛像系一人独塑成,然其装金则出多人,故装金切德属多人。反之系多人共塑成亦通,如轮王之轮宝是器物故,系自地有情之所共变用。然亦出轮王一人不共福业招感而变得,故独摄属轮王所用。此中除全分共,全分不共之二例外,其余可有随多少有情变用或共或不共之义,故述记之说皆正也。

据前下一共不共之多例则于原文举问各条即可完全解答:

一、欲界有情望色界器世间非四句摄,但上一共字摄是非情之色故。

二、身在下界见上界色通报修得,地上菩萨寄报欲界能见上故共中共摄。识论说由业起且据有漏义无遮故。

三、上界天等见下地色，答如原文。

四、他方自地器世间亦共中共摄。

此中所言，虽多有识论及古德所未谈者，仍就护法、正义之范围内加以说明；于识论义无所违也。然佛智境难可思义，自他依正，互融互现，说共不共，唯假施设。

依上假施设义，观原文所引诸古说，亦可抉择：

一、义蕴以摄属己房为共中不共可同述记无误。

二、义演以自他身别说不共，反之，应以自他器同说共，不应难以自他身同。其意即言内色。但措辞未莹耳！

三、演秘所载诘难，极易例破。扶根尘，少分为他用，尚名为共。己田宅多分自受到，如何非不共？

四、演秘所载详曰：极为明确正言。扶尘是内身名不共，少分属他用，复名共，故为不共中共。己宅是外物名共，多自受用，不摄属他，复名不共，故为共中不共。研究谓都是不属他，殆出误解。

五、学记载测泛言共中二句可摄境尽，基确指广大不可知之处为共中共二无违碍，研究何自起左袒不左袒之见？

六、学记以变与感辨其差别，适证成其无别。以业变即业感，名异事同。研究执缘用出二过，皆不成过。

七、学记随类共变不变他类，解人天等所见各异，正明共中不共。然本质影像，俱不共变如上明。

略评新唯识论

太　　虚

贤首初列玄奘三藏译场，以意趣不合退出，别弘杜顺智俨所传华严法界观，乃成贤首宗学。熊君十力，初从支那内学院欧阳君游，习成唯识论，旋改辙而迈进之不已，今遂有《新唯识论》甲境论之发表。畴昔支院师资，据唯识掊击起信，几将宗起信立说之贤首学之类，一蹴而踣之；余尝作佛法总抉择谈及起信论唯识释以明其并是各存而通摄焉。答王君恩洋质疑之后，其议因息。顷熊君之论出，本禅宗而尚宋明儒学，斟酌性台贤密孔孟老庄而隐摭及数论进化论创化论之义，殆成一新贤首学；对于护法窥基之唯识学，亦有一蹴而踣之概。马君一浮序云："足使生肇敛手而咨嗟，奘基桥舌而不下"，其所怀可知矣。虽然，护窥之学，果因是踣欤？观昔支院师资未能踣起信，则知熊论亦决不能踣唯识！盖仍一"并是各存"之局，而须再为通摄焉耳。

……

余宗佛法全体而不主一宗一学，其义见于四现实轮：曰现变实事；曰现事实性；曰现性实觉；曰现觉实变。尝题现实主义以发表其序论。然以名滥世俗所云之现实主义，今后将易题真现实论，再继续发挥其本论与支论。故余昔评支院师资之掊击起信，今评熊论之掊击唯识，皆宗佛法全体立言，非主一宗一学而建义。唯是熊君才出境论，其量论既未刊发，即不能尽知其意趣；故今亦只就大端略评之，未暇详焉。

兹为省构思起见，援引民十二所作佛法总抉择谈数则，以为推论之端绪：

“大乘佛法，皆圆说三性而无不周尽者也。但其施设言教，所依托所宗尚之点，则不无偏胜于三性之一者，析之，既成三类：

一者偏依托‘遍计执性’而施设言教者，多破鲜立，以遣荡一切遍计执尽，即得证圆成实而了依他起故。此以中观等论为其代表，所宗尚则在‘一切法智都无得’，即此宗所云‘无得正观’，亦即‘摩诃般若’。而其教以能‘励行趣证’为最胜用。

二者偏依托‘依他起性’而施设言教者，有破有立，以若能将一切依他起如实明了者，则遍计执自遣，而圆成实自证故。此以唯识等论为代表，所宗尚则在‘一切法皆唯识现’。而其教以能‘资解发行’为最胜用。

三者偏依托‘圆成实性’而施设言教者，多立鲜破，以开示果地证得之圆成实令起信，策发因地信及之圆成实使求证，则遍计执自然远离，而依他起自然了达故。此以起信等论为其代表，所宗尚则在‘一切法皆即真如’。而其教以能‘起信求证’为最胜用。

此三宗虽皆统一切法无遗，然以方便施设言教，则于所托三性各有扩大缩小之异：

般若宗最扩大遍计执性而缩小余二性，凡名想之所及皆摄入遍计执；唯以绝言无得为依他起圆成实故；

故此宗说三性，遍计固遍计，依他圆成亦属在遍计也。

唯识宗最扩大依他起性而缩小余二性，以佛果无漏事用及遍计执之能遍计者，皆摄入依他起；唯以由能遍计而执之所执为遍计执，及唯以‘无为理’为真如故，故此宗说三性，依他固依他，遍计圆成亦属在依他也。

真如宗最扩大圆成实而缩小余二性，以有为无漏，及离执遍计，皆摄入于圆成实为真如体、相、用大；唯以无明杂染法为依他遍计故；故此宗说三性，圆成固圆成，遍计依他亦属在圆成也。"

依此以观熊论（指《新唯识论》，下皆同此。）所谓：

"今造此论，为欲悟诸究玄学者，令知实体非是离自心外在境界，及非知识所行境界，唯是反求实证相应故。"

即知其论属真如宗，以彼所计"实体"，即指"真如性"故，宗在直明直证真如性故。熊论所宗既别，亦自得成立其说，然袭用"唯识论"为题，且据其自宗以非斥别有其宗之护窥诸师唯识学，则殊不应理矣。

余谓三宗之学于三性各有其扩大与缩小，语殊关要，而其扩缩之争点，尤在"心法"。诚以"心"为万化中枢，必夺归于所扩充之性，而后乃能据之以统持一切。故般若宗必夺归遍计执性内，五法三自性皆非，八识二无我俱遣，而后乃无智亦无得；唯识宗必夺归依他起性内，了境造业持种转变皆属之，而后成一切所知之依；真如宗必夺归圆成实性内。故起信云："唯是一心名为真如。"熊论亦云："是故体万物而不遗者，即唯此心，见心乃云见体。"不如此，则不显偏胜之相，亦不成宗别矣。然未真达离言自性，而见此等施设皆唯假说自性者，则每唯自宗为是，而于他宗不善容察，由是相伐。

熊论以心以智以功能摄归真如实性，即楞严所谓："本如来藏妙真如性"，若以此立其自宗，固无不合。然既许有染净中容诸心所有法以为习气，现前身心器物皆习气俱行；且许佛果不断净习，不唯不断，且须借净习增盛，以成以显，如云：

"为己之学，无事于性，有事于习增养净习，始显性能，极有为乃见无为，尽人事乃合天德，习之为功大矣哉！”

“夫习气千条万绪，储积而不散，繁赜而不乱。”

“然习气潜伏而为吾人所恒不自觉者，则亦不妨假说为种子也。即此无量种子，各有恒性，又各以气类相从，以功用相需，而形成许多不同之联系；即此许多不同之联系，更互相依持，自不期而具有统一之形式。古大乘师所谓‘赖耶’‘末那’，或即缘此假立。”

“原夫八识之谈，大乘初兴，便已首唱，本不始于无著。但其为说，以识与诸法平列，语幻相即均不无，语自性毕竟皆空。逮于无著，始成第八识，引世亲舍小入大，此为接引初机。”

“唯识为言，但遮外境，不谓境无，以境与识，同体不离，故言唯识。唯者殊特义，非唯独义。识能了境，力用殊特，说识名唯，义亦摄境。岂言唯识，便谓境无？”

据此诸言，护窥“唯识学”便足成立，故唯识论即唯习论，亦唯行论，无事于性，唯事于习故。种姓有无，据行性辨故。且据熊论，岂但唯识学立，即“空慧学”亦立。例云：

“慧者分别事物故，经验起故。”

“世间谈体，大氐向外寻求，各任彼慧，构画搏量，虚妄安立，此大惑也。”

“慧唯分别境事，故恃慧者，恒执物而迷失其固有之智，即无由证知真理；若能反求诸自性智而勿失之，则贞明遍照，不由拟议，虽复顺俗差别，而封畛不存，种性玄同，而万物咸序，此真智之境，非小慧之所行矣。”

由慧有执，复资慧发解引智而断执，不唯世人实际生活不能不有用于慧，——此所云慧，皆姑顺熊论定义，而较般若为狭——即圣人化世，乃至熊君著论，亦仍有藉于慧。则唯执论——唯执故一切皆空,——唯慧论——乃至破慧,亦是慧故,——或毕竟废除主观心意识了而唱唯境论,亦皆成立。由此三宗各有论据与立场,互不相夺而尽,遂成“各存而互容相摄”之局。对观以定其名界应为下列三系:

第一系
- 唯性论……或唯实论
- 唯习论……或唯幻论
- 唯执论……或唯妄论

第二系
- 唯智论
- 唯识论……识为慧智共依
- 唯慧论……或空慧论空观论

第三系
- 唯心论……依熊论心统体义
- 唯行论……行发于心而达于境
- 唯境论……心空或心无义

由此可见熊论袭名唯识之未当,而欲斥除护基唯识学,尤唐劳无效矣!

然佛法大乘之说,孰为至真极成,应定于一而正信解,安用三宗并存而谈容摄耶?此以各有胜用,宜所被机故。是以余在佛法总抉择谈中有云:

“然此三宗,虽各有当,若从策发观行而伏断妄执以言之,应以般若宗为最适;譬建都要塞,而便于攘外安内故。若从建立学理而印持胜解以言之,应以唯识宗为最适;譬建都中部,而便于交通照应故。若从决定信愿而直趣果觉以言之,应以真如宗为最适;譬建都高处,而便于瞻望趋向故。要之:于‘教’以真如宗为最高,而‘教所成益’每为最下,以苟非深智上根者,往往仅藉以仰信果德故;于‘教’于般若宗为最下,而‘教所成益’却为最高,以若能绝虑忘言者,必成妙观而发真智故;于‘教’以唯识宗为处中,而‘教所成益’亦为处中,以如实了解唯识相性者,虽或进未行证,而必非仅能仰信故。”

此中般若宗为地前“破执”之教，故为最下；唯识宗乃初地以上“后得智境”之教，故为处中；真如宗为八地至佛“法界智境”之教，故为最上。然般若教破相显性，由加行入真见，益成入地故高；唯识教资发初信入大乘者之胜解胜行，益在由十信而十住十行十向故中；真如教除极少顿证者，大氐皆依以欣慕崇仰，而为仿佛恍惚之揣摩耳。熊论讥无著始成第八识，引世亲舍小入大，此为接引初机。不知此正是唯识教之不可已处。今世科哲学每近小乘论执，则引之亦正须此。而世亲晚岁展转升进加行，临入初地，依无著之教，作三十论以资益信解行人，胡可非议！而护法传为贤劫千佛之一，观其于无可建立处而炽然施设建立，非名言安足处而秩然决定安置，自非慈氏之流，等觉之俦，殆不能作此大不可思议事！反观熊论虽托本宗门，曰：

“夫最上了义，诸佛实证，吾亦印持。”

究其语旨，亦推阐如来藏不变随缘随缘不变之说耳。而复推尊太易，傅合儒言，貌似顿证，实才欣仰而已。余昔尝作大乘之革命云：

“佛法之于众生，有因循者，人天乘是；有半因循半革命者，声闻乘，缘觉乘是；而大乘则唯是革命而非因循，故大乘法粗观之似与世间政教学术诸善法相同；细按之，大乘法，乃经过重重革命，达于革命澈底之后（谓大涅槃），遂成为法界事事无碍；其革命之工具，即二空观是也。事事无碍法界似近于吠檀多等泛神教，及孔老等生命派玄学。但其根本不同之点，即大乘之事事无碍，是已经过二空观之澈底革命而离染纯净者；彼泛神教等未经过二空观之澈底革命，故非清净，而只是众生之杂染心境。可以图式表示如下：

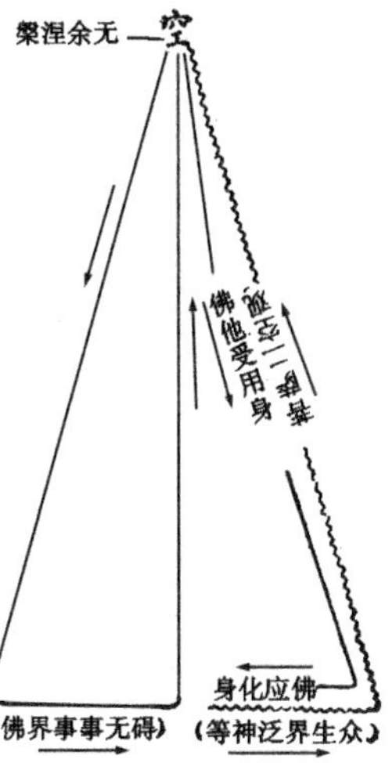

般若心云："菩萨依般若即二空观故，究竟涅槃；诸佛依般若故，得阿耨多罗三藐三菩提即事事无碍法界"，亦明斯义。此图曲线表杂染生死法，直线表清净常住法，故修学大乘者，必以二空观之革命贯澈之，不能苟安图便，妄想从众生界横达佛界之事事无碍，以未经二空观之澈底空净，终等于泛神耳。学华严真言者，未经过二空之澈底革命，亦不能达真实之事事无碍界。故华严须由理法界观，即二空观经理事无碍法界观，然后事事无碍。真言亦须阿即本空义字为根本观也。"

夫儒道庄易之学，与佛法界之悬别如是其远，而熊论掍而类之，余前谓："真如宗之教所成益，每为最下"，不弥信欤！昔评梁君漱溟《东西文化及其哲学》云：

"梁君以生活意欲之向外求增进，说明西洋古代及近代之文化；处中求调适，说明中华之文化；向内求解脱，说明印度之文化。但言人世，虽觉甚当，统观法界，殊不谓然！今另为表如下：

思议的障碍生活
- 向前求进的……西洋西文
- 因循苟安的……中华文化
- 根本解除的……印度文化及三乘共法

不思议的无障碍生活——大乘佛法
- 分证的……菩萨法界
- 满证的……佛法界

梁君以现量，真觉，理智三种为知识之根源，盖即现量，非量，比量之三量也。然非量原以指似现量似比量者，梁君似专指似现量言。且直觉非不美之辞，在凡情之直觉虽属非量，而圣智之真觉亦不违真现量真比量，故成为无得不思议之任运无障碍法界智。另为表如下：

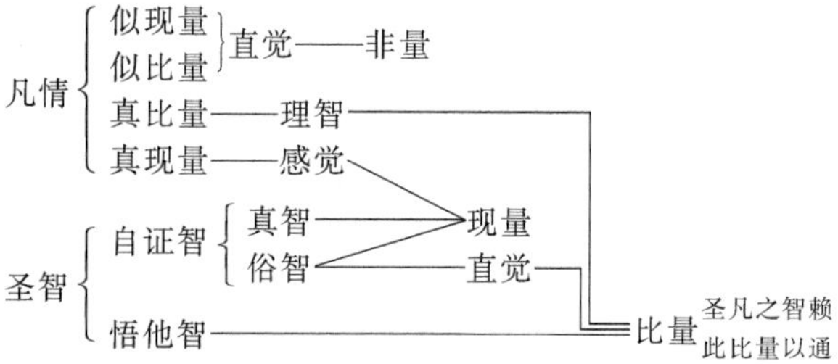

梁君以西洋文化是直觉运用理智的；中华文化是理智运用直觉的。所云直觉皆专指似现量言，换言之，‘直觉境’即‘生俱我法二执之心境’也。又言：‘佛法是现量运用比量的，或比量运用现量的。’由余观之，当言佛法是由圣智的比量排除非量的凡情直觉，获真现量，起不思议无障碍法界之直觉而运用比量的。所云起不思议无障碍法界的直觉者，即示现他受用身土，及应化身土也。”

熊论不用圣比量以排除非量的凡情直觉，而反引凡情直觉以排除圣比量，又适成颠倒矣。由此熊论之排斥护窥学，每成自语矛盾。夫既自许“毋妨于无可建立处而假有施设，即于非名言安立处而强设名言”，则护窥之施设安立诸识诸心所，诸分诸种，孰不谓于

第一义皆假非实者?《成唯识论》曰:

“若执唯识真实有者,亦同法执。”又曰:

“真胜义中心言绝故,如伽陀说:‘心意识八种,俗故相有别,真故相无别,相所相无故。’”

论有诚言,何得诽同“宇宙实体,将为分子之集聚,适成机械论”耶?熊论殆未知其说种,说现,说八识,说心所,说诸分,皆为说缘生幻相而非言实体,而实体则显于言外,此犹烘云托月,但画云而不画月,原异于熊论直斥实体之但画月。熊论谓:“旧师分析心识,归之众多种子,一如分析物质为极微或分子原子以至电子者多。”抑若忘其皆为说缘生幻相而故诬执为实体,抑何傎欤?且熊论他处自许率尔等五心聚集显现以说识起缘境,不又自堕于极端多元论或集聚论机械论耶?顾乃以识转势用迅疾,不可思议,又曰:“夫唯滞于名言,则疑动而无静;若使会其玄极,斯悟静非屏动”,巧自解免。然则护法窥基奚独必滞名言不会玄极耶?奚以见其独非势用迅疾,不可思议,非一非异,不即不离,即多而常一,即分而常全耶?至若多元机械——以其执最后许多单元之各自有实体——以目唯识而起斥难,而唯识学之诸识诸法以至诸种,究其澈底,莫非缘生无自性之幻相,斯正一即一切摄涉重重而空灵活妙之极者,宁曰多元机械?反之,执“心为浑然不可分之全体”,“为吾一身之主宰”者,已堕神我论;“体万物而无不在”,又堕泛神论;则为他人作疮,而挖自身之肉矣。

熊论痛言护师掍功能习气为谬。夫用名定义,名有其权,余斥熊论不应题唯识,以据熊论在直明实体,不在依幻习识用而彰相性之故。至护师之说功能种习,自有定义,安得以熊论实性功能,遮护师种习功能?抑熊论他处亦说习种功用相需,“功能”“功用”,为别几何？又熊论既谤无著以来“性决定”“引自果”之种子义，他处又自许“即此无量种子各有恒性”。既自说“唯者殊特义，非唯独义，识能了境，力用殊特”；他处又谤“世亲造百法等论并三十颂，遂乃建立识唯，而以一切法皆不离识为宗，唯之为言，显其殊特，是即成立识法非空。”凡此一论，前后种种相差，取舍任情，是非违理！

或谓熊论但许习气假说为种，而于习气又唯许为心所。此则八识及识各有自种，终非所许。况护法唯识义，认心心所各别有自证体，见相各别种生，宁得成立？然熊论既许：“又各以气类相从，以功用相需，而形成许多不同之联系；即此许多不同之联系，更互相依持，自不期而具有统一之形式，古大乘师所谓‘赖耶’‘末那’，或即缘此假立。小乘有所谓‘细识’者，亦与此相当。”是即许立矣。夫六识聚一切佛法所同立，七识依意根立，八识依各有情各有前后经验之统持力而立，且依根依境依心所相应依能所熏习异故，虽说八聚非一，但亦不说定异。经说八识如水波等无差别故，定异应非因果性故，如幻事等无定性故，诸心心所，依相见分说自证体差别，而自证体唯现量离言故，别不可及。安慧唯自证体，当可由此进明心体，故唯识观遣虚存实，但遣妄执外境，舍滥留纯，始唯心心所而无境，摄末归本，始无相见而唯自证，隐劣彰胜，始无心所而唯识存，遣相证性，乃无识相而唯识性。若至遣相证性，遣相即般若，证性即真如；而前四级接引之梯，正其善巧方便。相传戒贤智光，有空各判三时，依大慈恩传，智光为戒贤弟子，然戒贤寂后，智光或转崇中观耳。法性法相，依证依教，则性前而相后，非不证真如而能了诸行，犹如幻事等，虽有而非实故。依行依观，则相前而性后，唯识观印所取空，般若观印二取空故。智光三时依观行判；戒贤三时依教证判，义各攸当，随用无诤。

由此古唯识义，安立无动，退察熊论反多过咎。盖一真法界心言绝故，出世间智不思议故，华严法华涅槃净土诸经，寄之咏叹，粗示轮廓，使生欣向；而真言之秘密，则微露于威仪声音光色香味之事；楞严起信稍有开发；禅宗则激之反究令自悟而已，终不以“名理”示之。龙树无著皆真觉中人，乃一以遮诠空执情，一以假说表幻事，虽炽言而皆导悟真于言外，斯其所以为善巧矣。天台贤首争立圆教，日密横分二教，竖判十心，——藏密于教理唯宗龙树无著，故无增立——贤首尤恣谈玄境，斯既滞于言解，反成钝置。昔著《曹溪禅之新击节》有云：

“然自达磨以逮曹溪，虽别传之心宗实超教外，而悟他之法要，不离经量。……故达磨慧可授受楞伽，黄梅曹溪弘演金刚。夫楞伽乃大乘妙有法轮之天枢，而金刚亦大乘真空法轮之斗杓。洪源遥流，酌之不改初味，雪山宝林，湛焉有如新泻。每读信心之铭，证道之歌，观般若瑜伽诸经论，辄觉焕然融释，妙洽无痕。惟后时宗徒既混入知解，——荷泽等宗徒——而教徒亦强挺荆榛，——四教先乱般若，五教尤乱瑜伽——江西石头以下诸师，或由旁敲侧击使亲悟，或由电骤雷轰令顿契，然皆要期自证，不为语通，绝言思之妙心，终不用父母所生口为说，故曰：若能不触当今讳，也胜前朝断舌才，虽易临机之用，不失教外之传。……曹溪曰：吾有一物，无头无尾，无名无字，无背无面，问诸人还识否？才被神会唤作本源佛性，即呵之为“知解宗徒”。以说一切法虽不离这个，而这个终不能言陈出之，神会名作本源佛性，以为“假智诠”可得之，遂滞于名相知解中，而失教外之传。此与贤首等之知解教徒，以诸美妙言辞，种种形容绘画绝言思之一真法界，自谓超越先哲，能言龙树世亲所不能言，殊不知先哲岂不能言哉？特以实非言思之所及耳。虽构种种形容绘画之说，徒益名想之影，反障证悟之门。故曹溪力呵之。有曹溪力呵之，故虽有神会等知解宗徒而宗风仍畅。慈恩等于知解教徒未力呵斥，故龙树无著之教轮辍。”

由此以观熊论以转变、变、恒转、翕辟、刹那不住、八义、非动义、活义之无作者义、幻有义、真实义、圆满义、交遍义、无尽义、不可思议义、及功能即实性非因缘义、一切人物之统体非各别义、与习气非一义、即活力义唯无漏义、不断义，举转变、恒转、功能诸名，以能斥实性真体自居，其视华严六相十玄能上之欤？纵能上之亦徒障悟门耳。此其探头太过者。而不及者，一切有为皆缘生法，则心识亦缘生法，皆无自性，其义先明，而复说唯识，在统缘生而转染成净，乃不依无始“许多不同之联系，更互相依持，自不期而具有统一”之赖耶末那，施设有情界，则生死流转义不成，而涅槃还灭义亦失！乃曰：“夫云有情业力，不随形尽理亦或然”，付之或然，则不免断见！而别言宇宙生生不容已之大流，则类“耶和华”“大梵”一神之常见，此其于有情相续之未能充分说明也。以恒转翕辟之变，成色成心，酌“太极两仪”与柏格森“生命冲动张弛”及天演“元气抵吸”之流，聊成一说，较之于“一切种起一切现”，“一切现熏一切种”，“熏起无始”，“依变无始”，“依我执习气成自他别”，“依有支习气成界趣别”，尤不啻处幽壤而望朗霄欤？

然余许熊论不失为真如宗之属，以其提撕向上，主反求实证相应，鞭辟入里，切近宗门，亦正为义学昌炽中之要着。抑其所谓：

“护公持论，条理繁密，人鬓鱼网，犹不足方物。审其分析排比，钩心斗角，可谓极思议之能事。治其说者，非茫无头绪，即玩弄于纷繁之名相，而莫控维纲，纵深入其阻，又不易破阵而游。”

其言亦颇中学者时弊。余亦尝以“恶取法相”呵之！余之序

《慈宗三要》亦云：

“世亲大师尝集境行果为三十颂，回施有情，护法诸师解之，大义微言燦然矣，是曰《成唯识论》。第明境繁细难了，而制行期果，又非急切能致，慧粗者畏焉，或耽玩其名句味，乐以忘疲，不觉老至，造修趣证者卒鲜。”熊君斯言，乃有同感。故余观境尚大论真实义，即矫此弊也。

……

“比年游目佛法藏者日多，往往因智起愚，自生颠倒分别以蔽其明。盖其心习侧重于是，即落窠臼，执此为是，斥余为非，不能砉然四解，说法无碍。得吾说以通之，庶几裂疑网于重重！”

此余作《佛法总抉择谈》之尾语也。今略评熊论，请还持斯语以赠之！

作略评新唯识论旬有余日，获阅刘君定权之破新唯识论。破之固当矣；欧阳居士序之，深致慨熊君十力之毁弃圣言量。然履霜坚冰至，其由来者渐：夫起信与楞严等，殆为中国佛教唐以来相承之最高圣言，居士虽未获融贯会通，而判为“引小入大之不了义”说，犹未失为方便；乃其门人王君等，拨而外之，居士阴许而不呵止；殊不知即此便开毁弃圣言之渐！迨令千百年来相承起信楞严学者，亦敢为遮拨法相唯识，仿佛中论，依傍禅录。爰有瞽僧狂士，攻讦窥基护法，而侵及世亲无著。今刘君犹曰：“除起信论伪书外”，居士亦未拣除，徒责熊君之弃圣言，所谓有知人之智而无自知之明欤？

唯识旁通疏释类

深密纲要

佛学院院长 演讲　嘿庵 笔记

一翻译经名

二余经比较

三全经大义

四经文判释

（一）翻译经名。判为二解：先论翻译，后释题名。然此经译者，乃有四人：一者南朝刘宋时元嘉年中天竺僧求那跋陀罗，在润州东安寺，翻出两本：前本名《相续解脱地波罗密经》一卷，后本名《相续解脱如来所作随顺处了义经》一卷。观此两本，虽各别行，如其次第，当今译后之二品焉。二者北朝后魏延昌二年，菩提流支，在洛阳少林寺，翻出一本，名《深密解脱经》，有其五卷，可谓全译此经之始。三者陈朝保定年中三藏真谛法师，在西京四天王寺，翻出一本，名《佛说解节经》，仅有一卷，正此经今译之第二品也。四者唐三藏玄奘法师，贞观二十一年五月十八日，于西京弘福寺，译出今本五卷，名《解深密经》，至七月十三日毕。沙门大乘光笔受然释此经题，略有同异。四本不同，如上所列："相续解脱"，"深密解脱"，"解节"，"解深密。"此中觉爱玄奘，同译深密，跋陀罗译相续，真谛译节，详此三异，盖由梵文一名三义之故，虽可各标殊胜，欲令文义贯通圆足，应以今译名义为准。兹释如下：(1)约教理，解即解释，是能诠之教，深密是所诠之理，谓此经所明义理甚深。法相玄密，难可通达，难可解释，唯此无上无容中道了义之教，乃能解释之，故名解深密经也。(2)约智境，解是了解之智，深密是真实之境，谓以智慧解了通达此真实境，故说此经名题，亦从境智得名也。(3)约解缚，解即解脱，缚谓无始烦恼，一切杂染品法，坚固结缚，凡夫二乘不能全破，若由达真实理，发真实智，便能灭此深染，故说所解之缚名为深密。如《金刚般若经》，以金刚喻智，后译为《能断金刚般若经》，则以金刚转喻所断之妄心，能所互通，莫可拘泥也。(4)约照惑，解为能照，深密谓所照，意谓一切众生心中所有无明习气深惑，微细难破，如了此经之理，依理起观，必能照破，故说此经乃从照破深密之惑得名，亦无不可也。以前一二义观之，如下文第二品云："我于微细最微细，[密境]甚深最甚深，[深境]难通达最难通达，遍一切一味等胜义相，现正等觉[智]已，为他宣说，[教]显示照了。[理]"以后三四义言之，如下文第六品云"譬如有人，以其细楔出于粗楔，如是菩萨依此以楔出楔方便，遣内相故，一切随顺杂染分相，皆悉除遣，……乃至证得无上菩提"。然则四本译题，独解深密文义明净，故今释此唐本。

(二)余经比较。谓此经与诸经之比较，非四本之比较也。(1)分齐隐显，如《金刚般若经》等，文义囫囵，虽经昭明太子释成三十二分，后人犹非斥之。此经虽文言幽赜，密义甚深，乃条段晰然，如镜眉目。(2)叙说事理，如法华地藏等经，多述本生本事诸部。此经则论议方广，事少而理多也。(3)土众秽净，诸经所明大众居处，或在净土，或在秽土，或在秽土而入净土。如华严之即娑婆而显华藏，非离堪忍别有净土。此经亦然，虽不离娑婆，而法会之众皆住于出过世间之净土。至于诸经大众，或小或大，或大小俱集。此经则纯是大机，以其声闻众亦为回小向大之不退菩萨故。（4）诠旨偏均，如来一代时教，应病施药，有偏有均，般若等偏于境，华严等偏于行果。此经则于境行果三法，平均总施，理事双显矣。总之深密一经，木铎沙界，玄奘缮文，独超众师，研究法相，舍斯奚归。

（三）全经大义。深密于教，为渐教第三时中道，不同华严顿教中道。初为发起声闻乘者，波罗奈国，施鹿林中，创开生死涅槃因果，此即第一四谛法轮。次为发趣菩萨乘者，鹫峰山等十六会中，说诸般若，此即第二无相法轮。后为发趣一切乘者，莲华藏等，净秽土中，说深密等，此即第三了义大乘。言大乘者，有共不共，此属不共大乘。独菩萨法，不同法华同教大乘。究其大乘，境行果法，具分为三：一约大乘境，即前除序品，次之四品文也。第二一品，明真空谛。如下文云："内证无相之所行，不可言说绝表示，息诸净论胜义谛，超过一切寻思相。"第三四两品，立世俗谛。如下文云："阿陀那识甚深细，一切种子如暴流，我于凡愚不开演，恐彼分别执为我"。第五品显中实谛。如下文云："所谓相无自性性，生无自性性，胜义无自性性"。要之真空不空，俗有非有，中道圆实，即其境也。二约大乘行，即第六品及第七品也。意谓第六品为行中之行，曰行行。如下文云："当知菩萨法假安立，及不舍阿耨多罗三藐三菩提愿，为依为住，于大乘中，修奢摩他，毗钵舍那。"第七品为带果之行，曰果行。如下文云："诸地摄想所对治，殊胜生愿及诸学，由依佛说是大乘，于此善修成大觉。"如是名为大乘行也。三约大乘果，即第八品也。果是如来自受用身，方便善巧，示现化身。故下文云："当知化身相有生起，法身之相无有生起。"由此法身，故说有差别功德无量，即其果也。统上三法，概括全经，因果事理，罔弗周足。

（四）经文判释。通常分科，必具三分。此经五卷，有其二分，但明其故，且示为三：（1）序教缘起分，即初序品，约有二页，依证信序，为发起序。（2）依理广成分，谓后七品，一胜义谛相品第二二心意识相第三三一切法相品第四四无自性相品第五五分别瑜伽品第六六地波罗密多品第七七如来成所作事品第八总有五卷；共八十页。或者据此文广，故分为几部，如刘宋异译是也。（3）无流通分故，因由第五品下四品，各自结属流通，不待再结，故无流通分。然依经末，虽有依教奉行等语，实是品中流通，非全经流通也。

解深密经，岂易解乎！所以不易解者，固为密义甚深，亦由无明习气心惑，固结于无始以来耳。是深密纲要也。如是我闻，挂一漏十，不知凡几。今则课余灯下，追记前文，并袭经疏，聊以塞责云尔。嘿庵附识。

瑜伽真实义品讲要

院长太虚大师 讲

余于今年暑期研读此品，见奘师所译之文笔，较罗什法师所译各经典为古奥艰深，诚有令人不易了解之憾！然此品中文简义丰，说明菩萨心智上所缘之宇宙真实境界，并说明山河大地宇宙万有从何生起之唯识缘起理。迷之者，沉沦苦海；悟之者，得以解脱。此文既如是重要，故拟为一释；但恨学力未副。爰将民国十八年听院长大师讲此品所写之笔记，一加整理；并摘录伦记中关于重要之理论，译成时文，以贡献于初学。谬误之点，在所不免，祈读者谅之！

民国二十年，八月二十三日，记录默如附志。

（一）本题之得名

此书标题曰瑜伽师地论菩萨地真实义品，乃为简略题。若具足其义言之，则应为瑜伽师地论本地分菩萨地第十五初持瑜伽处真实义品第四。由此故首应知此书为《瑜伽师地论》中之一品。兹说明之。本论大分为五：一、本地分；二、摄决择分；三、摄释分；四、摄异门分；五、摄事分。此品即在本地分中。此本地分中又分为十七地；兹免烦琐，不须一一列名。然此十七地中：前九地属境；中六地属行；后二地属果也。而此菩萨地，即是十七地中之第十五地。

在此地中又分为四处：一、初持瑜伽处，共十八品。二、第二持随法瑜伽处，共四品。三、第三持究竟瑜伽处，共五品。四、第四持次第瑜伽处，共一品。兹所讲出者，乃初持瑜伽处中十八品内之第四真实义品也。

（二）本论之名义

“瑜伽”二字，本一名词，故不可分开而读，而译者只译其“瑜伽”二字之原来梵语，并未曾译出瑜伽二字在汉文中之为何义。盖以“瑜伽”二字所包涵之意义甚广博故也。后人有以“瑜伽”为密宗之专名词者；甚或视为焰口一书之专名词者；而“瑜伽”名义实非如此。但密宗与焰口亦有身口意三业“相应”之义。如行者依其所宗之本尊法而修持，得成与本尊感应之效，故曰瑜伽。并非“瑜伽”为其独有之名词也。又如《百法明门论》中所列“相应”一法，虽同此“瑜伽”之本义，但“瑜伽”不囿于“相应”一义，已进为贯据全部佛法之精神也！

譬如“薄伽梵”一名词，具有六义，在旧译上谓具有德，巧分别诸法，有名声，能破淫怒痴之四义；而新译则谓具足自在，炽盛，端严，名称，尊贵，吉祥之六义。故译者不能偏取六义中任何一义而译出之，只好保存其原有之梵语耳。奘师论五种不翻：一、因秘密故，如诸“陀罗尼咒”。二、因多含故，如“薄伽梵”。三、因此无故，如“阎浮提树”。四、因顺古故，如“阿耨菩提”。此本可翻，但由摩腾以来，即将此种原有印度之梵语，流至中国，故后来译者仍保存之，而不翻成华语也。五、因生善故，如“般若”名。此若译为华言则为“智慧”。考“智慧”一名，实不如“般若”之尊重，令人生敬，故亦不翻之也。由此可知“瑜伽”亦是五不翻中“因多含故”之一种。虽大抵翻此“瑜伽”二字为“相应”之义，实则未能尽明“瑜伽”之完全义意也。

考“相应”之义，须具二种条件：一、要是两法，方得相应。二、两法要具有互相随顺不相违性，方得相应。所谓“相称”、“相当”、“相符”、“相契”等，亦相应之义云。

然则本论中究有何种“相应”之义？考本论中有境、行、果三分，皆有互相相应之义。在境言：境、即是法。而法之内包与外延甚广。倘此法与彼法，互相随顺不相违背，即是境与境相应也。而境与行果，亦有相应之义。在行言：行有声闻，缘觉，菩萨之三种。如在三乘中本乘所起相应之行，即心王心所是；以心王心所随顺同缘一境故。而三乘人所修之行，各有相应之义；由修行而入圣，即是行与果相应义。如修行时，以“四谛”“十二缘起”为其所历之境，即是行与境相应义。在果言：果有多种。略则“福”与“智”相应，“菩提”与“涅槃”相应。而果与行境亦复相应，以观境修行而得证果故。

吾侪凡夫，距离成佛甚为遥远，然能向佛法上进行一步，则将来自有一步之成绩可获！如今之哲学家，亦重在实现其理想中之目的，故吾侪佛徒亦应不惮难而苟安，须精进于佛法上，殷勤不懈，以期达到实证妙境得大受用为目标！然听闻佛法，阅览经藏，则仅如赏鉴一幅地图之形势与方向而已。倘不按地图方向而去历行，则终难达目的地！故吾人修学佛法，不可徒托空言，理应躬行实践！并不但自求解脱，亦当展转解脱他人！在解释“瑜伽师”一名词，即可以想见其梗概矣。傍论且休，兹质言之：

所谓究竟“瑜伽师”者，须具足下列五种条件：

（一）机教相应。观察听众心理，能否相应此教，须有关听众之根性（机）究为如何？如其真能信受奉持此种教法，则为机教相应，乃三慧中之闻慧也。

（二）教理相应。能诠之名、句、文身为教，其中含有所诠之义意为理。倘吾人依其言教能了解全部精粹微妙深奥之义理，乃三慧中之思慧也。

（三）理行相应。又名解行相应。此则不单求明了教义而已；竿头更进，既了解已，而又依之而行。换言之：即吾人之起心，动身，发语，行为之一切处，无不悉以所了悟之教理而力践之；乃三慧中之修位也。

（四）行果相应。在常人日间之各种行动上而观之，莫非随其业报上所有自然之习惯而行动者。然学佛者，则不如是，乃根据佛学上之真理，而作自他二利之事，庄严福慧，改革畴昔三业不净之施为。语云："诸恶莫作众善奉行。"若能如是久而行之，猛勇精进，则将来必获美满成绩（果），亦即证究竟瑜伽师之无上果位也。

（五）果机相应。洎乎自受法乐而获最上之成效后，照见一切众生，无不具有成佛之可能，故其必以自心所证之真如妙境，开示根性适宜之众生，亦俾其得闻佛法，即是师资相应之义也。

在此五义观之，即可证实前言，所谓自度度他，是也。如是展转师资相应，循环不休，则将来清净世界之实现可期矣！

但"瑜伽"一名词，在印度实非佛教之所独有，即如六派哲学中，有所谓瑜伽派，其余各派，亦有用此瑜伽一名者；然其义则与佛教有殊。按瑜伽派主旨言之：则在"梵我合一"。彼以梵，为造宇宙万有之真实性；而吾人亦为其所造者。倘吾人能照见真我，则梵我合一矣。

而佛弟子，沿用“瑜伽”一名改为禅定，或止观之代名词，因“瑜伽”涵有“理行一致”之义。所谓理行一致者，即是依佛教理而去实行。换言之，即其所修之行，皆与教理相吻合，即是修习三摩地之种种观行也。然此观行，既为佛徒之所修习，故浸假而加此佛徒以“瑜伽师”或“观行师”之名称矣。而达摩禅师亦云：“行解相应，名之为祖”，是其例也。此就自身而言，有行解相应之师，有财释也。倘以其行解相应，可展转为令他人得行解相应之师，则依士释也。

此上所说之“瑜伽师”，就广义言，即谓凡能信解佛之教理而实行者，皆得谓之瑜伽师也。若就狭义言，非由凡夫位薰修佛法，俾其无漏种子日有增长，而至分证位，究竟位，不得名为瑜伽师也。要之瑜伽师者，能以瑜伽之法为己之师，复以己得之瑜伽法能为开导他人之师者也。

兹以广狭二义之瑜伽师，列表于下：

瑜伽师	信解师	外凡	大乘十信	人天	广义
	解行师	内凡	三乘贤位	二乘之五停心总别相念乃至世第一大乘之住行向	广义
	分证师	圣者	三乘圣位	大乘之初他以上二乘之初二三四果与辟支弗	广义、狭义
	究竟师	佛陀	无上正遍觉者		广义、狭义

以“瑜伽”摄一切法，亦无不可。盖一切法无不与实性相应，故一切法之实性即是瑜伽。黄檗禅师云：“大唐国里无禅师，不是无禅是无师。”盖叹息无不是瑜伽而惜无瑜伽之究竟师也。

“瑜伽师地”者，瑜伽师之地也。此乃依主释。云何为地？略有二义。兹分言之：一、从人的方面言，有三义：(1)所依止谓凡瑜伽师，皆以此论所明之教法为依止而去修行故。(2)所游行，谓瑜伽师初自外凡行至内凡，自凡至圣或自小乘游至大乘，无不悉以此而为游历故。(3)所摄领,即是证到究竟瑜伽师位,其所摄领之法,仍不出乎此瑜伽论中所明之教法故。二、从论的方面言亦有三义:(1)能住持,谓本论中能住持一切瑜伽师所有之教法故。(2)能生成,谓此论中教法能生起瑜伽师之解行而成果故。(3)能增长,谓能增长瑜伽师之福德智慧之无上觉果故。

瑜伽师地论者,论上所明都属所诠之义理,而"论"则属能诠。能诠云何?即是用名句文身组织成功有条理有系统有判断之论文,能说明瑜伽师一切境行果法之真相者也。

(三)本论之历史

说明万法真理,本惟释迦牟尼佛;但亦有在会大众所说经佛陀印证而成为教法者。后世如小大性相之异辙,遂渊源于是。盖当时听佛说法者之程度不一,因此各人意识上所变之文义相,亦大相径庭。其后各人复以其心得而展转传诸他人,日月绵延,时光迁流,久而久之,则有如斯之分歧矣。然佛说法之时,即有听法者执笔而记录之,或以记忆力而保存之。根本一切有部毗奈耶云:"佛在世时,绀目夫人,夜读佛经。"此其明证。迨夫佛陀逝世,阿难迦叶即开始三藏之结集。而在佛灭后五百年间之所研究,及修持者,大抵以小乘教义为范围。云何小乘教义?以三学力分析我本归于空尽,其所遗留者仅为五蕴等诸法。达此目的,则能解除个人之束缚,而证无我之涅槃。然我之观念虽空,而其法之计执转更牢固。在小乘中法执最强烈者则为一切有部,主张三世法体实有。其所谓法,等于最后单位原子也。析心以至最后单位,亦即是法。并谓智识谨能了知其法,不可改转或更动其法。此为世尊灭后五百年中最兴盛之学说也。既而佛学者对于法之有无问题，而生出烦琐的辩论，如有部之大毗婆沙论等，多知其实非佛陀所说之最终目的，于是争执不休。有谓现在有体，过未无体；有谓现在法体亦有假实；诸说纷纷，不得解决。迨佛灭后七百年中，龙树菩萨兴世感于有部学说之不究竟，陷于戏论；遂发挥大乘法空义，尽扫一切执着，荡涤无遗，丝毫不存，宣说万法毕竟空之真理。于此可知龙树之提倡毕竟空，全在打破有部之执为实有也！

佛灭九百年中，北印度犍陀罗国有无著菩萨降生其地，后入佛教，深明大乘教义，位登地上。乃知龙树为对破有执而说空，实则大乘教义并非全空。中国相传无著位登初地，证"法光定"。西藏谓其已入三地。按"法光定"与三地之大乘藏法光明定甚相契，故谓其证入第三发光地，亦未始不合也。其在印度弘宣教理，颇极一时之盛，其阿夷陀国之国王，亦极钦佩，遂以其都城之西隅一地，赂之为其讲舍。既知龙树所提倡之空义未为究竟，为欲安立大乘非空非有中道了义之教，遂请兜率内院弥勒菩萨降现人间，于国王施之讲舍内，说五部论。其中最弘大者，则为此论。当时弥勒说此大论时，无著以笔记之。然此乃为实有之事。按佛在世之时，实有弥勒其人，生于某村。命终上生兜率内院，见《弥勒上生经》。然兜率天较吾人所住之地球为殊胜之另一世界耳！在常人而观之，以为弥勒既从天降，甚属怪异，其实亦何希奇之有？盖无著既位登地上，延其下生说法，自为可能之事；如认此事终不可信，即谓本论为无著之笔墨，亦未尝不可也。

此论之翻译者，先有鸠罗般摩，昙无谶，真谛法师等，第其所译皆未完具，不过抽出数卷而译之耳。故未能译成系统之组织，而说明论中之精奥。惟玄奘大师翻译之论本，乃臻完美。盖奘师在印度有十七年，参访大德。依那烂陀寺之戒贤大德为亲教师。而戒贤实是承无著之正统者。而奘师又为戒贤大德最有心得之门下，且曾听讲此论三遍。故其所译，乃较其他所译者为完美。今所讲者，即出奘译本也。

然在龙树无著之时，实无空有二宗之分。至清辨护法之时，始显然各树其异帜。昔中国相传，谓戒贤智光二人，同时各宗护法清辨之说，似有冲突相反之势。然此传说，实则谬误。据《大慈恩寺三藏法师传》，则智光确为戒贤之门徒。果如其说，则玄奘乃与智光为同学。且玄奘与智光之往来信札上，亦皆用同学之口吻。并有据《掌珍论》而与玄奘辩驳之某法师，亦为戒贤弟子。玄奘因而作《会宗论》，以能融会其所说。据此而观，胡得谓戒贤与智光同时各立一宗邪？然中国相传之谬说，乃产生于贤首大师所作之十二门论宗致义记上。考其说之由来，大抵智光学徒来华，云其亲教师与戒贤为并肩尔。

(四) 本论之价值

在遣空去有不落二边显出中道奥妙之一点，已足彰明本论有最高之价值。再就别义言之，本论有三种特长：(1)论中诠明一切世出世法，详详尽尽，丝毫不欠。(2)论中所明，能被各类根性之机，若人天善法，若二乘解脱法，若大乘殊胜法，若佛智圆满之究竟法，莫不组织成极有条理之论文而说明之。(3)示诸修大乘者，不可躐等。若越阶而登，则如今时中国禅宗之流弊，是其龟鉴。且西藏红衣派兴盛发达之时，亦尝主张顿超法门，而其末流至于猥杂不堪。后经黄衣派之改革，始得免其缺陷。由此可知修学大乘法者，不可不踏足实地按步向前进行也。今此论对于由凡夫渐进至佛果之依次修行法门，有圆满之说明，最为具足全部大乘之思想与精神。故习佛法者，咸应奉之为圭臬，以作超出生死海之指南针也。

又真实义品，在本论上之价值，尤为重大。考全论五分中之根本，即为本地分。在本地分之十七地中，又以菩萨地为最殊胜。而本品则又为说明菩萨无漏智上所观之真实境界者，由此可知本品之价值也。且在此中含有哲学上之重要问题甚多，如认识论，本体论，宇宙论，进化论之种种哲理，皆有相当之说明。但普通哲学家所发明之原理，乃就其感官之经验，加以意识推度而得结论。本论之说明者，则凭真智所亲证之境界，故普通哲学又难与此真实义同年而语也。

(五) 论文之释义

一　二种真实

云何真实义……应知总名真实义

此中分真实义为二种：(1)为二种真实；(2)为四种真实。且先就二真实明之。然二真实与四真实之别，大概前二依境得名；后四依智得名。其实境智本不可分，因为能缘所缘有密切之关系也。

云何真实义者：乃发问所谓真实义为何如也。真，遮谬伪；实，拣虚妄；义，即境界之谓。盖境界可别为二种：(一)为言所取；(二)为心所取。即如本论，以名、句、文身诠表真实义者为言所取；倘吾人识智领受前境而了解事理者，则为心所取。此即询问如何是言所取，或心所取之真实境界也。

真实义略有二种。此所谓“略”，但略其文而不略其义也。其一,则据“如所有性”而立“诸法真实性”之名。其二,则据“尽所有性”而立“诸法一切性”之名。前者即诸法之真理;后者则为诸法之正量也。

如所有性之诸法真实性,非哲学家所谓成立宇宙之最初原素为本体,乃即指一切诸法当下之真实体性。然此境界绝非言语思考所能形容与推测;若带有丝毫主观心上之分别作用,则终不能见此万法本如之体;倘能离去一切虚妄分别,如其实而照了之,方见其本来面目。故得根本智之地上菩萨,始能亲证真如实相。然此智境各有异名:所谓一切智,无分别智,如理智等,皆根本智之别名;所谓真如、实际、法性、实相,皆如所有性之代名词也。

尽所有性之诸法正量,亦非常情所能知道。盖缘起千差万别之现象,每一法之边际皆不可思议也。然则究为何如欤?盖宇宙中之一切万法,每一法莫不与其他一切法发生摄入之关系。故谓一法大则遍于十方,小则量等芥子。例如一“色”法之范围统名曰色,而此色中又有显色形色之殊。在显色中,复有青、黄、赤、白之别;在形色中又有长、短、方、圆之差。然此又与全法界一切法有复杂之关系。故欲明了此一法者,必尽了知一切法而后可也。请进言之:

在每一法上,不仅若常人感官上之认识而已,实有五种相:

(一)自相:——法之特殊相。如一粉条,虽与其他粉条,共藏于一粉条盒中;然各粉条,皆各有其自体之相,互不淆乱也。

(二)共相:——法之共同相。谓彼此二法,形态类似。如两粉条同为粉之质料所制成,而其相状亦同为长圆形也。

(三)差别相:——法之对待相。一自相上有多共相;一共相中有多自相。类之上又有类焉;别之中又有别焉。

(四)因相:一一法之众缘相。谓每法由多种因缘集合而成者也。如一粉条,由地水火风色香味触之能所八种色法,并加人工制造,始得成为粉条也。

(五)果相:一一法之成就相。由有人工与水粉等关系圆满,成立为一条之粉条,即是果相也。

在一法五相上应知尽一法之量为不易,兹复言其诸法相关之四句,更可见其不可思议也。

(1)一摄一。一一诸法皆不失其自相也。(2)一摄一切。一一诸法莫不与全宇宙发生密切之关系也。(3)一切摄一。展转言之,则全宇宙皆与此一法有关系也。(4)一切摄一切。进言之,则宇宙中所有诸法,每一法莫不与其余诸法有相互之连带性也。

对于此种法界缘起之一切法正量能彻底认识,非证得"根本智"后起"后得智",不得如量而知也。此"后得智"复有多名:所谓一切智智,一切种智,及如量智等,皆其代名词。然亦得名为"无分别智";以其所见诸法,皆超过常人心理上之虚妄分别,无倒实知也。

了知诸法不出二种:一者、亲证;二者、推理。亲证则非得"根本智"不可;推理则是凭"比量"上所得之结论而已。今之哲学家对于吾人所处之地球,能知其经历之时间,及其体量之如何长广,此犹为依据事实附加理论之观念。至其能知地球之外,所有多种星宿,亦同于此地球,则纯凭其理想上之推测,为不可恃之判断也。考其与佛教所有悬殊之点,即其仅推理而不能如实亲证;故其所见,仍不越于常识,似于眼睛上为幻翳蒙蔽,或同于著有颜色之眼镜,故不能见其物之真相也。倘若穷尽诸法之量,则非效佛教,先除去其掩蔽目光之幻翳不可。故欲彻底证穷法界,则非求获后得智不为功！

伦记上以七门料简二种真实，兹立一表于下：

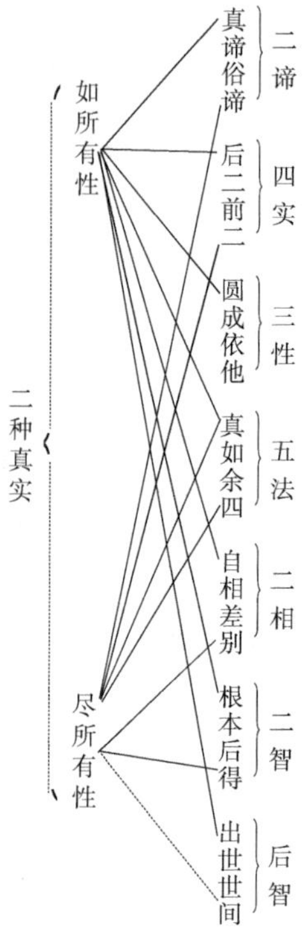

如上所明之二种真实，应知为真实义也。

二　四种真实

1　列名

此真实义品类差别……所行真实

此乃略举四真实之名也。兹略言之：(1)世间极成真实。"极成"为共许之义。谓由世间人之常识上，共同许可此法为此，而非为彼；但非出于个人心理上之推想与测度，故其为真实也。(2)道理极成真实。此不唯依世俗之习惯为然，尤以论理轨则为标准如科哲学者研究事物而获其合理之判断，故为真实也。(3)烦恼障净智所行真实。此不仅以推理为然，且以三学断去烦恼障分证真如之实相，故其为真实也。(4)所知障净智所行真实。再进一步并断去使心不明事理之极微细所知障，以见万法本如之真实相，故其尤为真实也。

此四真实，前二通世俗有，后二则唯佛教有。第一唯是有为有漏；第二通于有为、无为、有漏、无漏。然此约所推理而言。若其能知之心，则唯有漏也。后二所证之理，同于第二，但其能证智为无漏故胜；然亦可兼有漏，如未亲证实相，亦得由胜解加行智引生本后二智。换言之，后二真实体，不同前二唯以有漏为体，而以无漏境智为体，故通无为及无漏有为也。或后二唯取断障后所显之真理方面而言，则唯无为。略义如是，下当详述。

2 广辨

1. 世间极成真实

云何世间极成真实……是名世间极成真实

世间极成真实之范围，不仅限于人之世间，实包括其他一切世间。兹就人类言之：人之所以认为此法为如此者，皆随顺其事物之相而假立名言也。虽由假想安立，但一般世人自古以来都目为如此，因而在无形中成为不可改转之固定形势。如一“茶杯”于此，而世人见之无不说为“茶杯”者，此即所谓悟入觉慧所见同性。意谓人之初生，本来一无所知，不辨彼此，后受其父母言语之训育，于是启迪其知识；故其自心上对于事物之概念，于人无所差异也。反之，倘在同一境内，一人指“茶壶”为“酒杯”，则他人必莞尔而笑之，以其与世间习语相违也。由此习惯言语，则世界上有彼此互相通达思想之可能性。并用文字代表言语，因此可与远隔重洋万里外之人交换意见；又能传至后世，故一切事物之名，无形中即有共许之条约，同一之认识也。世间法虽无边，兹按论中举出者立表明之：

世间极成真实	地水火风………	物质之要素。	物质
	色声香味触……	物质之境象。	物质
	饮食衣服………	人生必需品。	合二
	诸庄严具………	人间奢侈品。	合二
	资产什物………	人群日用品。	合二
	涂香宅舍………	人群日用品。	合二
	苦乐等…………	人心之领受。	精神

法有众多，但世人之认识同一，故论中谓：地唯是地，非是火等；又谓：此即如此，非不如此。其所以然者，以吾人在过去世——不可指定在何时，即论中所谓本际也。——受习惯熏习，展转传来，故今一见事物，即引起其决定胜解，并不加以思索，一览便知也。考此真实须具二种条件：(一)普遍性，世人同一认识。(二)恒常性，前人后人同一认识。反之，则不成为世间真实也。

伦记上景师解曰：若谓世间真实，为佛菩萨用后智照俗，即顺其世俗习惯之认识，则其何故不同世人计执瓶衣为实有？若同其执，乃成颠倒，何得成其真实邪？曰：佛随世俗之假名而已，但不同其计执也。《成实论》云："世人说有，佛亦说有；世人说无，佛亦说无。"此即佛不与世诤也。借此可明佛教立此世间真实之意义矣。

2. 道理极成真实

云何道理极成真实……是名道理极成真实

"道理"本一名辞。道者，路也，即彼此相通义。理，条理也，即彼此事物相互之各种关系也。合而言之，谓吾人之心理上对于事物之条理有共同正确之认识也。此第二真实之重心，建于比量之上，全恃诸智者之推理以为真实。所谓敏捷天才之聪睿者，用功习学之黠慧，以思考力辨别真理之寻伺者，能文能言之有辩才者，未得真智而是观行者，此诸智者，于现、比、圣言之三量上，善能思择，故能于事物上生起决定智，而下正确之判断，建立真实之道理，俾使自他得能了解，故谓其为道理极成真实也。

此二真实皆不足恃，立表明之：

世间真实	自明……不待思索，一览便知。	在一事之自体上
	相符……古今世人，都目为此。	
道理真实	配合……从一事各方面考察。	在一事之关系上
	效验……以合理事应用有效。	

初真实既唯依自明、相符之二条件而立，故不决定可靠。盖世事无常，潮流更迭不休，“俯仰之间，已为陈迹”，故后之所见，未必同前，彼之所见，未必同此，总有几分模糊之异点也。第二真实，其重心在比量上；然比量亦据现量圣言量而得成立。虽然，亦有不足恃者。何以故？兹就配合言之：如人假作语言，初则似乎持之有故，言之成理，既而仔细考虑，则知其不称于理矣。再就效验言之：理论上纵无缺憾，而必求合于效验，亦未尽然，盖人类之“生也有涯，知也无涯”“坐井观天”，安知天之真相也？

3. 烦恼障净智所行真实

云何烦恼障……圣谛现观

常人以心不悦喜，心中闷塞为烦恼。而佛法则指精神界中扰害之捣乱分子为烦恼。其数甚多，根本烦恼十种，随烦恼二十种。自体即障，具染污性，故谓烦恼障也。伏断此障有多种人：即如听佛声音悟道之声闻，专凭自力观察缘生之缘觉，见修无学三位之获无漏智者，——初证真理为见道，再加功修练为修道，修至圆满为无学道。——能引无漏智者，——此亦名解行智，体非无漏，但有相似之真实可得，且通见道之前后，如暖等四加行引生见道，则通见道之前；如在修道位上而仍有烦恼现前，若制伏之引生无漏，则通见道之后。——生起后得之世间智者，皆得亲证真如。以悉是从烦恼范围里透出之净智也。由此于当来之究竟果位，无所障碍焉！

推其所以得无漏智者，因修四圣谛之现观。(1)苦圣谛，谓有情及器界皆有不自由、不平等、不永久、不安宁、可破坏、可迁流之逼迫性。(2)集圣谛，又名苦集谛，谓有漏苦果之结成，直接则为身语意业之活动力，间接则为扰蔽心身之烦恼无明，由此不息苦轮也。(3)灭圣谛，又名苦灭谛，消极方面，灭苦果而得解脱；积极方面，受用无尽妙乐，得大自在也。(4)道圣谛，亦名苦灭道谛，谓灭苦之道路，或以三学，或以三十七菩提分法为修持，此其必由之道也。

声闻等人，观此四谛真理，仅觉有诸蕴存在，而无我体，以其数数修二种观行故。(1)诸法无常观，即论谓诸行生灭相应慧。(2)诸法无我观，即论谓异蕴补特伽罗无性见。

4. 所知障净智所行真实

云何所知障……不能越度

梵音尔焰，此云所知。有解为知见者，仿佛同于能知之心；其实所知，乃属境也。于境上有障，障碍于智，俾其不见真相，而得此名。此即所知境上之障，依士释也。细析之有三种要素，一、所知境；二、能知智；三、障碍物——无知无明。因有障碍物，介乎二者之中，则薄弱之能知智，于所知境上生起迷执，不了事之真相，以诸法为实有。如求智光周圆，自在无碍；吾人学佛，期证佛果，则非从此障碍内，破而出之不为功！一旦达到目的，则如白日拨开乌云，光照世界，此即所知障净智所行真实焉！相传“烦恼障”迷“理”，“所知障”迷“事”，其实二障“事”“理”皆迷，不过各有偏重而已。然则获此真实者究为谁欤？求佛智有成绩之登地菩萨与彻底觉悟真理之佛陀，皆知诸法无我，且不仅知其无有有情生命之实我而已。在见道位初得此二空智，此后入法空已，便能善净，即从见道而修道，乃至无学道，在此过程中分分断障分分证境也。其所证境，不出二种：（一）离自言性，“言”有显境、显义之二：前者为分别与思想之缘虑作用，后者，为言语之诠表，离此二种“言”之自性。（二）假说自性，谓一切之似义似法，皆以假说为自性也。

二种自性与三性等，有二种配合，以表明之：

其一

假说——遍计——后得智——俗谛——无体

依他

离言——圆成——根本智——真谛——有体

其二

假说——依他——后得智——俗谛

离言——圆成——根本智——真谛

有体

此二图中，一以“假说”配“遍计”，“离言”配“后二”。以“假说”配“依他”，“离言”配“圆成”，并可会通，无所枘凿。在未悟法空以前，则假说为遍计；如其已证法空，则假说为依他也。所谓法空，即证诸法真相，并非另有一空；遍计亦无所去，以本空故，但顺乎俗谛，假说为空耳。故知二说并不相悖也。

地上菩萨，于二境界皆作平等观照。“根本智”亲证“离言自性”，普遍一味，故为平等。而“后得智”照了宇宙现象互为缘起，一律如此，故亦为平等也。前者，为如所有性；后者，为尽所有性。证此境界可谓第一，以再无有超过亲证实相（真如）了知所知边际（依他）者也。而一切思惟抉择至此皆悉退还，而不复生矣！以其已圆满证得诸法性相也。倘愚者更欲求得高出此种真实之境界，非独不如其愿，却转增法执焉！

研究佛学者，不应仅求了解文字而已。今此不过信、解、行、证中之一“解”，似纸上之绘马，而非实有真马也。故其欲达实际受用，须实行而求证乃可。佛法原与科哲诸学不同性质，科哲目的，在乎筹谋世界之进步与改良，如于宫室稍稍修葺加以点缀而已。而佛教之目的，则在彻底铲除此种有漏不堪之自然界，而另创成完美之净妙世界，亦即转此俗谛世间而成出世间之真谛世界，如彻底毁破宫室而重建筑新舍也。故科哲唯具前二真实，而佛教则全备之。

三 五义分别

1 所证真实现体无二

又安立此真实义相……学道所显

二真实四真实之所以建立者，由二空观之所显也。云何二空？一为实有，一为实无，去此二执，名曰二空。云何实有？对于事物上，言语之安立，思想之分别，执为有实体。其实能诠言辞，于事物上发生所诠之假名，实不符于事实，等于代名辞，何尝有其实体也？然智者达无，而愚者因受无始习惯熏染，则以为有。其执为实者，依论文中，列表如下：

五蕴	色——该括一切物质，其数十一种。	——物质
	受——近于心理学之感觉。	精神
	想——近于知觉，有想像作用。	
	行——该括时，空，思想，行为等。	
	识——近于知识，其数八种。	

六根
- 眼根——视觉神经。
- 耳根——听觉神经。
- 鼻根——嗅觉神经。
- 舌根——味觉神经。
- 身根——触觉神经。
  （以上五根）净色根
- 意根
  - 外道指为物质，近于心理学之脑髓神经。
  - 小乘指为过去前念之第六意识。
  - 大乘则谓意识根为第七末那识。

六尘（所缘境。）
- 色——眼
- 声——耳
- 香——鼻
- 味——舌
- 触——身
- 法——意

法尘范围甚广，色香味触皆为法。今除五根对象等，故特立一法尘，为意识所缘。

四大
- 物之体质
  - 地——固体——坚性
  - 水——液体——湿性
- 物之势力
  - 火——热力——暖性
  - 风——动力——动性

诸门
- 三性……善、不善、无记。
- 四相……生、住、异、灭。
- 三世……过去、未来、现在。
- 有为——（即论中之缘生。）
- 无为——（即缘阙不生。）

二世
- 此世……现世之果报色身，及器世间。
- 他世……过未之报体，及其他之星球。

二种日月
- 日
  - 太　阳
  - 廿四小时
- 月
  - 太　阴
  - 三 十 日

太阳、太阴——该括其他星辰
廿四小时、三十日——该括年月日时大小劫

二十四时为一日，三十日为一月，乃就本地球言。其他世界，不必与此相同。

六根之用		
	眼	见
	耳	闻
	鼻、舌、身	觉
	意	知

此外尚有希求，已得，寻伺，乃至涅槃等法。

愚者对于如上诸法，终日意俱寻伺，分别计执以为实有，乃至涅槃，亦执为实，然皆为妄情上之错觉也。

云何实无？谓断见者总拨三性为无。主张妄执所取之实体为无虽甚当，以其为遍计故；而谓假说所依之法体为无则不可，以同缘生法分明现前故。至云假立言说依彼转之圆成实性为无，尤属荒谬；以二谛为佛陀之妙境故。若此恶见，总拨为无，故如来说为可怜愍哉！

能除“实有”“实无”之二执，则认识法相所摄之依他起及真实性事之圆成实矣！由远离“有”“无”二边，契入中道，故谓无上。何以故？对于非空非有之境，唯佛陀始得彻底证知故。至初地菩萨对于非有清净，对于是有尚未清净，故谓仍在修学过程之阶也。

兹就二执与识之关系，立表明之：

二执			遍计	
	增益执	是有	通六七二识末那执我意识尤甚	俱生、分别
	减损执	非有	唯通意识因被破我执而起	分别

总之，有此二执，则去圣道甚远也矣！

2 修空胜解成大方便

又即此慧……广大方便

照了二空真理之智，可谓重空慧，谓执空之空亦空也。若得此慧，则于求得佛陀位，有大方便。其方便云何？(1)能于生生世世中，精勤修习胜解空理之“空胜解”。此亦名为离二边之“中道慧”，又名“摩诃般若”。《大般若经》详阐此慧，而此中仅略述之而已。然其要义，则谓无般若，则不得获大菩提；有般若故，方得成熟其佛果及众生之善根也。(2)唯其有般若故，则能如实了知生死缘生无性。——其生死根，无非惑业而已。若无般若，则不知生死根源，而其识心中所夹杂之烦恼诸业，亦不能去，所以常游于生死之中也。(3)唯其有般若故，则不同小乘视三界如牢狱，生死为怨家，时感人生苦痛，常思脱出苦海，因而不顾群众，一心求得最后生空涅槃。然其自己尚不求证大果，而况济人乎？而菩萨则反乎是，不求个人速入涅槃，见一切众生悉具佛性，所以誓度一切众生也。(4)惟其有般若故，固不乐著涅槃，亦不恐惧涅槃。若无般若，则怀有生存竞争之观念，听说求佛智者，乃推翻人所生存之自然界，于是乃生恐怖，以为愈修行愈少人生之所乐，乃断绝菩提资粮也。总之，无般若故，不了生死，生四种过：(1)流转生死；(2)厌逃生死；(3)欣乐涅槃；(4)恐惧涅槃。如有般若，则如实了知生死，涅槃，不起四种过失，而不失其修道之广大方便也。

然此方便，乃以“最胜空性胜解”以为所依。云何“最胜空性胜解”？远离空有二边名“空”，空后所显真性名“性”；此空性为最胜，故名“最胜空性”；菩萨对此最胜空性有殊胜之了解，故名“最胜空性胜解”。而菩萨修行定慧资粮，得此空慧者，即因藉此以作成大菩提之广大方便也。

3　入法无我证二智行

又诸菩萨……但行于义

久修空慧，即能深入法无我智。于一切法上不落名言之现量实境，真能了知。明了无一法之少分，可于其上加以测度思虑，此为事相，此为真如，唯应以“如实智”了“如实境”云尔。

伦记上有三释，兹一述之：

（一）景师云：如能实证“依他”“圆成”，则了知在此“依”、“圆”外，更无少法可起分别，以“遍计”本无体也。故“后得智”唯缘“依他”，而不分别此为缘生；“根本智”唯证实相，而不筹度此为真如，惟证离言自性也。

（二）测师云：西方原有三释：(1)与景师意近。(2)谓“自证分”不作思念唯取其事，“见分”不作思虑此是唯事，是唯真如；而其但行于义，——即“自证分”行于见分“义”；“见分”行于“真如”等“义”也。(3)约位不同有殊：地前加行“俗智”唯取其“事”；至初地唯取“真如”，而为无相也。

（三）泰师云：于自性分别达无少法可起分别；于义中达无少品类可起分别。

如是菩萨行胜义故……若劣若胜

入法无我，所证二智行相云何？平等观察一切诸法，亲证胜义谛性，无一法非真如，以平等心之根本智与诸法平等相应也。此智与“最胜舍”相应。然谓初地为“欢喜地”，据出观之“后得智”上有喜受而得名也。而泰法师乃谓菩萨缘依他俗谛之“后得智”，既无能所二取，则平等见了俗谛，故亦名胜义，且摄于七真如中也。从“根本智”上所起之“后得智”有多种胜用：(1)世间一切学术，如工巧学，医方学，音声学，论理学等，无不精勤修习。即使遭遇恶劣环境，种种魔难，使其如何不舒适，非常苦闷，亦不稍退其初志；却有方便，以使身心毫不倦困，而获精神上之安慰与快乐。故于所学无所阻止，反而速疾成办也。(2)能得永远不忘之大念力；又不因自善巧而起贡高我慢之心；亦无吝惜而不肯布施之意；因而有胜功能，凡所欲行，皆如顺风前进。而其修行猛利，如临阵之士，身披坚固甲铠而御敌也。(3)菩萨得此“空慧”,虽在生死中如此如此展转漂泊,受遇刺激,而其修学菩提,并无障碍,且能如是如是展转增长其福慧也。(4)因修福慧故得尊贵殊胜之果。而于有情渐脱骄慢,乃至全无也。(5)滋生智慧故,如其他有情之辩难诘问,互相斗争,暴戾恣睢之不轨行动,与无谓之言语,皆背之而不由,至“根本烦恼”,“随烦恼”,犯戒,犯禁,及失威仪处,常能提撕反省,而决意捐弃之也。(6)生生所行功德,济人事业,使人不知,以恐他人见其道行高深、恭敬礼拜、赠送诸种受用之具也。

以上六种胜利,乃成大果之成分,即获菩提之因素。换言之:欲求不悖于道果而增长无漏功德,须借“空智”为修行之方便也。求大菩提虽有已得、今得、未得之殊,皆依“法无我智”而实现其目标,以更无劣于此智,或胜于此智而证得者。劣于此智者则果尚未圆满;胜于此智者,则实无智果出在究竟佛果之上也。

4 乘无戏论能正修行

又诸菩萨……修正加行

得证“法无我智”,不仅有如上文之美德,因自利、利他故、尚行“六波罗密多”:(1)布施,对于自己金、银、什物,而不贪爱;并以力助他人,使其欢喜布施,广种福田。唯以利人为前提。凡自身之金钱,知识,莫不布施于人也。(2)持戒,对于佛制之律仪,极善防护,严守无犯。凡所发之身、口、意业,均合律仪原则。性不粗暴,而成优良之习惯也。(3)忍辱,自行大忍,瞋心极薄,并不侵损于人。于作恶者之鼓煽,魔怨之搅乱,而以忍辱自勉也。(4)精进,勤学五明,作自利利他之本,——习因明内明、声明,可断有情之疑网;学工巧明、医方明,可以饶益众生也。(5)禅定,专心禅定,虽亦以“四梵住”——“四静虑”为基本,但不耽著禅味,其目的在引发神通,借禅定力以作利生事业而不致怠惰也。(6)智慧,此智盖由禅定引生,可别为二种:(1)根本智,亲证真如实相。(2)后得智,菩萨得此智慧,抉择事理,深明互为缘起之理,故利世心愈重焉。修此智时,勤作四种功德:(1)于有德学之长老,常生恭敬而供养之。(2)见有不义之徒,放浪之士,造作恶事,违背公众,则当生大愍心;至其人前,随自能力劝导之,使其速能除过也。(3)于有怨者,不巧言欺骗,造作与其有益之事,令其不起嗔恨,而去其怨嫌之心也。(4)于有恩者,知恩而报。或报之以等,或报之以增。然皆随自己可能之力,使其身心得以快适。倘自力微薄,不能充其所欲,应于其前,表现诚恳殷切而欲为其所欲希为之事,并不顿止其所悕求。如事实上终不能达到目的,亦用善巧方法,以使其知我非不欲"结草"报酬,无奈力量之不如耳。

以上皆为习大乘者,明了法无我之原理,始能修习如是之正行也。

5 广明离言自性

第一正辨

1. 立宗旨

以何道理……所行境界

试问:依据何种理由,而证明一切法有离言自性邪?曰:如上文所说之受、想、行、识,乃至涅槃等法,都无自性;以皆随名言而假立故。其名言又不外根据知识而建立。知识大别为三种:(一)至教量,此据圣言而为正确知识。(二)比量,此据已知而推知未知,即以已知而定未知之标准。(三)现量,由于亲证事实而为知识。此三皆为正确之知识;与此三种相反,即是非量之不正确的知识也。兹以八识与三量之关系,立表明之:

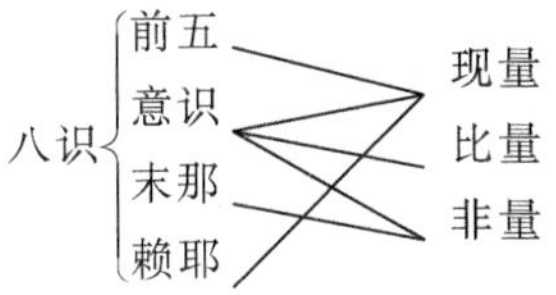

第六意识具有现、比、非三量各一分。而末那识全是非量。

在散心位，“前五识”与“第六意识”定为有“现量”。何则？若无“现量”，则必不能成其知识。然其“现量”，极为薄弱，不能自知其亲证性境也。“第六意识”在定心中亦有现量，但其现量正当现前时，尚未及稍加以注意，则“真现量境”已逝矣。“现量境”名性境。如“第八识”以其所变之山、河、大地——纯粹事实——而缘之，亦为现量。至“前六识”虽皆不能缘“赖耶”所变之一切法，如“眼识”唯缘“色尘”，乃至“意识”唯缘“法尘”，但其各托“第八识”所变之少分“相分”为本质，而于自心上所变之“影像相分”，恰与“第八识”所变者相同无异，故亦为性境。然此“现量”有不可捉摸之形势；洎乎“意识”上起分别作用，则“现量”已成前一念之过去境，唯遗留一个单独的影子存于“意识”而已。此即所谓“独影境”也。吾人对于宇宙中之现象，谓其为日、月、星、辰、山、川、树、木、田、地、屋舍等者，即所谓诸法以假说为自性者，此在“独影境”前，“现量境”后，中间有一境名“似带质境”。因此时“意识”上所变之“相分”，尚带有“现量境”之少分，但其已有多分增益或损减，以改变其原来之状态。认之为实，则皆为非量也。

兹立二表以明假实之境：

表一——但为假

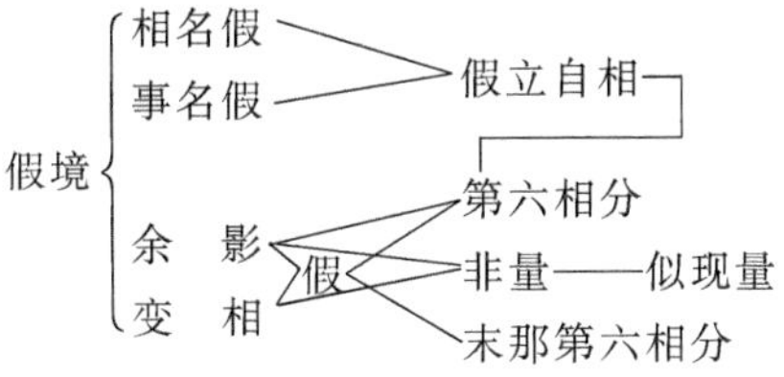

前三假，唯意识所行，无有体用，但是假立而已。“相名假”即“有质独影”，如妄心上之现真如等是。“事名假”者，如历史上本无此事，而吾人乃伪造此事告之于人；于是彼此流传；他人遂托此言，“而变无质独影境”也。“余影假”者，在“现量境”后，犹带有余影，虽尚未落名言，然易讹为实境，故名“似带质境”。“变相假”者，如“第七”取“第八见分”为我，而与“第八”原态相异，故名“真带质境”。“第六意识”亦能变缘“前五”与“第七”，故亦通“真带质境”也。

表二——有体用

实境	准事实	前六识现量相分	
	事　实	诸识及第八相分	
	事实相	圣智境	后得智
	事实性		根本智

前二种为凡夫之心境；后二种为圣智之境界。“准事实”者，“现量”离言，凡夫虽有而不觉了；然“前六识”托“第八相分”所变之影像，与本质相当，故谓其“准事实”也。如其转凡成圣，则“根本智”证“事实性”，“后得智”了“事实相”焉。在二表中，虽有真假之别，然凡夫在事物上安立名言，皆假施设也。

至三乘证“真如”后于“后得智”上生起言说作用，以显妙境，使人了解，亦假立也。故知说一切法皆非有自性，唯依名言之施设焉耳。

但亦非离彼诸法而别有自性，可为言语之所诠表。换言之，言语乃在诸法上阐明其义，但不应即认言语所诠义以为真实。例如“一真法界”，本为“圣境”，然不可以言说安立，以其为离言自性也。宇宙现象，何独不然？由此可知诸法“非有”“非非有”也。

然则以何而定观一切法之标准乎？曰：如于缘生诸法之假立

名言上，执为实有，此为于实无法上之增益执。如"末那"缘"第八见分"为我；"第八见分"本为有体；但"末那"执之以为我，则为"非量"，亦是于无计有也。如于缘生诸法之实性实相上(如宇宙真理，及世间现象)，总拨为空，此为于"有"中生"无"之见，故为"减损执"也。倘离增减二执，如实了知性相，则正为"胜智"所行之"中道妙境"也。

伦记上对于此段论文，有诸家之解释，兹择其要者而述之。离言自性，即无其相，然则从何而知其为离言欤？

(一)景师曰：佛陀亲证"离言智"，故知法本无可言说。但非全无离言之真俗二谛。而愚者迷于二谛，不知法本离言，故佛陀善为开示之也。难曰：诸法本不离言，若谓法性本无，则言性亦空？答曰：言所诠法虽不有，但非无有离言法性也。难曰：言诠之法尚无，况离言乎？答曰：凡言所行，皆属遍计，有所增益故；若离言语，即是诸法本性，故不空也。

(二)泰师曰：萨婆多说眼见青、黄、红、白之色，乃至意识所缘"涅槃"之法，凡言所说者必称于所见与所缘。而大乘则谓六识缘虑色等是证量知，境界称其行解，为证依他性境，但能证所证俱不可言说也。言说生起，乃在眼等识缘境后，意识上所起之分别作用而始有之。

有部说一切皆有。胜论说在法体外，尚有"大有"存在，由"大有"故一切法有也。然此皆言说自性。而大乘排斥有部法有实性；亦斥胜论离法而有自性，而主张去此增益执也。

(三)基师曰：若谓法假建立，无有自性，亦容商榷。如执所诠之法体为实，则可说为无；如谓"名"不称"境"，则"境"岂非空矣？至谓"名"与"所诠"，虽不相称，但在能诠名中有彼色等体和合而与名言相称，亦为不可。在事实上不见法外有和合性为言之所行也。如说“名”在法体上有，为“言”所行，则属“遍计执”，故不可执为“色”与“名”合，为“言”所行也。

（四）测师云：非离宇宙现象外另有实体为“言”所行，故“依他”“胜义”为有，“遍计”为无也。——盖“遍计”是“依他”上之所增益，不可为有；而“胜义”是“依他”上之所显示，故不可为无也。——如于“依他”上离此“实无”“实有”之二执，则为人、法二空之妙境，而是“无分别智”之所行也。录此诸师之释文，以阐离言自性之中道义，则使人更为明了焉。

2. 破小乘

ⅰ　随名多体失

若于诸法诸事……有其自性

大乘所立宗旨，小乘有乖诤者，彼乃主张言语中所诠之诸法诸事（诸法诸事义本相通，然可假别为二：即以五官所感觉之色等“五尘”为诸事；而以听闻经典上所说之“涅槃”等为诸法。）即在言语中有诸法诸事之体性。如说水、火，在言语中即有水、火体性，即谓事物随逐乎言语也。而大乘则谓名言所诠义，乃事物之假立相，故名言中并无事物之体性。如主张名言中有诸法体性，则一法应有多体；盖于一法上可立众多之假说名言而表显之之故也。譬如一人，初生立乳名，成人立大讳，入社会团体，又有其团体中之名，做官又有官号，行恶又有谤称，行善又有贤名，可得谓其凡有一名，即有一人之体乎？小乘转救曰：名多而体亦多，有何过咎？大乘谓为不然，在事实上，并非一法体上因有众多之名，即有众多之体。不然，则应于此事之一假名中别有其事物之自体与自量，而非此事其余假名中所有之体量；或于此事之余假名中所有之体量，而非此事之一假名中之体量。换言之，即应一事之多名中，各具有一整个之体量也。例如眼、目，原为一事，倘名必称法体，则眼名中法之全体，应非目名中法之全体，目名中之法体，应非眼名中之法体；然于事实为不可能，未尝于一法之多名中各别有其体性焉。进而言之，不独一法上具有多名者，不得法性；即一法上不具多名，唯有一名，亦不能得法之自性，以一名多名之不得法体，其理同也。

ii　法前无名失

又前说如色等……不应道理

倘小乘固执诸法悉随假说而有自性，则不应道理。何则？世间诸事皆先有其法体存在，而后由吾人五识了别之，始得于意识上分别其为笔、砚、桌、椅等，亦即先有法体后有名也。当法体未经吾人感觉，或上古宇宙初成之际，法体虽有，尚无其名，是则法体亦应乌有。以计体随名而有故。诸法既然原来无体，后乃依之安立名称，尤不契于正理。“名”与“法体”既不相称，又安得谓其“法”“事”随“假说”而有体哉！

伦记中景师之释文，颇同于此，然多一节之假设问答，兹一述之。问曰：大乘谓每一识体念念皆具“见”“相”二分，而一法上既具多名，则“意识”亦可仗其变起多种“相分”，故“名”多“体”多，无有过也。答曰：小乘主张凡“物”皆可言说，承认诸法随“名”诠召，然据“本质”而言，非据“相分”以说。且小乘谓“相分”摄于“能缘”，故不致就“相分”而随“名”多“体”也。

iii　色前有名失

又若诸色……而实不起

倘小乘转救曰：一切诸法，在其未立假说名义以前，已有其名义存在；但非至后来为吾人所感觉后，经历意识之寻伺，不得取其原有之名义置诸言说中，亦即非以本有之名义摄受法体，不能彰其体也。答曰：果如此说，则应离色法等假说诠表，应即可生此是色法等之知觉，而事实上何不然乎？例如初生之儿童，仅觉外尘之冷暖，并不生冷暖名义之知觉，由此可知"法体"并不与其"名义"同时存在焉。

由此因缘……应知亦尔

由以上种种因缘与道理，应知一切诸法皆是"离言自性"，倘其一落语言，则即非真实矣。

3. 破大乘

ⅰ 总标两种相似大乘

有二种人……起损减执

在大乘中亦有两种相似大乘人，以不明佛法真义故名其为相似大乘。而对于佛说之经、论、教法及毗尼之律仪，皆为其所失坏，此即不特自无利益而反有损也。（一）对于色等法假说自性上，即是有质无质之独影境上而增益之，谓其有实体也。（二）对于假说相处（如言论生起，非无端倪，必有其所依之事实，此即假说相所依处之依他起性也。）及假说相依（此即事实相之所依，乃离言真如也。）上而损减之，拨为全空也。一为"无"中生"有"，一为"有"中拨"无"，皆妄心上之计执焉。

ⅱ 别破两种相似大乘

于实无事……是则名为坏诸法者

关于"增益执"已在上文小乘中同被破矣，而"损减执"尤乖佛理，兹据理破斥之。倘谓世间无有真实，则虚假法亦无，假法必依真事而建立故。例如"补特伽罗"（通常云我）虽是假法，然必有其所依之"五蕴法"而得建立，若无"诸蕴"和合相续似一之相，愚者从何执为有实我邪？倘谓诸法唯假而无真实，既无所依之真实法体，则假法又何从而有哉？在小乘六宗中诸法但名宗，亦近于此种空执，彼宗盖谓诸法唯有其“名”而无“实体”者也。

如有一类……随彼见者

溯相似大乘所以有其空执者，盖因听闻大乘空性相应之摩诃般若经等，对于其中佛陀密意所说之空义以起误解，不能善巧方便研精其义，故不知“依他”“圆成”为有，“遍计”本空；于是臆测妄度，而谓万法皆假，乃主张观一切唯假，方为正观；其实彼极荒谬，既将假法依处之“依他”“圆成”皆抹煞，而又何得有其假法？是则真实虚假俱谤矣。如此之人，成大邪见，害人不浅，故修梵行者，不应与之同修学，共言语也。若不尔者，则必中其毒计，受大影响，迷乎事理而起谬说也。

于此应诘之曰：汝说世界中都无有实事真理，而汝此种判断为合理乎？抑背理乎？若是合理，则汝所谓世间无真理之言为可恃，而世间已有真理矣，岂不与汝说世间无真理之言相悖逆乎？若不合理，则汝说世间无真理之言为不足恃，而世间固非不有真理也。观彼所说，进退维谷，故不如弃其空执为愈焉。

ⅲ　空有执之罪过比较

世尊依彼密意……甚为失坏

上二种人，一为执有，一为执空，较量其罪，究为谁重？佛陀意指空执之罪尤重，故曾密意而说：“宁起我见，勿起空见”，以“空执”罪重，“有执”较轻也。然佛经中有处谓执“无”过轻，而执“有”过重者；盖“无”顺乎真理，而“有”则违乎法性之故也。而此处就其感果方面言，故与余处不相冲突。兹将其罪，比较言之：(1)起我见者，仅不明了事物之真相，而不毁谤因果，拨一切无，成大邪见，故不有空见者之种种过失。(2)空见对于“依他”“圆成”起“损减执”，谤无“涅槃”等法，因此堕于恶趣；我见既不拨无，亦不招此恶报。(3)恶取空者必堕于三途；而我见者，则不如是。或由他缘助其感果，非我见也。(4)我见之人，未敢妄言，拨无因果，阻人求修佛法；而空见者，则不然也。(5)我见对于有情求脱苦缚，亦不稽留而止停之，使其不能前进；而空见者，谓无圣道可期，唐捐功德，故阻塞其行也。(6)空见于四谛等法，必一笔勾销；我见者不防建立之，故亦勤修定慧，不若空见之弃除一切法门也。总之，我见只于所知境上迷惑为我；空见全备上列六失，而佛陀之至教，亦为其失尽矣！

ⅳ　缘取空理有善恶别

云何名为恶取空者……恶取空者

须知于空性有“善取”“恶取”之别。所谓“恶取空”者，或沙门(不独为佛徒，出家于异道而修梵行者，亦曰沙门)，或婆罗门(曾受教育之有知识分子)，于佛说之空性，由彼“名言遍计”本空故空，而不信受，或于佛说之“离言依他”为似有，而无“遍计”故空，亦不信受，此为大邪见者。何以故？于妄心上安立名言，谓为实我实法，观彼本空固合于理；至于除遣妄想，显现依他圆成本来似有真有之相，则不可谓为空也。换言之，佛所谓空者，本有之法，并不空去，不过空去本空之遍计执而已。若说一切为空，则违三量，亦背佛言。彼谓依他圆成上无遍计故空，遍计本来为空故空，非谓一切全无也。

云何复名善取空者……离言自性

所谓“善取空”者，谓于“依他”“圆成”本有之法认识清楚，了知无“遍计”于其上，故为空也。即知除“遍计”外，余“依他”“圆成”不空也。此为善取空理。不特此也，并知“遍计”中有“依”“圆”，为其所依故；而在“依”“圆”上亦得随“遍计”安立假名，即在事中亦有遍计也。如此不增不减，不妄取，不错觉，如实而知离言自性，并以善巧方法而修证之，此则诚为善取空理也。

第二引证

1. 转有经证

复由至教……胜义自性亦是法性

关于离言自性，此上已就理论言之矣。然犹惮人不能深信，故复以“圣言量”证之。转有经曰：“以彼彼诸名，诠彼彼诸法，此中无有彼，是诸法法性。”一释此经之义，即可知矣。以彼彼诸名者：谓于色等诸法上而想像之，以立出色等诸法之各别名称也。诠彼彼诸法者：即以所立之各别名称，安立于色等之上，谓其为色为受等也。此中无有彼者：谓色等法上所立之假名中，实无色等诸法自性也。是诸法法性者：谓由心中所想像之色等假名中虽无其自性，而亦实有其离言自性所谓诸法本来面目之依他圆成性也。此即诸法法性，而为胜智所得缘焉！

2.义品证

又佛世尊……故名不爱

义品亦为佛说。有谓为大乘阿毗达磨经中之一品，有谓为转有经中之一品，然此二说，皆无可稽。盖以此二部经典均未流行于中国也。其中有：“世间诸世俗，牟尼皆不著，无著孰能取，见闻而不爱”之一颂，亦显离言之旨。世间诸世俗者：谓世人于色等法上随心妄想安立种种名称，而谓此假名中实有法性，此即俗人之见解也。牟尼皆不著者：谓佛陀已去增减执之颠倒，不颠到故不著世俗之见解，而特阐如来之真风也。无著孰能取者：乃为试问佛陀不著之境界，从何而得了知也？见而不爱者：谓佛之境界，或由于诸法能起正观察之正见，或由于能听受他人所说之正理，由有此正见正闻，故能了知离言法性，而不爱世俗之心境也。

3. 散他证

又佛世尊……应知诸法离言自性

考迦多衍那一名，印度人往往用之；兹以散他二字别之，以表明非为其余之迦多衍那，而为佛之弟子，名散他迦多衍那也。佛尝谓散他曰："散他比丘，当知修最上乘禅者，不同诸余修梵行者，依于地、水、火、风之四大；亦不依于空无边处，乃至非想非非想处之四空；亦不依于所希求者，所得到者，及意识所寻求伺察之事而修静虑。"然则究以何法而修静虑欤？佛说："散他比丘，谓于四大四空等一切实有唯事中，除遣地、水、火、风乃至一切之假名想而修静虑。倘其能如此修行者，则大梵天等必来其前而赞之曰：'敬礼吉祥士，敬礼士中尊，我今不知汝，依何修静虑。'意谓所皈敬之静虑师，竟不知其修何静虑也！"

在此文中，可以测度天帝释等之如何心理。其所以来此修静虑者前而皈投者，盖通常习禅，则必专注一境，而不舍除地等之想像；今此修定者，虽亦不离地等，但其心光孤迥，寸丝不挂，更无地等假说之分别想，所以有他心通之天众，皆茫然不知其所以，而来其前特别请问之也！

云何得知佛为散他所言，即是阐发此离言自性之理欤？请申述之：此习定者，于心中构造之假想，及假想于地等上假立之名言，一概不留，亦不许离心而有诸法之独立存在，此即除去增益执也。而于遍计执外之依他圆成，亦不拨之为无，此即除去损减执也。离此二种计执，本其自在性之纯粹事实而照了之，毫不加以推计，故能得契万法真相，而为诸天礼敬也。

以上所引典籍，皆为至教量；然阐此离言自性之至教，不胜枚举。即在此中，亦可窥见一斑！倘其于此等平等心中流出之至教而深察之，安得不信依他圆成之胜义为离言邪？

第三佛起言说意

问若如是者……而起言说

诸法既然本为离言自性，而佛陀乃彻底觉悟之人，何故于诸法上复安立种种名称耶？其所说者，是否而与诸法相称？如其相称，则诸法非是离言自性；如不相称，则其说法即无何利益。答曰：伦记中谓佛说法，略有四种因缘：(1)诸佛所证本不可说，乃是方便权说。(2)因为不起言说，则他不得而听闻。(3)他不闻故，则不得而了知。(4)欲令他知，故起言说。按此而观，佛陀说法，乃从悲心上不得已而说。因不起言说，则众生不知真理本为离言自性，故方便权巧而说，俾众生切实修证，或以比量推知此离言自性也。

要知佛说无量法门，不过作众生超越苦海之舟航而已，登彼岸后，不须再存留焉。又如医师开方，本为治病，疾既痊愈，何须药为？故大乘所建立之离言自性，亦在被遣之中；若不除遣，亦于法执何异乎？故经云："如来说法四十九年，未说一字。"意谓佛虽终日说法，而所说者皆此未曾说之离言性也。此所谓性相双彰空有不二之中道欤！

第四愚起八分别

1. 八分别生三事

又诸愚夫……及器世间

大乘离言自性，非一般全愚之凡夫，及半愚之二乘所能了知，(凡夫全昧我法，二乘只知人空不了法空，故有全愚半愚之称)。以其不了知故，乃从八分别生三事。八分别者，识也。谓识与二障俱，迷于事理；由此薰成种子，而能变成三事。所谓“所依缘事”，“见我慢事”，“贪瞋痴事”。然此非指名言为体，乃缘生诸法也。即通常所谓迷于真事真理，为境所转而妄想繁出，因而造成污浊世界者也。

云何名为八种分别……一切世间流转品法

此处仅列出八种分别之名，其释在后，故亦不多述。

云何如是八种分别……流转品法

文中乃阐八分别生三事之理，兹且立表明之：

八分别生三事
- 自性、差别、总执 ── 分别 ── 合生 ──
  - 分别戏论 ══ 识
  - 所依 ══ 根
  - 所缘 ══ 尘
- 我、我所 ── 分别 ── 合生 ── 萨迦耶见 ──
  - 边见
  - 邪见
  - 见取
  - 戒禁
  - 我慢
    - 七慢
    - 九慢
- 爱、非爱、俱相违 ── 分别 ── 别生 ──
  - 爱故 ── 生贪欲事
  - 非爱故 ── 生瞋恚事
  - 俱违故 ── 生愚痴事

在此表中，可见“八分别”生“三事”之程序矣。论中谓“分别戏论所依缘事”为言想言说所显者：谓“有漏识”对于根、尘、识而起计度，而识亦为名字言语之所显示也。而此三法又有多种，如识有八，根尘各六，故论中谓色等想事品类众多也。表中八分别为平立，而论中之结文上则有其次第，如云：“当知此中‘分别戏论所依缘事’为所依止，生‘萨迦耶见’及以‘我慢’；‘萨迦耶见我慢’为依，生‘贪瞋痴’。由此三事，普能显现一切世间流转品法。”虽则有情从无始来，心与法执相应，不有其先后生起之程序，但就行者之断惑上，必先去“贪”、“嗔”、“无明”；次断我执；再次断法执。故论中不妨假说由“依缘事”而“我见”“我慢”；由“我见”、“我慢”而“贪”、“瞋”、“痴”也。“萨迦耶见”译为“身见”，通于“我见”“我所见”者也。在三事中之“我见”、“我慢”及“贪”、“瞋”、“痴”，并非为事，然确为与识相应之能缘作用，故假名为事也。

云何名为自性分别……所生分别

“八种分别”，与“无分别智”相对待。此有则彼无；彼有则此无。以此为三界中有漏可断诸心心所；而彼为出世无缠无漏不可断之智慧也。八分别者：(1)自性分别，如见一粉条，于意识上加以分别，为其安立一名；于其他法亦如此想像之而立其名，此为从诸法自性上加以分别也。(2)差别分别，见此法上之条理，而其他法上之条理互相比较其为同为异。如见一白色粉条，则知此白色乃通于瓷器；而黑墨上之黑色，则不通此白色粉条。此从彼此相互关系上所有差别加以分别也。(3)总执分别，如于多数分子合成之一团体上而执为实有一整个的东西。有情本由五蕴和合而成，屋舍本由各种材料而成，并无实有之个我与屋舍；然吾人常计有一整个之我体与屋舍。此为于多数分子团集上而总执之之分别也。(4)我分别。(5)我所分别，此我我所分别，往往于诸蕴上长时生起有我我所之见。如意识薰习故于自见处之事（五蕴）而执为我；末那识于自见处事（第八见分）而执为我，此皆以有有缠缚之相应心所拘泥之，故其于诸蕴上生起有我我所之分别也。(6)爱分别，谓遭遇顺适优美怡情之环境，则引起欣赏不已之爱分别也。(7)非爱分别，谓由缘虑不净妙不可喜之恶劣境遇，甚感困难，于是引起抑郁而不适意之分别也。(8)俱相违分别，谓所缘之境非好非丑适乎中庸，不能令人生起强有力之心理，而任运缘虑也。

此中所说略有二种……所起分别

此上八种分别，可归纳为二法：(1)精神，能分别认识之心(识)。(2)物质，有情世间(根)及器世间(尘)。然此二种，即是八分别中前三分别所生之事(参考前表)，此能该括余五分别；以余分别无别所依之根境，故前三为后五之本也。此三分别从无始来展转互为因果，谓由过去三种分别之现行，薰成五根五尘之种子；由此种子于赖耶中酝酿成熟，故于今世复起依缘之现行。倘于今世仍不了知事理，则由今世惑业，复生当来之器界根身。盖众生生前既造业行，迷执根尘，故当来世定招感应生之界趣，以偿前因焉。总之，由迷故生死不停，长劫于苦海流转也！

2. 修寻思等了八分别

i 修四寻思观

云何了知如是分别……假立寻思

离言自性，诸法真理，亦非愚夫终不可知，然须有其方法始可了达：——谓须先修四寻思观，煅炼成熟，渐能引生四如实智，实智生起，则洞见之矣。论中先列四寻思之名，后随次释之。

名寻思者……假立寻思

此中依名解释四寻思之义也。(1)名寻思，行者观察在名字言说中唯有名字言说，并无所依之事体诠在其中，纯然为假立之名言，故曰名寻思。(2)事寻思，于依他缘生之纯粹事实上，唯见缘生诸法不相碍之本相，并无假立名言于中杂入，纯然为事物之自体，故曰事寻思。(3)自性假立寻思，自性为法之体；假立为法上假立之义。行者于意识上推寻法之得名，皆由自心中想像而假立者，其实名中无事，事中无名也。故曰："名事互为客。"此为自性假立寻思。(4)差别假立寻思，行者对于诸法上所有言语诠表之差别意义，如常、无常，漏、无漏等，皆能如实观察，知其亦是假立，故曰差别假立寻思。然修此观有二种观法：(1)离相观，谓单观名言或事体也。(2)合相观，谓双观名或事之自性与差别也。

兹立二表明之

第一表

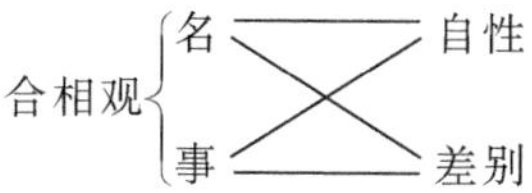

第二表

离相观{名寻思——名上无事
离相观{事寻思——事上无名

ⅱ　修四如实智

云何名为四如实智……所引如实智

前已说明四寻思矣，今进而说明四如实智为如何？其名义如论文所列，兹就其义而一释之。名寻思所引如实智者：盖久习名寻思观，而后自然引起如实了知之智，照了名中唯名，毫无事在其中也。然则世间为何而于诸法上安立种种名称欤？盖世间众生从无始来，业识茫茫，终身大梦，不辨事理，错用思想，于是认绳为蛇，计杌为鬼，于本来离言之诸法上，随其妄想分别，谓为山、川、日、月、天、地、人、物等；由是一传十、十而百、百而千、而万、而兆，久久相沿成为习惯，通国皆知此为人彼为物等；于是世人于诸法上起想发言，可以彼此交换意见，传达思想。然终以妄为真，计假为实；此由无始来杂乱妄想有假说也。倘勤修佛法，对治烦恼，引发无漏，则一旦豁然贯通，照了事物真相，本来离言，所有名言，皆妄心之构成，此为名寻思所引如实智之境界也。

此智在有漏加行位可得；而四如实智与四寻思，虽可同在有漏位获得，但确有程度之高下，立表明之：

四寻思——有漏——暖等四加行位
四实智——无漏——真见道等位

在见道以前，暖、顶、忍、世第一之四加行犹为有漏；见道位则为无漏。四加行中暖顶二位修四寻思，故唯有漏；而忍、世第一修四如实智，故通有漏；而见道位登地以上亦修实智，故又通无漏也。

云何事寻思……所引如实智

事寻思所引如实智者：行者于诸法上了知其为性离言说，即是事寻思所引如实智。然非指老成人寂静无言，默识存诸心中而言；须由现量亲证，或无分别智证得此离言自性，方为得矣。至四加行位上，不过相似证得此智而已。

云何自性假立……所引如实智

自性假立寻思所引如实智者：即诸菩萨了知诸法自性假立，了知诸法从众缘生，有因缘荟萃则生，若因缘分散则灭，故近于幻有，不同凡情之执实也。至其对于色等想事中，了知假立言说，非事自性，但于言说中又不无有其相似自性之显现。犹如绘画一幅佛像，虽图画本非佛之自体，但图画中又不无庄严端正之佛像，所谓非有非非有者，是也。总之，通达依他如幻而不执实，即自性假立寻思所引如实智之实现耳。

云何差别假立……所引如实智

差别假立寻思所引如实智者：伦记中景师意云：譬如一色，具足非有非无不二之性：遍计执色非有；依他起色非无。遍计是言说之增加故非有；依他是戏论之相离故非无。就二谛言之，遍计所执，在胜义谛中非有故；依他起性，在世俗谛中非无故。在四胜义中，亦作是说。在一法之差别意义亦不二：如依他眼识有缘虑用故不无；遍计眼识无缘虑用故不有。有见无见等，亦复如是。故所有其他一切差别之意义，莫不有其不二之性也。

兹再按文而一释之：差别，是相对待之义。如有无，是非，动静，一异，断常等字样。若正智现前，乃洞察意识上所假立之差别意义，皆具不二之性，非有非无，不落有无断常二边，而为非有非无亦有亦无之妙境也。何以故？于诸法上，安立言说，不实存在，故名为无；于诸法上，不增不减，离言绝思，故名为有。质言之，正智亲证真如，无有色等可言，故假名为无；俗人智缘事相，安立名言，故假名为有。有见无见等门，亦复如是。若知此种非有非无亦有亦无之道理，即是差别假立寻思所引如实智之发现也。

3. 愚不了八分别堕流转

愚夫于此四如实智……流转不息

诸愚夫从无始由业蔽心，真智不彰，不明事相，故生八种邪的分别，久成习性种子，此"种"生起，则感来世之果报。详言之，由八种邪分别上生起我法二执，终日追逐为我主义，起贪瞋痴，作不善业，由是于生死中流转受生，而有各种苦痛之所随逐也！

4. 圣了八分别证大果

ⅰ 证断果

菩萨依此四如实智……大般涅槃

诸菩萨者，能正知八分别皆无戏论故，不复起虚妄分别；不起妄分别故，不复熏成当来世之器界与根身之种子；不熏种故，当来依缘亦不得生；依缘不生故，从依缘起之虚妄分别亦不得生。此在四加行之世第一位上有此相似无漏智之生起；以其将登初地，故能灭去三界有漏之心心所法；知其戏论，无复执著，故伏除藏识中之染污种子而引生净无漏识；净识现故，得二种圣果。此中即明其断果也。

ⅱ　证智果

于现法中……最胜无上

烦恼断故，无漏真智发现，智现前故，则获得自在（自在者，谓此真智非向他人求得，而为本有之无漏种子发生现行也）。然此真智，初地分证菩提涅槃；八地所证似与佛等；究竟证得，则为佛果。其所得之自在，约分三种：(1)于变化中获得自在，即是随心变化皆得成就。然变化义虽相近，但不无稍异，于“无”中化“有”为“化”；于“有”上而改其原有之形色数量与体质等为变。此为六通中之神境通也。(2)智光炯炯，于境自在。即六通中之余五通也。(3)于寿命住舍获得自在，谓其寿命，能听其意欲之住舍，若欲舍命，并不必用刀杖等之害具，自由能弃舍之。此三自在获得，故于众生中为最殊胜焉！

菩萨如是……不从他缘胜利之业

因得如上自在故，即能同时获得胜利：(1)心得寂静，然非由断去烦恼而获此身心粗重之禅定；但由真智，性住寂静，故其与二乘枯木死灰之定，相去遥远也。(2)智转明处，于世间一切学说，如五明等，皆有相当认识，且精通熟习，得其深微之处，以此而上求下化也。(3)了知生佛平等，乃发充足之悲心，而于极苦之五浊恶世，生死死生，不停其救世功作；亦不于苦难中生厌倦退屈之心也。(4)悉能了知如来甚深妙法，秘密意趣，能断众生种种疑网。(5)习大乘法，得大胜解，故任随何人，及其他因缘，皆不能退其初心与誓愿，终必以佛法而进行也。此五种胜利有五种殊胜业用：(1)成就殊胜定力，止息劳倦，便于勤修菩提也。(2)五明熟习，则智慧殊胜，便于求佛果也。(3)大悲心切，便于利众生也。(4)深知佛法，即能除遣化生疑网，使正法得久住世；于相似佛法之魔说能殄灭之，此即显正之意也。(5)于外道之诐辞邪说，竭力摧除，自发誓愿坚固，不为倾动，而抱着一贯之精神，此即破魔之义也。学大乘者，于佛法得胜解，则不为他人夺其志趣，故不顺从不符佛法之他缘，而唯行佛法之胜利事业也。

如是菩萨……正愿无动

菩萨工作，不可胜数，但可统摄于此五业之中。若归纳其工作，亦可分为五种：(1)定力，令自心安隐，无染瑕疵。(2)慧力，于事于理，悉明了究竟。(3)悲力，救度众生一切苦厄，令得安隐。(4)护持如来正教，摧灭邪论。(5)愿力，于外境不为转移，而具足大愿。此为菩萨工作之大概也。

四　总结显胜

当知如是四真实义……第四最胜

本来四真实即是二真实，因开合之不同，故有四真实二真实之别。开则为四，合则为二，其真实则一也。

世间极成真实，就其遣执之凡夫心而言，故为依他。而修行亦随顺乎俗谛，故非遍计执也。道理极成真实，以三量证实道理故亦为依他。然前二真实皆为散心之境界，故为五法中相名分别之所摄，较之后二真实为最劣也。第三真实，乃人空所显之真如故处中。第四真实为人法二空所显之真如故最胜。后二真实若就其能证所证合说，则为正智如如所摄；若唯从其所显之真理方面而言，则惟摄于如如也。

兹将五法三性与四实二实相摄之关系，立表明之：

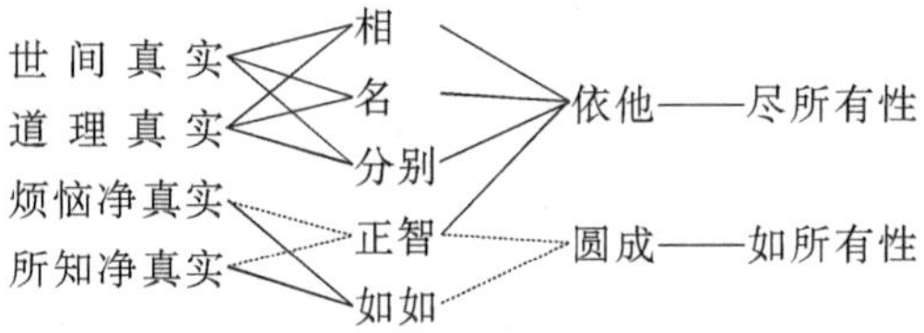

（六）本品之组织

一切诸法，真俗二谛可以摄尽。本品首先诠表二种真实，乃尽力阐明法界之全体大用者也。然吾人欲穷此法界之全体与大用，则不得不借般若之空慧以照了之；所以本品次以五义分别空慧，以使人获得由凡入圣之枢纽。然空慧所照者则为“离言自性”；而于此离言自性，若不了知，则为流转生死之凡夫！如能觉照，则为证大菩提之圣人，故本品再次即广明离言自性，以为吾人获得修行之凭依。然欲彻底证此离言自性，则又非短时间所能办到，必须先修四寻思而后修四如实智渐渐圆满，故本品在明离言自性中充分说明之，以使吾人得免祛蹰等之弊。此为本品组织之大纲也。吾人今读此品，如能按其所言而实行之，则庶乎其趣道有方矣！

论记纂要之诸疏摘要，附记文中矣。太虚阅识。

附慈宗要藏目录

慈宗要藏叙

慈宗三要叙

慈宗修习仪

一经藏

1. 佛说观弥勒菩萨上生兜率天经

2. 弥勒佛法身咒印佛说陀尼集经

3. 观上生经要及诸疏摘要

4. 弥勒诸经

佛说弥勒大成佛经罗什译

佛说弥勒来时经失名译

佛说弥勒下生成佛经义净译

（以上皆舍利弗问同本异译六译存三）

佛说弥勒下生经法护译或否

佛说弥勒下生经罗什译

（此阿难问与舍利弗稍异）

弥勒问八法经有异译

弥勒所问经有二译

弥勒菩萨所问本愿经

慈氏菩萨所说缘生稻芊喻经

一切智光明仙人慈心因缘不食肉经

佛说慈氏菩萨誓愿陀罗尼经

佛说慈氏菩萨陀罗尼经

5. 诸经摘录

法华经普贤菩萨劝发品

心地观经四则

大灌顶经礼药师亦见弥勒

七佛所说神咒经文殊咒

佛说陀罗尼集经大势至咒

首楞严三昧经一

（以上诸经皆导归兜率见弥勒者）

首楞严三昧经二

佛本行经

华严经善财见弥勒章

楞严经弥勒圆通章

悲华经

十住断结经

狮子月佛本生经

贤愚因缘经

（以上诸经有关说弥勒行果者）

二律藏

1. 菩萨戒本

2. 菩萨戒羯磨仪

3. 菩萨戒本讲要及诸疏摘要

4. 菩萨戒本旧译

5. 菩萨戒诸文摘录

瑜伽菩萨地戒品

菩萨戒抉择分

菩萨璎珞经大众受学品第七

梵网经十重四十八轻戒

菩萨优婆塞戒经受戒品第十四

受十善戒经

真言受菩提心戒仪及受五戒八戒文

三论藏

1. 真实义品

2. 真实义抉择分

3. 真实义品讲要及诸疏摘录

4. 宗释诸论

大乘五蕴论

三十唯识论

二谛章显名辨体门义林章

唯识章出体门义林章

因明学概论

八识规矩颂讲要

佛法总抉择谈

法相唯识学概论

5. 诸论摘录

佛地论

发菩提心论

四杂藏

1. 弥勒佛礼赞文四首奘译

2. 慈氏菩萨略修愈誐念诵法

3. 应化灵感略

4. 上生嘉言略

5. 宗祖史传史

宗派源流之慈宗略史

瑜伽师地论叙之慈宗略史

婆薮槃豆法师传

玄奘法师传

窥基法师传

瑜伽师地论菩萨地真实品亲闻记

太虚法师 讲演
学者嘿庵 笔记

原夫菩萨极地，该三藏之遗文。如来后心，畅五乘之奥旨。瑜伽之微妙，不可得而思议也。爰有太虚法师者，巧飞妙辩，发海潮音于简编。志振颓风，握佛学院之纲领。更于禅余击节，课外分芳，阐大乘论，宣真实义。学者之于瑜伽也，始在武林闻其名，继在琴川睹其册。今来汉皋佛学院，幸获亲炙法师，饫闻其义，使神游其间，以增益其所不知。殆如长者诸子，得出火宅，住大白牛车，非本所望矣。乃录厥心得，集而存之。虽大海之一勺，亦未尝不可借以知其全味焉。是为序。

佛示生二千九百四十九年药师诞日嘿庵谨识

瑜伽师地论菩萨地真实品亲闻记

将演此品，先分为四：一释题目。二明殊胜。三辨传译。四解文义。

初释题目。具云：瑜伽师地论本地分第十五菩萨地初持瑜伽处真实义品第四。分释为五：一释论题。二释分题。三释地题。四释持题。五释品题。今初释论题。

瑜伽师地论

此论有一百卷，属于大乘部之论藏也。约解为四：初瑜伽。二瑜伽师。三瑜伽师地。四瑜伽师地论。初瑜伽者，华言相应，确指行解相应以言，非泛论之相应也。其中分有五种相应：一与境相应，不违一切法自性故。二与行相应，谓定慧行等相应故。三与理相应，安立非安立二谛相应故。四与果相应，能得无上菩提果故。五与机相应，果后行化能与机相应故。具此五种相应，是此论所名之瑜伽也。盖由诸法若性若相闻之确然了解是为第一步相应境既相应依智起行若定若慧亦不相悖是为第二步相应也若境与行既相应已即理智如如心无所得是为第三步相应也理智相应而得圆成妙觉是为第四步相应也果既圆成应机说法是为第五步相应也然相应之关键，正在乎止观而已。又瑜伽有显密之二。初显教即前五。一胜解与境相应。台宗谓之理即名字即二正观与行相应。观行即相似即三真智与理相应。分证即四圆因与果相应。究竟即五佛教与机相应。良以行解相应，然后理可证，道可成，众生可度，而得始终贯彻瑜伽之旨也。二密教之瑜伽，谓行者之三业，身口意与本尊观音等之三业，交加依持，相应互照，圣凡一致，因果同体，此密教之相应。盖无异显教之佛教与机相应也。

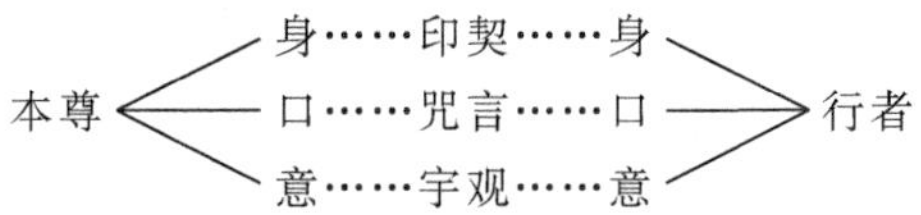

二瑜伽师。别云瑜祇，微异瑜伽，翻云观行者，或云瑜伽之师，依主释也。盖师者，人也。因学观行而名之也。又名有瑜伽之师。以此人有止观之相应行故，有财释也。瑜伽师，人法双标也。三瑜伽师地。一地位，谓从凡夫地至大觉地故。二譬喻，谓地能持载万物，能生长万物；喻此论能持载诸行为一切法之所依故。能生长二智为无上菩提因故。四瑜伽师地论。瑜伽师地，约所诠之义理论。约能诠之言教也。释论题竟。

二释分题

本地分

本地分论有五分：一本地分。五十卷二摄决择分。三十卷三摄释分。二卷四摄异门分。二卷五摄事分。十六卷初分广明由凡至圣之境行果地。余四分中所言者，皆为此本地分之流类耳。释分题竟。

三释地题

第十五菩萨地

论曰：云何瑜伽师地？谓十七地。何等十七？嗢陀南曰：五识相应意，有寻伺等三。三摩地俱非，有心无心地。闻思修所立，如是具三乘。有依及无依，是名十七地。”一五识身相应地二意地三有寻有伺地四无寻唯伺地五无寻无伺地六三摩呬多地七非三摩呬多地八有心地九无心地十闻所成地十一思所成地十二修所成地十三声闻地十四独觉地十五菩萨地十六有余依地十七无余依地菩萨地属于十七地中第十五地位。由三十五卷起至四十九卷半止、共有十五卷半文。然于前九地辨境。次六地辨行。后二地辨果。所谓三乘者，佛之说法本乎一味，因根不等故有三乘。然大乘不但异小乘，且能包乎小乘也。释地题竟。

四释持题

初持瑜伽处

持有四：初持、二持、三持、四持，以初持文占菩萨地最多，有十二卷十八品。约前显教，初解境相应与观行相应，属此初持。二观行相应与智理相应，属此二持。三因果相应属此三持。初以持菩萨解行到瑜伽处也。释持题竟。

五释品题

真实义品第四

行者之于一切法也，如实了知诸法实相；假者见其假，真者见其真，而不虚诳其事。则此品之所名真实也。孔子曰：“知之为知之，不知为不知，是知矣。”品之要义，说明一切法自相，使得发生不违诸法之胜解，而入与境相应之初持瑜伽处者也。故吾人必借此发生相应胜解，得入为初持之瑜伽师也。品者，类也。文在卷第三十六本地分中菩萨第十五初持瑜伽处十八品中之第四品。以上总释题目已竟。

二明殊胜

论之殊胜分为三种：一本论在佛法中之殊胜。二本地在本论中之殊胜。三本品在本地中之殊胜。初云佛法者，指佛一代时教之谓也。略言有四：一所属藏胜；于二藏中属菩萨藏摄故。于三藏中属阿毘达摩藏摄故。梵语阿毗达摩此云对法论能发慧断惑证真而成觉果故称殊胜二所属乘胜；一从此论顿入菩萨地者，即同华严之根本一乘故。二从此论渐入菩萨地者，即同深密第三时普为发趣一切乘而说之大乘故。总论此论所属乘者，唯普为与根本之大乘方能摄入，余非所容。三所属教胜；一顿机遇之，即一时一音之顿教。二渐机遇之，即深密第三时无上无容中道了义之教。四论自体胜有三：一是通申一切经之宗论故。二是法无不诠义无不了之广论故。三是法相唯识宗之本论故。对十支论为根本故。

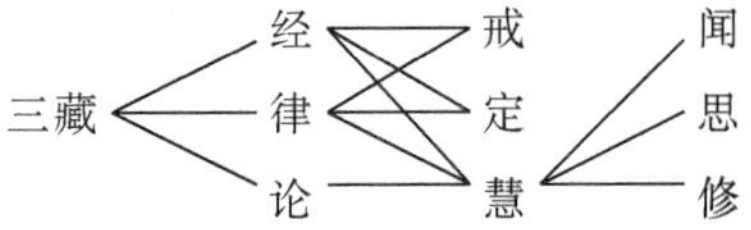

十支论名目如次：

略陈名数支…………《百法明门论》——世亲造

粗释体义支…………《大乘五蕴论》——世亲造

总苞众义支…………《显　扬　论》——无著造

广包大义支…………《摄 大 乘 论》——无著造

分别名数支…………《杂　集　论》——无著造

离僻处中支…………《辨 中 边 论》——弥勒说

摧破邪山支…………《二十唯识论》——世亲造

高建法幢支…………《三十唯识论》——世亲造

庄严体义支…………《大乘庄严论》——弥勒说

摄散归观支…………《分别瑜伽论》——弥勒说依深密中之品名而造论未译

以上十支论，皆以此瑜伽论为根本而申明发宣者也。二本地在本论中之殊胜：古德尝以此论全部不能广译而独译此一地者，可见其以此地为殊胜也。如北凉昙无谶三藏译名《菩萨地持经》。刘宋罽宾求那跋摩译名《菩萨善戒经》，一属经藏，一属律藏，皆不称其为论也。后玄奘法师译出为论，即将《地持经》编入论藏，而《善戒经》仍摄在律藏，因其当时译者重在明大乘戒故。三本品在本地中之殊胜，心不契真实义，必偏爱见，虽有前数品之发心，亦等于空花无果耳。必须根本真实，方能念念流入萨婆若海。由初持而二持而三持以圆满菩提耳。故此品在二十八品中较之别品独为殊胜也。明殊胜竟。

三辨传译分二　一明说主　二辨译人　今初

弥勒菩萨说

弥勒。此云慈氏，名阿逸多，翻无能胜。菩萨。具云菩提萨埵，觉有情义。说者。悦所怀也。菩萨在佛灭九百年间说此论。经有上生经明其上生兜率事又有下生经言其当来下生事问：佛在世时，或有菩萨示现人间，助佛行化，如观音等。何故佛灭后九百年，弥勒仍在人间说法？答：缘由当时有无著菩萨，获证初地，深入大乘，为要显扬正宗，摧破邪见，以神通上升内院，求弥勒菩萨，自睹史天宫，降于中印度阿输他国，为说此论，乃传于世也。

二辨译人

三藏法师玄奘译

奘师越葱岭，游月邦，访道十有七载，经途百有余国，三遍获闻此论于戒贤法师座下。以贞观十七年二月六日还至长安，于弘福寺与学通内外之名僧二十一人，共译三藏梵本，至二十一年五月十五日，肇译此论，论梵本四万颂，每颂三十二字，至二十二年五月十五日绝笔，成一百卷。凡有五分，宗明十七地，如前释。法师讲此论时，有窥基略纂十二卷，遁伦记其所解成《瑜伽伦记》四十八卷，并行于世。至元末以来，遗失其本，研究者多未闻见，正理沦亡，慧日沉空，近幸日本续藏流通，取回重行于世，今讲此论，都依斯记。辨传译竟。

四解文义分二　一略标释　二广分别　初又分二　一略标真实　二略释真实　初中又二　一标二真实　二标四真实　今初二初征起

云何真实义

云何是征问词，不变不异之理性谓之真。现有现在之事体谓之实。性则亘古亘今，体则无方无所。二者周遍，无有无无，此中问以何法为真实义，所谓欲穷真谛理须知第一义也。

二正标

谓略有二种：一者依如所有性诸法真实性。二者依尽所有性诸法一切性。如是诸法真实性一切性，应知总名真实义。

标中先开次合。善戒经言二真实：一法性、二法等，地持经一法性、二一切事法性。二者名义，异而不异，此则全异其名而其义同也。一者依如性以明诸法无差别之真实性。二者依尽性以明诸法有差别之一切性。如者不变不异之谓。今取不变不异，与亦变亦异，及变而不异三义，较而明之。一不变不异义：为根本智，亲证真如故。二变而不异义：为后得智，与第八识及前六现量所缘性境，虽有因缘变分别变别别之事，而缘时与所变境不相违异故。

三亦变亦异义：为第七六识带质境与独影境，由分别变更违异因缘变之实境故。

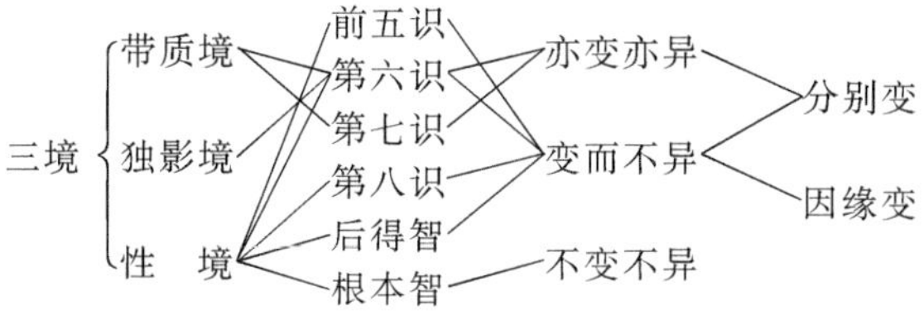

依此不变不异之如所有性，说有诸法之真实性。除此则无有真实之体性也。尽者穷边际彻源底之谓。前约如理智根本智是契诸法之性曰如。此约如量智后得智是符一切之相曰尽。倘若境大智小，智大境小，皆不足以称其为如量也。是故有为无为空有色心等法以如量智证之，无不周遍，无不深彻，分其粗妙大小历历炳然也。即地持中所云之一切事法性也。以上二义大抵如是。合则以根本智所证之性为诸法真实性。以后得智所证之性为诸法一切性。如是应知总名真实义也。法师曰我今说真实义说亦真实依圣教而说故此圣教是佛如来由证智中流出故标二真实竟。

二标四真实

此真实义，品类差别，复有四种：一者世间极成真实。二者道理极成真实。三者烦恼障净智所行真实。四者所知障净智所行真实。

四种真实中初属有漏。二通有漏无漏。三四皆属无漏。约合四重二谛如次：

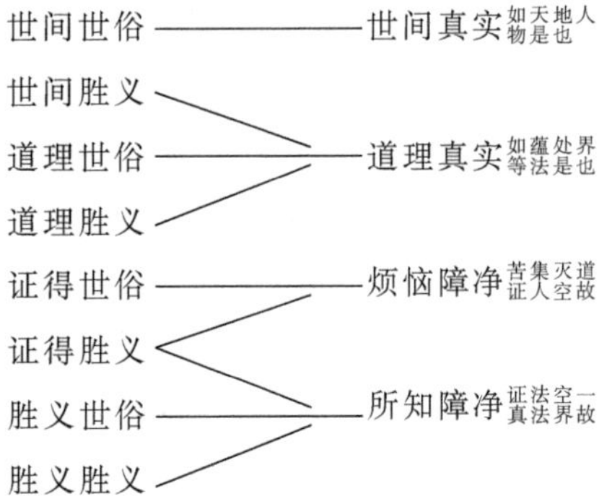

略标真实竟。

二略释真实分四　一释世间极成真实

云何世间极成真实？谓一切世间，于彼彼事，随顺假立世俗串习，悟入觉慧，所见同性。谓地唯是地，非是火等。如地如是，水、火、风、色、声、香、味、触、饮食、衣乘、诸庄严具、资产什物、涂香华鬘、歌舞妓乐、种种光明、男女承事、田园邸店、宅舍等事、尚知亦尔。苦唯是苦，非是乐等；乐唯是乐，非是苦等。以要言之，此即如此，非不如此，是即如是，非不如是，决定胜解所行境事。一切世间从其本际，展转传来，想自分别，共所成立。不由思惟筹量观察然后方取，是名世间极成真实。

释中初征、次释、三例、四合、五结。云何下征。问言何者为世间之极成真实也？谓一切下释。彼彼者，各各也。世间之得为至极成就之真实，盖本乎世俗惯习之思想言说，为世间思想言说共所成就，是实非虚，故曰极成。乃如来随他意语施设安立者。但为世俗之性，而无胜义之性者也。然后三种真实，不依此世间之真实，则无以为言说分别之所依止。是故此世间所极成者亦称真实也。谓地唯下例中，先能造四大。次所造色相。三依正庄严。四内身苦乐。言地唯是地者,即说明此是地大,决定是地大,非火大等,地大既然、四大亦尔。四大既尔、万有皆然。以要言下合,谓世间世俗谛,是从本际展转传来共所成立,非今创造者也。凡新发明学说,先以思想考察而后定取者,无论正确与否,皆非此所谓世间极成真实之义也。是名世下结。因明疏云:极者至也,成者就也。至极成就,两宗共许,故名极成。又云:虽两宗共许,若非至实道理,亦不名极成。如胜论对五顶所立量是。此则世间之所以名极成真实者亦明矣。世间真实,近于俗所谓常识或直觉。

二释道理极成真实

云何道理极成真实?谓诸智者,有道理义。诸聪睿者,诸黠慧者,能寻思者,能伺察者,住寻伺地者,具自辩才者,居异生位者,随观察行者,依止现比及至教量,极善思择决定智所行所知事,由证成道理所建立所施设义,是名道理极成真实。

释中先征次释后结。道者、途也。人之思考,亦由途径而达目的。谓能缘心与所缘境相通一贯之理,是此所云道理之义。亦是共所成立,故云极成真实。谓诸智下释,有总别义。总言诸智者,拣非愚夫愚妇之谓也。诸字所包括意,即指别中八种有智之人也。别中初明诸智者,次示有道理义。一聪睿者,生来六根通利故。二黠慧者,具有巧妙学术故。三寻思者,散心能浅思维故。四伺察者,散心能深思维故。五住地者,由寻伺而入静虑故。如初禅天是也。寻伺有定散地不等

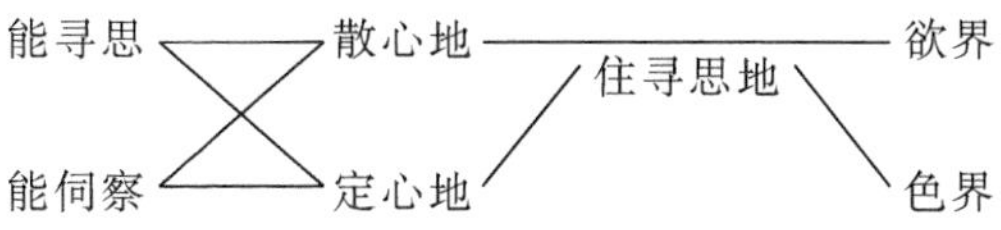

六辩才者，具四种辩才故。一法无碍辩才无法不了故二义无碍辩才无义不解故三辞无碍辩才无言不达故四乐说无碍辩才随顺一切说故七异生位者，杂类凡夫中之有智故。八观察行者，凡三乘学者，必随顺观察行故。夫诸智者略释如此。次示有道理义者：吾人得慧之所由不外乎三量。以此为一切道理之源也。量度十方，权衡三世，有限无限，能通能穷，此则三量之所以名为量大也。是故欲入佛智境界，亦必依是三量。文中云现者，即三量之现量，谓由亲证而得，不借言说及念度故。异生散心，虽无现量而有似量，定心必为现量。比者，比量也。比度计较之谓也。依以因之三相比类观察，确知不虚谓之比量。近世学者惯用正反比例，亦此义也。至教量者，又云圣教量，谓由因了义教典而楷定诸法义故。至极无上，意言佛之教非外道典之所能过也。诸智者，依止三量极善思维而得决定证成之道理。是名下结。道理真实近于俗所谓之哲学科学知识

三释烦恼障净智所行真实二初释明真实

云何烦恼障净智所行真实？谓一切声闻独觉，若无漏智若能引无漏智若无漏后得世间智所行境界。是名烦恼障净智所行真实。

初中先征次释后结。烦、扰也，恼、害也。此即是障。而为首者，则唯补特伽罗我执，以从烦恼中而得以出离，其能缘之智与所缘之境相应一致。故谓之净智所行真实。谓一切下释。闻声悟道谓之声闻，得自然慧谓之独觉。此二乘者于无漏智能证生空理，不与烦恼相应。如光破暗，暗不能并故。又有能引无漏智种而起现行之加行智，其能引智在七贤位。疏引在资粮位。亲引在四加行。至见道位。断分别人我执如实了知唯蕴无我。故云无漏后得世间智所行境界，智通三位。

是名下结，指明二乘所缘境智，是烦恼障净智所行真实也。

二征示境界

由缘此为境，从烦恼障智得清净，于当来世无障碍住。是故说名烦恼障净智所行真实。此复云何？谓四圣谛：一苦圣谛。二集圣谛。三灭圣谛。四道圣谛。即于如是四圣谛义，极善思择，证入现观。入现观已，如实智生。此谛现观声闻独觉能观唯有诸蕴可得，除诸蕴外，我不可得。数习缘生，诸行生灭，相应慧故。数习异蕴，补特伽罗，无性见故。发生如是圣谛现观。

文中初摄前真实。次征释四谛。后示境生观。初谓由缘四谛之境而得净智。如摩尼珠出于污泥。即脱烦恼障生无漏慧，至业报二障亦于当来世舍尽矣。此复下正征此境界，问四谛云何也。一苦下释，圣谛正也、实也。是中正真实之言故。苦谓三界二十五有之苦报也。集谓贪瞋痴等惑福业非福业不动业之苦因也。灭谓无漏真理二乘涅槃也。道谓三十七道品，能引凡入圣也。智者知苦是逼迫性，集是招感性，灭是可证性，道是可修性。是故二乘由此证入十六行之现观，发生无漏智入见道位也。此谛下示观境，唯有诸蕴可得，除此其余我见不可得也。《大智度论》云：阿罗汉视身如曾经剖解，复为缀合之牛，不见有神我故。其所以得入我空无性者，盖因屡屡数习缘生无常无我之慧，发生如是圣谛现观耳。

四释所知障净智所行真实二　初释明真实，二征示境界　今初

云何所知障净智所行真实？谓于所知能碍智故，名所知障。从所知障得解脱智所行境界，当知是名所知障净智所行真实。

释中初征、次明、后结。前云烦恼障持业释也。此则所知不是障，以障障所知，以法执为本，依主释也。所知梵语尔焰，与境同

义，从执一切所缘之境为心之障，能碍通达于境之智故，名所知障。出离所知障所得之智境，是名所知障净智所行真实也。

二征示境界

此复云何？谓诸菩萨，诸佛世尊，入法无我。入已善净，于一切法，离言自性，假说自性平等平等，无分别智所行境界。如是境界，为最第一真如无上所知边际。齐此一切正法思择，皆悉退还不能越度。

此复云者，重问所行境界为何境也。诸菩萨约初地菩萨以上，诸佛统括三世十方之妙觉地。世尊谓果后行因，倒驾慈航，为天人之所尊重也。由初发心，历三贤地，知法无我，以久修无我观方便，断分别法执入初地，进断俱生法执，究竟成就清净，故云入已善净。于一切法，离言自性，假说自性之非安立安立二谛，心境相应理智一如。故云平等平等如实了知空不空法，不随言说分别，故云无分别智所行境也。如是境界，遍法界，彻世际，为第一无二之真如，更无有过其上者。齐此则一切法皆悉下劣，不克胜于此矣。总上一科，略标释竟。

二广分别。佛之说法，或广或略，盖因群机有愚智之所致耳。说虽不同，其揆一也。维摩诘听三十二菩萨各说不二法门不同。而同入不二法门。今此论虽重重广为分别，亦悉诠真实之义也。依遁伦记分作五段：一所证真实理体无二。二修空胜解成大方便。三入法无我证二智行。三乘无戏论能正修行。五明离言性广示差别。

今初又三　初安立无二真实

又安立此真实义相，当知即是无二所显。

此真实相以何为相？当知即是绝对待离空有无二所显一真常

存之理体也。

二征释何者为二

所言二者：谓有非有。此中有者，谓所安立假名自性，即是世间长时所执，亦是世间一切分别戏论根本。或谓为色、受、想、行、识，或谓眼、耳、鼻、舌、身、意，或复谓为地、水、火、风，或谓色、声、香、味、触、法，或谓善、不善、无记，或谓生灭，或谓缘生，或谓过去、未来、现在，或谓有为，或谓无为，或谓此世，或谓他世，或谓日月，或复谓为所见所闻，所觉所知，所求所得，意随寻伺，最后乃至或为涅槃，如是等类。是诸世间，共了诸法。假说自性是名为有。言非有者、谓即诸色假说自性，乃至涅槃，假说自性无事无相、假说所依一切都无。假立言说，依彼转者，皆无所有是名非有。

文中先言所说有，次明所说非有。所言二者，以其所执皆是有法，既有有法，必有非有，以非有非有，亦不能对待名为有矣。此中有者，以其本空，妄增益之执为实事，故为妄执之有。如云：涅槃生死，皆同昨梦，其所言之涅槃与生死名义者，固皆安立假名，岂实有自性乎？世间、谓器世间中之有情世间也。长时所执者，谓从无始不觉以来，迄至未来大小众生，各各皆有其自境所执。如蝼蚁然，逢擒则逃，将雨而徙，亦其所执之境，此谓遍计所执之性，亦是分别戏论之根本耳。等言即是假名五蕴、六根、四大、六尘、三性、（无记具有覆无覆善通有漏无漏不善唯有漏法）四谛、生灭、十二缘生、三世有为、（可造作者）无为、（不可造作者）今生、他生、空色、色空、见闻觉知、求得寻伺、（未得而求谓之求已得而得谓之得寻粗也伺细也心随分别谓之意随）乃至究竟涅槃遣无可遣等法，皆是世间共同假立诸法名义。言非有者，以其所立之自性相，毕究空无无所有故。欲遣增益之有，故说非有。事，实有也。相，假相也。然闻非有而执非有，亦名遍计执性，是谓损减执。前言有是增益执依彼转者，即依假立诸法之名，而有假立诸法之义转现也。

三正明无二所显

先所说有，今说非有，有及非有，二俱远离。法相所摄真实性事，是名无二。由无二故说名中道。远离二边亦名无上。佛世尊智于此真实已善清净。诸菩萨智于此真实，学道所显。

言二俱远离者，即明中道无上之真胜义也。不独有法空而非有法亦空，且空之空亦空也。如《起信》云："离言说相，离心缘相，乃至因言遣言，无言可遣，是名心真如相。"要之如来所说，或名一真法界，或称诸法实相，曰圆觉性，曰自觉圣智境界。此论今名中道，亦名无上，正显真实义为纯圆独妙之法也。其所说之中道名义，亦是假立自性。《中论》云："因缘所生法，我说即是空，亦名为假名，又名中道义。"由是观之，此无二所显真实法，固四句皆非百非俱遣也。诸佛于此已证，菩萨于此正显，众生于此当证，吾辈其努力哉。

慈宗三要叙

太　虚

远稽乾竺，仰慈氏之德风，迩征大唐，续慈恩之芳焰，归崇有在，故曰慈宗。三要者，谓《瑜伽》之真实义品及《菩萨戒本》，与《观弥勒上生兜率经》也。义品戒本慈氏之说，经则释尊谈慈氏者，故皆宗在慈氏，如次为慈宗境、行、果之三要也。夫世亲大师尝集境、行、果为三十颂，回施有情，护法诸师解之，大义微言灿然矣！是曰《成唯识论》。第明境繁细难了，而制行期果，又非急切能致，慧粗者畏焉！或耽玩其名句味，乐以忘疲，不觉老至，造修趣证者率鲜。今易以解此真实义，持此菩萨戒，祈此内院生，既简且要，洵为人人之所易能。然真实义诠境之要，菩萨戒范行之要，闻者殆无间然；至观上生为获果之要，必犹难首肯，兹申论之：夫知有无上菩提，又知有已得垂得此无上菩提者，复知自他有情皆有能得此无上菩提之因性，且尝自期于必得之者。顾人命在呼吸间，一旦无常，即成隔世。若于生死，犹未自在，非借佛菩萨摄持之力，则于所志之事，诸趣流转，昧忘可虞，故须急“欣净土”“亲上圣”之务，否则上无以圆大觉，下无以济含识，近无以净一心，远无以事诸佛，不亦唐功寡效乎！然十方诸佛刹，虽有缘者皆得生，而凡在蒙敝，罔知择趋。惟补处菩萨，法尔须成熟当界有情，故于释尊遗教中，曾持五戒受三皈称一名者，如次皆于弥勒佛三会闻法。而在吾人既闻释尊遗教者，即为已与慈氏尊有缘，可求生内院，以亲近之矣！况乎慈尊应居睹史，与吾人同界同土，而三品九等之生因，行之匪艰，宁不较往生他土倍易乎？一经上生，皆即闻法，不退大菩提，与往生他土犹滞相凡小者殊胜迥然矣，故斯经实为一生成就不退佛果之秘要，曾发无上菩提心者，不可不奉持以蕲向焉！甲子元旦之旦释太虚敬叙。

大乘起信论唯识释

此论辞简义隐，未广分析，古今解者，除天台家之荆溪灵峰等，多用贤首家说。贤首宗在华严，明大乘果，依庵摩罗识持一切无漏种彰法界缘起。法界缘起可名庵摩罗识缘起或无漏界缘起或一切种智缘起或大牟尼法缘起或净心缘起或佛果缘起可参考缘起抉择论以释此论，虽亦可通，究多未符之处，不能解人疑惑。《成唯识论》明境，多依异生心境而说，以揆此论立说之依据点，亦非恰当，故唯识家若古之慧沼今之欧阳竟无等，每致驳难。予解此论，尝著略释别说二书，今以时人依据《成唯识论》，对于此论颇多非拨，而主张此论之贤首家说，又不足祛除其迷谬，乃从《成唯识论》寻得此论立说之依据点，示全论之宗脉，裂千古之疑网，择要以言，不复详其章句。

世传马鸣论主为第八地菩萨，龙猛与无著为初地菩萨，皆登地之圣人，世亲则为未登地之加行位人。而圣位菩萨之造论，皆依自证现量智境，宗本契经，阐扬深悟，上求大觉，下化含情。由此观之，则马鸣造此论，必非世亲及贤首等，未得自觉圣智境界，唯取圣言为依据者之比，而有其自证现量智境为依据点也。盖唯取圣言为依据，则推理之说明，唯在密符契经，使所宗之契经专明佛果，则虽以凡识推明佛境界，亦无不可。登地菩萨以自证境为依据点，则契经或反为其造论之注脚，故贤首能善明佛华严之果觉，而马鸣造此论之智境反居其下也。明此则马鸣造此论之依据点，必在八地

或初地以上之菩萨心境，断可知矣。此论应据八地以多就恒行不共无明说故今就通义且依地上

登地以上“菩萨心”境，与“异生心”境及“如来心”境有不同者，“异生心”境是纯有漏，无分别智从未现行。无始恒行不共无明具说应云染污末那从未暂断现行，故从未一刹那顷现证真如。“如来心”境是纯无漏，无分别智恒时现行，一切染法已永断尽。故亦永无一刹那顷不证真如。“菩萨心”境，则有时有漏同异生，亦有时无漏同如来；有时执障相应染法现行，亦有时智证真如而无明暂断现行。此论说菩萨之证发心相有三：一者真心，无分别故；二者方便心，自然遍行利益众生故；三者业识心，微细起灭故。无分别真心是根本智证真如及后得智变缘真如万法，方便心是后得智之上求下化，业识心是后得无漏平等妙观二智所缘有漏第八，亦六七识无漏无间转生有漏后之杂染八识心心所聚，《成唯识论》之说等无间缘，第七转识有漏无漏容互相生，第六转识有漏无漏亦容互作等无间缘，皆依此登地以上菩萨心境说，登地以前无无漏故。此专依大乘说小乘初果后亦如此此菩萨心有漏无间导生无漏，既可上同如来，代表四圣，无漏无间导生有漏，复可下同异生，代表六凡。此为“地上菩萨心”最特殊之点，二乘不证法！空真如不能！上同如来依有漏无漏可分别如下：

纯无漏现行心境……如来

纯有漏现行心境……异生

亦有无漏现行心境……菩萨二乘学无学皆此类所摄以二乘无学犹有有漏身故

非有无漏常遍性境……真如真如可云无为无漏然于有漏无漏位平等故亦可云非无漏非有漏

此论示大乘法，谓“众生心”，此“众生心”，既不应指为“异生心”，摄无漏现行故。亦不应指为“如来心”，生灭门中摄有漏故。亦不应指为“真如性”，摄生灭故。虽其意指“四圣六凡共通之心

相”名为“众生心”，但除若圣若凡各各之心，别无有一共通之心可得，其共通者只是心之义相，即诸心心所聚皆同觉了，此“觉了相”等于“空无我”之诸法“共相”，不过“觉了”是一切心心所聚之“共相”，“空无我”是一切法之“共相”而已。共相唯是假名而非实事，则亦不能指“圣凡共通之心相”谓“众生心”，故此当“大乘法”之“众生心”，唯依据“亦有漏可代表六凡亦无漏可代表四圣之地上菩萨心”能说明之，此即予谓马鸣菩萨造此论依据点之所在也。

贤首家依如来心一真法界及事事无碍法界或真如一真法界及理法界说明此众生心，天台家依真如说明此众生心，皆不能适如其分量，唯识家依异生心以非难此论所云之众生心，亦非恰当，故今请依上文所论“菩萨心特殊相”以说明之。

论云：摩诃衍者，总说有二种。云何为二？一者法，二者义。所言法者，谓众生心。是心则摄一切世间出世间法，依于此心显示摩诃衍义。何以故？是心真如相即示摩诃衍体故，是心生灭因缘相能示摩诃衍自体相用故。所言义者则有三种。云何为三？一者体大，谓一切法真如平等不增减故。二者相大，谓如来藏具足无量性功德故。三者用大，能生一切世间出世间善因果故。一切诸佛本所乘故。一切菩萨皆乘此法到如来地故。

“是心”若依地上“菩萨心”说，有漏无间无漏现行，根本智相应心心所，亲证真如，后得智相应心心所，变缘真如诸法，故摄出世间一切清净法；无漏无间有漏现行，俱生二执二障初地以上或俱生法我执所知障八地以上相应心心所聚，变缘诸法，故摄六凡世间或三乘世间之烦恼业果一切不清净法。一一心行，一一质点，乃至一一法之离言自相，皆即真如。无变无异，常如其性，非一非多，遍如其性，故“是心”真如相，即一切法离言自性。就“是心”以示之，所示真如遍一切法，常住如是，亦名一真法界；亦名法性；亦名诸法离言自性。无论大乘二乘乃至一色一香，无不依此为体，故示此亦即示大乘体也。梵语摩诃衍此云大乘“是菩萨心”之无漏清净分，即是无漏现行时离染之所显，故亦属生灭因缘相。“大乘”以由二空智所显真如为“自体”，“是菩萨心”根本智现行能照达真如，故能示摩诃衍自体。“大乘”以二空智所相应所缘了所变现所摄属无量清净心境为“相”，“是菩萨心”无漏现行时即如此，故能示大乘相。“大乘”以能由二空智导生人天三乘一切戒善禅定神通辩才等等功德为“用”，“是菩萨心”后得智现行能成办上求下化自利利他一切善事，故能示大乘用。

其解释大乘之三种大义，由是亦可知矣。此具足无量性功德之“如来藏”，指“是菩萨心”无漏现行时“根本后得智及二智所相应所缘了所变现所摄属之无量数清净心境”而言，若先知此“如来藏”义，则依下文生灭门中“依如来藏故有生灭心”义，及“忽然念起名为无明”义，皆可了然无惑。盖菩萨心无漏现行时可依根本智起后得智，复可依后得智无漏无间有漏现行，后得智亦如来藏摄，依后得智无间而起执障相应之三界有漏生灭心，故可云依如来藏故有生灭心，亦可云不达一法界故心不相应由根本智而后得智即不达一法界而智不亲真如契应忽然念起，由后得智无漏无间忽生二执二障相应杂染心念名为无明。若贤首家以如来心说如来藏，则如来心常无漏故，不应依之有有漏生灭心此论有生灭心之生灭心三字专指三界有漏虚妄分别心心所聚及忽然起无明。天台家以真如说如来藏，真如常无起故，真如本义专指法性以言此中亦然但是体义他处言真如用言真如熏则兼清净法相以言包含真如如来藏总名曰真如犹包含清净依他起分总名曰圆成实也不应依之有有漏生灭心及忽然起无明。唯识家以异生心中本具之无漏种说如来藏，其无漏种曾未现行，而无始无明执障亦从无间断，绝无从无漏无间起有漏之事，亦不应说依如来藏有生灭心，非依无漏种得有有漏现行故。无明亦不应说忽然而起，无始现行曾未暂间断故。坐是贤首天台二家不知其不可而说多舛谬难通，唯识家知其不可而致生违诤，三家皆不知此论依据“菩萨心”而说，故皆失之私蔽，兹可列示如来藏义如下：

依异生心说如来藏……唯本有无漏种可名空如来藏一切现行心境俱非故

依如来心说如来藏……一切性相种现可名不空如来藏一切佛法俱是故

依菩萨心说如来藏……一分无漏种现可名空不空如来藏一分有漏非一分无漏是故

依真如性说如来藏……诸法离言自性可名非空非不空如来藏一切法全非全是故

南岳慧思大师及其苗裔，因以“一切法真如性”说“众生心”，故改此论能生一切世间出世间善因果为能生十法界善恶因果，不知此中能示摩诃衍自体相用之心生灭因缘相，是专就“菩萨心”一分无漏种现而说。复不知此中用大是说大乘之用大，非说心之用大，故改生善因果为生善恶因果。若大乘之大用，亦能生恶因果，岂尚成大乘无漏妙善之用哉。大乘以自利故生大乘善，以利他故生人天善及二乘善，故唯能生世间出世间善因果，不应生恶因果。

其解释大乘之乘义有二：一切诸佛本所乘故，可名佛乘。一切菩萨皆乘此法到如来地故，亦可名菩萨乘。世师将“佛乘”与“菩萨乘”分为二，可知非是。盖就大乘之果以名佛乘，就大乘之因以名菩萨乘，总括因果名大乘耳。

论云：依一心法有二种门。云何为二？一者心真如门，二者心生灭门。是二种门皆各总摄一切法。此义云何？以是二门不相离故。

究极言之。任拈一法显因缘相，皆展转不离可摄尽诸法，任依一法显真如性，皆平等不增减。而心法尤有摄一切法之特能。心法中之菩萨心法，其义更为彰著。此论以“菩萨心”为依据点，故曰依一心法有二种门：依根本无分别智亲证真如之心境而开示者，则曰心真如门。依后得正分别智变缘真如万法，及无漏现行无间续起有漏现行八识心心所聚四分之心境开示者，则曰心生灭门。即一切法离一切相而智如一如者曰心真如，故心真如门总摄一切法。诸法无非因缘生灭，而真如即诸法离言自性，故心生灭门总摄一切法。二门不相离义亦于是见之矣。

论云：心真如者至故名为真如。

根本智证真如曰“心真如”，依此现量智境而用假智诠方便开示者，“即是一法界大总相法门”。然法门虽用假智诠设施，而所依之“体”则在现证即心自性之真如，故心真如即是一法界大总相法门之体。此“心”既能总摄诸法，则一切法之真如即心性，心之真如亦即一切法性，一切法之真如性不生灭，故心之真如性亦不生灭，所谓心性不生不灭是也。盖一切诸法唯依三界有漏虚“妄”分别心及凡圣假智诠观“念”而有差别，“若离”虚妄分别“心”及假智诠之观“念”，则无一切境界之相可得，无一切境界相，亦即根本智证真如有见无相之义，见成唯识论第九卷文然虚妄分别心及假智诠从来不得诸法自相，见成论第二唯识卷文“是故诸法从本以来离言说相离文字相离假诠离心缘相，离假智之名种等分别及三界虚妄分别心毕竟平等，无有变异，不可破坏，唯是一心，名为真如。”此诸法胜义亦名为真如常如其性故即唯识实性以诸言说假名无实，但随有漏虚“妄”分别及名种等分别观“念”，不可得诸法自相故，今假施设“真如”之

"言",亦非于彼假施设之"言"中,实有此真如相可得,不过言说之极,因真如言以遣一切法言,而此诸法本离言说之真如体,本来无有可遣,以即一切法之离言自性,本来悉离言说,皆即是真如故,且亦无言可立,以一切法离言自相,本来皆离言说,同真如故,由此当知为显一切法不可说不可念故,但假施设名为真如。

论云:问曰若如是义者至名为得入。

此说由大乘习所成种性位经资粮位加行位而入通达位也,可检成唯识论第九卷文。

论云:复次此真如者至唯证相应故。

然为开示未悟,依菩萨根本智现证真如,施设为一法界大总相之法门,不能不依言说分别,若分别之可有二义,如实空义,是空一切染法,三界有漏虚妄分别心心所聚四分皆不真实,故须一切空却,乃能如如相应,究竟显实。此即二空所空一切遍计所执自性,及由遍计所执自性所起染依他分,但空本来如实是空之虚妄分别心二取,非于诸法本来离言之真如性,有可空却,故曰若离妄心实无可空。此中非有相是离增益谤,非无相是离损减谤,非非有非非无相是离戏论谤,非有无俱相是离相违谤,余可推知。如实不空义是彰离染之净法,即是依菩萨心所说之如来藏,亦可即是依如来心所说之如来藏,是能显之二空智,及二空所显真如与诸净法,故曰已显法体空无妄故。即是真心常恒不变,净法满足,此即遣遍计执断染依他后之净依他分,及圆成实,此可总名为圆成实,故亦可总名为真如。知此真如义则可知下文真如受熏能熏之义然何以可总名为圆成实及真如也。以根本智亲证真如及自证后得智上求下化则为向他后得智变缘真如诸法,如理如量,皆契真相,皆远离名种等分别,故后得智同名无分别智,亦无有相可取，以离念境界唯证相应故。由此诸未得无漏种智现行者，不应取不空真如相，虚妄分别，构画以为如何若何，但应遣除虚妄分别，专求实证，此三论禅宗之所尚，而当刊落一切义解名言者也。

论云：心生灭者至二者不觉义。

此中心生灭门总摄无漏有漏一切有为染净诸法，而无为真如则但为染净诸法平等之所依体，即由诸法所显离言自性，非对任何一法可分立者，于诸法全非全是故。故诸生灭法自为因缘以互相生灭，非由“真如”使为生灭，不过心悟真如则净智法生长而染识法伏断，心迷真如则染识法生长而净智法隐覆，然净智法显现真如，顺真如相，染识起时可隐覆而不可断灭，有时亦可说为本不生故永不灭故之真如法。而染识法隐覆真如，违真如性，净智起时既必损伏或必断灭，故只可说为生灭法，依如来藏有生灭心者，此“如来藏”乃指地上菩萨一分无漏心境，以未圆满四智菩提。不同如来，然二空智略同如来，此“生灭心”乃指“地上菩萨一分有漏心境”，以已断分别所起之我法二执，不同异生，然俱生起执障犹同异生，故可依之总说明圣凡之心境，依如来藏有生灭心，即由“无漏现行”无间有“有漏现行”起，从自聚心心所法相续无间之等无间缘而说。此中“所谓不生不灭”是指菩萨心中一分觉义之如来藏净法，可准同如来净法者，此中“生灭”是指菩萨心中一分不觉义之无明染法，可准同异生染法者，而在菩萨心中“空智所生显之净法”与“执障所杂染之有漏法”，自聚无间容互续起，其种子现行皆依无覆无记真谛译阿黎耶识曰无没识无没或无覆义一类相续之“阿黎耶识现行”而存而起，而菩萨心中之阿黎耶识，亦为有漏惑业所引生之杂染异熟性法。将谓其一，彼或无漏净善，或有漏善染，而此但无覆无记。将谓其异，彼皆依此而存而起，不能各离，故曰不生灭与生灭和合和合即性异依同而非一非异义非一非异名为阿黎耶识。由是此识可为觉不觉之总依，能摄及能生一切法。但此中能摄门义宽，亦摄无为真如法故，真如即此识及诸法之平等实性故；能生门义较狭，由此识现行所持之一切种能为亲生因，复依此识现行为增上缘，能生一切有为法故。若如是知，在唯识家决定无从非难。

论云：所言觉义者至同一觉故。

此中所言觉义，正指二空无漏净智，亦摄净智所缘真如，及相应所起诸净法。根本智证真如时智如一如故，一切净法皆无漏智所相应所缘了所变起故。根本智心证真如体，离一切虚妄分别念，此离念所证之体相，在初证时即名遍行真如，故曰等虚空界无所不遍法界一相即是如来平等法身。法身亦名法界亦名法性即诸法平等所依真如体依证此一切法本身，故名根本智，亦说名本觉。本觉即根本智别名然此本觉一名，乃对资粮智加行智后得智等始觉，及一切智智之究竟觉，与异生之不觉而说。始觉等由对本觉等展转而说亦然。始觉或能引本觉，资粮智加行智或本觉所起，后得智故始觉者即同本觉。复次依向来未现起此本觉故，而有不觉之名，依向来不觉而今始觉故，说有始觉之名，又以虽觉或但随顺圣教，或但了达二空真如，而持一切种之阿陀那识心源犹未觉故，非究竟觉，至成佛时阿陀那识相应之大圆镜智起，转舍阿黎耶识，转得庵摩罗识，觉心源故，觉即大圆镜智心源即庵摩罗识大圆镜智相应庵摩罗识而起名觉心源名究竟觉。由始觉至究竟觉即由异生位至如来位，初是凡夫，次是先证生空及初发回小向大菩萨心者，三是初地以上菩萨，四是如来，而一以无分别观智空却虚妄分别心念即离念观无念之义为本，故云若有众生能观无念者则为向佛智故也。诸心念于一刹那间有多次之生住异灭，凡夫必前一念心灭，后一念心乃追觉之，于当念心即为不觉。二乘等则于变异未灭时即能觉知，已证法空真如菩萨则于乍生正住未变异时即能觉之，当念虽觉而犹未觉生源，成佛时以远离微细念故，即金刚道后异熟空也，得见心性，即大圆无垢同时发净识相应镜智，照见所持一切种及法界一切诸法也。心即常住，即如来心更无熏变之相续常无尽常也。

"念"指不得诸法自相之"虚妄分别心"，《维摩诘经》推极"虚妄分别"以"无住"为本者，亦明此虚妄分别心无有生起初相可知，彼经"无住"，即此"无念"，故言知初相者，即谓无念。无念者即成佛时永无虚妄分别心起也。由虚妄分别心之有灭尽，假说虚妄分别心有生起初相，而虚妄分别心实无生起初相，由执障所引生之有漏异熟识，一类相续至成佛前从未暂断，故说众生无始无明不觉，至成佛时一刹那间皆永断故，得遍智故，自他不二。回观众生无始不觉之虚妄分别心，亦皆照现如来究竟觉中，故若得无念者，则知心相生住异灭，复看到众生本来清净相，而见众生无始本无虚妄分别心念，与如来等，故释尊成佛时叹曰奇哉奇哉一切众生皆具如来智德，但众生心性虽无始本净而亦无始有染，故经复曰但以妄想执著不自证得，然成佛时永离染故，说染为生灭之客尘，说净为常住之主体，不知此义，但依佛之自居智境，说诸众生无始不觉，实依如来觉心而起，实有始起之期可得。若贤首家法界还源观等，则众生虽可还如来觉心源而成佛，其如佛仍将从众生不觉心流成众生何，则成一治一乱之循环式，永无常觉时矣。故依如来心说缘起，是从佛应到众生又从众生感到佛之自他不二增上缘起，由佛等流身教生起众生信心，使发起求成佛之志而已。其实佛居佛位，众生居众生位，各不相到，而众生无始无明实非依如来心而起，故继此为令众生得甚深胜解，当说阿陀那识一切种缘起也。阿陀那识一切种缘起者，即无始本有无漏种故本清净，亦无始本有有漏种现故本杂染也。然至菩萨心位，本有之无漏种起现行时，有漏种现渐渐可至断尽，不同无漏种现可相续无尽耳。

然众生既无始有虚妄分别心，何以言以无念等故而实无有始觉之异，则应知众生无始虽有虚妄分别念相续，而不得诸法离言自相故，如实空故，即有常无，此如实空无性，即显诸法平等真如，佛心证极诸法离言自体，见有漏无漏诸法之离言自性，皆是平等真如，别无诸法别别之真实性，诸虚妄分别念唯假非实，故无念之真实性平等平等，即离言性平等而本觉不觉始觉与究竟觉之无念真实性亦平等，据此无念之真实性，故实无有始觉分分之异，何者？以所言始觉上分分之异，亦依知一刹那心上之灭异住生而区别其浅深耳。其实四相皆依“一刹那心”假施设有，待生说住异灭，待住说生异灭，待异说生住灭，待灭说生住异，展转相待皆无自立，唯是虚妄分别，妄取为实，若知一刹那心无念之真实性，知灭即知异住生相，知异即知住生灭相，知住即知生灭异相，知生即知灭异住相，曾何足依之以别始觉分分有浅深之异哉，唯本来平等同是一刹那心觉之离念真性耳。

此论四相俱时有义，贤首家尝据之以辨一乘三乘之异，亦由虚妄分别，妄取四相为实，不知《成唯识论》本言生住异灭，唯依“一刹那现法”上展转相待假施设有故也。就所依之一刹那现法则应说同时，就依以假施设之生住异灭，亦可说异时，小乘执四相为实有，则同时异时俱有过，大乘了四相假施设，则异时同时俱可通，诸有智者，且审思之。

论云：复次本觉随染分别至种种而现得利益故。

菩萨心中证"一切法本来平等真如"之本觉智，若随对治杂染虚妄分别，可为等无间缘及增上缘，生起与本觉不相舍离之二种净相，一由根本智起后得智，依内证法及教法之力，地地修证增进此根本智，至成佛时破漏无漏种和合共依之无覆无记一类相续异熟心相，显现清净法身。真如及庵摩罗识一切无漏种圆成四智菩提，曰智净相，众生自性清净心即上来所言之如来藏，在异生心即无漏种，在菩萨心即一分之无漏种现，此依菩萨心说，盖菩萨心于无漏现行时，无始无明种现，虽已断者断，未断者全伏，而以未断诸习种之力故，无漏无间忽有无明相应有漏心起，此无漏心是净觉性，彼有漏心是昏浊性，犹之水湿为相，风动为相，水为风动而水亦现动相。然水湿是主而动相是客，水实非动，动是风故，菩萨同如来之无漏心，忽有同异生之有漏心乘间而起，菩萨净觉心遂顿翻成昏浊心，然菩萨心以无漏为主而有漏为客，以可说为圣位菩萨心者实是无漏，而有漏是昔异生位之余习故。若菩萨位满成佛时，无明种灭，有漏昏浊之现行相续亦全断菩萨位但伏断前七转识有漏现种曾未断有漏第八故而无漏心之净智性，永得相续不坏，此随对治染心而显之自利德，故为本觉随染分别所生起之一相，依平等性智妙观察智能现他受用身土，为十地菩萨作诸胜妙利益事，依妙观察智成所作智能变现应化身土，为二乘五趣作诸胜妙利益事，曰不思议业相，此亦随对治众生法而显之利他德，故为本觉随染分别所生之又一相。

论云：复次觉体相者至随念示现故。

此中四种大义，喻以虚空净镜，虚空喻其遍常，净镜喻其净明，第一为二空所显真如性，此一是觉之体，第二正显智德，就大圆镜智显。第三则显断德，就平等性智妙观察智显。第四则显恩德，就平等性智妙观察智成所作智显。后三是觉之相。

论云：所言不觉义者至则无真觉自相可说。

此中不如实知真如法一故不觉心起而有其念者，即菩萨心由根本智起后得智变缘真如诸法，不实证真如平等性，真如法一即真如法平等无漏无间忽然有无明相应不觉心起，而有名种等分别之念也。此名种等之分别念，但得共相，离无分别智所证之诸法离言自相，别无实体，故曰念无自相，不离本觉，菩萨心位前一刹那悟即上同如来，后一刹那迷即下同异生。禅宗等顿悟法门亦主此说而菩萨心以悟为主，迷是其客，故曰众生菩萨名大心众生故亦尔。依觉故迷，若离觉性则无不觉，此中以"悟人"喻"觉心"，"迷人"喻"不觉心"，"方"喻"觉不觉"平等所依之"真如"，真如为迷悟所依故，悟显真如，故说真如为觉之性，迷覆真如，故不说真如为不觉之性，以有不觉妄想心故，能分别名种种谓种类等，有真与妄觉与不觉等名义可分别。故菩萨上承佛教下化迷情而闻说真觉。向他后得智亦有名种等分别若离此无明不觉及名种等分别心，住于菩萨自证无分别智之真觉中，相应诸法离言自相，则无真觉自相可说，以离言故。

论云：复次依不觉故生三种相至以一切染法皆不觉相故。

《成唯识论》卷五引契经云："不共无明微细恒行覆蔽真实，故异生类恒处长夜，无明所盲，惛醉缠心，曾无醒觉。"又卷六云："云何为痴，于诸事理迷暗为性，能障无痴，一切杂染所依为业。"谓由无明起疑邪见，贪等烦恼随烦恼为烦恼杂染所依业，为业杂染所依能招后生杂染法故，为异熟杂染所依"痴"是"无明"别名，此中"不觉"亦是"无明"别名，此余烦恼，更无如此痴无明不觉遍为染依者，故此论说三细染相六粗染相皆为不觉之所生起，能起疑邪见及贪等烦恼随烦恼业，能招后生杂染法故，故诸染法皆与不觉相应不离，皆是不觉之相。

三细六粗有多解释，参考略释别说及一切法抉择谈等今此且言三细是说异熟之杂染相，六粗是说烦恼及业之杂染相，所招异熟虽通第八识前六识，而第八识为真异熟，前六识为异熟所生。故且依第八识显异熟杂染说三细，能招异熟之烦恼业，虽亦疏依末那烦恼，而前六识为亲，故且依前六识显烦恼业杂染而说六粗，第七识留生灭因缘中说，三细中无明业相者，指由依无明之烦恼业种所招引之真异熟识，亦异熟识之自体分。以依不觉故心动说名为业觉则不动句，是说明能招引真异熟果之烦恼业。然此中显真异熟果，何以反从能引真异熟之烦恼业因以说耶？以觉至究竟则烦恼业尽而异熟空，有烦恼业则有异熟苦果，异熟苦果，由烦恼业因招，异熟苦果，不离烦恼业因，故从能招之烦恼业因以明也。能见相是说异熟识见分，《成唯识论》卷二云：此中不可知了者，不可知是显其深细谓异熟识于自所缘有了别用，此了别用见分所摄，以依烦恼业之所引生故。以依动故能有虚妄分别，此中能见亦指虚妄分别以三界有漏心心所皆以虚妄分别为性故不有烦恼业则亦无虚妄分别。不动则无见境界相是说异熟识相分，此识自体分及见分能自变缘器界根身一切种故，六粗中智相是前六识烦恼相应之心心所聚皆以了别境为行相，或作意相。相续相是于一境上相续分别，前六识于所缘境皆容相续故；前五识虽刹那别缘，依第六识有染净等流故。或触受相，执取相是前六识聚之二取相，诸有漏识能取所取相缠缚故。计名字相是第六识之寻伺等能分别假名言相故，此二或想心所。起业相是前六识聚造善不善者有漏业，与善染等心所相应，能动身发语故，或思心所及善染心所等。业系苦相是先业所引异熟生前六识聚，依业受果不自在故。此六粗相，若单说初一为心王相，中四为五遍行心所相，后一为异熟相，亦通第八。今但说为前六识相，则计名字相唯局第六识，若依取境分齐为计名字，亦通前六，余相俱通前六识聚。为表如下：

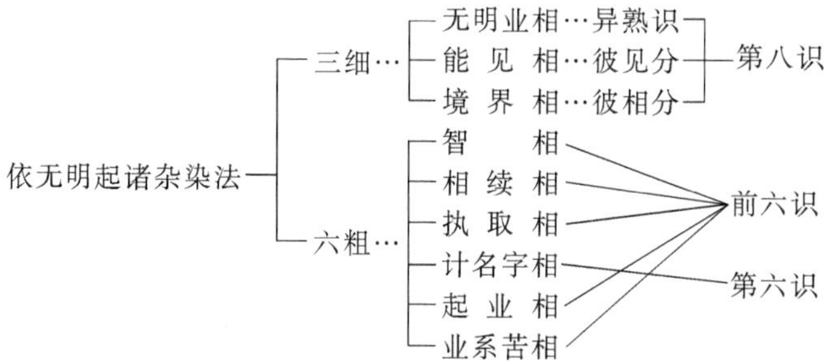

此前六识云依境界缘者，以皆托第八所变境界为本质故。

论云：复次觉与不觉有二种相至随染幻差别性染幻差别故。

此依同相显觉不觉平等所依之真如性，依异相显觉不觉染净诸法也。无论诸无漏净法及无明染法，皆为种种业果幻事，而此种种业果幻事，皆因缘生，皆无自性，而皆同依此“诸法之离言真如”为真实相。譬如瓶盆瓮缸种种瓦器，皆是随造作形状及功用限量所幻成之差别假相；考其实质，莫不可分析为极微诸物质尘。染净诸差别法，证其实性，亦莫非是离言之真如相，都无彼心之智相及物之色相等等差别可得。染法之性既同真如，故众生本常住涅槃；净法之性亦同真如，故菩提非可修可作，毕竟无得。智色之不空性即离言真如相，故智与色相皆无可见也。然见六凡四圣种种根身器界心识事用之差别者，皆是染心幻现。但诸无漏差别，或随伏断自心染而幻现，若四圣法界所成诸自利功德；或随化治他心染而幻现，若如来为十地现他受用身土为六凡及二乘现变化身土等；而六凡及菩萨二乘，复皆有性是有漏之染幻差别，此则净法顺真如相，等无差别。染法违真如相，性是差别，为染法净法之异也。

论云：复次生灭因缘者至此识依见爱烦恼增长义故。

此中生灭因缘专明末那兼第六识。以末那识（梵语末那此云意）非异熟性，且虽有覆而性无记，不造能招异熟之业，故别为一章以明之。又第六识虽能造招异熟之业，然亦多分非异熟性，且以末那为不共依，同执我法，最相近似，故兼明之。然异生三乘所由生灭者，实唯以我法二执为主要因缘，二执若断，二障随除，即得如来不思议善常故。二障通前七识，二执唯在六七二识。（见成唯识论卷八）此明异生三乘所由有生灭之主要因缘，故依第六七识而显，故云异生三乘诸众生类，依止阿黎耶心意意识转，此中非说阿黎耶识，但说阿黎耶识为意及意识所依，此义认清，乃知此章唯说意及意识之义。意意识依阿黎耶为根本依及种子依，故云依彼说有无明不觉而起能见能缘能取境界起念相续也。第一句说无明相应意意识自体分，由赖耶中无始无明等所熏有漏习气而起为种生现之因能变，故名业（业指有漏业习）识。第二句说意意识自体分转生见分之果能变，故名转识。第三句说意意识能缘分变现相分之果能变，故名现识。意意识皆不同前五识须待境界缘，末那托赖耶见分为本质，常变现我相以缘故。意识缘一切法，能独自变现相分以缘故。第四句说意意识皆有正不正见，能分别染净。末那未至登地前恒有我法不正见，至登地后有时暂断，至成佛时全断。意识于未成佛前一切时可有正不正见，故云智相。第五句说末那识之妄念（即我法执）相应不断，意识亦多分我法执相续，且能造积无量世善恶业存赖耶而不失；成熟未来苦乐等报，记忆过去，妄虑现在，招果未来。由此意意识之妄执及意识造业故，即由我执习气有支习气三界生死轮转相续，名相续相。三界依正诸虚伪法，莫非依意意识妄执，由意识心造业所招，故云心生种种法生心灭种种法灭。此之生灭因缘，应正云生死因缘也。由之生死相续之识，正名为意，是六七之通名，意及意识，名为意故。依分别所起我法执分别所起我法执唯异生第六识有及分别六尘故，复立第六意识，名分离识。俱眼识等缘色等故，亦名分别事识，十使烦恼相应增长生死事故。

论云：依无明熏习所起识者至忽然念起名为无明。

异生二乘住恒行不共无明中，故无无明熏习所起识相可知。菩萨心位，证诸法离言真如性之法空智不现前位，无漏无间由无始所熏恒行不共无明之习气，忽然而起恒行不共无明相应之有漏心，故知少分。至成佛时，大圆镜智现前，乃遍照诸众生持漏无漏种之第八识，知一切众生恒行不共无明相应所起之心心所聚，是心无始来即离言自性及持有无漏种，菩萨心位所由得起法空无漏现行，故云从本以来自性清净。是心无始来持有有漏种，起诸众生有漏现行，故云从本以来而有无明。然诸众生位虽为无明等之所杂染，有杂染心。而异生位之离言自性及无漏种，菩萨位之离言自性及无漏诸法，决不变失！此持一切种识唯佛能证知之。证知此者，名一切种智故。又是心之离言自性真如，常无念故，即常离言故名为不变。而菩萨位心有时以不相应“常无念之平等真如法界”故，忽然有有漏虚妄分别心念起，由此可知末那识之无明，前六识之无明皆有时起有时不起故异生亦可知故特名为恒行不共无明。

论云：染心者有六种至得入如来地能离故。

此中执相应染指人我执相应之一切染心法，故依二乘解脱。

云信相应地远离者，信相应地指由二乘无学回小趣大之菩萨，犹居第六信心位故。此信相应地亦已远离人我执也。不断相应染指分别所起之法我执相应之染心法，此为二乘所不断故，名不断相应染。由回小趣大之信相应地菩萨，修学方便，渐能伏舍得净心地，即初欢喜地究竟离故。分别智相应染以后皆依俱生法我执相应之所知障品而说。具戒地是第二离垢地。无相方便地是第七远行地。《唯识论》卷九云：前之五地有相观多，无相观少，于第六地，有相观少无相观多，第七地中纯无相观，已断执有生灭细现行相，故说为断分别智相应染。又识论卷九云：第七地中纯无相观虽恒相续而有加行，由无相中有加行故，未能任运现相及土，如是加行障八地中无功用道，故若得入第八地时，便能永断。此之色自在地即第八地，故能离断现色不相应染。又识论卷九云：九地断利他中不欲行障，由斯九地说断于无量所说法无量名句字后后慧辩陀罗尼自在，及辩才自在之二愚。此之心自在地即第九地，故能离能见心不相应染。又识论卷九云：诸法中未得自在障，彼障十地大法智云及所含藏所起事业，入十地时便能永断。又云：十地犹有微所知障，金刚喻定现在前位，彼皆顿断，入如来地。此之菩萨尽地即第十地，得入如来地即金刚定位，故能离根本业不相应染。此论说菩萨地与《成唯识论》不同者，此论依由小入大渐悟迂回菩萨而说，是法华融归一乘义，彼论依由凡入大顿悟直往菩萨而说，是华严根本大乘义；得其会通，了然无碍。

论云：不了一法界义者至能究竟离故。

此中不了一法界义，专指"末那识相应之恒行不共无明"而说。彼之染心是指"依此无明诸杂染法"而说。无明遍为杂染法依，摄于杂染法中，以此恒行不共，故专说之。渐悟菩萨从信相应地，依圣教修观行，能渐损伏，入净心地。分得离断，至如来地，乃究竟离断也。

论云：言相应义者至种种知故。

上文说前三染名相应染，后三染名不相应染，此相应不相应义如何分别耶？谓“心”王与“念”心所等，法相各异，且由异生至第七地分分有染净差别相。然彼心王与念心所等，又同现行而为一聚，同有能缘虑之知相，同了所缘之一境相，差异之法，合为一聚，同其知缘，是相应义。不相应者，即是遍为诸染“心”依之恒行“不觉”无明，诸染心心所聚无不依之，常无别异，而此又唯迷真实义，不与诸染心同其能知相及所缘相。七地以前多分迷异熟果愚及第六识迷真实义愚，至七地后烦恼障永不现行故。妙观察智纯无相观不借加行故，纯无漏道任运起故，唯是第七识中细所知障（即专依恒行不共无明而起之染心）犹可现起，故名不相应染。初地以前烦恼障显，（或说初地已无烦恼同罗汉故）多从断除烦恼障说，故说染心名烦恼障，以能障入地证真如之根本智故。初地以上所知障显，多从断除所知障说，（成唯识论十地断十障亦皆从断所知障说也）能障十地诸自在用，（若八地现相土自在等）及佛之一切种智故，此文皆补足上文之义者。

论云：复次分别生灭相者至非心智灭。

此生灭相，即生死相。粗是烦恼障品招分段生死相，细是所知障品资变易生死相；又粗中之粗是分别所起我执相应烦恼障品，招异生（即凡夫）生死相，故为凡夫境界。粗中之细是俱生我执相应烦恼障品，招顿悟地上菩萨变易生死相。细中之粗是分别所起法执相应所知障品，资渐悟地前菩萨之变易生死相。故是菩萨境界，细中之细是俱生法执相应所知障品，资顿悟渐悟地前地上菩萨之分段变易生死相，唯佛乃能穷了。末那识俱生所知障品即为恒行不共无明，故此分段及变易两种生死，依于无始无明相应诸有漏心所熏习气而有，谓依无始无明相应诸有漏心所熏习气即不觉义为因。复由前六识托第八识所变根身器界本质境为缘，变为自相分境或仗为俱有依。种种分别，造诸善染品业，遂招诸生死故。若无明相应所知障品习气之因灭，则由异熟空故，异熟识变境界之缘亦灭。无明等种因灭故，七八识现行细不可知即不相应义之有漏心灭，异熟识所变境缘灭故，前六识现行粗显可知即相应义之有漏心灭，以前五识，亦至成佛乃转成无漏故。言唯心相灭非心体灭者，即唯依无明之有漏杂染相灭，非依正智之无漏清净体亦灭，是不思议之善常故，菩萨心或异生心以无漏为主体，有漏是客尘，前已明故。

论云：复次有四种法熏习义故至则有净用。

四法互相熏习，染法净法起不断灭者，然染法终有断，唯净法无断耳。此义如何？一者今以一切无漏净法，概名真如，犹以真如及依他起清净分概名圆成实皆离言自证故。二者今以一切非异熟性之烦恼障所知障品，概名无明，皆不离恒行不共无明故。三者今以异熟性之虚妄分别有漏心心所聚，概名业识，皆是先业所招引故。四者今以前六识托第八识变现根身器界为所缘六尘，概名妄境。此之四法在菩萨一刹那心中无间而现起时，则有熏习之义，菩萨无漏心境真如净法实无于染；以无始无明等所熏习气力故，忽然而起有漏杂染心相。众生无始无明等有漏心实无净业，以内具真如与无漏种为本因，及如来真如等流身教为增上缘故，熏发熏增无漏习种，则有净用，至成佛时净用圆满，染法乃断。

论云：云何熏习起染法不断至以能成就分别事识义故。

熏习起染法不断者，谓依迷彼违彼覆彼真如法故，说有无明。即迷真实义愚以有无明染法依故，覆彼真如障无漏法。覆障即熏习真如义说有三界虚妄分别心心所聚，以有三界虚妄分别心心所聚，熏成无明相应有漏业习，感异熟识，现异熟境；以托异熟境为六尘缘故，熏习前六识虚妄分别心，令其念著，造种种业，受于五趣流转一切身心等苦。妄境熏习，一者熏增名言习气，二者熏增我执有支习气。妄心熏习，一者法执相应所知障品熏生习气资感三乘变易生死，二者我执相应烦恼障品熏生业习，招引三界分段生死。无明熏习，一者为由无明所起惑业，能招后生异熟杂染法故，成就业识义二者谓由无明起疑邪见贪等烦恼随烦恼业。成就分别事识义如是知此论熏习义，则无过咎。

论云：云何熏习起净法不断至熏习真如灭无明故。

熏习起净法不断者，以众生此之众生包括六凡二乘菩萨而说之自性真如，与诸无漏种现，及如来之真如等流身教，统名为真如法。有此真如法内熏众生无漏种现外熏如来等流身教之因缘力故，则令异生异生只限凡夫之虚妄心，知厌生死及求涅槃。以此厌求心力熏习增长，则能自信具真如法，了知由有漏心妄动业故，现前境界，唯识无境。即修唯识观修远离虚妄分别之加行智，引发无漏种起现行，乃如实知无前境界，若时于所缘智都无所得尔住唯识离二取相故遂能以种种无得不思议之方便行，随顺真如，不取不念，无得不思议是出世间智舍二粗重故便证得转依久远修习至成佛时，以无明相应一切烦恼障所知障种现俱断故，异熟心空，心无有起异熟识变境界亦灭。以无明等之二障因及境界缘俱永灭故，杂染心相皆尽，名得圆寂及成自在业用之大菩提。此中妄心熏习，一者只能修人天善及生空观之人天二乘粗意识熏习，名为分别事识熏习。二者能发心求无上菩提修法空观之菩萨细意识熏习，名意熏习。真如熏习，一者众生无漏相性内熏，从无始来具无漏法，即本具无漏种及菩萨无漏现，备有不思议业不思议业指无分别智作境界之性即真如，真如为无分别智所缘故无漏种现能为四缘，真如能为所缘缘增上缘。具此四缘熏习力故，成唯识论专从因缘以说熏习故唯前七能熏及第八所熏能令发菩提心，修菩萨行，名真如自体相熏习，问答之义可知。二者佛圣等流身教熏习，就佛菩萨等与众生夙世之差别冤亲关系及佛圣之随类应化，名差别缘。就佛菩萨平等大愿及行人之自证境界，名平等缘。能作众生所缘增上二缘，名用熏习。未相应真如自体相用熏习，指地前菩萨及二乘凡夫等，但依信顺佛及地上菩萨等流身教而修行故。已相应真如自体相用熏习，指地上菩萨依自证真如法修行故。此中只说妄心及真如二法相熏习，不说无明及境界者，以境界已摄于真如中故，无明正指非异熟性之执障，为无漏所熏断。无能熏义故，说妄心能熏习起净法者，以第八真异熟心能持无漏种，亦不违六七识之无漏现；而异熟生之前六识，随自善根及圣境缘，能起随顺无漏闻思修慧，引发真无漏故。

论云：复次染法从无始已来至起用熏习故无有断。

染法至佛则断，净法无断尽于未来，其义前文已明。

论云：复次真如自体相者至名为法身如来之藏。

真如自体相指诸法平等体之真如与无漏种，及初地以上菩萨佛。由无漏种起无漏现，要之即以无为无漏有为无漏一切无漏法名为真如自体相，亦名为如来藏法身。虽实有此诸功德义而无差别之相，此示诸无漏法皆得名真如义，犹诸清净依他起法皆得名圆成实，以依业识生灭相示差别，即随伏断染幻说差别义。

论云：复次真如用者至以真如自在用义故。

所谓诸佛如来至离于施作句，说佛自得之大涅槃及大菩提，其义可知。一者依分别事识所见佛真如等流身教，指如来为凡夫二乘所现应化身土。二者依业识所见佛真如等流身教，指如来为菩萨所现之他受用身土，他受用身土须初地菩萨始能见之。今说从初发意者，此论自明以深信真如故，少分而见，犹自分别，则是依资粮智及加行智假说为见他受用身土耳。又此论菩萨位，皆依回小入大菩萨而说，是依证知一分生空真如，（即天台教所云方便有余净土）说为他受用身土耳。又依加行位菩萨所见应化身土殊胜故，说为他受用身土耳。佛不为佛示现身土，诸佛常住自证智境，故无身土相见。《瑜伽师地论》明佛果五种不可思议，《成唯识论》亦明诸佛自受用身，同法性身无有差别之相。然为利他能示现身土者，以色心诸法平等同以离言自相真如为体故，随缘赴感，遍能应现，一即一切，一切即一，各各差别，事事无碍，贤首家依此说法界缘起。

论云：复次显示从生灭门即入真如门者至即得随顺入真如门故。

一切众生现量心境，即是诸佛不动智光，本自离名种等分别观念，故但观此本自无念，即为顺入真如，（真如即离名种等分别之一切现量心境）由此故有禅宗之顿悟法门也。

以下论文，但知此论依由小入大渐悟菩萨位而说，故言信成就发心之初住菩萨，已能少分得见法身（法身指真如）示现八相成道。又华严是依佛心境开示众生令起信心，唯识是说明众生心境令生解起行，法华是说明佛之权巧方便智令知诸佛现身说法之意，三论是依法空观智令空一切分别，“禅宗”是依自证现量境界扫除一切名言；乃至此论目的，则在开示菩萨心境，令不定聚众生得成大乘正信。能善知此诸经论宗旨者，则于古人言教，可以无诤，余义易知，不复委释。

释尊成佛二千九百五十二年日沙门太虚作

附大乘之革命

佛法之于众生，有因循者，人天乘是。有半因循半革命者，声闻缘觉之二乘是。而大乘则唯是革命而非因循，故大乘法粗观之似与世间政教学术诸善法相同，细按之大乘法乃经过重重革命，达于革命彻底之后，谓大涅槃遂建立为法界缘起，以彰事事无碍，其革命之工具，即二空观是也。故摩诃衍论云：以有如是大方便智，除灭无明，见本法身，自然而有不思议业种种之用。事事无碍法界，似乎近于吠檀多及斯宾罗莎等之泛神教。如世谓生命派哲学亦属之但其根本不同之点，即大乘之事事无碍，是已经过二空观之彻底革命而离染纯净者；彼泛神教未经过二空观之彻底革命，故非清净，而只是众生之杂染心境，可以图式表示如下。（见下页）

船若心云：菩萨依般若即二空观故究竟涅槃，诸佛依般若故得阿耨多罗三藐三菩提。即事事无碍法界亦明斯义。此图曲线表杂染生死法，直线表清净常住法。生死故流转业系苦海中，旅进旅退，飘泊无归。常住故超出苦海流转苦海流转即世间义及生死义外，随缘任运，应现自在。而世间虽有种种政治革命宗教革命产业革命等，以求之惑业苦中故，无二空观之彻底革命故，仍堕循环之内。故修学大乘者，必有二空观之革命精神以贯彻之，不能苟安图便，妄想从众生界横达佛界之事事

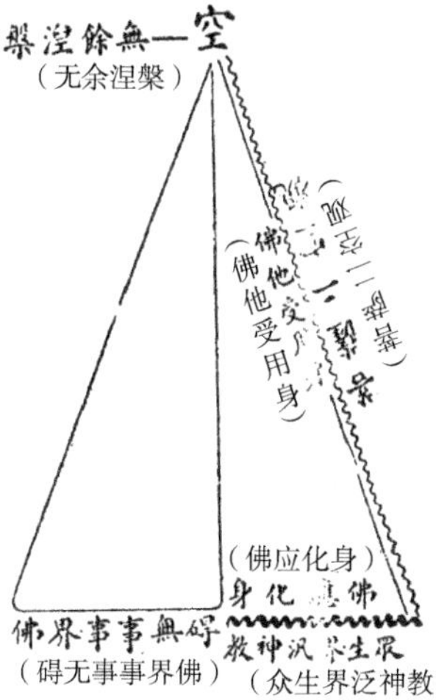

无碍，以未经二空观之彻底空却，终等于众生界之泛神教耳。学“华严”“真言”者，未经过二空之彻底革命，亦不能达真实之事事无碍界，故“华严”须由理法界观即二空观经理事无碍法界观，然后事事无碍。“真言”亦须以阿即本空义字为根本观也。然大乘革命之进行果如何耶？兹分数章述之：

一者、革众生“不定聚之命”入正定聚　“命”者“相续”之义，一切众生无始以来，忽邪忽正，忽大忽小，如猴在树，似尘在风，转变相续，种性不定。故大乘有习所成种性位，革除不定聚之相续，令入大乘正定聚中，永不退转。故摩诃衍论云：依不定聚众生由有熏习善根力故，信业果报，能起十善，厌生死苦，欲求无上菩提，得值诸佛，亲承供养，修行信心，经一万劫，以信心成就故，诸佛菩萨教令发心，或以大悲故能自发心，或因正法欲灭，以护法因缘能自发心。如是信心成就得发心者，入正定聚，聚者类也住于大乘正信类中定不退也毕竟不退。此即经过修行十信心位，入初发心住位，从此但有前进，更无后退。

已革除不定聚之惑命相续故，其修行信心之主要工夫，亦在修习二空真如观也。见摩诃衍论修行信心分

二者、革众生“异生之命”入大乘圣位　众生无始以来随业流转于五趣中，或人或天，或畜或鬼，异类受生。以分别所起我法二执为异生性故，得入大乘正定聚后，则有十住十行十向之资粮位及暖顶忍世第一之加行位，以二空观伏断我法二执。经初无数劫满，由世第一位无间顿断分别所起我法二执，入真见道通达位，得同生性。即圣性与诸圣同故唯在人天中生，永不由业更受四恶趣形，由自悲愿不在此限已革除异生性之业命相续故。

三者、革众生“五乘之命”入唯一大乘　众生无始以来有世间出世间及有相无相等分别相续，入真见道后依二空无分别智于初地二地修施戒，犹似人天世间之善。三地四地修定慧及菩提分，犹似二乘出世之善。五地虽会世间出世间真假两智之相违，犹见有世间出世间之差别相。六地观众生缘起极有相边际，犹与无相相违，类人天智。七地观真空无相极功用边际，犹与有相相违，由无相中有功用故未能任运现相及土类二乘智。经二无数劫满，由第七地入第八地。于纯无相观不假功用故，能任运现相及土故，乃超过人天二乘之观智，革断有相无相等分别相违之智命相续，纯一大乘法空妙行。

四者、革“众生命”入如来位　众生无始以来舍前异熟取后异熟，有异熟识取得舍坏之苦相续，亦即依此故名众生。受众多生死故名为众生离此则名如来，失众生名，故“此相续”即名为“众生命”。由第八地纯依法空妙智历九地十地至金刚道后，经三无数劫满，顿断烦恼障种及所知障种现，异熟识空，大圆无垢同时发故，入如来地，永断先业所引之异熟报。革断众生苦命相续，证大涅槃，成大菩提，乃为不

思议善常安乐解脱之事事无碍法界。

世之谈革命者，其亦知此最胜之革命乎？盖相率而从事乎此！

因明概论

壬戌初秋释太虚于武昌中华大学讲演

第一章　何谓因明

印度之因明，虽非佛学所专有，然因明借佛学始臻完成。而佛学亦广用因明为立正破邪之术。故二者有不可相离之势焉。佛藏中关于因明之著作，曾译梵为华者，散见经论，得八九种。然自商羯罗主所著之《因明入正理论》，由唐玄奘三藏译出，其门弟多研习之。大乘基师尤深究此论之玄奥，援征决择诸家之说，著疏以发挥光大之。古近学因明者，莫不奉此论疏为圭臬，故今亦依之以传述焉。述此之先，有须说明"何谓因明"之必要。兹分两节言之。

第一节　因明之名义

因明一名，其所名之义若何？此须先审知者。兹有数义焉。

一曰明者犹云学术，明"名字语言"之学术，则谓"声明"。明"身命心性"之学术，则谓"内明"。明"工艺技巧"之学术，则谓"工巧明"。明"医方药物"之学术，则谓"医药明"。在此明"立言所因"之学术，则谓"因明"。盖"因"为此科学术所专明之理由，而"明"为各科学术能通明之学说。以能通明之"明"，明所专明之"因"，是因之明，故名因明。然此所明之因有二：一曰生因，二曰了因。由立言者之言，亲生闻言者所起之智，是谓生因。由闻言者之智，得了立言者所示之义，谓之了因。细分之则为六：生因与了因各有三。生因三者：曰智生因，曰义生因，曰言生因。盖智持乎义，智能生义。义形乎言，义能生言。故能立之智与义，亦间接为能生之因也。了因三者：曰言了因，曰义了因，曰智了因。盖言诠乎义，借言解义。义显乎智，借义发智。故所闻之言与义，亦间接为所了之因也。最后之果，即是立者之宗义，为闻者所了。故此生了各三皆为因也。

二曰：因者正指立言者之言论，以是能生闻言者明智之"因"故。亦兼含立者之智义。明者正指闻言者之明智，以是立言者言论所生之"明"故。亦兼含闻者之言义。是明之因，故名因明。

三曰：因者或即照了言义之智，或即发生智解之言。此之因体持有明显之用，能明显于宗果，因即是明，故名因明。

四曰：生因曰因，了因曰明。"因"能生乎明智，"明"能照乎宗义，举因及明，故名因明。举此四义，则因明一名之涵义，不越此矣。然于四义中以第一义为最完。盖所以立言者，无非欲令闻者得了所言之宗旨耳。欲达到此目的，必须于生了各三之为因者无虚谬乃可。故于此因，不可不有专科之学术以明之。故因明者，换言之即讲明何者为达到立言目的所必由途径之学术也。

第二节　因明之宗旨

名义既知，体相已悉，但尚未知功用安在。故继之以论其宗旨。夫不明立言之因，而妄冀立言之果，恣立言论，此世之所由多诐辞淫说诡辩窾言以惑乱乎人心，使正智障蔽不发也。洵能明立言之所因，了然无惑，则邪说不待剪除而自灭。依之以立言论，皆能发闻者之智以照了所立正理而契入之。此则因明宗旨之所存也。故云菩萨求法当于一切五明处求。求因明者，为破邪论，安立正理。而商羯罗主之论，得名为因明入正理论也。

第二章　因明之纲目

夫因明之目的，唯在能运用正当之言论，以建立所欲令他人了解之真理，俾皭然辉耀于世间，如日月之恒照，不为浮议之云所蒙蔽而已。故首明能立焉。宗为所立，因喻为能立，乃陈那之正义。合宗因喻多言谓之能立者，以所诠之宗义为所立，而能诠之宗言及因喻皆为能立故。且须明所立之宗，始彰能立因喻为何者之能立。故虽正明能立之因喻，必兼明所立之宗以助显之。次明能破者，若知邪论过谬之所在，则能一一取而摧荡廓清之，如扫浮云而显天日。故欲立正言，必继之以破邪论也。无可立而妄立，无可破而妄破，则谓似立似破，言其似是而非也。抑此似立似破，即能破所破除之邪论。然言形乎义，义持乎智，设非先有自悟之智，虽欲立言令他了解，又安能取义建言以令他了解哉？故次明不从名言以直证之现量智，及从闻名言以推知之比量智，以明能立能破之正论所由生起之本。然非辨明似现似比，则混滥不分，必难极成真智，而邪论仍不免依以萌生；故终之以断似现似比之惑。于是根源肃清，自悟圆明，可以达悟他之目的矣。因明之大纲细目，胥摄乎是。论尝结集为二十字之一颂，以二悟八义总括之云：

能立与能破，及似唯悟他。现量与比量，及似唯自悟。

兹姑依次以为一解析其义焉。

第三章　因明之解析

第一节　能立

论云：此中宗等多言，名为能立。由宗因喻多言，开示诸有问者未了义故。

按此须用宗因喻三支总成为一能立性。若阙一支，便有阙支之过，于能立性即不圆满。故此总以宗因喻多言名能立，不单指因喻为能立，以宗为所立也。盖三支自为相对时，宗为所立，因喻乃名能立，是对所立之能立也。八义为相对时，则宗因喻皆名能立，是对能破等七之能立也。能立之名虽同，名为能立之义不同，各据一义，故不相违。夫一切法自相成就，各自安立己法性中，复何因缘须建立宗因喻以成立之耶？但为令他得生信解，非曰能生成诸法性相也。然宗因喻三所以次第如是者，为先显示自所爱乐之宗义故，为欲开显依现见事决定道理令他摄受所立之宗义故，为欲显示能成道理之所依止现见事故。假如有人问云：佛学院在何处？答云佛学院在湖北。[宗]假如其人未能信解，又进问云：何以知佛学院在湖北耶？答云在武昌故。[因]假如其人虽知佛学院在武昌，而未知武昌之必在湖北，犹不能决，有进问云：佛学院虽在武昌，何以知其必在湖北耶？答曰：诸在武昌者必在湖北，如武昌之湖北省公署。[喻]此中但使其已先了知佛学院在武昌者，至此必更无疑问矣。故开示诸有问者未了义，令得完全了知，须有此宗因喻三支之多言也。兹即析为三支解之：

第一支　宗

论云：此中宗者，谓极成有法，极成能别。差别性故。随自乐为所成立性，是名为宗。如有成立声是无常。

宗者立一言论，所尊崇综要之主义。失此者则便为簌言无当之论。必有此所欲成立之宗义，然后用因喻以成之，乃有所为。不然，则因喻不犹无的放矢耶？此先言宗体所依以构成之成分有二：一为极成之有法，一为极成之能别，谓之宗依。此二宗依，各有四名。兹列举之如下：

一有法	法
二所别	能别
三自性	差别
四前陈	后陈

然前陈于有法之义为最胜，后陈于能别之义为最胜，故独用“有法”“能别”二名耳。论中亦间用“所别”“法”“自性”“差别”等，颇不一例。法以轨生他解，持住自相为义。前陈一名，虽能持住自相，未能轨生他解。但能有于法而未足云法，故曰“有法”。后陈一名能分别前陈一名为常为无常，为实为不实，故曰“能别”。然此二者，须立言者，对诘者，旁证者，皆认可为然，始能用为结构成宗体所依之材料。否则于此材料先未成就，又安所用以构成宗体耶？故须是“极成”之名物，乃可适用。极成，是至极成就义。乃立言者，对诘者，旁证者，皆认可为然之名物是也。用此二个极成名物，为构成宗体所依之材料。以构成此二名物，前后互为差别之不相离义，是为宗体。论云：“差别性故”此也。但宗依之二名物必极成，此二极成名物所互为差别不相离之一宗体，必不极成。盖宗体若先已极成，则已了解，而不待出因引喻以成立之矣。待用因喻成就故名为宗，若不待因喻即不得有宗，故宗体必不极成也。宗体必不极成，故可随自意，不随他意而立之。尤应随自意所乐为成立之义而成立之。不然，则所立者非所尊崇主要之义，不成其为宗矣。故论云：“随自乐为所成立性，是名为宗”也。论所举“声是无常”之一例，“声”之一名，是前陈之“极成有法”。“无常”一名，是后陈之“极成能别”。声是无常，非非无常之声。声是无常，非色香等无常。此即互为差别不相离性。若此于二宗依一宗体皆完备之义，是即可以随自乐为以成立之宗也。

第二支　因

论云：因有三相。何等为三？谓遍是宗法性，同品定有性，异品遍无性。云何名为同品异品？谓所立法均等义品，说名同品。如立无常，瓶等无常是名同品。异品者，谓于是处，无其所立。若有是常，见非所作，如虚空等。此中所作性，或勤勇无间所发性，遍是宗法，于同品定有。如异品遍无。是无常等因。

因者立宗义之所以然也，假如立声无常，有人语云：何以知声是无常耶？答之以“因”曰是所作性故，由此知声之所以是无常，宗义乃因之成立也。因有三相，谓有三方面也。以因对宗上前陈之有法一面，及对宗上后陈法同品异品之正反二面，或对喻中同喻异喻二面，成为三面，故云三相。非谓因有三个体相，谓之三相。下之三句，即“因”于三方面所关系之形势，兹先作图示之：

对宗上有法——遍是宗法性——因 ┌ 同品定有性——对宗法同品……同喻
　　　　　　　　　　　　　　　 └ 异品遍无性——对宗法异品……异喻

遍是宗法性者，谓所用“因”，其性质必须完全是宗上有法(宗)所有之差别义。(法)宗中有法上所有之差别义法，有未共许而欲令他人共许者，则立之为宗法。有已共许而可令他人信解未许之宗义者，则用之为因法。设此因法有一点非宗中有法上所有之法义，则便不能决定有法之必有此因法，更不能用此以决定有法之必是彼宗法矣。故此因法之第一条件，必遍是宗中有法上，所有之法义而后可也。同品定有性者，按论以所立宗之后陈法均等义为同品，用以作“因”之法有时，彼所立法均等义之同品，必定须随之以俱有。若不定随之以俱有，则此能成立法之“因”，与彼所成立法之“宗上后陈法”无定关系，今虽有此“因法”仍不足以决定必有彼“宗上后陈法”。故此因有时，彼同品法必定随有。为“因”之第二必要之条件也。

异品遍无性者，按论以无所立宗上后陈法之诸法处为异品。谓此作“因”之法，必须于彼“宗上后陈法”所无之法处，完全不有，方能适用。若“宗上后陈法”无处此“因法”仍有者，则此因法即为不定，而不能决定成立彼“宗上前陈有法”必是彼“宗上后陈法”矣。故若无所立“宗上后陈法处之异品中”必须遍无“因法”，为“因”之第三必要条件也。

此因之三要件，为全论最重要之处。此三要件若能完备而无错误，则其余之过谬自易离矣。

瓶等无常，是举同品。虚空等常，是举异品。此所举例，随前所举“声是无常”之宗，用“所作性”为因。所作性遍是声所有，是所作性定有无常，若是常遍无所作性，故三条件皆合，可作为因。然可作因之法，不限一法。故对声是无常之宗，并举“所作性故”或“勤勇无间所发性故”以为因，亦由所欲觉悟之人不同，用以为因之法常随之而不同。以宗法不须共许，而须不共许，故可唯随自乐而立。因法必须共许，故须随顺他意所许之义方可用之。既须顺他所许之义为因，则声是所作，非声显论家所许，欲对之以立声是无常宗，非另用勤勇无间所发性不可。故此双举“所作性”及“勤勇无间所发性”是无常等因。

第三支　喻

论云：喻有二种：一者同法，二者异法。同法者，若于是处显因同品决定有性，谓若所作，见彼无常，譬如瓶等。异法者，若于是处说所立无，因遍非有。谓若是常，见非所作，如空虚等。此中常言，表非无常。非所作言，表无所作。如有非有，说名非有。

喻之一名，直译应曰见边，此能令他见理究竟，故云见边。又此举其已见一边令知未见一边其义平等，故云见边。借此方言曰喻，则凭譬况以令晓了之义。

喻所以有二者，以宗上后陈之法有是非二面，为诤论之所依。不徒是其所是，且必非其所非，乃能完全解决。故喻有同法异法之二也。

显有因之法处，彼同品法必定随有。若有“所作性”之瓶等法处，彼“无常性”定有，名同法喻。显无彼同品法处则因遍非有，若无有“无常性”之虚空等法处，“所作性”必完全无有，名异法喻。

异喻但是于宗法无处，说因法必无，以反显有因法处必有宗法耳。故但是遮而非是表。说常但是遮非无常，非是立常。说非所作但是遮无所作之性，非是另立一非所作之性。假如有人遮一切有说曰非有。其说非有，但遮于有，不是另立一个非有。此皆说明异喻但遮非表之功用者。

上所说宗因喻三支皆为能立于宗义之言论。故论结云。

已说宗等如是多言。开悟他时，说名能立；如说声是无常，是立宗言。所作性故者，是宗法言。若是所作见彼无常如瓶等者，是随同品言。若是其常见非所作如虚空者，是远离言。唯此三分，说名能立。

此名“因”为宗法，指“因”是宗上前陈有法所有差别义中之已共许法，能用以成立宗体者。古来或四支或五支，陈那来决定唯用三支，故云唯此三分也。将此宗因喻三分所构成之一段论，今列如下：

宗依　　宗依
（有法）（能别）
（宗）声　是　无　常
宗体

（因） 所 作 性 故

（喻）
同法喻……若是所作见彼无常同法喻体 如瓶等同法喻依
异法喻……若是其常见非所作异法喻体 如虚空等异法喻依

此之一论，于支有三：一宗、二因、三喻。于物有七：一宗依、二宗体、三因、四同喻体、五同喻依、六异喻体、七异喻依。于言有九：一声、二无常、三所作性、四所作性、五无常、六瓶等、七非无常、八非所作、九虚空等。"所作性"及"无常"二言皆见三次。声、瓶及虚空皆一见。其通常论式虽如此，然临应用时不必定拘其格式。但云：

瓶等是所作　　　　瓶等是无常

声既是所作　　　　声亦是无常

即可以令前人晓了之矣。故因明法即在平常谈话之中，若吾人所谈话合于理者，必一一皆不与因明法相违也。

第二节　能破……似立……似破

欲令他人了解己之宗义，虽有能善成立宗因喻三支圆满无过之言论，然与彼带有过失之言论，相形之时，即能破彼不得成立，抑伪言乱真，若非指出其过失之所在，一一破除之，则正论虽建而邪言未息，犹足摇惑闻者，俾莫知所准从。故能立之后即须继以能破也。第能破之所破，即是似立，故常详叙似立之过，俾立者知其过失而不犯，破者能善出其过而祛其迷谬。然破之而不当，则于无过能立，妄出其过，其为失言且尤甚于似立。故于似破亦不可不论也。此三者相连之关系，极为密切，乃变更论文之先后，即分三条以说明之。

第一条　能破

论云：复次若正显示能立过失，说名能破。谓初能立，缺减

过性，立宗过性，不成因性，不定因性，相违因性，及喻过性。显示此言，开晓问者，故名能破。按此段文原在似比之下

此中克举能破之体，即是能显示出他人建立宗因喻中过失之言，至其所显出之过失，第一即为“能立缺减过”性。但陈那以前所云“能立缺减过”，指宗因喻三支或有宗无因喻，或有宗因无喻等言。陈那专指因为能立，故能立缺减过，亦指缺减于因之三相言。其所出因，或缺于遍是宗法性，或缺于同品定有性，或缺于异品遍无性，或缺于前次二性，或缺于次后二性，或缺于前及后二性，或复三性皆缺。假如前“立声无常”宗，而以“眼所见故”为因，次后二性可有，但声非眼所见，则眼所见非遍是宗上有法所有之法性，于因三相便缺少第一相。又如立声为常，所闻性故，缺第二相。所量性故，缺第三相。又如立声非勤勇发，眼所见故，缺前次之二相。又如对佛教立我常，非勤发故，缺初后之二相。如立声常，所作性故，缺次后之二相。眼所见故，则三相俱缺矣。此之缺减过性，过失最重，故先举之。

其次立宗过性有九。不成因过有四。不定因过有六。相违因性有四。同异喻过有十。共三十三过。于下似立中详示。

第二条　似立

商羯罗主之《因明入正理论》中，以说明似立之文为最多，以详出三十三过之例故。析为二段解之。

第一段　分释论文

按论中举宗过之例有九。因过之例十四。喻过之例有十。今当依次分为三科释之。

第一科　宗过

言宗过者，即是立宗之言，不与前能立中所云宗之条件符合，

故成过失。论文有标有释有结，即为三目。

第一目　标名

论云：虽乐成立，由与现量等相违故，名似立宗。现量相违，比量相违，自教相违，世间相违，自语相违。能别不极成，所别不极成，俱不极成，相符极成。

言但有成立之意乐，无成立之能力，貌似有立，实不能立。所标相违之过五名，不极成过三名，极成之过一名，总为似立之宗过也。

第二目　释例

一、论云：此中现量相违者，如说声非所闻。

言论即是曲屈之声。凡在立言论之时处，未有不闻声者，立言者对辩者中证者旁听者，无不耳现能闻，声现闻得。此立"声非所闻"为宗，岂不全与当场共同亲证之事实相违乎？既违反现前自他亲证之事实，则事实不能为言论消灭，而所立言论即为事实所取消，徒资人之一笑，毫无效力之可生矣。

二、论云：比量相违者，如说瓶等是常。

假如此讲台上有一磁瓶，我等今虽不见此瓶从作而成、从成而坏之无常相，然磁瓶之成坏无常，在前固尝见之。纵未见瓶之坏，于碗等之破坏必曾见之者，然则于比类而量定之知识上，对于此瓶之必为可坏无常之一物，孰不知之。今曰此瓶及余瓶等是常，宁不与自他所校量审定之知识相违乎？既违自他已经认定之理，则此言即无有立之余地。

三、论云：自教相违者，如胜论师立声为常。

胜论乃印度哲学六派之一。立六句义。一实、二德、三业、四大有、五同异、六和合。实之九物属常，声属德句非常。此其一家所传言教如是。今彼立声是常，即为与彼自家所传之言教相违背，即能为对辩者举彼所传言教而破之矣。

四、论云：世间相违者，如说怀兔非月有故，又如说言人顶骨净，众生分故，犹如螺贝。

“可破坏”“有迁流”曰世。落在世中者曰世间。一切世间从其本际展转传来想自分别共所成立。不由思惟筹量观察然后方取，《瑜伽师地论真实品》谓之世间极成真实。于此又有其二：一者通俗世间，即世人常识所知事。二者学者世间，为诸治学说者，或诸习止观者所共知事。凡此世间所共知事，立论者不得遽与之相违。与世相违，则为世间共不听许，即不能立之矣。此中所举之例，一如世间共传月中怀有灵兔，二如世间共信死人顶骨不净。今违之云：怀兔非月，以有体故，如日星等。人顶骨净，众生分故，如螺贝等。因喻虽具，所立宗为世间不许，遂成宗过。

五、论云：自语相违者，如言我母是其石女。

所立宗言，皆用前陈之“有法”，及后陈之“法”合成。“有法”是一法体，“法”是“有法”所有之差别义。此差别义法必为有法所有之差别义法，依于有法随顺不离，乃可成为一语。我母者，乃曾亲生育我身之女人也。石女者，乃不能生育之处女也。若是我母，则既经生育而决非石女。若是石女，则不能生育而决非我母。乃云我母是其石女，此语之前陈与后陈即自相违，故云自语相违。又如立“言皆是妄”等，皆为自语相违。

六、论云：能别不极成者，如佛弟子对数论师立声灭坏。

后陈之法谓之能别。前能立中曾说立宗须有“极成能别”为依。此中“能别”之“灭坏”言，既为数论派哲学所不认有，遂犯不极成过。盖数论派只认一切法有变化，绝对不认有灭坏者。换言之

"灭坏"乃数论哲学中所绝无之物，彼闻"灭坏"之言，殊不知其为何言也。故声灭坏在佛弟子虽可立宗，对数论师则犯能别不极成过。

七、论云：所别不极成者，如数论师对佛弟子说我是思。

"所别"即前陈之有法。此中"我"之一字，即是前陈有法。乃数论派所立"神我"。在佛教之三乘共法，曾通破外道所执之"我"无，则彼之"神我"乃佛弟子绝不承认为有者。今彼对佛弟子，立我是思，在佛弟子但认其所谓"思"，而莫知其所云"我"者谓何。则虽成后陈之"能别"，而前陈之"所别"不成。宗依不成，则宗体更无从依之成立。此如今之实验哲学，不承认旧哲学上所说明之"宇宙本体"等，则任彼说"宇宙本体"是何，皆不能有成效。盖先当解决"宇宙本体"是有或是无，若认是有，乃可进言为何义也。

八、论云：俱不极成者，如胜论师对佛弟子，立我以为和合因缘。

胜论及数论等所执之"我"，为佛弟子所否认为无者，胜论派六句义中所云之"和合"，亦佛弟子所破为非有者。故此一句，在彼胜论派中虽可成立，对佛弟子言之，犹言蛇毛以为马角，二俱非有，故前陈有法及后陈之法，两俱不极成也。

九、论云：相符极成者，如说声是所闻。

前三不极成过，即是对于"宗依"须是极成而犯不极成过。此相符极成即是对于"宗体"须不极成而犯极成过。盖有法及法互为差别之不相离性，是名宗体。此之宗体，既经立敌相符，义已极成，则无复是非然否之争矣，更何须建之以为宗，出因喻以成立之乎？未立先已相符极成，则立之应更无效果可生，说同不说，何劳辞费！故陈那将遍所许宗，先业禀宗，傍凭义宗，皆废除之，而只存不顾论宗也。即如此中所举"声是所闻"之例：若知有声，则必已知声是所闻，若不知“声是所闻”，则且并不知有声，故“声是所闻”，必为一切人所已知已许者，今更建以为宗，用因喻成立之，岂非虚功浪施之甚者乎？故因明非传述陈言之器，乃建立新义之具也。

第三目　结类

论云：如是多言，是遣诸法自相门故，不容成故，立无果故，名似立宗过。

上来所陈九过，束为三类。五相违过，是遣诸法自相门过，使了解所示之诸法自相，则以听者之智为门，此相违宗排遣听者之智令不能起，故云遣诸法自相门。又以诸法自相为门，能生听者之智，此相违宗排遣诸法自相使不能生听者之智，故云遣诸法自相门。三不极成，是不容成之过，以宗依未极成，不容依之立体故。盖尚有先决问题未解决，则不容即解决后决之问题也。立无果过，即是相符极成，以立之无有功效利益故。由此三义之故，总名似立宗过。

第二科　因过

第一目　标类

论云：已说似宗，当说似因。不成不定，及与相违，是名似因。

此先总标因过以为三类：不成因过有四。不定因过有六。相违因过有四。即分三类释之。

第一类　不成因过

论云：不成有四：一、两俱不成。二、随一不成。三、犹预不成。四、所依不成。

论云：如成立“声为无常”等，若言是“眼所见性故”，两俱不成。

假如两人对辩：一立声为常住。一立声为无常。其立“声为常”者，诘立“声为无常”者云：汝何以见得“声为无常”耶？遂说因云:“眼所见故”。则此所说之因,不但不能使对辩者认可声为无常,用以成立声为无常之宗,而且自亦不许声是眼之所见。此“眼所见故”之因,绝非宗上有法所有之法义,故立敌两俱不许成因也。

论云:所作性故,对声显论,随一不成。

凡为因喻之法,必须立言者敌辩者双方共同认可之法,始得有用。若为敌方未许,只可为所立宗,不得为能立因。若此所举之声显论,乃不承认声有所作性者。若佛弟子对彼立声无常,以所作性为因,在佛弟子一方虽可以为能成立声无常宗之正因,而在彼声显论,则可翻曰:声非无常,非所作故。故随有一方不成为因也。

论云:于雾等性起疑惑时,为成大种和合火有,而有所说,犹预不成。

假如多人望见远处如烟如雾如云如尘如蚊等相,尚在疑惑未定之中,遽云所远望处大种和合火有,以见雾烟等故,喻如灶等。此不但不能使听者决知彼处有火,即立者亦犹预未决彼处果否有火。须能决成宗义,乃成因法。此既犹预不能决定宗义,故不成因。以使所见为烟,彼处固是有火,若使所见非烟而为尘或虻雾,则岂云有火哉?

论云:虚空实有,德所依故。对无空论,所依不成。

无空论师,说“虚空”即是“完全都无”之别名,故绝无所谓虚空者。而胜论师则说“虚空”定为实有,德所依故。对无空论师在未能成立虚空是实有前,遽说“德所依故”为因,则彼无空论师可反诘云:虚空且无,德何所依。故犯所依不成之过,亦兼随一不成之过。

第二类　不定因过

论云:不定有六:一共、二不共、三同品一分转异品遍转、四异品一分转同品遍转、五俱品一分转、六相违决定。

一此中共者，如言声常，所量性故。常无常品，皆共此因，是故不定。为如瓶等，所量性故，声是无常。为如空等，所量性故，声是其常。

假如有人立声是常为宗，而举是心心所法所量度故为因，然诸是常法若虚空等果为心心所之量度，诸非常法若瓶等亦为心心所之所量度，故此所量性因，为常之同品，无常之异品之所共有。而违背须是异品遍无之条件。遂出其不定之过曰：汝举“所量性”因，为指声如瓶等是无常耶？声如虚空等是常耶？故此因随于两可而不定。

论云：二言不共者，如说声常，所闻性故。常无常品，皆离此因。常无常外，余非有故。是犹预因。此所闻性，其犹何等？

假如有人说声是常，或说声是无常，其所举因，必须于声之外，别有可通于常之品，或无常之品者，乃可援引之以证成彼“声”果是常，或果是无常。今乃独举所闻性以为因。夫所闻性法只是声，除声以外，其余一切常住之法无常之法，更无有是“所闻性”者。然则此举“所闻性”因，其譬犹何等之事物也耶？既无可援譬证成者，遂无从决定声之果常果无常而堕于犹预矣。此由无从决定故成不定，乃违背于“同品定有”之一条者。

三同品一分转异品遍转者，如说声非勤勇无间所发，无常性故。此中非勤勇无间所发宗，以电空等为其同品。此无常性，于电等有，于空等无。非勤勇无间所发宗，以瓶等为异品，于彼遍有。此因以电瓶等为同品，故亦是不定。为如瓶等，无常性故，彼是勤勇无间所发。为如电等，无常性故，彼非勤勇无间所发。

此所举之“无常性”因，对于此所立宗上“非勤勇无间所发”之同品，不定是有，以无常性法。仅少分若“电等”是“非勤勇无间所发”故。而于勤勇无间所发之异品，不遍是无，且遍是有，以勤勇无间所发者若瓶等，皆无常故。故此“无常性因”对于“同品定有”“异品遍无”两俱违背，而不能决定彼声之是否“非勤勇无间所发”也。

四　异品一分转同品遍转者，如立宗言，声是勤勇无间所发，无常性故。勤勇无间所发宗，以瓶等为同品，其无常性，于此遍有。以电空等为异品，于彼一分电等是有，空等是无，是故如前亦为不定。

此中所举“无常性因”，不但能成立声，如瓶盆等，是勤劳勇力所发生，亦能成立声，如闪电等，非是勤勇无间所发生。此亦于“同品定有”“异品遍无”两俱违背者，盖无常之物不定是“勤勇所发”，则非同品定有。非勤勇发不定无“无常性”，则非异品遍无，故亦如前不定。

五　俱品一分转者，如说声常，无质碍故。此中常宗，以虚空极微等为同品，无质碍性于虚空等有，于极微等无。以瓶乐等为异品，于乐等有，于瓶等无。是故此因，以乐以空为同法故，亦名不定。

此中所出“无质碍”因，对于所立声是常宗，在常宗之同品，有无质碍者若虚空等，有质碍者若极微等，故于同品仅有一分，不能定有在常宗之无常异品。亦复有无质碍者若所受乐等，有有质碍者若所用瓶等，故于异品亦一分转不能遍无。此因一分通于“乐之无常”异品及“空之常”同品。故亦不能决定宗上有法之声果常果无常也。

六　相违决定者，如立宗言声是无常，所作性故，譬如瓶等。有立声常，所闻性故，譬如声性。此二皆是犹预因故，俱名不定。

此相违决定因，乃用两个不同之因，若一为“所作性”，一为“所闻性”等。对于宗上之前陈有法“声”，成立为同异两反之“常”“无常”宗，胜论及佛弟子所立“声是无常，所作性故，如瓶”之量，固自成立。即在声生论所立“声常，所闻性故，如声性”之量对胜论派亦可成立，以胜论派与声生论，同认另有一常住之声性，又同认声与声性并属所闻性，故亦可全成立。此则声生论与胜论二派，其对于一宗上有法之“声”，各用一因，以决定其为二个相违之宗法，不能判定孰真孰伪，孰是孰非。“常”“无常”二相违义，并立于一“声”法上，使听者，莫知其所可，遂堕犹豫疑惑中矣。但在佛教用所作性因，以成立声无常宗，却不堕于犹预。以不承认离声之外别有一常住之声性。故可先破其“声性”非是常，再进而破其“声”之非常也。若云“声性无常”，所闻性故，如响，“声是无常，所闻性故，如声性”，则破声常而成无常矣。

第三类　相违因过

论云：相违有四，谓法自相相违因，法差别相违因，有法自相相违因，有法差别相违因等。

相违因者，谓此“能立之因”与彼“所立之宗”相违反也。“因”为能违反者，“宗”为所违反者，若就“能违反之因”言，不止有四，故加等言，然就“所违反之宗”言，则但有四，以宗有“前陈有法”及“后陈法”之二体，此二又各有“言上表陈”，“意中含许”之二义，故成为四。图表如下：

宗	前陈……有法	言上表陈	……自相
		意中含许	……差别
	后陈……　法	言上表陈	……自相
		意中含许	……差别

此中言“自相”与“差别”，与他处所言“自性”与“差别”不同。盖他处以前陈之有法为自性，而后陈之法为差别。此则不问其位

置于前陈有法或后陈法，但属显示上所表陈之全名词，即谓自相。若属暧昧中所含许之特意义，即云差别。假如“天”之一字，可含多义，或指“真神上帝”，或指“大圜空界”，或指“自然”，或指“理性”。如泛言曰富贵在天，自力致故。人或反之曰，富贵不在天，自力致故。即用其所出，自力致因，以违彼富贵在天宗之后陈法，直斥其不在天，是为法自相相违因。又假如基督徒亦言富贵在天，不可强故。虽言“天”同，然其意则特指“上帝”，不及其余。今不能用其因，以斥其言之非，乃采其言内所含许之意，实是专指于“上帝”者，可反之云，富贵必但在“自然之天”，而不在“上帝之天”，不可强故。则彼不可强因，便成为法差别相违因矣。若将“天”字用之前陈，或曰天不可知，或曰天道无亲，若其所出之因乖返，亦可成有法自相相违因。及有法差别相违因，故相违因之所违，有兹四宗也。

前不定过中之相违决定，立敌前后各成二量，此相违因亦立敌前后各成为二量，似乎相同。然其不同之点，则由不定中之相违决定，乃各用一因以各成一宗，故其结果二量并存而不能决，使人堕于犹豫，立敌皆似能立所摄。此相违因则用同一之因以成二相违宗，使有一是，余一必非，故其过只在立者之一面属似能立，而敌者之一面则属真能破，能起人决定之智解也。又由宗以见因上之相违，属宗上之比量相违。由因以见宗之相违，属此相违因过，在《因明入正理论》，以“相违因过”一节为最难解。故兹述之较详。

一、论云：此中法自相相违因者，如说声常，所作性故。或勤勇无间所发性故。此因唯于异品中有，是故相违。

此举“所作性因”，对于“声常宗”上后陈法之“常”言，决相违反。以若是所作性决非是常，若是常决无所作性故也。故可即用彼所作性为因，破彼声常宗云：

声不是常宗

所作性故因

同喻如瓶等

异喻如虚空等 喻

则彼声常宗即为所破而不存立矣，勤勇无间所发之因亦然。

二、论云：法差别相违因者，如说眼等必为他用，积聚性故，如卧具等。此因如能成立眼等必为他用，如是亦能成立所立法差别相违，积聚他用，诸卧具等，为积聚他所受用故。

此中所举之例，乃数论师欲立其所立之神我，然立量云：

眼等必为他用宗

积聚性故因

同喻如卧具等

其宗上后陈法所云“他用”，“他”之一字，可泛指一切之事物，其意义极为暧昧者。然数论派之立此量，其意既在立其“神我”，故他之一字，乃为其“神我”之代名词，探其言中所含许之意思而叙出之，则其宗言应云眼等必为“非积聚性之神我”他用，如此则可即用其积聚性之因，以破其“为神我用”云：

眼等必但为积聚性之他意指五蕴和合假我所用，而决不为非积聚性之他意指数论师所执本有常住神我所用宗

积聚性故因

如卧具等喻

盖积聚性等之卧具，既但为积聚性之眼等五根身所用，则积聚性之眼等五根亦决但为积聚性者所用，而不为非积聚性者所用。神我既本有常住而非积聚性，则必不能用于眼等，且不论眼等为他

用不为他用。就许为他用，而亦决不为汝数论所执非积聚性之神我用。则汝数论所执非积聚之神我，复何从证明其必有而立之耶？

三、论云：有法自相相违因者，如说有性非实非德非业，有一实故有德业故，如同异性。此因如能成遮实等，如是亦能成遮有性，俱决定故。

宗上前陈，是谓“有法”，言表所陈，是谓“自相”。若此中所言之“有性”，其所出因，能与宗上有法言表所陈自相相违，是名有法自相相违。

此所举例，乃胜论派祖师之一似立，相传胜论初祖立六句义，一实、二德、三业、四大有性、五同异性、六和合性。嗣授其学说于弟子，至第四句，弟子疑非实德业外，别有一“大有性”存在，胜论祖先说五六句已，乃立此量云：

有性，非实非德非业宗

有一实故有德业故因

如同异性喻

平常立宗，本是成立后陈不离于前陈之宗体，即如此量，只应是立有性非实德业，非是为成“有性”。然此乃由其弟子疑“有性”不另存在而立。其所欲成立之者，乃在“有性”之自身，并不是“有性”之如何。盖先犯有“有法不极成过”者也。嗣其所出之因，又与所陈有法之自相相违反。遂为破云：

汝所执有性应非有性宗

有一实故有德业故因

如同异性喻

如同异性，能有于实德业，同异性非有性。则有性能有于一实等，有性亦非有性，此与作相违者，不在“有性”之是何，而直取消其

"有性",故成有法自相相违。

四、论云:有法差别相违因者,如即此因即于前宗有法差别作有缘性,亦能成立与此相违作非有缘性,如遮实等,俱决定故。

有法差别相违,乃与彼前陈有法中所特含许之意相违也。假如其立量云:

有性能作心心所缘实等为有之大有有缘性非实非德非业宗

有一实故有德业故因

如同异性喻

今即破云:

汝所执非实德业之有性应非作心心所缘实等为有之大有有缘性宗

有一实故有德业故因

如同异性喻

非实德业有实德业之同异性,非是作大有之有缘性者,汝非实德业有实德业之有性,亦应非大有有缘性。盖此"有性"是有法之自性,作大有有缘性及非作大有有缘性,彼本意欲成立作大有有缘性者,今即用其因喻使成相违之非作大有有缘性。

第三段　喻过

第一科　总标

论云:已说似因,当说似喻。似同法喻有其五种,一能立法不成,二所立法不成,三俱不成,四无合,五倒合。似异法喻亦有五种,一所立不遣,二能立不遣,三俱不遣,四不离,五倒离。

第二科　分释

第一目　似同法喻

一、能立法不成者,如说声常,无质碍故。诸无质碍,见彼是常，犹如极微。然彼极微，所成立法，常性是有。能成立法，无质碍无。以诸极微，质碍性故。

“因”曰能成立法，所举之喻，为因所无，曰能立法不成。即如此举极微之喻，在彼虽许是常，然不许无质碍，故此喻对于因不成。

二、所立法不成者，谓说如觉。然一切觉，能成立法无质碍有。所成立法常住性无。以一切觉皆无常故。

仍以声常为宗，及无质碍为因，而说“如觉”为喻。此喻虽可是无质碍，觉乃心心所法摄故，然心心所生灭无常，故于所成立法之常，乃不相成。盖即以不离前陈之后陈法为所成立法也。

三、俱不成者，复有二种，有及非有。若言如瓶，有俱不成，若说如空，对无空论，无俱不成。

有体喻俱不成如瓶，瓶既非“常”，复非“无质碍”故。无体喻俱不成，对无空论如空，空且自无，何论空之如何。

四、无合者，谓于是处无有配合，但于瓶等，双现能立所立二法。如言于瓶，见所作性及无常性。

此举“声是无常”为宗，所作性因，乃举喻曰：

于瓶 { 见所作性
见无常性

此言虽举，仍不能用所作性以决定是无常性，以二语不联为一故。

五、倒合者，谓应说言，诸所作者，皆是无常。而倒说言，诸无常者，皆是所作。

立量本是用因，以成立宗上不离于前陈之后陈法者。故当以所作性之因成无常宗，而合云诸所作皆无常，不当倒合云诸无常皆为所作，且所作皆无常。而无常或不为所作，以正因有“异品遍无，同品有非有”之例故。如是名似同法喻品。

第二目　似异法喻

一、似异法中，所立不遣者，且如有言诸无常者，见彼质碍，譬如极微。由于极微所成立法常性不遣，彼立极微是常住故。能成立法无质碍无。

此极微喻，对所立常，不能遣离，以彼许是常故。故只能遣能立之“无质碍”因耳，以彼许极微有质碍故。

二、能立不遣者，谓说如业，但遣所立，不遣能立，彼说诸业无质碍故。

业是善恶业行，是无质碍而生灭者，故如业喻，可遣“所立之常”，但不能遣能立之“无质碍”。

三、俱不遣者，对彼有论，说如虚空。由彼虚空，不遣常性，无质碍故。以说虚空是常性故，无质碍故。

在于主张“虚空”是有之哲学派，彼既认有“虚空”，复认“虚空”是常是“无质碍”。则举“虚空”作“声常”宗“无质碍”因之同喻乃可，于此举作异喻，遂成二俱不遣。

四、不离者，谓说如瓶，见无常性，有质碍性。

此仍是对于声常宗之异法喻，但应曰，若是无常，见有质碍耳。

五、倒离者，谓如说言，诸质碍者，皆是无常。

此亦是声常宗之异法喻，但应曰，诸无常者，皆有质碍耳。

第二段　结论诸过

如是等似宗因喻言，非正能立。

此论文乃以非正能立结成诸过者，然似立过，基疏细析甚多，印度古师，列有详略，商羯罗主裁为三十三过，学者准焉。今就察之，若在通常建立言论，非两派争辩之对决，则宗过虽有九，仅有现量相违，比量相违，自语相违，相符极成之四过耳。至于自教相违，世间相违，与三不极成过，皆因处于特殊形势之下，受彼束缚所致，非自由思维之理法所必然也。且对辩时虽列为过，仍可言前寄言简除。若自教相违，随自不成，可用“汝执言”以简。世间相违，及自教相违，与两俱不成，可用“胜义言”简。随他不成，可用“自许言”简。故但注重不犯现量相违等四过耳，然此四过在较能知理发言者，殆不至犯，故过之重者乃在因不在宗也。因中四不成过，两俱不成，犹预不成，必不可犯。随一不成，所依不成，亦非定然有过。此不成过，乃犯遍是宗法一条所成，六不定过，则犯同品定有，异品遍无二条所成。六过概不可犯，四相违过，二种法之相违，则由同品有无，异品定有所成。二种有法相违，虽似犯遍是宗法之所喻，其实彼所欲成立者，乃不在于不离有法之法，而在不离法之有法。则彼之有法及法实属倒置者，故彼“有性非实非德非业”之语，乃同于“非实非德非业是有性”，而“有性”实已为所成立之后陈法矣。故所犯亦仍是同品有无，异品定有二条，此四相违，唯法自相相违显然易见。余三皆用暧昧委曲之言，以隐藏躲闪护持其意旨为能，乃最能惑乱无智而难为察觉之诡辩也。此四相违过亦决不可犯，犯则必非正能立论，故因之十四过仅二过可不决定是过耳。喻之十过颇轻，虽则说三不成及三不遣，实则所举喻事，不易犯此，至于无合、倒合、不离、倒离，乃言语上之排列不当耳。是故但须于“因三相”考审无误，则所立言必寡过矣。

第三条　似破

论云：若不实显能立过言，名似能破。谓于圆满能立，显示缺减性言。于无过宗，有过宗言。于成就因，不成因言。于决定因，不定因言。于不相违因，相违因言。于无过喻，有过喻言。如是言

说名似能破。以不能显他宗过失彼无过故。按此段文原在开晓问者故名能破之下

若不能真实显示他人立言之过失而妄言他人所言之过失，名似能立。此应有二：(一)对于实有过失之言论，以不知其过失故，而不能实显。(二)对于实无过失之言论，以妄见其过失故，而谬指其为过。今此论中所列陈者，属第二义。乃似能破中之过失尤重者也。

第三节　现量——比量

第一条　并标

论云：复次为自开悟，当知唯有现比二量。

按现量比量皆能立之具，以有现量比量之智，乃能明于义而发于言故。以人之手持斧断木为譬，宗因喻言为亲能立，如斧亲断于木；现比量智为能立具，如手间执于斧。敌证共决，宗义成立，如木之断。目的本在断木，故先论成斧之方法，次论持斧手法之当如何，此亦如是，故继论现比二量也。此云当知唯有现比二量，以古师或有立三量及四量者。商羯罗主，亲承陈那，遮无余量，故唯有二。

第二条　分释

第一段　现量

论云：此中现量，谓无分别。若有正智于色等义，离名种等所有分别，现现别转，故名现量。

言现量者，谓无分别。此标定之词也。分别义宽，此云无分别，亦但无一部分之分别，非全无分别也。以“分别”即是“了知”之别名，若全无分别者，复何名为量耶？然此所无一部分之分别，乃是现量与非现量，所区判之最要关键，要之，必无此一部分之分别乃得成现量。若带有此一部分之分别，决非真正现量。故特以“无

分别”三字，标定现量之义。然现量无分别云者，是何于何无何分别也耶？答曰：是“正智”于“色等事理”，无彼由名言种类等所起分别。故曰若有正智于色等义，离名种等所有分别。凡在名辞之所命与种类之所分者，不问若事若理，皆属非现量智之所分别。然此不分别云，非同木石，以是“智”故。又非邪暗，是正智故。必先明其是正智而后言其无分别，斯得之也。然此于色等义，离名种等所有分别之正智，何以立名为现量耶？答曰：以此正智，于色等义，现现别转，以量定一切法相故。五根明现五尘之境，五识依之现行，故名现现。又现在显现明了之心境名为现现，各别缘于自境名为别转，若眼识缘色不缘声等故。

然此但从前五识，及同时意识之见分，以说明现量。因是平常人所易知，且易错认者故。若夫各心心所之内二分现量与第八识之现量，则平常人虽具有之，然全不能知也。其定中独头现量与根本后得二智现量，则又非修证到不能知有，故此皆不举焉！

第二段　比量

论云：言比量者，谓借众相而观于义。相有三种，如前已说。由彼为因于所比义，有正智生。了知有火，或无常等，是名比量。

借具足三种因相之因，而观察于所观法之义，而有决定之智生起。俗事比量，若见烟故而知有火。胜义比量，若所作故而知无常。是为比量之智。一观此因相是否彼前陈有法之法，二观此因法于前陈有法下所欲观之后陈法，是否有决定随有之关系。三观与后陈法相反方面之异品法，是否完全无此因法。三相观察完全无谬，比量之智即生。此比量智，在吾人之知识皆是。假如吾今认识一人曰人，即此“人”之识认，亦比量智。观此与人类一一相同故，即是同品定有。异此者即非人类故，即是异品遍无。人类性是此一人所全有，即为遍是宗法。作能立云：

此人是人宗

是人类故因

如某人等喻

若非经过此之比量，吾人决不能有正确之智知之为“人”；故吾人一一关于名言种类之知识，其成就皆经过比量，特未经解说则不知其所由成就耳。

第三条　双结

论云：于二量中，即智名果，是证相故，如有作用而显现故，亦名为量。

此结出量果故。相分为所量境，见分为能量智。量之结果安在，今答即智名果。以心心所皆有三分，智心所亦三分，其相分即所量，其见分即能量，其自证分即为量果，故果即智。以自证分是能证之体故，彼见相分是自证分如有作用而显现故，自证分亦名为量。

第四节　似现——似比

现量比量，虽已从正面为说明，而世人往往不能得真正之现量与比量，以种种似是而非错误谬妄之知识，自认是现量智及比量智。故必须将反面种种误谬知识所依隐之黑幕，完全揭破，乃足肃清邪论之源而建植正言之本也。故以论似现比终焉，即分二条。

第一条　似现

论云：有分别智，于义异转，名似现量。谓诸有智，了瓶衣等分别而生。由彼于义，不以自相为境界故，名似现量。

何谓似现量耶？曰：有分别智于义异转者是也。何等于何境起何分别而生之智曰有分别智耶？曰：对于带名言种类之瓶衣等所有分别而生之智，是名有分别智。复何谓于义异转耶？谓此有分别智，以名言种类等所指之物为所观境，而不以五识所观色等自相为境界故。证色等法自相者曰现量。此有分别智不证色等法自相，而于名物为所缘义故，世人认以为现量。其实乃现量与比量间之误谬，只可名曰似现量也。既属误谬，则非是量。以量是量度楷定之不错谬知识故。是以余处亦名非量。

第二条　似比

论云：若似因智为先，所起诸似义智，名似比量。似因多种，如先已说，用彼为因。于似所比，诸有智生，不能正解，名似比量。

由前似立中所说不成，不定，相违等似因，成立谬宗而生邪智，不能得成正解，名比量。以谬雾为烟而成立有火，不能称境相而生正解故。

前来四节，解析因明，义蕴略尽。明能立能破及似，则言生因具矣。明现量比量及似，则智了因具矣。

论云：且止是事。

已宣少句义，为始立方隅。其间理非理，妙辩于余处。

第四章　泛论因明

第一节　因明之历史

一、因明之创始　因明之创始者名足目，为印度六大哲学派第二尼牙耶派之开祖，其时代疏称劫初。据今世学者之考证，劫初当即有史之初，大约在今五千年以前也。当时足目于因明论如何研求发明创立，虽不可详，然依从来传说，则九句因十四过类，实创自彼。九句因者，就论法之应用，以考订因之正否者。十四过类，在驳斥他说中所生之误谬也。近代西洋人调查得尼牙耶派之论式即五分作法，与弥勒龙树无著世亲等论中所陈论式，大致相同。虽传世亲改五分作法为三支作法，而如实论中仍援用五分作法也。故足目所创者，不但为古因明之全，抑且为新因明所出，其功勋较希腊演绎论开祖之亚里斯多德，过无不及；而早于亚里斯多德者殆三千年，其开化之早实足惊人也。

二、因明之革新　因明纲领，成自足目，则因明固外道之学，非佛教之论也。顾吾谓因明实由佛学以完成之者，不唯疏称因明源惟佛说，而改革成新因明以流传及今世者，实成就于佛教徒之手也。于佛之说，在《解深密经》亦略见端倪，逮于龙树，著有《方便心论》及《迴诤论》，弥勒《瑜伽师地》之十五卷，无著《显扬》之第十卷，《杂集》之十六卷，及世亲之《如实论》（世亲更著有《论轨》《论式》《论心》之三部，未经译传。）均于因明大有发挥，然犹为古因明之支流也。无著世亲之后，佛灭将及千年，外道跋扈，抗论渐盛，应时势之潮流，感实用之必要，时有陈那论师出世，奋其雄大之力，将古因明改革一新，在因明上重开一新纪元。故后之言因明学者，皆以自足目至世亲为古因明，自陈那后为新因明。陈那关于因明著作有数十部之多，译来者仅因明正理门之一论，其门弟商羯罗主绍宏斯学，著为《因明入正理论》，实为新因明之标准，则今此所依以讲论者也。

三、因明之流传　自足目迄龙树之前，史不可考。龙树以来佛教诸论师，渐多注重因明，其传述及应用之处，往往可见。逮于陈那之后，若护法清辨诸论师，尤皆极深研几，用为建立言论之准，大有非因明不能下一笔吐一词之势焉！故今欲读成唯识及掌珍等论，非谙因明必不能读。故吾谓因明与佛学有不相离之势也。唐贞观间玄奘法师留学印度，就众称戒贤胜军诸论师，学习因明。归国译传《正理门论》《入正理论》二书，复以巨细要义，授其弟子窥基大师，著《因明入正理论疏》。慧沼智周道邑如理诸师，师资相承，播扬因明之学，于我国时称极盛焉！元明后唐疏既失传，学者暗中摸索，多失真相。挽近瀛海交通，日本借助于西洋逻辑学，因明之说颇昌。而我国亦得取回唐疏重刊行于世，学者钻研渐多，斯学庶其中兴于今后乎？未可必耳！

第二节　新旧因明之异点

旧因明之概要，即九句因与五分作法也。九句因者：

(一)同品有，异品有。	共不定因。
(二)同品有，异品非有。	正因。
(三)同品有，异品有非有。	同品遍转，异品一分转，不定因。
(四)同品非有，异品有。	相违因。
(五)同品非有，异品非有。	不共，不定因。
(六)同品非有，异品有非有。	相违因。
(七)同品有非有，异品有。	同品一分转，异品遍转，不定因。
(八)同品有非有，异品非有。	正。
(九)同品有非有，异品有非有。	俱品一分转，不定因。

上列古因明九句因下即与今因明对照之者，二种正因，具因之同品定有异品遍无之二相，然未明遍是宗法之相也。其不正因之七，可摄五不定因及相违总因过，其相违决定因及四不成因过，此亦未明。

五分作法者，今举例如下：

(一)宗　声是无常。

（二）因　所作性故。

（三）喻　如瓶等。

（四）合　瓶有所作性，瓶是无常，声有所作性，声亦无常。

（五）结　故知声是无常。

今因明决唯宗因喻三支。以合摄为喻体，而结即同宗故，别加异喻。则五分之所有三支皆有三支之所具，非五分之所具，故三支较五分为完密也。

大概陈那新因明之改革古因明者：

（一）五分改为三支。

（二）但因喻为能立，而以宗为所立。

（三）宗依与宗体之判定。

古来有以前陈有法为宗依，而后陈法为宗体者，亦有以前陈为宗体，而后陈为宗依者，亦有以前后并为宗体者，今批评审定前后并为宗依，而以不相离性为宗体。

（四）于因三相具阙之注重。

（五）喻体喻依之判别。

（六）异法喻之增设。

（七）废除遍所许宗，先业禀宗，旁凭义宗，而但取不顾论宗。

（八）审定唯有现比二量，摄譬喻圣教于现比。

此皆荦荦大端之可观者，故壁垒一新、准绳千古也。

第三节　因明与逻辑之比较

今世所知“立论之学”可分为二：一为逻辑，一为因明。逻辑为希腊亚里斯多德创立，不论为何事物，皆取之规定入吾人之思想轨则中者也，略同于因明论中自悟之比量，与因明目的在立言悟他，故注重发明立言所据之因者不同。今比较以见其不同之处，分二条说明之。

一、形式之不同。

通常的逻辑论式	大前提同喻体	凡炭素物皆可燃
	小前提因	金刚石是炭素物
	断　案宗	故金刚石可燃

通常的因明论式	宗断案	金刚石可燃
	因小前提	炭素物故
	喻	若炭素物见彼可燃(同喻体)如薪、油等(同喻依) 若不可燃见非炭素物(异喻体)如冰雪等(异喻依)

今据此以审其不同之点:(一)三段之中段相同而前后相翻,殆正由一为自悟一为悟他之故欤。(二)逻辑之中段亦两个名词构成,因明但用一个名词,殆以宗上有法陈之在前,顺势说下,不须重故。(三)逻辑之大前提,但有因明之同喻体,而缺少同喻依,异喻体异喻依之三件。(四)因明之同喻体多用若如何见如何之字,下复限于所举某某等同喻依,故通于归纳法而有现见已知之经验为确实证明,不落空泛。逻辑之大前提,多用凡如何皆如何之字,使小前提断案所论之物,已确定在凡皆之内,则更言此物之为何所以如何,岂非辞费而毫无所获乎?若未确定在凡皆内,则言凡言皆但空言假拟,由此空言假拟所推定者,宁必有当,故为归纳论所批驳而无以自完也。盖合归纳演绎只当得因明之自悟比量,未能悟他。况彼演绎与归纳又各成偏枯而不一致耶?然则据此不同之点,因明与逻辑胜劣之数已大可知矣。

二、性质之不同,隅举如下:

(一)逻辑仅考理之法式,因明兼立言之规则。

(二)逻辑用假拟演绎断案,因明用实证解决问题。

(三)逻辑以范己观察于物所生之思想为目的,因明以令他决了于我所立之宗义为目的。

(四)逻辑非如因明之含有归纳方法。

(五)逻辑非如因明之注重立论过失。

六离合辞例释义

一　六离合释法原文

西方释名，有其六种：一、依主。二、持业。三、有财。四、相违。五、带数。六、邻近。以此六种，有离合故。一一具二，若单一字名，即非六释，以不得成离合相故。

（一）依主者　谓所依为主，如说眼识，识依眼起，即眼之识，故名眼识。举眼之主，以表于识。——亦名依士释：此即分取他名，如名色识。如子取父名，即名依主；父取子名，即名依士，所依劣故。言离合相者：离谓眼者是根，识者了别，合谓此二合名眼识。余五离合，准此应知。

（二）言持业者　如说藏识，识者是体，藏是业用，用能显体，体能持业，藏即识故，名为藏识。故名持业。——亦名同依：藏取含藏用，识取了别用，此二同一所依，故名同依也。

（三）言有财者　谓从所有以得其名。一、如佛陀，此云觉者，即有觉之者，名为觉者。此即分取他名。二、如俱舍，非对法藏，对法藏者是本论名，为依根本对法藏造，故此亦名为对法藏论。此全取他名。——亦名有财释。

（四）言相违者　如说眼及耳等，各别所诠，不相随顺，故曰相违。为眼及耳二言，非前二释，义通带数有财。

（五）言带数者　以数显义。通于三释。如五蕴二谛等，五即是蕴，二即是谛，此用自为名，即持业带数。如眼等六识，取自他为名，即依主带数。如说五逆为五无间，无间是因，即因谈果；此全取他名，即有财带数。

（六）言邻近者　从近为名，如四念住，以慧为体，以慧近念，故名念住。既是邻近，不同自为名，无持业义。通余二释：——一、依主邻近：如有人近长安住，有人问言：为何处住？答云长安住。此人非长安，以近长安故，云长安住。——以分取他名，复是依主邻近。二、有财邻近：如问何处人？答云长安。以全取他处以标人名，即是有财，以近长安，复名邻近。颂曰：

用自及用他。自他用俱非。通二通三种，如是六种释。

二　释义

此六离合释法式原文，依唐玄奘三藏法师译述。乃天竺之辞句通例，犹八啭声之为一声或数声天竺亦拼音文字故之各单名字之通例。及因明用为多名句推论一义之理论例。故此六离合释亦为二字或多字之二名结成之一辞句之义例也，二名或多字者如中华民国为一名中央政府亦为一名结成为中华民国中央政府之一辞每一名四字也故今谓之辞例。辞有离合，正以一辞皆由二名结成故也。离之则为二名所诠之物，合之则为一辞所诠之义。在名但诠单一之物，则既不由合成，亦复无有离相。然此唯在一字之名及两字之辞则然；若在多字之辞，所依多字之名，则当随其辞之与名之相对位而异。如“中华民国中央政府”之一辞，对此一辞观之，“中华民国”与“中央政府”为二名。然将“中央政府”一名撇开不提，单云“中华民国”则中华民国即为“中华”与“民国”之二名所结成之一辞，而以“中华”与“民国”为二名。更将“中华”一名撇开不提，单云

"民国"，则民国即为"民"与"国"之二名所结成之一辞，而以"民"与"国"为二名。反之进以"中华民国中央政府之统一主义"为一辞，则"中华民国中央政府"亦与"统一主义"降为结成一辞之二名。然退至二字之辞与一字之名，则更无退位可退矣。一字之名非所合成，乃无可离，故名无关合离，而在辞必以其可离，显其合成。尤须明其由何式而合成。因其合成关系，乃变一名所诠之二物，为一辞所诠之一义也。或谓一辞须由三名结合，即中间必有"与及之即"等连缀名也。但此在西文日文或如是，华文梵文则不必然。

三　辞例

- 六离合辞例
  - 用自者——持业辞类—亦曰同依……例云"动物"
  - 用他者——有财辞类
    - 少分用他……例云"学者"
    - 全分用他……例如"称人父子曰'桥梓'"
  - 俱用者 亦曰相依辞类
    - 依主辞类—劣者依胜……例云"天子"
    - 依士辞类—尊者依卑……例云"世人"
  - 俱非者——相违辞类—各别并立……例云"竹木金石"
  - 通二者——邻近辞类
    - 依主邻近……例如"天山"
    - 有财邻近……例如"问慈溪人何处之人答曰'宁波'"
  - 通五者——带数辞类
    - 持业带数……例如"七情"
    - 有财带数……例如"古有四凶今称四恶人亦称以'四凶'"
    - 相依带数……例云"三才"
    - 相违带数……例云"一十百千"
    - 邻近带数……例云"四念住"

四　例释

（一）即如“动物”一辞，动即物之业用，非离所目之物外别有动之自体，即用此物之自业用以名此物，示别他物。是故动即是物，名为“用自”。动是业用，物是体相，即用显相，即体持业，故名“持业辞类”。类者等余同此“动物”一辞之辞性者。业用之动，体相之物，同是依此“动物”有者，非离此动物外别有体相业用，离此体相业用即无所目动物，故名“同依”。此之一类辞性二名中间之连缀名当用“即是”二字，所目必在此物之体，但用此物之业，以显此物非他物耳。设云动之物，或云物之动，则属“相依”辞类。设云有所动物，或云物有所动，则属“有财”辞类。其辞义皆与“动物”之一辞义不符矣。

（二）例中“学者”一辞，释为有学之人。此人能有学，学是此人所有，犹云有财产者有衣食者义同，故名“有财”辞类。学是人之所有，此人之所有者，非即此人，不用此人以目此人，而用此人之所有者以目此人，故曰“少分用他”。设云学即人，人即学，则不成辞义也。设云人之学，学之人，则与“学者”之一辞义不符矣。其连缀名当用“所”“有”二字。

（三）例中桥梓二字，世以称人父子，实则父子是人类，桥梓木类，桥梓完全非是父子，徒以桥梓之尊卑，似父子之道，遂借托之以为称谓。故为“全分用他”。

（四）帝皇古称天子，所目在为帝皇之“子”不在降生帝皇之“天”。天是一物，子是一物，各别有体，本是二物。天是他物，子是自物，故为“自他相依俱用”。天尊子卑，故为劣者依胜者之依主辞类。其连缀名当用“之”字，曰“天之子”。不得云：“天即子。”亦与“有天之子”等异。

（五）世是世间，世间之人，谓之世人。人是世间之主，人胜世劣，故为尊者依卑者之依士辞类。

（六）竹木金石一辞，共有四物，各别独自有体，分立不相连属，故曰：“相违”。既不能云木即石，亦不能云竹所有石，但可云金与石而已。原文谓通有财带数二释，但并举几物即含几物之数义，及为连缀名连缀所有之物耳。不能别成辞类

（七）因山高邻于天，名其山曰天山，故曰依主邻近。

（八）喜怒哀乐爱恶欲之七即是情，故曰持业带数。

（九）天之才地之才人之才之三才，故为依士带数。

（十）一十百千，并立不相关属，故名相违。又即是数，故为带数。

其余概可准知。“相违带数”，“邻近带数”二类，今依义新立也。

大乘五蕴论讲录

太虚讲　佛学院研究部录

今讲此论五门分别：初序大意，次解题目，三造论主，四翻译人，五释本文。

初序大意　《大乘五蕴论》者，依大小乘共通之蕴界处教，明大乘法相名数之理致也。法相多如尘沙，而五蕴可以尽之；圣教广若大海，而大小乘可以括之。何谓五蕴？色心等之有为法也。有为者，有造作作为生灭之谓。夫然，其非有造作作为之不生灭无为法，应不得而摄耶？曰：唯唯否否。盖五蕴虽只摄有为，然无为岂离有为而独有？故论中既广明五蕴诸法，旋会之以处界，问答以发无我之隐，无我则明证择灭，处界则显摄无为（十八界中法界与十二处之法处皆摄无为），故五蕴为一切法之总聚，依正二报之所依，百界千如之所本，上通大乘法相唯识之高幢，下共小乘诸部之标帜。是以《百法明门论》以五位而陈百法，结明浅深之二无我，此论以五蕴而统诸法，申破总别之三我执（一一性我执二受者我执三作者我执），虽然，彼论以唯识为独尊，标大乘之特有，故心法居首，余四次之，以是识之相应所变分位实性故。本论以法相为共通，历明名色与处界，则同于俱舍，便于初心之入门故；若一一法相之名义不了，纵阅群典，皆属囫囵，或有知解，亦是侊侗，胡能致广大而尽精微以自利？极高明而道中庸以利他哉！故兹于未入法性唯识之先讲之，俾学者能审名检实，以为精确研究之张本也。

次解题目　五蕴为本论之别目，大乘为满教之通称。乘以运载为功，从譬得名。大有二义：一当体，二简小。当体者，常遍为义，简小者，相待受称。常则竖穷三际，遍则横满十方，待谓对待，如长待短，方待圆也，此亦如是；大小相对，权实相立，显此是大是实，有殊胜运载之功用，故曰大乘。五蕴广如下释，兹姑不述。论乃假立宾主，问答发挥，抉择正理，破除邪见，拣非经律，故以论名。

有解大乘之大，谓当体之大义，是绝待大，不同对小之大，遂于大乘之上加立一乘，以显佛法高深，理体超绝。但既落能诠，即不能无待，大有小待，一亦有非一待，对非一立一名纯一，宁大待非大非纯大；遇泥名相，违害义理，故今双出简持，应了才呼大时，即兼具持大简小之义矣！又会六释云：五是数，蕴是法，蕴有其五，带数释也。五蕴是所诠，所诠义广，以蕴摄诸有为法故；论是能诠，能诠义狭，以限于声与名句文故。其义广者为胜，狭者为劣，将胜就劣。以劣显胜，云五蕴之论，带数依主释也。

又五蕴是所明法体，大乘是法体上广大运载之用，即体持用，就用彰体，大乘即为五蕴，持业带数释也。又不惟能诠名论，所诠亦名为论，若离所诠之意义，虽有名等亦不成为论，大乘五蕴是所诠，所诠即论，是则大乘五蕴即论，亦持业带数释。

五蕴，古译五阴，阴覆蔽义，谓此五法，能覆盖障蔽法界平等不生灭之真实性故。唯局有漏，蕴积聚义，谓此品类之多法积聚故，其义通漏无漏，今取蕴译为正。盖五蕴摄有为法尽，有为法既通漏无漏，五蕴亦应通漏无漏。三乘胜道谛，皆有为无漏，若用阴字之义，不惟不通佛果，即二乘入生空，菩萨证二空时，亦无其义。故阴义仅通异生之五蕴位耳！异生之五聚法，或名五取蕴，取者著贪为义，即烦恼名，烦恼能执取三有生死故。取蕴者，由取生故，属于取故，能生取故，名五取蕴也。或谓阴义亦通二乘，若小乘圣者，厌离三界生死入无余涅槃时，灰身灭智，尽舍覆蔽涅槃性之五阴法故。然仍有一分义不通，小乘许四谛中之道谛，十八界之意界法界意识界咸通无漏故（大乘十八界皆通漏无漏），如是翻五蕴为五阴摄义不尽，则名义失其所当矣，学者不可不知！

蕴谓积聚，其义已悉，积聚之相，然犹未晓。例如色法，若内外粗细胜劣等，品类差别，略此品类差别为一聚故，说明色蕴，受想行识亦然，染净漏无漏位皆尔！故佛果上之众相庄严，四智菩提，五分法身，力无畏等，名无漏清净之五蕴。异生色心第染污故，名有漏杂染之五蕴；二者之分，惟在烦恼心所等之有无而已。

附五阴与五蕴之研究

梵语塞犍陀，古译为阴，新译为蕴。盖阴为覆蔽义，谓一切差别生灭之有为法，能覆蔽无差别不生灭之涅槃性，其义惟局有漏。蕴为积聚义，谓众多之法积为五聚，在众生为有漏杂染之五蕴，在佛果则为无漏清净之五蕴，其义通漏无漏。故二乘入生空，菩萨证二空，佛证果地时，可具五蕴聚而无五阴蔽；是则蕴字为究竟，而阴字所不能及耳！然有五取蕴，小乘有部为烦恼之异名，大乘唯识有贪爱之所取，此蕴专属凡情，与五阴之义为相等也。或谓阴义亦通于二乘，以彼常观五阴而得解脱故！曰：二乘入无余涅槃时，尽舍前覆蔽涅槃之五阴法，且二乘许四谛中之道谛，及十八界之后三，咸皆无漏，故五阴亦不通于二乘也。如此，欲明通漏无漏之法者，则当以蕴字为然，而阴字较劣狭矣！

夫译阴者为罗什，多用于法性之经论，译蕴者为玄奘，多用于法相之经论。盖什师盛宏法性，以性宗专显无为法性为目的，故视此无为法性，在众生分上名自性涅槃，在佛位上名无上涅槃，而有为法皆能覆蔽无为法，欲尽除无为法之蔽，故什师译之为阴也。奘师盛宏法相，以相宗专从有为法转有漏成无漏为目的，故睹一切有为法皆有各各不同之种子，即将众多有为之法合为五聚，故有色等五聚之名。但此五聚，在众生分上即名有漏，在佛果位上即名无漏，欲转有漏法而成无漏法，故奘师所译为蕴也。而此二宗皆有大小乘之差别，性宗之小乘专明法性者是生空所显，性宗之大乘专明法性者是二空所显，故知法性一宗，则以空为能显之门性为所显之目的也。但由生空所显为浅，二空所显为深；总而言之，为空一切法以明法性，空一切有差别生灭之法，以为无一切别生灭之法。而此五阴，是有为生灭之法，能覆蔽无为不生灭之法，故必空之耳。若小乘二十部，唐列为六宗，其现通假实宗诸法但名宗等，为小乘之法性，在中土则《成实论》为其代表。故明空一切有为之法，而显无为之法，然其所明之空犹浅，而所显之性亦不深矣！惟三论中可作大乘之法性，亦明空一切法，较前小乘所明之空尤显且深。如此！若就所用门言之，可名空宗，就所显法言之，可名法性宗。什师盛传成实三论，故此二宗之经论，亦多译为阴也。而相宗之小乘专明一切法有者，唯萨婆多部，但此部之经论，即有《大毗婆沙》等，然此宗之目的，皆从一切有法上如何而有，又如何显明其本来如是之实相，以此引生智慧，明了一切有无为法，即是达到目的也。在中土则《俱舍论》可作法相之代表，以彼从经部及萨婆多部调和中所造之论，为明一切法因缘而有，而非虚妄空无，但如其所有之实相，即了达其有，而不增益其所执之我，是知一切法皆为如幻之妙有也。若能如是了达，即不起无明颠倒，故可转有漏之识，而成无漏之智，而进为《成唯识论》之大乘法相，明一切生灭差别之法皆不离识，而一切无为无漏之法亦不离识，是知一切生灭差别法及无为法，皆是唯心所现，唯识所变，故能转烦恼而成无上菩提，达幻有即显圆成实矣！如此，若就其所用之法门言之，亦可谓为有宗，就其所显之法体言之，亦可谓为法相宗，奘师盛传俱舍唯识故，此二宗之经论，亦多用于蕴也。

上之性相，以其所崇尚欲显明之点不同，故其显明之方法亦有不同也。是则性相为绝对不相融会之势，何能融佛法为一味平等耶？曰：佛法无边，凡有施设，皆属方便，为令众生达到绝言思之实际，但欲达此真目的地，必须方便而能入之；故云佛法为一大方便法门耳！然此方便法门，为利他计，则尽未来际皆可用之。为自利者，达得自觉证智境界，则方便即可顿除也。由此观之，则性相二宗为方便之大纲耳，故性相二宗之大小乘，其标立方法虽万万不同，而其舍生死证涅槃，则同一不二矣。故云归元无二路，方便有多门，此之谓欤！顾此性相二宗，虽从方便中各标方法之不同，但细为观察，实多融会之点。如性小乘明五蕴空，欲明空先须明诸法，其反面仍明法相矣！而相小乘明诸法有，而其反面即明我空，仍明法性矣！所谓显真空即彰妙有，彰妙有即显真空，即此义也。然性大乘极明诸法毕竟寂灭，离言绝相，虽然如是，其意乃正成一切法。故《中观论》云：以有空义故一切法得成。此是言陈上明一切法空，而意许上仍明一切法有，故天台一切空成了不思议假，尽将中论之意许，亦表为言陈矣！惟法相大乘极明因缘依他之法皆为幻有，专明内识本来如是之实相。虽然如是，其意仍在空一切法，离言自相，毕竟不可得故。《成唯识论》云：若执有法名唯识者，亦是法执。此亦是言陈上明一切法有，而意许上仍空一切法毕竟不可得言说思议分别也。而华严以不可思议圆融无碍法门，尽将唯识之意许，亦表为言陈矣。但顾彼台贤之言陈，颇不与性相二宗相等；而性相之意许，台贤表为言陈者，有何渊源乎？盖天台立宗，根据法性，而进融法相之说；华严来原，由于法相，而进融法性之义。故性相之隐义，宜为台贤所发挥哉！惟阴与蕴，虽成各相沿袭，亦可随其经论之文义而融会之。故天台止观云：阴者阴盖善法，此就因得名；又阴是积集，生死重沓，此就果得名。又仁王云：不可说识，生诸有情色心二法。色名色蕴，心名四蕴，皆积聚性，隐覆真实。如此等文，可见天台用法性阴，而融法相之蕴，其根据仍在阴义也。

（甲）**三释撰主**

世亲菩萨造

（讲）梵云："伐苏畔度"，唐言世亲，盖印度俗奉之神曰世天（即毗搜纽天之异名），其祖传言是此世天之弟，故名世亲，亦名天亲。《婆薮盘豆传》曰：婆薮盘豆者，北天竺富娄沙富罗国（译曰丈夫国）人，生于佛灭九百年间。兄弟三人，皆名婆薮盘豆，长兄别称阿僧伽（译曰无著），其弟别称比邻持跋婆（比邻持母名，跋婆译儿），惟世亲独以通名称焉！皆出家于小乘二十部中之萨婆多部。无著先悟小乘空理，意无留滞，遂通达实相，专私大乘。比邻持跋婆，则唯遵奉小乘而已。论主聪慧绝伦，初造五百部小乘论，后依长兄无著之劝导转入大乘，亦造五百部论盛传之，故世称千部论师云。此论即所著大乘论之一也，菩萨，具云菩提萨埵，此翻觉有情。觉是所求果，有情是自身，谓求三菩提之有情者，故名菩萨。又菩萨修行有二：一者自利大智为首，二者利他大悲为先。菩提觉义，智所求果，萨埵有情义，悲所度生。发四弘誓愿，故名菩萨。或菩提是所求果，萨埵者勇猛义，不惮时处求大菩提，有智有能故名菩萨。又菩提即般若，萨埵谓方便，如是二法能利能乐一切有情，故名菩萨。造者造作之义，创造之谓，《唯识述记》云叙理名述，先来有故，作论曰造，今新起故。凡菩萨造论必具二种：一者具四德，二者六因缘。四德者：一于昔诸师应离憍慢，二于有情类当起大悲，三于同法者深生爱敬，四不欲彰已有胜伎能。六因缘者：一欲令法义当广流布，二欲令种种信解有情，由此因缘，随一当入正法故，三为令失没种种义门，重开显故，四为欲略摄广散义故，五为令显甚深义故，六为欲以种种美妙言辞庄严法义生净信故。顾菩萨造论之郑重，为何如乎?!

（甲）**四明译人**

唐三藏法师玄奘奉诏译

（讲）唐者，李唐世之朝代也。三藏者经律论也。遍通三藏佛法，自师师人，谓之三藏法师。玄奘师之德号也，师俗姓陈氏，河南偃师人，生年十三出家于净土寺，就慧景严法师等学涅槃摄论，寻赴长安成都，就道基震法师等究毗昙发智，博学多能，令名夙著。然尔时学者各异宗趣，圣典亦有隐晦，汗漫纷拿，莫知适从，乃发西游之志，表请朝廷。奈时世未定，未邀允许。而仍不为屈，遂于太宗贞观三年八月，阴杂行旅人中，遁出国境，经高昌屈支（即龟兹）飒秣建等，出中央亚细亚，历经诸国，参礼圣迹。至王舍城，止那烂陀寺，受戒贤诸论师学瑜伽唯识之旨，留学十年，造制恶见论，立唯识量，名震五竺。贞观十七年十二月出印度国境，十九年归长安，自出国凡十有六年，留学万里，一人孤征，诚为我国历史上空前绝后之一大事实（欲阅其详可参《大唐西域记》，《大慈恩寺三藏法师传》等）。所赍大小乘梵典有六百七十五部之多，其至长安时王公欢迎，庶士颂德，政府监护，国家供养，以弘福寺或慈恩寺或玉华殿等为其译场。所译经论总七十五部，千三百三十卷，此论亦所翻之一也。上四门竟，下解论文。此论唯有正宗，而序与流通阙如，同瑜伽发智观所缘论等，无问广略皆唯作者所欲也。光记一曰：泛明诸论正宗定有，序分流通有无不定，或有序分而无流通，如毗婆沙论，或有流通而无序分，如二十唯识，或二分俱有，如此论说。（俱舍）或二分俱无，如发智论，随作者意各异故。然前后二分有无虽随作者所欲，总论菩萨造论所由，一以不私，皆准佛经，故光一曰：西方造论皆释佛经，经教虽多，略有三种，谓三法印：一诸法无常，二诸法无我，三涅槃寂静。此印诸法故名法印。若顺此印即是佛经，若违此印即非佛说。故后作论者，皆释法印。于中意欲广略不同，或有偏释一法印，或有举一以明三，如五蕴论等唯解诸行无常，如涅槃论等唯释涅槃寂静，此即偏释一法印。乃至诸行无常唯明有为，涅槃寂静唯明无为，诸法无我通明有为无为等，今论就广说义边虽题五蕴，蕴明有为，然具含三科，处界二门摄诸无为，如上已说，故今论具三法印明也。又文中如薄伽梵略说五蕴等者，是显凭佛经造论也。

（甲）**五解本文**二（乙）初正明五蕴次会释诸义初中三（丙）初略标次广明三释名今初略标者如薄伽梵略说五蕴，一者色蕴，二者受蕴，三者想蕴，四者行蕴，五者识蕴。

（讲）此略标列名数也，标有二，薄伽梵三字标能说人，略说五蕴四字标所说法。一者色蕴等，如次列五蕴名也。初薄伽梵者，梵音也，略翻为世尊，具足则有六义：一自在、二炽盛、三端严、四名称、五吉祥、六尊贵。又能破四魔义故，名薄伽梵。谓能破烦恼魔、蕴魔、死魔、天魔也。然有经论多用佛者随方顺古也，或约悟诸法义边言佛，就显佛德义边言薄伽梵，就体约用各据一义，并不相违。

若但言佛是略名也，具言佛陀，此云觉者。觉是法，者是人，即有无上正遍觉之五蕴和合假者名为觉者，即自觉觉他觉行圆满之谓也。对法论一曰："佛薄伽梵是契经等一切教法平等所依，无师自悟诸法实性，一切教起所依处故。"略说五蕴，梵云塞建陀，唐言蕴，积聚为义，佛说一切诸法无量无数，今总略之，不出此五聚法也。如薄伽梵略语五蕴，有二义：一、顺经造论非自臆造故。二、师说文略义深，资广解故。一者色蕴，色有变碍二义，变谓现象变化而归破坏，碍谓如手碍石，石亦碍手，自他互为能碍所碍。于是知色之一字，其涵义极广，非仅如普通谓青黄赤白等色为色，而四大种所造色无表色皆得称色也。又凡言变碍为色，同时即简无为及心心所不相应行等，唯色法变而有碍故。二者受蕴，受以领纳为义，谓心心所领取纳受顺违与俱非之境界，而生苦乐等之三受故。更因受心所所依之六根开为六受，曰眼触所生受，耳触所生受，鼻触所生受，舌触所生受，身触所生受，意触所生受；此前五名身受，后一名心受。三者想蕴，想以取像为义，心心所领受境界时无一定分位齐限，有此想心所于所缘境始有苦乐怨亲男女等分齐差别定相，而名言由是得以安立。此想亦有种种，曰眼识相应想，耳识相应想，乃至阿赖耶相应想。四者行蕴，有二解：一者广义的，迁流为义。二者狭义的，造作为义。迁变流动者有为法皆是造作意，即指思心所，此思能驱役心心所造善不善业，今从后说，以余四蕴虽亦行为造作流动迁变，而彼法已从特义名余四蕴，故取此名行蕴耳。行蕴有七十三法，分为二类：一相应行，五十一心所中除受想，所余四十九皆是。思心所正此相应行摄。二不相应行，得命根等二十四是。五者识蕴，识以了别为义，百法中八识心王也。八识各有明了分别自所缘境之功用，如眼识依眼根了别青黄赤白等色，耳识依耳根了别内声外声等声，鼻识依鼻根了别好香恶香等香，舌识依舌根了别甘辛苦咸等味，身识依身根了别坚湿暖动等触，意识依意根了别内外事理诸法，末那依赖耶了别自内我境，赖耶依末那（七八二识互依为根）了别根身器界种子等境。于中识所依根，根有二义：一谓根依处，二谓净色根。通常人未加审察，不知根义，虽知五官脑筋，亦属侂侗。此五官即五根依处，脑筋似胜义根之代名，小乘人虽知六根中之意根，而不明了，谓前念现起之意识，与后念之意识为根，有根识相滥之过失。而大乘明意根为第七之末那，非意识为意根也。

综上所明十一色法立色蕴，受心所立受蕴，想心所立想蕴，七十三法立行蕴，八识心王立识蕴。然则何故如是次第耶？此有三释：一识住，二前为后依，三起染净。且略举其一，如见青等色相（色蕴）而领受故（受蕴），如所领受而了知故（想蕴），如所了知而思作故（行蕴），如所思作随彼彼所而了别故（识蕴），广如俱舍等明。

（丙）二广明五（丁）初色蕴二受蕴三想蕴四行蕴五识蕴初中分二（戊）初总举二别释今戊初云何色蕴？谓四大种及所造诸色。

（讲）色蕴之相略有二种：一触对变坏，谓根境相对门也（即欲色十有色处上二界色及法界色并非此门）。如上已说。二方所示现，唯境无根门也。对法抄一曰：三界中五根五境，及法处中假实，定所生依处，遍计所起，极略极迥等，有诸名相方所，别名可说示现，皆此门摄也。四大种者，地水等四大，即是能造性也。所造诸色者，即彼四大之所造诸色也。此二于一切色法悉摄无余。及言，相违义也，能造所造异故。

（戊）二别释二（己）初四大种

云何四大种？谓地界、水界、火界、风界。云何地界？谓坚强性。云何水界？谓流湿性。云何火界？谓温燥性。云何风界？谓轻等动性。

（讲）此有二，初征后释。云何四大种？征也。谓地界等，释也。释中亦二，初总出体，后别释体。初地界水界等者，是举真四大体。大有四义：一为所依大，谓为十有对色及法处所摄色等诸所造色之所依故。二体性大，谓四大种遍一切色，无一物而非所造，其体宽广故。三形相大，谓大地大山为地大之增盛，大江大海为水大之增盛，炎炉猛焰为火大之增盛，黑风团风为风大之增盛，如此四大增盛，形相大故。四起用大，谓地能载物，水能浮船，火能烧薪，风能拔木，其作用大故，又成坏世界力用大故。种者，因义类义，此四能为生等五因（五因下有详释），起众色故，种类别故。虚空虽大不能为因，内种子等虽能为因，体相非大，所余诸法非大非种，由此亦大亦种，故名大种，持业释也。应作四句分别，表示如下：

大种料简	虚　空	……大而非种
	外　种 内　种	……种而非大
	坚　湿 暖　动	……亦大亦种
	造　色 心心所 假　法	……非大非种

若言四大种，四是数，即带数释。界有多义，至下可辨，且约二义释之。一界别义，体相不同，各各种子现行异故。二能持义，四大种能任持自体及一切所造色故。云何地界下属后别解释，文中有征有释，上文虽辨地等是能造大种，然自性各各异故。今特示之曰：地坚性，水湿性，火暖性，风轻动性。此中风轻等动性者，等谓相似，轻者所造性，动者正为能造之风性也，以风自性是动故。盖

轻与动相顺相似，故举能似轻相以彰所似风性，论记曰："风能造与所造相似，故云轻等。"由风性动故名轻等动性。此四大体为身根所觉一分之触尘，如通俗所谓阴阳与夫科学家所谓质力，皆不外乎此也。问：道家之金木水火土与地水火风有何异乎？答：略同通俗所谓地水火风而与此正明之四大种异。问：此四大种与通俗所谓地水火风有何区别？答：四大者身根所触之境，以坚湿暖动为体，是为能造；通俗所谓地水火风是所造色，属于显色形色为眼根所见之境以显形色为体，如青等之地依显色为体，长等之地依形色立名，通俗于此所造色境之显形色而呼为大地，佛法随其俗情亦安立地名；余水火风，准此类推。要之，通俗所谓地水火风与大种之不同者，唯于所造之显形色各立其名而已。故此彼对望，此为触境，彼为色境，此为身根之所触，彼为眼根之所见，彼为能造，此为所造，二者相违可知。

比较
- 四大种体｛坚、湿、暖、动｝——触尘——｛持、摄、熟、长｝用
- 世俗所见
  - 地…………色香味触
  - 水…………色香触
  - 火…………色触
  - 风…………触

问：四大种是现是种，若是现行云何名种？答：四大种是现行触尘一分，对自种故是现非种。然则何因缘故名能造性为四大种耶？答：一切色法虽皆由第八阿赖耶中亲因缘种生，然要由"坚等现行四大"为普遍切要之殊胜功能增上缘，彼色香味触等方能生故。故即依此亲近殊胜增上功能假名为种，如瓜豆等种，亦非种言种。问：四大种为大小乘共通之名，其义有无差别？答：小乘以四

大为能生一切法之因，大乘为能生一切色法之缘，因谓亲因，缘为增上，此二别也。问：四大种几识能缘耶？答：有三识，谓身识及同时意识，阿赖耶也。盖身识意识变缘时，须托第八所变缘者为其本质，其境皆为现量性境，独头意识分别名相，属比非量影质境。问：四大种大类区别可分几类？答：四大遍于五根五尘，如是可分为二：一根身，执受大种，二器界，非执受大种；此通有漏无漏之依正二报，如佛有清净圆明之报身四大，微妙庄严之净土四大故。

（己）二所造色二（庚）初总出体（辛）二别释体今初

云何四大种所造诸色？谓眼根、耳根、鼻根、舌根、身根、色声香味所触一分无表色等。

（讲）此中先征后释，谓能造四大已彰，今所造诸色应释。所造色者，谓依止大种，即于大种处所，有余造色生。由是因故说四大种所造诸色，造者是同一处摄持彼义，名之为造。[此有三不相离义（一）一处不相离，谓大种及所造色同住一处（二）相依不相离（三）和合不相离]《广五蕴论》曰：造者因义，谓以四大种为因，所造得生故。此因有五种：一生因（即是起因），谓离大种色不起故，二依因（即是转因），谓舍大种诸造色无有功能据别处故，三立因（即随转因），谓由大种变异能依造色随变异故，四持因（即是住因），谓由大种诸所造色相似相续生持令不绝故，五养因（即是长因），谓由大种养彼造色令增长故。如对法一曰：所造者，谓以四大种为生、依、立、持、养因义，即以五因说名为造也。就大种与所造四字合释，大种之所造，属八啭声之第五啭（因声又名从声），六离合释之依主释也。若加色言五字合释，大种所造即色持业释也。但大种造色义，略有二说：第一说曰，一切大种造一切色，相依而有（如此聚中有彼大种，所造可得，当知此中及有彼法，故诸大种同聚所有造色相依有者，皆可名造，互得造义，非定属义），是造义故（互为造义）。第二说云，或可大造种子本性各异，后生现行各依自类，自类大种不生现行，此类造种终不生造（自类造义）。然此二义已散见前文（一见解造字，一见大种问答），兹不详述。谓眼根等下后释也。此由坚等四大种轻重离合而成五根五境及无表色等。于中所触一分者：触为身根之境，此境有十一种，分能造所造之二。今除能造坚湿暖动四大种一分之外，取所造滑涩重轻冷饥渴等，故云所触一分也。无表色等，等取极迥，极略，定自在所生，遍计所起色也。无表色者，无表示于他之色法，即反于表示于他之色法也。吾人动作身体发动言语，于行善作恶时，对于他人有所表示，使知是善是恶，名为表色。又色表业，即此善恶之表业，同时依于因果之规则，明见如是原因，将来应招如是结果，以之击发于自己之身内。如是击发之原因，无形无象，无表示于他，故云无表色也。此有二种：即律仪无表，不律仪无表是。律仪无表者，其性善，如佛弟子受持三皈、五戒、八戒、十戒、二百五戒、三百四十八戒等之别解脱律仪而发得无表是。此无表虽无表示于他，然有殊胜功用，其受三皈者，自然不皈依天魔外道等。故受诸戒者则自然不敢为非，而得以别别离身口之过恶也。若遇恶缘或恶友以巧言绮语相引，事物名利相诱，以诸方便破坏，随顺彼教，而犯一杀戒，或行一盗淫（取不义财，行苟且事，乃至破斋，食肉，打牌，赌博，皆为盗戒所摄；耳听淫声，眼睹美色，脚履邪地，身入青楼，虽未实际接触，亦为犯淫），在当时不过为情面所拘，或势力所迫，偶然失足，后遂造杀行淫以为常，作盗妄动而不知畏者，良由于初次犯戒，无表功用（即戒体）失坏故。是以受戒后要严持戒律，为受能引发（无表色体），持能引长也，故古人持戒以防非止恶者，犹若堤防然。盖防水傍流漂荡，而损害苗稼，若持戒不严，为恶缘之侵荡，一旦穿破身口之堤防，则永损害善根之苗稼，可不慎欤?！不律仪无表者，由身口之恶行而得恶性之无表也，如今世在匪在帮之结党辈，先由发誓赌咒之表业引发(恶)无表之功力，遂狼狈为奸，自然敢于为恶耳！此二(善恶无表)虽无可表示，非眼耳等十有色处所收，仍依地水火风四大种之所造色法而成，故为法处所摄色之一焉！问：如是为意识所缘耶？答：无表固为法尘中之一法，但体是思种为赖耶之现量境，非粗意识亲能明了。因彼有善恶之功能，意识从是推度而知；不然，定果色等亦应称无表耶！是可知其特殊点矣。

(庚)二别别释三(辛)初明五根二明五境三明法处色今初

云何眼根？谓色为境清净色。云何耳根？谓声为境清净色。云何鼻根？谓香为境清净色。云何舌根？谓味为境清净色。云何身根？谓所触为境清净色。

(讲)文段有五，悉明根义。根者，有由依托乃得生长之义，如草木等，由依托于根故，而干而枝而叶得生起长成也。诸识亦然，各有其根识方现起。然根有二，谓净色、浮尘。浮尘者(又名粗色根或名根依处)，浮之于外与尘寰交接，即眼如葡萄朵等之浮根四尘，及身之四肢百骸者是也。净色根者，清净之色不可见而有作用者也。论言五根谓净色根也，为眼等五识之所依止故云为根。名何眼根者征释可知。眼之差别总有五种：一肉眼、二天眼、三慧眼、四法眼、五佛眼。此中初二眼色蕴摄(修果名天，报生名肉，故欲天眼唯肉非天，非修果故)。五眼皆有通二世及三世等之差别，后三眼非蕴摄。于中慧眼法眼为二无漏根，佛眼通于前四。今论所明眼根即肉天二眼也，此有现行种子差别，界门眼通种子，五根门眼唯取现行，今唯现行也。谓色为境，清净色者，《广五蕴论》曰：“云何眼根，谓以色为境，净色为性，谓于眼中一分净色如净醍醐，此性有故，眼识得生，无即不生”。以色者，是眼所行境，而能引发根故。谓举能引发境显所发眼自体也。净色者，以净言简扶尘根，显胜义根也。盖扶尘根为有见有对之粗色，此色清净微妙故喻如醍醐。醍醐由熬乳作酪，自酪出酥，熬酥为醍醐，乃酥精液，不可多得，净极甘美故。一分者简周遍，谓舌身二根净色遍满所依处，眼等三根不尔，故以一分周遍言显其差别也。此性有故下，示眼识能生相，文显易知。云何耳根等者，文有二科，初征后释。净色根义，上已略明，今更举释论(《广五蕴论》)释之："谓根者，最胜自在义、主义、增上义、所言主者，与谁为主，谓眼根与眼识为主，生眼识故，如是乃至身根与身识为主，生身识故。"最胜等三义，《成唯识论》四说五识四种依中(一五色根同境依二第六识分别依三第七识染净依四第八识根本依)同境依，有"依"与"所依""有所依"义之别。此五根正为五识之"所依"也。然所依必具四义：一、决定义，谓眼识必依眼根生，无依余根生义，见言决定，简第六识以五识虽为依，然不定故，非决定义也。二、有境义，谓各自有各自所取境义，如眼根有色境，耳根有声境等，是简四大及五尘种子等，彼虽有决定义，盖非有境也。三、主义，谓要主而有自在力令余法生义也，是简遍行等彼虽有决定与有境二义，不能为主令余法生也。四、令心心所取自所缘义，谓受想等皆虽取自境，不能令他取也。余心心所虽应有具一二不能并具四义，唯五色根具四故为所依。今(释)论中主义者，举其一义影显余三，或可如上四义唯局五根，根一种通一切根，故约总相释根举主一义耳。最胜自在义增上义者，此二义俱在根上一义，差别开二种，然俱舍唯举此二，不举主义。最胜自在义者(根体胜故名为最胜根用胜故名为自在)，以一根能了别种色义边名最胜自在，增上义者，随所依根强弱能依识亦明昧义边为增上义，谓根强能依识明，根弱能依识昧故。若言一义差别开二种，今论何二义中间安“主”义乎？答：今论意显所依根上具以一了多，及随根明昧之二义，虽同有大势用，然尚有余意（见上文四义中所解主义），故于二义中间安立所依主义以尽其旨耳。谓声为境清净色者，后释也，释中举所取境，显能取根体可知。以上二根取离境，下三根合境取也。俱舍颂云眼耳意根不至三（鼻舌身）相违，五根义林亦曰：眼耳二根离质用远，离取义增，妙用难测，故别立二通（天眼天耳），余三根不立耳。云何鼻根乃至云何舌根清净色等者，鼻根易知，舌根有异说，释论云：“云何舌根，谓以味为境，净色为性，谓于舌上周遍净色，有说此于舌上有少不遍如一毛端，此性有故舌识得生，无即不生。”按此文初举本论，后释本论，初中征释可知。释论中二初举所依根，后示能生相，初中复二初示正义，后举异说。初中周遍者，对上三根一分也。俱舍二曰：布在舌上形如半月，是今论周遍同也。有说下，后辨异说。俱舍对此置言传说以示不信，今论亦尔，故云有说。释此光记（十第四本十四左）举二说，初说曰，西方古德相传解云，医方家说，于舌根中如毛端量无舌根处是末磨死节（梵语末磨此云死节节者支节也是身中死穴触便致死颇似神经系或血管等），若针刺著其人即死。舌中，法尔有斯空处。后说曰，于人脑中，有臭极秽不净脑垢若见饮食脑垢流出滴此空处，若无此处承此脑垢，触著舌根，令人呕吐不能饮食。是性有故下，后释舌识能生相可知。云何身根等者，释论云“以触为境，净色为性，谓于身中色周遍净色，此性有故身体得生，无即不生”。释曰第五明身根中二，初本论，后释论，初中征释二可知。以触者，触有二，能触所触也。所触中亦二，谓能造大种，及所造触尘也。所造触尘有二十二种差别所谓滑、涩、轻、重等也。至下可辨。此中即举滑涩等所触境以显能触身根也。谓于下，后释论。此文亦明根体与识能生相二科如前可知，上来正释五根已竟。下出问答，以辨余义。问：净色简粗色，净色即根耶？答：否！净色可以为根，非净色即根，上曾言之，根增上义，对缘境有发识之殊胜功能故，如眼净色对色尘有能生起了别青黄之识之功能。耳、鼻、舌、身、如应当知亦尔。问：净色根以极微细故名无见有对，然用今世所新发明显微镜或可能见之耶？答：此乃借光线增大其功用，虽较前为精明，然犹为上文所明五眼中之肉眼所摄，净色为天眼所见，于天眼中尚非外道五通之天眼能及，况肉眼乎？（佛菩萨清净天眼能见。）问：然则吾人无从捉摸耶？答：近今生理学家之神经可以仿佛，日人曾发明之，然谛审观察之，亦不可执定即是。何则？彼生理学家所谓神经者，不外有二种：一丝丝之纤维神经，二圆圆之细胞神经，此二各有粗细之别，粗者可见，细者虽不可见，然以显微镜嘱之即能了了分明，由是则未可妄为判断以乱真理也。问：五根一体耶？异体耶？答：有谓是一体，而实不然！各自有各自种子故。又若是一体，眼根有损应能视，耳根有损应能听，而事实上若胜义，若扶尘，随损其一，即失其功用，如瞽盲者等是。又释论言“周遍”“一分”亦可见其端倪，倘非异体，焉有此别乎？问：人之死时，转识先没第八后舍，彼此依根既是异体，其失应亦如识之有次第耶？答：识亡根即失其为根固有钩锁之关，然此根为色法，由第八识执持，识舍则坏，无所谓去来，但坏时（唯限五色根七八识根刹那生灭相续不断）有顿有渐，顿者随死随坏，渐者一日乃至七日，于此有人遂误认为中阴身者，是未能晓其真相也。问：眼根依眼依处，耳根依耳依处，乃至身根依身依处，五根既同是各依各之依处，然身等根（等舌根）何竟独周遍，其理由安在欤？答：眼之珠捏之能知，耳之朵提之能识，鼻之峰纠之能晓，舌之端刮之能觉，乃至暖、冷、轻、软、梗、涩，曷非身根之感触，其周遍也不亦宜乎？舌根以味为境，全“舌根依处”皆能尝味发了别之识，不同眼耳等依处之膜等不能发见色闻声之了别，故舌根亦遍依处也。问：识所依根，总有二种：谓共依不共依。然究竟何者为共，何者为不共耶？愿闻其详。答：五识共依（即俱有依）有四种：一五色根，是同境依，即今论所明清净色根也。二第六识是分别依，五识随时皆有，如定中闻声等，不无意识为耳识独起闻者，尔时定中五识先已灭故。世亲摄论第四云：五识以意为依，意散乱时五不生故。谓五识其性钝，无明了用，任运缘境不起分别了知，故依第六明了。三第七识是染净依，三十疏曰：由有第七识染故，施等善法不成无漏，乃至广说谓恒与四惑相应故，被染诸识成有漏善污法也。四第八识是根本依，楞伽经伽他曰：阿赖耶为依，故有末那转，依止心（第八）及意，（末那）余转识（第六及前五识）得生。又瑜伽显扬说，由有第八识执受色根，五识身依之转，广说乃至是共依非别依，此（第八）持诸识种子令生诸识，变五根令住五识，变五境令缘六识，又为第七亲依也。如是诸识同依，非唯一识依，故云共依（第六识以第八识为共依七八二识互为能所依也）。二、不共依，谓前五识依五色根，第六依末那，七八二识互为能所依，此随一识依，非余识依，故言不共。问：五识俱有依有四种，然今论无何简别但言眼识之所依等乎？答：三十论四会之举四因，一不共故，谓五识依非余识依故，二必同境故，谓其缘境必与五识同故，三此相近故，谓余三依远唯此依最近故，四相顺故，谓能所依随名相顺，余依境别故。故不说余三也。

（辛）二明五境五（壬）初色境次声境三香境四味境五触境今初

云何为色？谓眼境界，显色形色及表色等。

（讲）于中有征释，二科准前可知。谓眼境界者，简非耳境界等，（下皆仿此）乃眼根所对眼识所缘境也。此有三：一显色，谓青黄赤白等分明显现之缘境也。二形色，谓于显色分位上长短方圆等有比对之形状者。此二类更开二十三种，即青、黄、赤、白、影、光、明、暗、云、烟、尘、雾、空一显色、长、短、方、圆、粗、细、高、下、正、不正是。此中初之十三属显色后之十种属形色，显色之中以地水之气名雾，日焰名光，月星火药珠宝电等之焰名明，若有余色障光明焰可见名影。翻此名暗。空界显现之色名空一显色，形色之中方者有角，圆谓团圆，形平名正，不平不正，余色易了，故今不释。三表色，谓有情之动作，其动作凡取、舍、屈、伸、行、住、坐、卧，乃至口目开合，种种施为，皆名表色。但离长短等无别有体。何则？如鸟之飞（表色），兔之走，鱼之浮，雁之翔，其鸟也尖（形色）而黑（显色），其兔也长而灰，其鱼也扁而白，其雁也玄而高，所有差别状态无非一法上之分位假相耳！故同一有见有对之法，动之差别说三，静之或二，究其根本唯一显色而已。（此表色依青黄长短等得名，犹名句文由声音屈曲得称，二者比例其义益彰）。等者，等取无情及俱（情与无情）之动作也。如水动树摇，人担并行等是。及言相违三（显形表）种各异故，或义通合集三，皆色境摄故。

（壬）次声境

云何为声？谓耳境界，执受大种因声，非执受大种因声，俱大种因声。

（讲）此为耳根所对耳识所缘之境也。是有能发因，所发声之二。能发因者（因指能造大种），谓执受大种为因，非执受大种为因，执受非执受大种为因。前二为情无情数，后一俱二。执受者，执是摄义持义。受是领义觉义。摄为自体持令不坏，安危共同而领受之，能生觉受名为执受，领为境也。能生觉受者，谓眼等五根，为第八识亲所执受，遇打摩等事来时，第六识生苦乐等觉，故名能生觉受也。安危共同者，五色根既为第八亲所执受，根危随危，根安随安，故名安危共同也。此中执受义立表如下：（下二表向有此二说义皆可通）

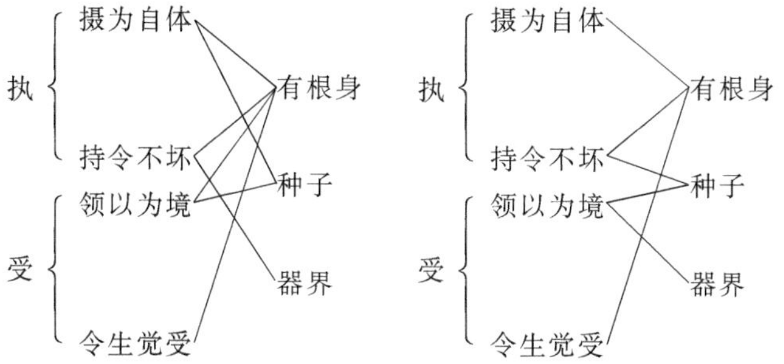

如是非正所明，今随文势就便及之。此中执受者，能生觉受也。其非执受，翻此应知。复次，又分能执受所执受。释论曰："心心所法是能执受，蠢动之类是所执受"，即依能生觉受，示能执受，以五蕴聚身为所执受。蠢动，说文虫动也。又蠢动，犹云动物也。是以色心二法分能所执受可知。上明能发因有三种。此所发声如次亦有三种，释论曰："执受大种（为）因（所发）声者，如手相击语言等声，非执受大种因声者，如风林驶水等声，俱大种因声者，如手击鼓等声"，此声即为内外大种之所击发。初有执受为因之语声拍手声之言等者，等取嗔声哭声及有表诠无表诠等。次明非执中驶水者，玉篇云，山史切，疾也，如是瀑流等言水势所发声也。后明执受非执受大种中言等者，等箫声笛声，广如小乘之婆沙俱舍入阿毗达磨论说，大乘中亦有数说，兹汇图如下，以资参考。

对法论之十一声

- 可意、不可意、俱相违——损益故
- 因受大种……语等声；因不受大种……树林等声；因俱大种……手鼓等声——因差别故相故
- 世所共成……世谷所说谛非谛等；成所引……诸圣共许因成起说；遍计执……外道执心因彼言说——说差别故
- 圣言所摄……可信至实言；非圣言所摄……不可信不实言——言差别故

（以上十一声）五因相配

瑜伽——

- 螺贝声
- 大小鼓声
- 舞声
- 歌声
- 青乐声
- 俳戏声
- 女声
- 男声
- 风林等声
- 明了声
- 不明了声
- 有义声
- 无义声
- 下中上声
- 江河等声
- 斗诤諠杂声
- 受持演说声
- 论义决择声

——因执受大种声
  - 可意
  - 不可意
  - 俱相违

——因不执受大种声
  - 可意
  - 不可意
  - 俱相违

——因执受不执受大种声
  - 可意
  - 不可意
  - 俱相违

显扬一
- 可意
- 不可意
- 俱相违
- 因手等相击出声
- 因寻伺打弦树革声
- 依世俗声
- 为养合声
- 宣扬法义而起言说声
- 依托崖谷而发响声

(壬)三香境

云何为香？谓鼻境界，好香、恶香及所余香。

(讲)此鼻根所对鼻识所缘之境也。通常虽以香为臭之对，但香亦能摄臭故曰好香恶香，恶香即是臭故。对法疏二云，问：何故蒜等名香非臭？答：俗中所说香亦称臭，谓言臭如兰，乃至臭亦名香，可以见矣。所余香者，好恶二香所余之平等香也。释论曰："好香者，谓与鼻合时于蕴相续有所顺益。恶香者，谓与鼻合时于蕴相续有所违损。平等香者，谓与鼻合时所无损益。"初中与鼻合时者，简色声二种离境，谓眼耳二根离中知，鼻舌身三合中知故，故云合时。合者二不至至时名合，于蕴相续者，二十疏上曰：言相续者有情异名，前蕴始尽后蕴即生，故言相续。三十疏七末云：相续者是身；又曰：身者相续异名。于者境第七即蕴之相续同体依主释也。有所顺益等者已下三香如应示益损。俱此约境示损益。若约情损益各通三香。对法疏曰：好等三，若依境说，好益恶损，平等双非；若依情说，香臭俱有益损之义。又对法论一三：香差别分三种为六法，又建立之以三因，今以图示。

好　香……如沈麝等
恶　香……如蒜韮等　　　　损益故
平等香……如块石等　　　　如声境
　　　　　　　　　　　　　△相故　　　三因相配
俱生香……旃檀香如香茅等　摄取义
和合香……如香等　　　　　差别故
变易香……熟果等熟变时增香

同疏二曰，问：好恶等三摄法已尽，何须更立俱生等三？答：事类不同立初三种，起用时别复立后三，或将境就心立初三种，忘心说境复立后三。又俱舍一：好香差别分等不等香为四种，于中好香恶香之中能滋养身体者为等香，反之能损害身体者为不等香云。

(壬)四味境

云何为味？谓舌境界，甘味、醋味、咸味、辛味、苦味、淡味。

(讲)此舌根所对舌识所缘之境也。味即所啖是可尝义(通常为滋味)，有此甘等六味，是味之差别。然通俗只有五种，彼将淡摄甘味中以甘淡不异故。若仔细审察，甘是甜味，淡是淡白，故瑜伽加可意、不可意、俱非，为九种。对法又加俱生、和合、变异，列十二种。显扬有可、不可、俱非，并俱生等合六。以辨其体相(苦醋等六味体相)损益(可意等三损益差别共相)差别(俱生等三起用差别)，如是若约境应有十二细分，约情以谈则甘味为瑜伽显扬之可意及对法显扬之变异(如淡水加糖)所收，淡味为瑜伽显扬之俱非所收，于此益见世法与佛法之浅深精粗者矣。

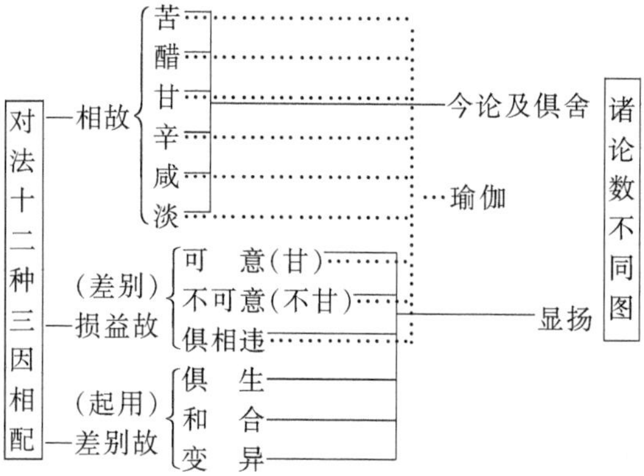

(壬)五触境(续第三期)

云何名为所触一分?谓身境界,除四大种余所造触,滑性、涩性、重性、轻性、冷、饥、渴等。

(讲)此除大种之一分身根所对身识所缘之境界也。言所触者,谓触有二:能触所触。能触中分二:一触心所法,二能触身根及身识。所触亦分二:一能造四大种,二所造触处也。今言所触一分者,于所触中唯取所造除能造,故言除四大种。对法疏云:于所触中唯取所造故言一分也,谓身境界所触法。除四大种余所造触,释一分义,广论纂注之说非是。滑性下列七触名,释论曰:"滑谓细软,涩谓粗强,重谓可称,轻谓反是,暖欲为冷,触是冷因,此即于因立其果称,如说诸佛出世乐,演说正法乐,众僧和合乐,同修精进乐,精进勤苦虽是乐因,即是为乐,此亦如是。食欲为饥,饮欲为渴,说亦如是。已说七种造触及前四大十一种等。"(案婆沙解触有二说:初说性类格别义,谓但由大种性类差别有生滑果乃至有生渴果,后说四大偏增义,谓水火增故滑,地风增故涩,火风增故轻,地水增故重,水风增故冷,风增故饥,谓风增故击动食消引饥渴生便发食欲，火增故渴，谓火增故煎迫饮消引渴触生便发饥欲。此二于有部宗前说为正，若配今论者解滑涩重轻四种初说应理，瑜伽云于大种清净性假立滑性，于大种坚实性假立重性，于大种不清净不坚实假立涩性，及轻性是，虽假实异所说性类差别义一同也。又解冷等三后说应理，瑜伽云由水与风和合生故假立有冷，由阙任持不平等，故假立饥渴及弱力一同也，虽和合与偏增异义相似故。）等者，等软、缓、急、饱、力、劣、闷、痒、黏、病、老、病*、疲、息、勇十五法也。今列七名中何故初四法安性言，后三法无之？盖后三从果名立（软等十五法亦同），此四自性立名，以从性立名故持业释也。正理论云：滑即性故言滑性，余三以从果立名故有财释也（全分有财）。释论所举之滑谓细软等中暖欲食欲饥欲，是心所欲数，由内身中有触力令欲暖，有触力令欲食，有触力令欲饮，所令之欲名冷饥渴；即是由其能令之触，即能令触从果为名名冷饥渴，以冷饥渴三相隐而难知，若不约果以明其体则无从显现，故引诸佛出世乐等之颂，以证因立果名。盖佛出世乃至精进非是乐，能生乐故称佛为乐等也。

（壬）六法处色

云何名为无表色等？（等定果色）谓有表业，及三摩地所生色等（等极迥极略遍计计色），无见无对。

（讲）文有二段，初征后释。初无表色者，旧云无作色，前五境如次五识所缘，无表色第六意识所缘法处摄也。体即善恶之思种子功能也，然就其名色义边有大小乘异，大乘就所防所发义边名色，谓彼善思种子上有防身语恶及发身语善功能。又恶思种子上

---

* “病”出现两次，原稿如此。

有发身语恶及遮身语善功能，其所防善恶所发善恶俱是据身语，就其所据义边假名色也。表无表义林曰：其无表色实是无表，无表示故，而体非色，亦从所发所防假名为色，小乘异之。俱舍有二解，第一说随所依义，谓所依表色有变坏故，能依无表随之名色；第二说约所依大种义，谓所依大种变碍故，能依无表亦名色云云。今言无表者，遮诠之称，非六释摄故，如无明等。色者通于一切，以别简总言无表色，依主释也。等者向内等也。后释中有表业者对无表，表谓表示，表自内心示他故，即色处中表色也。业者造作义，有者对无言有而非能所有之有，体即身语二法是。故释论谓"身语表"业也。三摩地所生色者，即定果色（从定因起名定果色），或定自在色（由定力自在所变色名定自在色），或自在所生色。三摩地为七定名中之第二等持定[按七定名（一）三摩呬多，此云等引，（二）三摩地，此云等持，（三）三摩钵底，此云等至，（四）驮那演那，此云静虑，（五）质多医迦阿羯罗多，此云心一境性，（六）奢摩他，此云止，（七）现法乐住；又此七略言之不出三观：一奢摩他，二三摩钵提，三禅那是]，谓以平等持心心所俱于境转，或平等任持双离沉掉故名等持。前解但专注境义，地通定散，后解有止有观，即名禅那。所生色三字义贯有表业与三摩地两所。初有表业所生色者，表为能引，引起无表色相故，此通身语表业之善不善。故释论曰："谓身语表，此（身语二法）通善不善无记性。所生色者，谓即从彼善不善表所生之色，此不可显示，故名无表。"盖身语表业者，能生体相也。然此体相，若以色处中表色为体曰身表，若以声为体曰语表，二者皆假非实。又身表二业，表善恶故，假名善恶，实是无记，不能招当异熟果故。从业（业即思心所）为假也。业虽通三，而身语从思所发，所发是表，非是真业耳。无表义林曰：身语二业，假表业体，实是表色，而非业性。又唯识论云：或身语表由思发故，假说为业，五十一说一切表业皆是假有，其发身语现行之思实是业性，由此理教故说为假。问：若尔论文何但言身语为表业，不及意业耶？答：小乘唯以身语二为业，此论名三乘共教，文相影略，据意应有。唯识论云：能动身思说名身业，能动语思说名语业，审决二思意相应故，作动意故。如是论文处处皆有，不遑枚举，思之可知。云何审决二思？成业论等说思有三种：一审决思，将发身语先审决故，二决定思，起决定心将欲作故，三发动思，正发身语动作于事故。由是观之，身语二业正第三发动善不善思为真自体，但唯取现行，意业以前二思为体也。此发动现行之善不善思，虽实非语身表色，约所防所发义边，假名身语表色，其性无记、依思动作义通三性，故云身语表通善不善无记性也。彼所生色等者，意谓从善生名律仪无表，从恶生名不律仪无表。然无论其善律仪或不善律仪，要之，不外依思种子上立故。唯识论云：此或依发胜身语善恶思种增长位立，又成业论曰：思差别者，简取胜思，能发律仪不律仪表，由此思故，熏成二种殊胜种子，依二种子未损坏位(善无表犯戒则坏恶无表行善则损)，假立善恶律仪等无表，可谓明证矣！（又名受所引色。受谓领受，引即引取，如受诸界品戒是色法所受之戒，为受所引色也）后三摩地所生色者，释论解之云："谓四静虑所生色等。"静虑，梵语驮那演那，旧讹云禅那，是色界定，及所依地，并云静虑，通摄有无心定及漏无漏染不染依色四地。静者寂静，即是定用；虑者审虑，即是慧用，依定慧均等故名静虑。此简慧多定少(中间定)，慧少定多(无色界定)，皆非静虑，显四根本定亦静亦虑，定慧不二所生之定果色也。然则瑜伽何言定果色非唯色界四禅无色定亦能现起耶？五十三说就业生色说无色无，非就胜定；若就胜定则通色无色(八根本非八未至定)。而今唯言四静处所生者就业生色(业所生者,触处大种也,即异熟长养等流身根身俱意识第八识也),非就胜定,故不相违。言胜定所生色等者,即以殊胜定力于一切色皆得自在:谓入定者,所现光明,或变石成金,乃至见一切色像境界皆有实用,如入火光定则火光发现,入念佛三昧定,则极乐圣境弥陀相好皆现前等是也。问:此无表色是能造性,抑所造性耶?释论答之云:"是所造性,名善律不善律仪等。"是者,八啭声中体声,即指上所明无表色并定果色自体。所造性者,表无表义林曰:准显扬一云,律仪色依不现行法建立色性,不律仪色依现行法建立色性,此意总说表与无表律仪色,皆依所防身语以假名色,即显三界别脱定戒无漏色等皆是能造,欲界所防造恶身语四大所造。造色义林明就能所造有即质造与离质二种中,是离质造,彼言所造色与大种处相离者名离质造故。又定果色大种生者,法苑五本就胜定果色三门分别中,第三举大种生一门,其中引瑜伽显扬等五文广释,诸无表色相类虽同,善恶性殊,故分律仪与不律仪。等者处中无表,谓非律仪非不律仪也。然处中无表立不立有异义,难陀论师不立处中无表,护法论师立处中无表,今安慧广论与护法师同义,故更云等也。 问:别解脱无表上云依思种假立,而定道二戒无表所立云何?答:表无表章曰:静虑无表以法尔一切上二界十七地中有漏定俱现行思上,有防欲界恶戒功能为体(中略),无漏律仪以法尔一切上地所有无漏道俱现行思上,能断欲界诸犯戒非功能为体(二皆随心转戒)。此二戒体俱现行思(显扬文云:不律仪色依现行法建立色性指依现行思立有表非立无表),现行思者,造作义故,是业义故,释论"亦名业"即示定道二戒无表体也。又云亦名曰种子者,指律仪不律仪无表。成业论示定道二戒外一切善不善律仪无表皆依思种子立是也。假实云何？定道二戒通实通假，所余一切无表皆假立也（显扬义林皆有明文）。等者，等极迥，极略，遍计所起色也。极迥谓即此离余碍触色，极略谓极微色，遍计所起谓影像色也。无见无对者，非眼识所缘，眼根所碍之色境也。谓意识所缘法处所摄之五种色法，总为无见无对色耳。释论曰："如是诸色（总指色蕴）略有三种（略有总略省略文略义略此是总省略）：一者可见（眼所见之法为可见），有对（为能所碍者为有对），二者不可见有对，三者不可见无对，是中可见有对者，谓显色等（等一切形色等有说有见有对唯显色以形表色为显色之分位是意识分别所安立故）。不可见有对者，谓眼根等（根指胜义五根等声香味触）。不可见无对者，谓无表色等。"其文易知，足资参鉴矣。

以上释色蕴竟。

（丁）二受蕴

云何受蕴？谓领纳，一苦、二乐、三不苦不乐。乐谓灭时有和合欲，苦谓生时有乖离欲，不苦不乐，谓无二欲。

（讲）此中有二，初征后释，征可知。释中复为二，初标列，后随释。初谓三领纳，领即领受，纳是纳入，境有顺逆，而能领纳之心随之亦异，故曰三领纳。领纳者受之自性也。三十论云：受谓领纳顺违俱非境相为性，盖顺境则生乐受，逆境则生苦受，中容境则生不苦不乐受。于是眼识领纳色曰眼触所生受，耳识领纳声曰耳触所生受，鼻识领纳香曰鼻触所生受，舌识领纳味曰舌触所生受，身识领纳触曰身触所生受，意识领纳法曰意触所生受等。对法依四因五位七类差别总说二十七受差别，位虽有多，然不外适悦逼迫俱非之三类故。此三皆通有无漏，见修及非断三，学无学俱非，并善不善有覆无覆四等。然有处分为五受者，乃自苦乐中离出忧喜故，即五识之领顺违境云苦乐，意识之领顺违境云忧喜，如次依有分别无分别建立也（五识无随念计度二分别）。问：此中于苦乐离出忧喜，为五识与意识差别，何故于舍受受无此差别耶？答：适悦逼迫身心相，前五第六各异故。谓苦乐无分别转，忧喜有分别转。又苦乐二种依尤重，忧喜二种依轻微，舍受不尔，非逼非悦，此相在五六识更无异故；又无分别而平等转，故不分之也。问：总一受心所依开合不同而有三受五受差别，然其建立根本之义安在耶？答：约受领于境（顺违俱非）义边建立三受门，约根生义边建立五受门，举图示之如下：

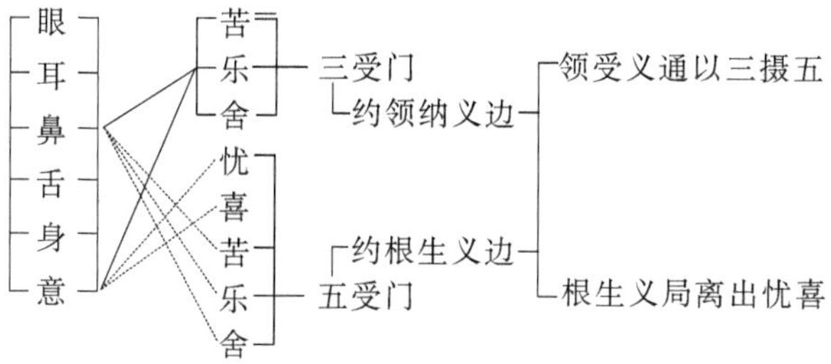

“又佛果之无漏心及因位之有漏心通受差别。”

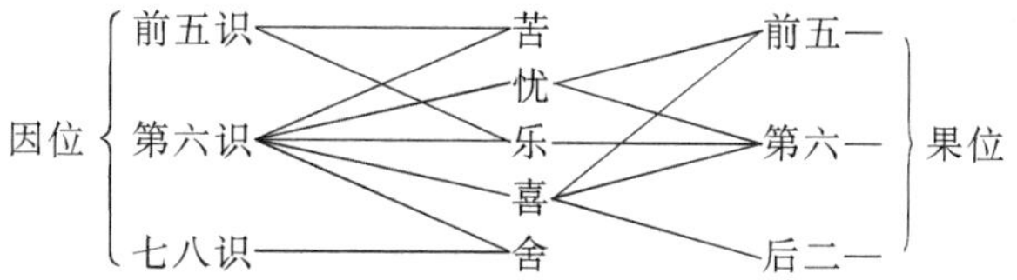

乐谓下后随释也，文中自有三段可知。大凡人之感受乐时，初则或自不觉知，久则习以为常，直至谢灭，方知其乐也不可再得，而更生希求，如鱼离水者。然感受苦时，触处便知，即希乖离，犹探汤者是。俱非之受于此二者相反，无离合希欲故。然此单就显粗相论，若就细相论之，于乐受已得固生不乖离欲（和合欲），未得亦有希合欲，于苦受已得固生乖离欲，未得亦有不合欲，如是之义，可参阅《唯识述记》，自有详释。

综上所说，受有苦乐舍之三受，或加忧喜之五受，有通六识有者，有局前五者，乃至七八二识等之种种差别；若克论之，一切有漏位中，所有三界二十五有，无一非苦，奚喜乐等之有哉？所以者何，是有漏受心故。若三受者乐灭时是坏苦，苦生时是苦苦，舍受非苦乐，刹那有生灭，即是行苦。又乐受于未得希得，希得不遂，求不得苦，已得复失，得不永得，爱别离苦。复次，苦生时为生苦，乖离不能怨会苦，苦之不尽阴盛苦，三受既尔，五受准知。若佛果无漏受心则不然，乐则常乐，舍受平等，寂然无苦之发生矣。

以上释受蕴竟。

(丁)三想蕴

云何想蕴？谓于境界取种种相。

(讲)文有二，初征后释。初想蕴者，想是遍行中随一也。此总有二种，有相想无相想也。有相想者，能取诸境界随起彼彼言说，而具明了分别二种名为有相想。此有种种差别，或随所依立六想身，眼触所生想（眼根对色眼识于中所取是白是黑非白非黑之分齐相者，即此眼触所生之想心所之所用也），耳触所生想（能分别明了可意不可意等声分齐），鼻触所生想，舌触所生想，身触所生想，意触所生想（于一切境能明了分别，例如同时意识闻有音声即于其中取有合乎道理之分齐者，安立能诠之某某名相于其义理中之自性差别，复施设之为如何如何之所诠等）是。或约境界，有欲界、色界、及空无边处，无所有处等差别（欲界想者，小想也，下劣故。色界想，大想也，增上故。空无边识无边处想，无量想也，无边际故）。如是等虽有境粗细差别，然随具明了分别二种而于境界起言说，故皆有相想也。无相想者，或能缘或所缘，若阙分别若阙明了，或二种共阙是名无相想也。谓如欲界中婴孩儿（其未学语言者虽于色起想而不能了此名为色故），非想非非想定（有顶定等也彼地及定不明不能图画诸境界相虽彼散心亦无想今从定说）及涅槃等（无相外定想，对法论曰：离色等一切相无相涅槃想故名无相想。涅槃经三十一曰：涅槃离十或十三相加苦乐舍，涅槃离此相立无相名缘彼相名无相想非能缘彼相分无境无相故）。如是差别广分别如对法疏说，此中依有相想为论，其旨可察。

谓于下后释，三十论曰：想谓于境取像为性（依彼所触之境而取像），施设种种名言为业（如见青黄等色于中取像曰此是青此是黄推之于凡物皆然），谓要安立境分齐相，方起种种名言（谓此法非彼法等作此分齐而取共相名为安立，由取此像，便起名言，此是青等性类众多故名种种），相谓相状，对法疏出有十种色声等五境，男女及生异灭相；涅槃有十三等皆为想之所取而安立也。

- 有相
  - 具明了分别二种
- 无相
  - 无明了分别二种
    - 有相界定—虽明了不分别
    - 有顶定——虽分别不明了
    - 婴孩儿——无明了分别二

明了分别四句
- 有明了不分别……如无想界即涅槃……无相想
- 有分别不明了……如有顶定等……无相想
- 有明了亦分别——一切有想——有相想
- 有非明了亦非分别…如孩等……无相想

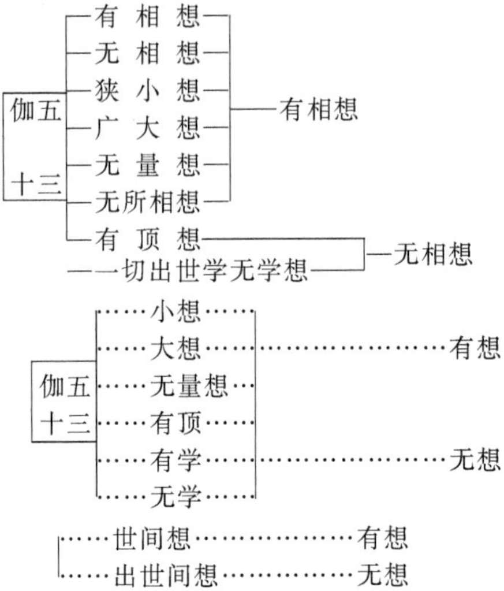

以上释想蕴竟。

(丁)四行蕴三(戊)初总举二别释三总结今初

云何行蕴?谓除受想,诸余心法及心不相应行。

(讲)此总举文中应亦有征释二。初行蕴者,行迁流义,蕴积集义,谓一切心相应法等念念落谢不少留住故名为行。尔诸论中明行蕴体有总别二种,总者以诸相应法及不相应法为行蕴体,今论及百法论等是也(是约总相义)。别者遍行中之思心所为行蕴主,谓于诸行中由思最胜(造作力用)能作心等令善染等故(驱役其心令善令染),又由令心差别不相应等分位行相各别故。对法论曰:造作相是行相,由此行故令心造作,谓于善恶苦乐等品中驱役心故。是即说一思为行蕴主,主者一切行法之导首,约据胜为论也。故他处经论说六思身标行蕴,或有五种差别说行蕴(由境界说六思身等),或有三种差别(一胜差别以思心所一切行中最胜故,二所依差别即六思身,三依施设差别善染分位等),明行蕴，举表如下：

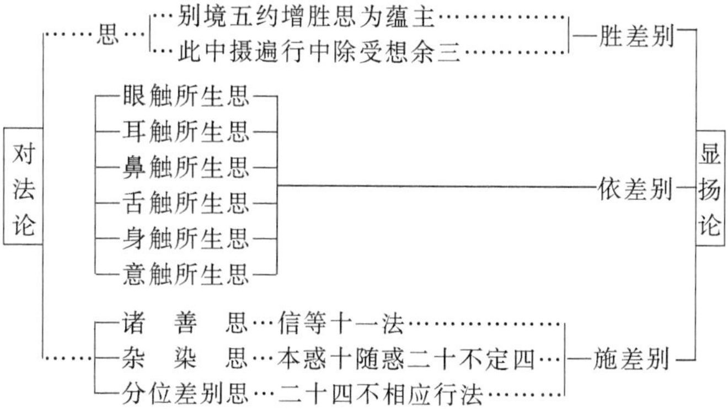

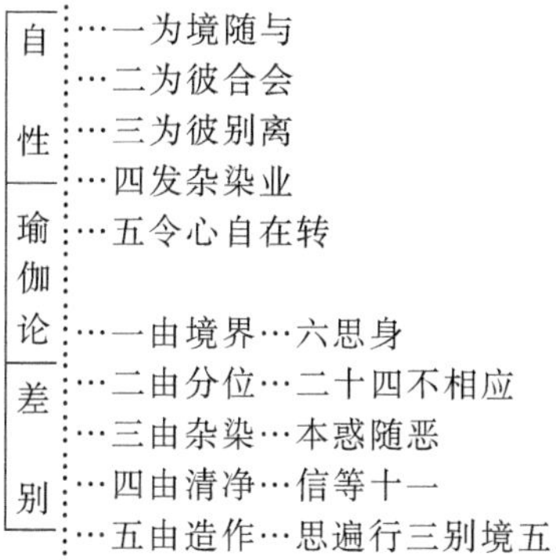

谓除受想下后释也，受想二法如上所明已为别蕴故今除之。问：对法论除受想思三，今论何故不除思耶？答：彼论别相建立思为主故，此论总相释蕴唯除受想。问：前略标文内于二义中取造作义，今复云为迁流义者何耶？答：前以广狭为论，今是据实而说，文互影略，义益周显，有何相违。问：心所相应及不相应法皆行蕴摄，今何除受想各别建立乎？答：此有二义：一、有外道等计受想为生死因修八等至无色定此二最胜故别成二蕴故非此摄（理实此二亦思造作令成善染法此约据胜为论)。二、余蕴虽亦具造作迁流之义而彼诸蕴摄行少故各受别名,此蕴摄行多故独得总称(此约摄行多少为论)。

(戊)二别释二(己)初心相应行二心不相应行初中又二(庚)初释心所名义

云何名为诸余心法?谓彼诸法与心相应。

(讲)此中云何名为诸余心法者问也,谓次上既言除受想诸余心法,受想二法上业专明,但未知诸余心法者何耶?谓彼下总答之也。彼诸法与心相应者,心谓八识心王;彼诸法,六位五十一心所法也。心所法者以其皆心家所有法也,此有三义:一、恒依心起,盖心王为主,心所为辅,无主不能独立,故必依之而起。二、与心相应,心王既起,心所亦必同时起而相应,绝无先后各出之理。三、系属于心,心所虽有众多种类,善恶又不一致,而各率其眷属归系于每识心王之下。合此三义,名心所有法。又相应者,百法光疏云:谓此心法(心所法)常与心王同依(同一俱有根开导依)同缘(同缘一境王缘总相心所缘总别相)及与同时(同一刹那而起),若约小乘更有同行,今依大乘心法与王不同其行,所以者何?由心法等与王行相各各不同,如缘青色,心王自变,心法自变是故不同。此之心法与其心王各缘诸境,一时相应,心起即起,心无即无,如王左右不离于王,心数相应亦复如是。准上所明相应之法必具四义:一、心心所见分(即行相)各异,二、时同,三、依同,四、所缘事等,等者相似事谓相见所依自体即各各心心所,所有自证分体平等相似。光记十七(五右)曰:事平等者,事之言体,显各体一,故言事等。于一相应心心所中,如心体一,诸心所法体亦各一,必无二体一时俱行。此约刹那同时体等,非言前后异品数等,乃至应知此中所依等三种易知事稍难知，故偏明也。

（庚）二明六位差别二（辛）初总辨差别二别明体性初中分三（壬）初重征二列名

彼复云何？谓触、作意、受、想、思、欲、胜解、念、三摩地、慧、信、惭、愧、无贪善根、无嗔善根、无痴善根、精进、轻安、不放逸、舍、不害。贪、嗔、慢、无明、见、疑。忿、恨、覆、恼、嫉、悭、诳、谄、憍、害、无惭、无愧、惛沉、掉举、不信、懈怠、放逸、失念、散乱、不正知、恶作、睡眠、寻、伺。

（讲）初征可知，次列名中除受想如上已明，其列次第诸论有异。瑜伽对法显扬百法等论，作意触次等，今论及唯识触作意次第也，彼瑜伽论等约观行发修次第，谓二乘及地前菩萨观行皆依作意而修，故作意之次列于触等。今论及唯识等约法相生起次第，谓三和直生触而作意现前，是以境为先故。又具列遍行五数恐是草误，以受想二已除故。此中总列五十一法。而释文中于根本烦恼之不正见复开五法者，约行解不同也，其开合虽异，慧性是同，义亦无妨。

（壬）三配属

是诸心法五是遍行，五是别境，十一是善，六是烦恼，余是随烦恼，四是不决定。

（讲）此中自有六节，第一，五是遍行者，于前总举门中依别蕴义除受想二，今此显类同言此五，故曰五是遍行。遍，周遍义，行，起行义，此五无论何时何处何心何性均能等起，故名遍行。由是一切心所虽有性用各异以显差别，而大类之攸分，犹在斯四义矣。故瑜伽以此四义（时处心性）废立心所差别曰，一者善等三性遍不遍，二者三界九地遍不遍，三者刹那相续，四者彼此同时俱起不俱起;就此四义,或有具二,或有具三,或四咸具,遂有别境善等六种之差别耳。第二,五是别境者,谓所缘境事多少不同,能缘心性乃起自所缘特别之境,故名别境。详言之,于境不遍,阙刹那相续,俱起之二,各各别缘其境以生心也。五者欲胜解念定慧也,是者体声,即指五法之自体。第三,十一是善者,明善心所类也,即信等十一数是。所言善者二世顺益故,此十一自体即善,唯善心所可得生故,是以总束称善也。又此中于四一切唯具遍一切地之一种,不具余三可知。第四,六是烦恼者,总束贪嗔痴等六法也。若别开之则有十法,后作释中开五见一一有释,至下当知。此六法为惑之根本,余惑皆此等流分位差别,故名本惑,是为根本烦恼。烦性即恼,持业释也。第五,余是随烦恼者,明大中小之随烦恼也,余者本惑六法之余,即指忿恨等二十法故。若依瑜伽则有二十二法,更加邪欲邪胜解故,此二十惑皆本惑等流性,随彼生故,称随简本,能随所随异故,烦恼之随依主释。若以随烦恼三字为自名,他一分有财亦得,亦称随惑,对本惑故,是此本随二惑,于四一切皆不具,不通三性,不遍九地,非相续,亦不俱起故。第六,四不定者,恶作等四法也。对法疏举三因以明不定义,谓此四于善染等三性皆不定故,非如触作意等定遍心故,非如欲等定遍他故,立不定名。又释论解此及简别曰:"此四不定,非正随烦恼,以通善及无记性故。"瑜伽决择分合六位为五位,即不定四摄随惑中,盖彼论意谓此四法虽通三性,于中染义增故,依之摄随惑中六位而为五位也。今安慧论师通之言"非正无恼",以正言显一分通染性义也,"以通"下述所由,通三性故。是此不定于四一切中惟有一切性之一种,无余三可识。

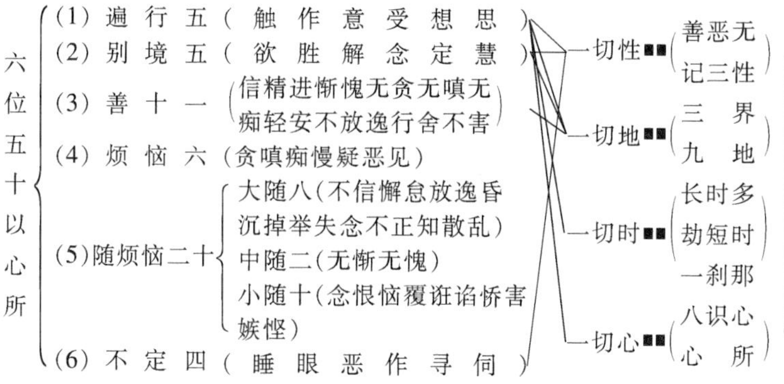

（辛）二别明体性六初明遍行二别境三善四根本烦恼五随烦恼六不定初中分三（癸）初明触

云何为触？谓三和合分别为性。

（讲）于此科段中，除受想二，如前既辨，今文有征释二。释中三和者，三谓根境识，和者简乖违；谓若眼根声境鼻识，如此三法纵并起不名和，三法各乖违故，唯于六根境识中随应相顺生起名三和，谓如眼根色境眼识等也。三十论曰：根境识更相随顺故名三和，又纵相顺法若阙一法则不名三和，谓唯根境二起识未起也。识疏曰：正三和体，谓根境识，体异名三，不相乖违，更相交涉，名为随顺，如识不生，唯根境或起，名为乖违。

合者，十句义论曰：二不至至时名合，今合三种，是有已合未合，未合位三法各住本性，后至已合位各更有顺起心所功用，故云三和合。若此三法居种子时及未合位，皆无顺生心所功能，则不名三和合也。如是三和合者，虽云有触，非即是触。触是三和合所生果，三和合是触能生因也，故曰三和生触（触与三和一者依三和合二者令三法合三者似彼三和）。分别为性者，三十论云：触似彼起，故名分别。同疏十七（四左）释之曰，分别之用，是触功能，谓触之上，有似前三顺生心所，变异用功能，说名分别。分别即是领似异名，如子似父，名分别父；谓根等三合时，其相用异自体，而能有生心所功用，是名触。此触之正生心所位名分别，即能似彼根等三故。如世间父能生子，此子似父，而父子自体分别，此亦如是。三和能生触，触虽似三和，与三和分别，而亦能生心心所，是触自性也。

(癸)次明作意心所

云何作意？谓能令心发悟为性。

(讲)文有二，初征后释。初作意者，作动于意，名故作意。后令心发悟为性者，发谓发动，悟谓警觉，能发动于心，使之现起，能警觉于心使之趣境。使之现起者名种子作意，使之趣境者名现行作意也。种子作意者，作意之种子激厉心心所之种子，使其现行(但彼心等种生缘未合时不可定生生缘已熟当生种子引发之是作意功能也)，现行作意者，心心所沉闷时而提省之使其趣境。例如心王寂静意念俱泯之时，以业习种子之力鼓动此心，不觉作意；如鱼喷沫，由是心动境扰，苦乐毕现矣。

(癸)后明思心所

云何为思？谓于功德过失及俱相违，令心造作意业为性。

(讲)于中有二，初征后释，释中又二，初举所行境，后正举所作法显能作体。初中功德者，谓由善业招感之顺益境；过失者，谓由恶业招感之损害境。俱相违者，谓由无记业招感之非顺非违不动境，此三是心心所所行境也。于者境第七转可知。令心造作意业为性者，后正举所作法显能作体。心谓心王，造作者思维筹度，意，心心所总称，业，通身口意三业，意谓此思于善恶等境，取正因等相，思维造作驱役心心所，同趣所行之善恶境也。故释论曰："此性

(思心所)若有,识(心心所)攀缘境即现在前,犹如磁石引铁。"即显此思若有时,彼心心所等缘境必现在前,犹如磁石势力,能令铁有动用故也。

此三遍行心所(受想亦尔),如上说四义,常遍于一切性。无论为善性,为不善性,为无记性,每一性起,必俱有此五心所。又遍于一切心,无论显著之五六等识,或细微之七八等识,每一识动,必俱有此五者。又遍于一切地,一切地者,欲界则为五趣杂居地,色界则为初禅离生喜乐地,二禅定生喜乐地,三禅离喜妙乐地,四禅舍念清净地。无色界,则为空无边处地,识无边处地,无所有处地,非想非非想处地。无论何等地,必有此五者。又遍于一切时,一切时者长时如经多劫,短时如一刹那。无论何种时,必俱有此五者。统一切性,一切心,一切地,一切时,无非此五心所之所周遍游行故曰遍行。

(壬)二境五(癸)初明欲心所

云何为欲?谓于可爱事希望为性。

(讲)可爱等者,即所乐之事。事物之境,心依之而起希望,是为欲心所之自体也。所乐者,谓欲观境,不简欣厌求不求,随于何境作意欲观察处,必有欲数,故曰事事物物之境能起此心也。此有异说解释不同,可参观唯识疏。

(癸)二胜解心所

云何胜解?谓于决定事,即如所了印可为性。

(讲)于征释二科中之释文有三节,初定所缘境,次示能缘相,后正明自体。谓于决定事四字初定所缘境也。决定者简不定不决,此中不定,就所缘境,不决,就能缘心。对法疏云:犹预境及非审决心无胜解生故,今言于决定事先示所缘境也。即如所了者,次示能缘相，三十论五：举教理行三曰，邪正等教理证力，于所取境审决印持故。今如所了亦即由邪正等教及道理修力而决了故，谓即于所缘境由邪教者决定邪理，由正教者决定正理等是。印可为性者，后正示自体；印即可，谓是事必尔，彼不尔也，凡物决定云印可，言印可决定故。

（癸）三念心所

云何为念？谓串习事令心不忘明记为性。

（讲）征释可知，释中于串习事等者，于境第七啭。事，业也，是举念所记之境。有处云，曾受境，今论言串习事，盖彼约所记境，此约能记心，各据一义并不相违。心不忘等者，正释体，谓不忘失与明记二义名念，若于曾受境而不明记念不生故，或于曾受境不忘失而缺明记虽生而不分明故，故具二种正名念也。释论曰："惯习事者，谓曾所习行，以不散所依为业。"曾所习行者，即于前所行过经验之事明记，能缘心中而不忘失之谓，例如先于某日随众打七念佛，于中有一念相应，顿见胜境，明明了了，迄至今日，尚能忆想是境而不忘失者，即念心所之功用。以念能通于三世故。又若听讲，耳识缘曲屈之声音，意识了达其义理，明记不忘，亦念心所之力也。然通常以念为妄念，如所谓打得念头死，许你法身活。及起信论之心体离念等，盖不知念通善恶无记三性，起信等但依染污一面而言，非念悉是染污，如念佛持咒诵经，乃至禅门参看话头，念念追问，刻刻究寻，无非善念。若无善念为基，定心从何相应，观慧从何引生，故曰由念生定，由定发慧，由慧断惑，惑断证真。又四法迹为三学所依，其义尤为显著。何谓四法迹？无贪、无嗔、正念、正定是；此四能令三学增上，谓无贪无嗔令戒学增上清净，正念令心学增上清净（于所缘应无失持心令定故），正定令慧学增上清净。且四法迹中念是定因，定由念住故，定是念果，是念所引故。复次，乃至根本无分别智亲证真如实性，亦应有念，不尔，后得智中无此明记功能故。如是应知念为断染成净超凡入圣之一大基础也。

（癸）四定心所

云何三摩地？谓于所观事令心一境不散为性。

（讲）于中有二，初征后释，释亦二，初举所注境（于所观事），后示能注相。梵语三摩地，此云等持。平等持心令至境故。不简界地定散，凡一切有情任运所起专注不散皆得此名（如念佛数息等），故与三摩呬多等（等引等至）制伏沉掉，调畅身心专注名定，自有通局宽狭之别也。于所观事，是举所注境也。此境要依圣教所说而缘，久久功致，于所缘境，明证了解，心明智生，能知德失等相，如次即闻思修三慧也。释论云："所观事者谓五蕴等（等处界也）及无常苦空无我等。"五蕴等，凡圣之通观，谓常乐我净四倒也（圣者观身不净观法无我观受是苦观心无常凡夫外道依邪教邪师非常计常非乐计乐非我计我非净计净而成四倒），无常苦空等，约十六心相见道之四谛观也（即依三周十二行相为四谛观）。所观事之事字，应有二释：一事相、谓四谛十二因缘等，二体事，谓法身真如等，其义皆通。令心一境不散为性者，正示心能注相，即定心令心心所专注一境不散不乱而成现量之三昧境也。又专注言应活看，非执定心前后唯缘一物，但随所注心缘多少境，或一刹那别欲注心处，现量取所缘定即得生，不尔于相见道中观苦集灭道等应无等持定，故知随欲所住而住，于理无违。

（癸）五慧心所

云何为慧？谓即于彼择法为性；或于理所引，或不如理所引，或俱量所引。

(讲)文有二,初征后释;释中亦二,初总示体,后显差别。于彼者即举前定中之所观事而为此慧心所简择之境也。择法为性,正出慧体,此有二类,一善慧,离诸颠倒正简择性故,亦名正见,即随法正理推求故,差别有三,闻思修三慧是。二恶慧,唯是染污邪简择性故,亦名恶见,即随法颠倒推求故,差别有五,至下可悉。问:见慧既等,于此文中云见本惑中何不云慧耶?答:慧见宽(慧)狭(见)别故,简择推求异故。又此中于善恶二种中取简择用增盛义边称慧,通三性遍九地故,彼于诸法颠倒推求由之起惑业过失增盛义边名见。(恶见)惟局恶性,非定遍九地故,故本惑不即慧,简择不及见也。是以唯识论等云,于所观境简择为性,唯约胜慧一边作境耳。如理所引等者,显差别也。谓随顺佛说称法界性相之理,乃至离常乐等四倒,顺苦空无常等理,即以佛说正理为能引,慧为所引,佛理之所引慧第三畴依主释也。若约由慧证佛理义边,慧能引佛理所引,佛理即所引持业释也;若反是不如理所引者,即诸外道等之颠倒有无断常等,非如理非不如理所引者,一切世间之慧也。

此五心所于所缘观境,各各不同,对所乐境则起欲,对决定境则起胜解,对所曾习境则起念,对所观境则起定起慧;四境各别,非如遍行五心所之同缘一境,故曰别境。又此五心所或起一,或起二三,即有时同现于刹那中,亦仍是各缘各境,各别生起,所以不名遍行,而名别境焉。

(壬)三明善数十一(癸)初信心所

云何为信?谓于业果诸谛实中,极正符顺心净为性。

(讲)夫信为世出世善法之首,漏无漏功德之源,故菩萨发心十信以为基,由之知解而行证;三乘圣人五信根以为本,由之发无漏智见道而修道,澈行位之终始,为染净之关键。据信之通义言,若凡若圣若因若果贯通而一之，若智若愚若贤若否人人而守之，征之于社会之交际，国家之约法，宗教之条规，哲学之研究，曷一能出乎信？验之于家庭父子之间，亲友之际，交易之场，曷一能离乎信？乃至无情之春生夏长秋敛冬藏不失其时，星辰日月不失其轨者，岂非信性之存在乎？是以儒教有輗軏之喻，佛法有净珠之譬。盖车有輗軏蛮貊可行，本之修齐以治平；水有净珠，混浊可清，依之超凡而入圣。前者通乎世俗，性渗恶无记，后者局于佛法，纯善而无杂，今论正所明者后之所说也。

文有征释二，释中有新缘因果自体三。于业果等者，是初举信之所缘境，业果即是因果法，为身口意三业所造，此有三种，所谓善业恶业不动业是。善中又分漏无漏二种，谓诸有情类，无明所覆，迷昧智眼，其造五逆十恶业者定堕三涂果，作五戒十善业者则感人天果，修四禅八定之业者则感不动果。若修出世无漏善，信愿念佛造清净业者，则感极乐果。修十二因缘观等作边灭业者则感二乘解脱果；乃至信有无上菩提，发菩提心，行菩萨道，造阿耨多罗三藐三菩提业者定证无上菩提果。然释论于业唯举福非福不动之三，于果只举须陀洹斯陀含阿那含阿罗汉之四，彼文虽未尽举，意应有之，随胜说也。［按须陀洹之名唐云预流，预者言入流者流类即入圣之流类，故名预流，是初果也。斯陀含唐云一来，即一往来，谓欲界九品惑中断前六品从人生天名往，从天还人名来，第二果也。阿那含，唐云不还，谓欲界九品惑悉断，唯在现在一生，更不还生欲界，故名不还，第三果也。此三皆为有学位依果向差别有十八种，即四向三果成七种，八信解九见至十身证十一极七返十二家家十三一间十四中般十五生般十六无行般十七有行般十八上流般。阿罗汉是应义，应断烦恼（杀贼），应受供（应供），应不受分段生死（无生），故是第四无学果也。无学中亦有九种：一阿罗汉，二慧解脱，三俱解脱，四退，五思，六护，七住，八堪达，九不动也。又前有学中大小有少异，无信解见至二立随信行随法行二，对法论了义灯均有释恐烦略之]诸谛实等者，谓苦集灭道谛及佛法僧宝也（谛文有中真俗三谛世俗胜义二谛第一义谛之别）。唯识论说信差别有三：一信有实，二信有德，三信有能。信有实者，谓于诸法实事理中深信忍故，即是今论言诸谛是也。信有德者，谓于三宝真净德中深信乐故，即今论言宝是也（深信佛证菩提深信法是善说深信僧具妙行）。信有能者，谓一切世出世善深信有力能得能成起希望故（有漏善法无漏善法信已及他今能得后能成无为得有为成世善得出世成起希望故）。

然本论无文，释论言等，等之所等即此信有能也。不尔，则缺有能义故，或信业果即信有能。极正符顺者，次信因果，先举业果等虽亦是因果，而就所缘境明之，今此所举约能起心，故义门各别也。极言，简疏浅，谓于所缘境（业果谛宝）深正缘故，信即得生，若疏缘则信不生故。正言简邪解，若于诸谛三宝等邪缘则信不生故。对法论云：于有德起清净行信者，即显此意也（非德若能令心清净亦有信生即于外道无德信彼是无德）。符顺，正显信因果，符谓符合，符合所缘境故；顺即印顺，即是胜解，印而顺彼故。又谓乐顺，即是欲数，乐彼法即是欲故。前者是信因，[忍可（胜解）境故]后者是信果，乐希（欲）境故。又极正符顺者，浅言之，即称业果谛宝实相境所起之信心也，由有此信心故，菩萨则于无上菩提得不退转，二乘则于生死解脱有分。故学佛法者首在起信，若信心成就，不啻一切功德成就，倘无信心则不得其门入，乌能得见其中美富。华严谓为功德母，长养诸善根，起信谓断疑舍邪，令佛种不断，此种紧要关键，岂容轻忽，而长此甘为生死凡夫不思脱离耶？世间多有谓其信心已足，以佛法广大，浅慧难入，遂自退缩，懦弱不前。吾谓不然，虑前顾后，何信之有，果尔！信得真，认得定，精进猛勇炽然而起，犹预懈怠放逸等病，释然而亡；故信之为功，如人之有手，能持执诸物，象之有鼻，能持卷诸食，不虑食物之不得，但恐象手之非有。佛法亦然，唯要具象鼻信手，则不难持拿诸佛法之珍贵宝物也。心净为性者，后正显自体。唯识论云：比性澄清能净心等，以心胜故，立心净名。意谓盖此信体澄清，能净所净之心，心所亦同澄清。犹清水珠自体净亦能令浊秽水净，识疏云：余遍行别境等心所法但相应善，此等十一法是自性善，彼相应故体非善非不善，由此信等俱故，心等方善。故此净信，能净心等故。问：惭愧等十法亦是自性善体应净，圣教中于处处释善染以染净言，或释漏无漏亦以染净言，尔何唯信为净体耶？答：惭等十法体信虽善而体非净相，信体即净，故以净为相，性相共净故。又信独能净，余所净故，唯信独得净名，圣教中以染净释善染等，能所合释故总以善为净；能净信不共德，其旨可见矣。

（癸）二惭心所

云何为惭？谓自增上，及法增上，于所作罪羞耻为性。

（讲）于中征释二可知，释中有二，初举二缘，后显自体。初自增上者，尊爱己身也，谓思我如是身（如学佛已发菩提心人等），乃作诸恶事，即羞己造恶，是以自体为增上缘也。法增上者，于善法生尊贵而羞己依恶法也。或偶尔为恶，则于己素日所学所修有背心生羞耻。及者，显人与法之相违释，又俱是惭之所羞法合重义也。于所作罪者，谓于自己所作之过失由二缘增上力故，深生厌患，极为羞耻，而不复作诸重罪，力防息恶行耳。羞耻等者，后显自体，谓心转自羞耻；自耻即性，持业释也。

（癸）三愧心所

云何为愧？谓世增上，于所作罪羞耻为性。

（讲）此中分征释二，释中有三，初举能生缘，次示所羞境，后显愧自体。初中世增上者有二义，一为世人可被责罚事心生羞耻（如违世间道德等事），二为国制可被责事心生羞耻（如犯国家法律等条）于所作罪者。次示所羞境，即通明所作一切罪恶过失应招世间高讥刺指责议罚等之事实也。羞耻为性，后自体可知。如是，依出世善法为增上缘，生羞心者为惭，依世间人或世间善法为增上缘生羞耻心者为愧，故羞耻为二（惭愧）之通相，人法为二之别相。唯识六曰："云何为惭，依自法力崇重贤善为性。"贤谓有德，无论若凡若圣之有德者而生崇敬；善谓善法，无论有漏无漏善法而生崇重，此即以自增上崇敬贤圣，依法增上尊重善法，是惭心所别相之文也。又曰"云何为愧，依世间力轻拒暴恶为性。"有恶者名暴，染法体名恶，于彼二法轻有恶者而不亲，拒恶法业而不作，此即以总轻举或总暴恶为愧心所别相之文也。又曰：羞耻过恶，对治无愧，息诸恶行，羞耻过恶，对治无愧，息诸恶业（取意），此即显羞耻为二通相，对治无惭无愧，及尊敬善人善法，轻拒恶者恶法为二别相之文也（此二于随一善心起时不论缘何境不简诸谛等皆有崇重善及拒惮恶义）。

（癸）四无贪心所

云何无贪？谓贪对治，令深厌患无著为性。

（讲）于中有征释二，释中有三，初正举所治显能治，次约唯有漏明其相，后总约染净示自体。自下无贪无嗔无痴名为三善根，即对下贪嗔痴三不善根而立。然就此名根唯识举二义，一近对治义，简余一切善心所，谓余皆非近对治，故名善不名根。二生善胜义，谓余亦虽生善而无胜义，故以二义名根也。谓贪对治者，贪是所对治法，于一切染净诸法染著为性，故释论云：谓于诸有及有资具染著为贪（有者三有后有即异熟三有果也，此三界有种种有故，有诸有三界中五趣各别故，有资具者，三有之因也，即中有并烦恼业及器世间等三有具故，此为能生因，三有为所生果也。）。对治者，能对治法，即无贪也。此能治有二，谓远对治近对治也。远对治者，一切有漏无漏慧（即正见）。近对治者，无贪等三善根。此中所说对治于二种中近对治也，三不善根相翻，对近别对治故，此正贪之对治，第四啭别体依主可知。令深厌患者，次约唯有漏示其相，谓总于三界有漏无漏因果诸法不著为无贪体，然就因果诸法有相顺因，为缘因，其相顺因直可引三有果，因唯有漏法，是可厌也。为缘因则通一切漏无漏染净诸法，是非可厌法也（此中唯遮能缘执，不遮所缘法故，纵执无漏涅槃成染污是生死因，然于无漏法虽著而仍非是可厌法也），今论已言令深厌患，知约有漏相顺因也。无著为性者，后总约染净示自体，谓无著（不著顺缘二因及诸果法）故，则于漏无漏一切诸法皆无所染著，有染著则皆为无贪之所对治；今言无著为性者，有无漏总合出体也。

（癸）五无嗔心所

云何无嗔？谓嗔对治，以慈为性。

（讲）解此分征释二，征可知，释中又二，初显能所治，后正示自体。初嗔对治者，嗔谓所对治法，对治谓能对治之无嗔也。通常云嗔恚，贪就身口，恚就于意，言贪恚，即双举三业。以慈为性者，后示自体，慈以与乐为义，于有情所起慈愍意与之以乐也。慈之为义，如慈母之于幼子，眷爱抚养堪任劳苦，在所无怨；诸佛菩萨，等视一切众生，犹若己子，殷勤教化，方便诱引，悉令离苦得乐，虽遇刚强众生，逆性劣子，然犹宥其无知，不少生反感，善为摄受。故释论云：无嗔者谓于众生不损害义，于境第七啭声，即此心所之慈愍境也。有诸气息名众生，局有情；一切生者名众生，通情无情。此境既云众生，就其广义，不惟有情，亦通非情。三十论曰：云何无嗔，于苦苦具无恚为性；苦者，苦苦、坏苦、行苦，为三界有情之苦果。苦具者，苦果之资具，能生苦之因缘也，是皆嗔心所行境（如乐受中乖离嗔生）嗔通情无情，无嗔亦尔，故曰：于苦苦具无恚为性。又无贪无嗔二，有通别二相；通相者，诸善心随缘何境，一一心中皆有无著无嗔；别相者，对有有具无著是无贪别相，对苦苦具不恚是无嗔别相。此二同遍善心，同一缘境，同一时转，作用各别故。（如惭愧有通别二相。）由是反此之贪嗔二法亦有宽狭异，贪通三界（发业润生）宽也，嗔唯欲界狭也。

（癸）六无痴心所

云何无痴？谓痴对治，以其如实正行为性。

（讲）于中有征释二，释中初举能所治，后正示自体。痴者无明即所对治法也，此有俱不俱二种，至下烦恼中当辨。是之能对治云无痴，又就对治有通别二，通谓善慧，别谓此所明无痴善根也，远近二种如上已辨。如实正行者，后释自体。如实对不实，正行者正知加行，谓如一切诸法实相实性不谬无倒，正知正解如其所应修行而行名无痴行，即以般若为先道，对治痴，是无痴自性也。释论解之曰：如实者，略谓四圣谛，广谓十二缘起，于彼加行是正知义。按解此文，亦分为二，初举所行境，即略广二种；后示能修义，即于彼下是，如实之言标于事理诸法境也。略广对，四圣谛者，苦集灭道四谛是即所观境也，而苦空无常无我等如其次第不谬如实加行不倒即对治常乐我净之四倒耳。然就此四谛观有菩萨声闻异,菩萨以苦法智等八忍智总缘三界四谛理,又以苦类智等八类忍智缘能观智(忍有八谓苦集灭道法智忍苦集灭道类智忍能引决定智胜慧忍可四谛理故),如是以苦等十六行相,总观四谛理发圣慧眼趣入真见道是。又有见修无学三道次第,所谓示相,劝修,作证也。此三道合有十二行相,即于见道有苦集灭道四,于此又如其次第得眼、智、明、觉无漏真智。(眼者谓法智忍,智者谓诸法智,明者谓诸类智忍,觉者谓诸类智。又眼是观见义,智是决断义,明是照了义,觉是警察义。若约小乘前解惟见道,后解通三道,如是三转十二行相,谛谛皆有,应言十二转四十八行相。)修、无学二道亦尔,二乘则以忍智缘下界,类智缘上界,(即八忍八智十六心中苦谛之第一第二苦法智忍苦法智缘欲界苦谛之境,第三第四苦类智忍苦类智缘上界苦谛之境,集谛之第四第五第六集法智忍集法智缘欲界集谛之境,第七第八集类智忍集类智缘上界集谛之境,第九第十之灭法智忍灭法智缘欲界之灭谛,第十一第十二之灭类智忍灭类智缘上界之灭谛,第十三第十四之道法智忍道法智缘欲界之道谛,第十五第十六之道类智忍之类智缘上界之道谛。忍者,无间之谓,信认四谛之理毫无惑体之障碍间隔也。智者,解脱之谓,已了知四谛之理解脱惑体之位也。故俱舍二十三曰十六心中忍是无间道,约断惑得无能障碍故。智是解脱道已解脱惑得与离系得俱时起故,具二次第理定应然,犹如世间驱贼闭户,此谓凡断一惑必有此无间解脱之道正断惑之位曰:无间道断已之位,曰解脱道法智类智云者,无始时来常怀我执今创见法应名法智,于法智后观上二界四谛智境,类似欲界前之法智随法智生故名类智。)不能如菩萨总缘三界,智有浅深故,应以图示之。先初依瑜伽意,图于菩萨三周十二行相,后依婆沙俱舍意，图于二乘三周十二行相如下。

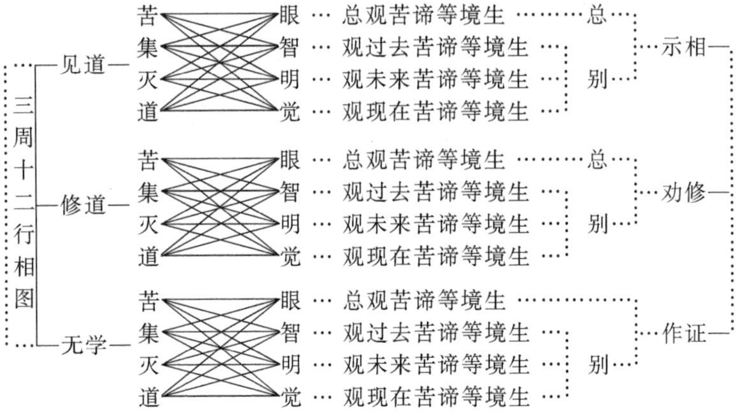

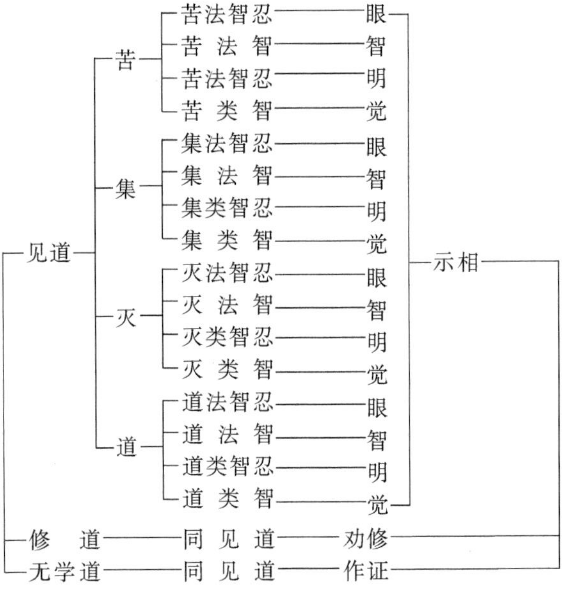

广谓十二缘起者，即缘觉乘所行法而苦谛中因果法也，至下邪见下可辨之（十二因缘大乘二世一重小乘三世二重）。于彼加行是

正知义者，后示能修义也，即于彼四谛等教如实正知如实加行故。

(癸)七精进心所

云何精进？谓懈怠对治，心于善品勇悍为性。

(讲)于中有征释二。释中三，初显能所治，次明所行境，后正显自体。精进者，精谓精纯。是简四无记中无覆净，彼非染故纵名纯不名精，无记故不能强悍且耐劳倦。进谓升进，是进可成圣者身义；即于一法具精与进二义，亦精亦进持业释也。如是非染非净无记，显唯善性矣！懈怠者，所对治法，名义体性至下随惑中可辨。对治者，能对治，指精进自体，懈怠之对治第四啭依主释也。心于善品，次举所行境，唯识论就修善断恶举善恶二法，今虽唯约善品，于善品现前自具断恶义故。勇悍为性，后正示自体，无所畏怯曰勇，无所避惧曰悍，故勇表精进，简诸染法，悍表精纯，简净无记。谓能精一其心，勇猛强悍，直至菩提，中无退转，是此精进自体也。释论曰：谓若被甲，若加行，若无怯弱，若不退转，若无喜足。举五种精进，初被甲者，经说"有势"是最初发起猛利乐欲，喻如将入敌阵先著甲铠而无所畏，是初发心住也。加行者，经说"有勤"是随所愿欲发起坚固勇悍方便，如正入敌阵战，是修行住也。无怯弱者，瑜伽作"不下"，对法唯识作"无下"，经说"有勇"，是为证得所受诸法不自轻蔑亦无怯惧畏弱，如已入敌阵立功，不自卑下(谓自力弱)亦不恐敌也。不退转者，瑜伽作"无动"，对法唯识作"不退"，经说"坚猛"，是能忍受寒热等苦，于劣等善不生喜足，欣求后后胜品功德等，显受苦练行不退相也。无喜足者，对法唯识云"无足"，经说"不舍善轭"(轭谓车轭以轭牛者牛轭外不能有所往善法亦尔轭修行者不违善品往涅槃宫)，是于下劣不生喜足，欣求后之转胜转妙诸功德住；犹如入敌阵被疵能忍受不退(被捐犹不屈少获不为足)，加功修行，进八后后胜道，即不退无喜足之相也。此五种相配属位，唯识六有四释，第一解约行别，初发心自分（下中上）三品胜进别故，第二解约修别，初发心长时无间慇无余四修别故，第三解约位别，资粮加行等五位别故，第四解约道别，二加行无间，胜进别故（此中加行分远近二故为五也）。

（癸）八轻安心所

云何轻安？谓粗重对治，身心调畅方能为性。

（讲）释此分征释二，如前可知。初轻安者，离粗名轻，调和通达名安，即轻快安稳安乐义也。亦轻亦安持业释也。后释中三，初显能所治，次示行相，后正明自体。初粗重者，粗粗垢，反精、重、瞀重，对清轻，并简无漏及无为也。即是轻安之所对治，义灯七本，粗重差别略举五种，一者二障种子名粗重，谓以有漏法执性沉隐故（二障者烦恼所知二障也）。二者二障所引生所余习气无堪任性名粗重，以微隐故，性难断故。三者二障现行名粗重，违细轻故。四者诸有漏种名粗，重漏所随故。五者一切有漏种及现行名粗重，漏相应故。又瑜伽说无所堪能不调柔相是粗重相，有五种（一、种重相二、刚强相三、障碍相四、怯劣相五、不自在转无堪能相）。义灯五本又举四种，杂集说二十四种，恐烦不举，兹总料简之，表示如下：

粗重
- （1）不善无记…………………望善心故（善心有堪能）
- （2）一切散心…………………望定心故（定心有轻安）
- （3）一切有漏法……………望无漏法故
- （4）有漏性及种子习气……望涅槃性二空智故

此所对治法，是定障也。然障定有通别二障，通障者，即上所明五种等是也。别障者，随惑中惛沉也。于诸障中，障定重故。此论约通障唯言断粗重障，唯识约别障言对治惛沉，各据一义也。上引义灯七本，所言二障现行名为粗重，即说惛沉正障轻安，违细轻故，名为粗重；今就轻安之所对治论之，应名以一切散心诸法皆粗重，轻安唯在定不通散故尔矣。对治者，能对治，即指轻安自体。然此能治随所约有宽狭不同，若约与无漏定相应轻安所对治宽，通一切有漏（粗重）法故，通三性故（粗重通三性），若约有漏定相应轻安所断狭，局唯染污（烦恼粗重）性故。身心调畅者，次示行相，是轻安所得果也。对法疏曰调畅者安之果，身者五蕴聚身，心者同时俱有心心所也。疏识曰由定滋润所长故有调畅。堪能为性者，后正示自体，堪能对无堪能，是于义理不能任受性，即瞖沉也。瑜伽说五种无堪能，曰：复次于有情中有五种不堪任性，若诸有情成就此者，诸佛如来尚难化度，况诸菩萨，乃至何等为五，一有清净无堪任性（于本性无般涅槃法者也），二于加行无堪任性，（于般涅槃法虽已熟于现法不能堪能修正方便也），三于彼果成辨无堪任性（于涅槃法相续未熟因此不能功能成辨彼果），四于加行及彼果成辨无堪任性（于涅槃法未熟亦不能修加行），五于摄受饶益无堪任任（因过去因感贫贱匮乏报因此于现法不能令彼巨富无匮安乐）。乃至与此相违当知五种有堪任性，是由对治粗重堪于一切善法领受修习，是轻安自体也。

（癸）九不放逸心所

云何不放逸？谓放逸对治，即是无贪乃至精进；依止此故，舍不善法，及即修彼对治善法。

（讲）文有征释二，释中三，初显能所治，次举所依法，后更明行相。初放逸者，所对治法也，名义体相至下当知。对治者能对治，即不放逸，体即无贪无嗔无痴三根及精进，故曰即是无贪乃至精进，盖于此四法上假立，离此非别有所谓不放逸也。瑜伽五十五分别善十一中说。问：是诸善法几世俗有？几实物有？答：三世俗有，谓不放逸、舍、及不害。所以者何？不放逸、舍、是无贪、无嗔、无痴、精进分故。三十论六，以二所由成无别体，一无异相由，二作用无别由也。乃至者，超略之词，穷到之词，止观弘决曰，越隔中间故云乃至，今越隔无嗔无痴二法故云乃至。依止此故，次举所依法体，即上所明三根及精进也。显扬论云不放逸者，谓总摄无贪无嗔无痴精进为体，依此能断恶不善法，及能修彼对治善法耳。舍不善法及即彼对治善法者，后更明行相，唯识论云：不放逸者，精进三根于所断修，防修为性。所断者，同今论舍不善法也。所修者同今论修彼对治善法也。彼者一切不善法，彼不善法之能对治，第四啭别体依主，体即一切有无漏善法也；但此约通途防恶为论，若细论之，不善则通一切有漏染污，具如对法一辨。问：不放逸即无贪等四法上于所断恶防令不起，于所修善令增上功能说名不放逸者，然善心所中信等十法皆于防恶修善功能，何故唯于四法立之乎？答：余六各虽有此能，而方彼四，势用微而且劣故。又此四法中无贪等得根名，精进遍策发一切断恶修善心，余六法不尔，非根亦非遍，策非故不放逸所依也。

（癸）十行舍心所

云何为舍？谓即无贪乃至精进，依止此故，获得所有心平等性，心正直性，心无发悟性。又由此故，于已除遣染污法中无染安住。

（讲）于中有征释二。初舍者，舍有二，受蕴舍、行蕴舍。故唯识云：行舍，简受舍；今论不安简言，今论是五蕴论也。因于行蕴中明之，知其为行舍已甚显然，故毋庸再置简言耳。后释中有二义，第一义中二，初举所依法显能依，后示差别。初谓即无贪乃至精进等者，显舍无别体，亦依无贪等四法为体，故曰依止此故。又释论曰：谓依无贪、无嗔、无痴、精进性故，盖舍以寂静为相，此相即四法之能。唯识论曰：离彼四法无（别）相（作）用故，能令寂静（名舍）即四法（之能）故，若所令寂静（除四法外余）即心等故。获得下，后显差别相，此中举三差别，一心平等性者，是约横说心自相，谓不高不下，无所偏着，无所滞碍，名曰平等。以心平等故，离沈离掉，中庸其心，是舍之第一差别相也。但此舍所对治有通有别，通障惛掉二，别障掉举一，唯识对治掉举，是约别障。今论远离沉掉意约通障，故释论曰：或时远离昏沉掉举诸过失故，初得心平等性，可显见矣。二心正直性者，是约竖论，谓不偏不倚，心无惛曲，是云正直。对法疏三曰：其障已除，不由勉励，但顺前转，无高无下，故心正直。又杂集曰：由心平等，远离加行（即离分别作意），自然相续故。（观一切法空，无自性心，无偏曲留恋意，无住着窒滞，如水之流行，迁动长转，而不息，犹人之行道舍后（步）进前（步）而不止，此心念念舍，念念入亦同然也。）

次复证得心正直性，是第二差别相也。三心无发悟性者，都无所得无住本之心行也，如金刚经佛问须菩提，须陀洹能作是念，我得须陀洹果否？乃至阿罗汉能作是念，我得阿罗汉道否？须菩提俱答无所得，即此意也。倘有所得，是能所未亡，戏论不灭，妄计发悟，有实人定法，如是理事俱迷，见思满腔，复由何证生空以达无我离分别以臻无分别哉?! 故释论云：或时远离诸杂染故，最后获得心无功用，绝思绝虑，任运而转，是第三差别相也（心无发悟心无功用名异义亦无差）。然此平等等三念，为同一刹那乎？为次第生乎？谓同一刹那是正义，且约增胜义立初心平等住，中心正直住，后心无功用住之次第耳。论泉曰：平等正直无功用实一念也，但初平等胜，次正直胜，后无功用胜也。（以释论意见则三法同时应是正义但除论泉外余论皆不审或次第生亦一理欤更可考。）又此三差别离染有宽有狭，心平等性离惛掉狭，心正直离染宽，无功用远离一切杂染尤宽；自狭至宽，次第显然，亦不可不知。又由此故下第二义，瑜伽五十五曰：如是诸法离杂染义（无力用），建立为舍，治杂染义（有力用）立不放逸；由不放逸断诸惑已，舍住寂静，断惑在不放逸不在舍，即指不放逸断诸惑，无间寂静处言舍也。今第二义依之，准此义解此文，此者不放逸，由者第三啭，由不放逸已除遣染污法中"安住无染清净法"是舍自体也。释论云，又复由此离诸杂染法安住清净法，与本论同，应知"由此"二字，指不放逸，"除遣染污法"（离诸杂染法）五字，示舍作用，"无染安住"（安住清净法）四字，明舍法体也。对法疏释此义有三解，第一解正准瑜伽，即说不放逸同刹那中先除杂染舍，复令心寂静而住。第二解俱时发胜用义。第三解前后起胜用义也。识疏亦举二解，初义与对法疏第三解同，后义与对法疏第二解同。识疏初义曰：谓如不放逸是无间道，此舍是解脱道，解脱道中不容杂染，此前后时别起胜用，起前后胜用义（此与对法疏第三解同也）准此解舍亦除杂染，各有胜能故。第二解曰：或今所说此虽同时，同时不放逸能除障已，舍令此心寂静而住，义说前后，是起俱时胜用义（与对法疏第二解同），依前后念各增时说其相也。然识疏二解与对法疏合有五解，用解今论何亲，谓此论第二解，若约舍法体，则以对法疏第一解为亲（不放逸治杂染舍复令心寂静住而同一刹那中也），若约舍作用，以对法疏第三解，及识疏第一解为亲（前后起胜用义）；又对疏第二解，识疏后解当今论第一解也（俱时起胜用义）。

（癸）十一不害心所

云何不害？谓害对治，以悲为性。

（讲）文有征释二，释中复亦二，初显能所治，后正示自体。初害者，所对治法，即于嗔分位假立。是随惑摄，至下可辨。对治者能对治，即指不害，是亦无嗔分位假立也。以悲为性者，正示自体，今就无嗔分位假立辨此差别有二意，一约所治，谓断有情命是嗔自性，无嗔返之。不害不尔，唯以不损恼有情为体，已于不断有情命中自有不损恼有情功能，故是无嗔分也。且约增胜义边，分无嗔与不害耳。二约拔苦与乐辨差别，谓无嗔以慈为体，慈是与乐义，即于有情与乐；不害以悲为体，悲是拔苦义，即于有情令脱苦是此差别也。显扬四曰，慈以无嗔善根为体，悲以不害善根为体，乃至皆是怜愍众生法故。然悲与大悲亦有别异，如玄赞二、佛地二，起信义记上，俱舍二十七等辨，今论及杂集上二意中以后义明自体，以初义说业（释论中举不损恼为业）。显扬及唯识以初义明自体，依后义就业。对法疏三会之曰成唯识说不损害为体，悲愍为业，行善愍悲愍，此说（杂集）为自体，悲愍称不损，此说为作用。彼说（唯识）无嗔作善为业故，不害异业业称悲愍，随举一义，实二无差。又百法光疏上曰，损害有情称之为害，哀愍生故，名为不害。又释论曰：谓由悲故不害群生，群生者有情异名也，据胜为论，若细论之，通情非情也。上来所明善十一法，唯识以十二门诸门分别，对法疏以十门分别，恐烦且略之。又唯识云，颂中以及言十一外更有厌欣二，然以假立不显说云。

编者按：此讲录未全，但以讲释详明，足备研究，不忍割爱，故仍辑入，阅者谅之！

摄大乘论初分讲义

太虚 讲　释法尊 记

今讲此论，先依佛教总系统中明其位置。列表如下：

- 教
  - 小乘
  - 大乘——宗
    - 法空观慧宗
    - 法相唯识宗——学
      - 六经瑜伽为基本
      - 摄大乘论为建立
      - 显扬集等为眷属
      - 成唯识论为完成
    - 真如净德宗

所谓教者？乃佛法总聚之称。虽有教理行果四义，然教是能诠之声名句文，理等乃所诠所修证，故举能摄所。又能所非定一异，观待假立，故皆以教言该之。然其教者，更有一音等众说，其唱一音者，为罗什等。二教则有《涅槃经》之半满，及分为大小乘等是。三教谓《深密经》明三时说法，及转照持等。四教即天台等。五教则贤首等。此等诸说，各有所依及方便，今分二者，则曰大小。盖佛藏中，多分分菩萨及声闻二藏，虽尚有被独觉一类机之教，彼依无佛时为名。佛在世时，说十二缘起之法，其闻者摄在声闻，依此义故，唯分大小二教之别也。

然明佛所说教者，《佛地经论》（亲光）有二释，初引龙军论师义，谓佛果唯有大定智悲，其名句文声之教者，唯由佛之大悲愿力随众生机，自识变现，佛不说法。故不可明一音等。而亲光等正义，则谓众生善根感佛，佛识上现无漏之名句文声为本质，生识托之，随成所缘相分诸教，后人依此义，故曰佛教本质乃一音。其乘别在机感，进而明之。佛识因机感而起教，机异教亦应成殊，倘使无机，一音何立。既因机起，二教焉逃，吉藏等师，亦明二教，《般若法华》，《涅槃经》，皆现其文。故分二者，乃诸说中，最分明之义也。现流通诸说教言，《华严》无小唯大，《般若》破小归大，《深密》等称普为大乘。为发趣一切乘者说，但将小附大中，以小为利他方便，可名附小于大。法华融小成大。诸家于中虽有分别，乃皆依大乘教，随对小边，关系有异，开合不同。余五乘中之人天法，乃世间旧有之戒善禅定，非佛教之本质，唯附属于大小教中，作利他之方便，故与诸说无相违者。于大小乘教，此论属大乘。所谓宗者？所崇所尚所尊所主等为义，换言之，即广教内所立主要点也。小乘六宗，与本论无关，姑且不述。大乘宗者略说三类：

一、法空观慧宗，虽亦摄生空观慧，共二乘故，略而不出。此之观慧是有对治者，通指加行根本后得无分别智以言。经亦云般若，般若就佛果上言，则名萨婆若海，或名无上菩提，即三论宗是也。此宗重破小乘法执，故以法空观慧为宗也。

二、法相唯识宗，前宗虽以空慧洗尽法执，然离执之法相，则未广明，故以此宗继之。所谓法者、即相、名、分别、正智、如如五类法。相者指遍计执等三性，分别彼五法之性质，即此三性，此二统明一切法相。此宗所明者、谓诸识所缘，唯识所现，所缘即一切法相，此诸法相是识变故，故法相唯识也。然近亦有分此为二宗者。法相者，广明一切法之若性若相。唯识者，独尚心王心所也。但若依此论，所知依分明唯识，所知相分明法相，一论岂不须分二宗。盖彼不知法相非宗，其宗者乃唯识，而唯识宗亦必依法相而明也。

离之两伤，合之双美，非此之谓欤？

三、真如净德宗，凡有言说可安立者，前宗摄尽而无余。此宗所明者，乃法空观慧所生所显，法相唯识所明所证之体也。摄有为无为一切为漏清净法，或称之为如来藏法界藏等，此宗特彰果德，即华严真言诸宗是也。

本论虽亦明空慧破执，断智二果，然论所特重者，乃在明诸法唯识之法相唯识宗也。

若依法相唯识宗之学说，显本论之价值，则分四门：此宗之渊源，本为佛说，故以《华严》《厚严》《深密》《楞伽》《如来出现功德》《大乘阿毗达摩》六经，及《瑜伽师地论》为基本。《华严经》者，虽共他宗，此取十地行证，及唯心等义。余宗则采经之圆融果海以立言耳。《厚严》等三及《瑜伽论》，已有译本。余二虽未译，但《阿毗达摩经》之大意，可见于本论。《如来出现功德经》，依《佛地》《华严》二经，亦可见其大概。如如来出现品等言之，六经瑜伽虽为此种之基本，然未许明特立。故此宗之建立者，乃在无著菩萨所造之释论，初分即建立阿赖耶。法相唯识宗之要义，即在于此。故于《深密》等说，尤较精切。其《显扬》《集论》等八种支论，扶疏采集，故为此宗之眷属。而此宗之完成，则在《成唯识论》。如三能变识及八识体义，四分成心义，诸识相应心所义，漏无漏种亲熏生本有等义，皆待成唯识论始确定之。

总之，本论于此宗及佛教中，可谓居根本建立一切法相唯识之重要位置者也。关于教乘一多之义，别为一表以明大意，详待他处明之。

释论本分文三：先释论题，次明造释，后正释文。先释论题者，摄大乘者，依文中“阿毗达摩……体大故说”，及后“阿毗达摩至摄

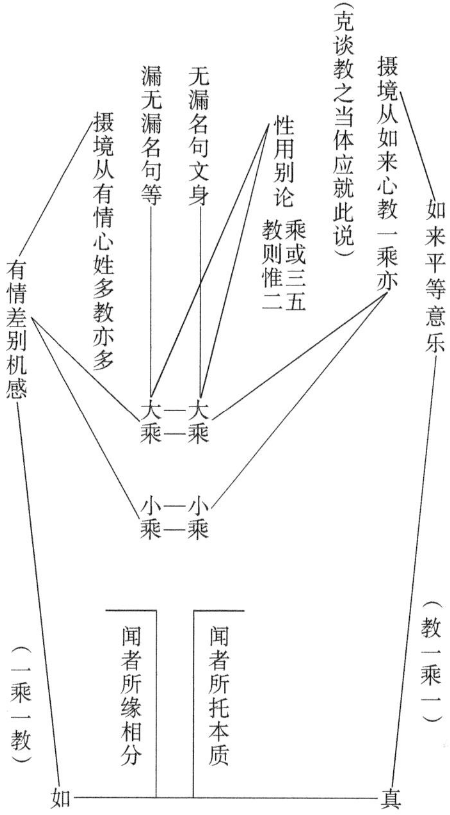

大乘品”，二段释之，乃是用经中摄大乘品为名。摄有藏持二义，谓此品或此论能含藏一切大乘法持令不失不没，故曰摄大乘。换言之，即摄藏大乘之十种殊胜法，持令不散失隐没也。大乘义如常徒说，故不繁述。但依世亲释论中解，详明大小三藏，此即大乘三藏中之论藏也。论显非经，本简释论，总云摄大乘论本，即释出题名也。

二明造释，论本为无著菩萨依《阿毗达摩经》中摄大乘品所造，其释有无性世亲二师义。译入中华，本论有四，释论有三，一后魏佛陀扇多，住嵩少林寺，唯译本论。二陈真谛译。三隋笈多译。四唐玄奘译。此三师皆本释具译，今所讲者乃第四译，因奘公华梵兼优善达唯识，故后学者，皆重此译。

三正释文者，可分十一，文有十一段故。初即总标纲要分，今准常轨为三科：甲(一)仍用分名。甲(二)从所知依，至彼果智中因不应理句，为依标广释分，皆明初分所标之十殊胜故。甲(三)从阿毗达摩至略释究竟为结释出名分。造者自出名也，略标纲要者，谓总略标举十殊胜名即提纲，及出十殊胜之体即挈要也。分二，初总叙端由，文中从“阿毗达摩”至“体大故说”，即出造论之缘起，如经之通叙。然“阿毗达摩大乘经”者，标所依之经名，明宗本也。“阿毗达摩”者，古云阿毗昙，译无比法。毗昙成实相对为言，及指为小乘有部论之专名辞也。其实此名者，乃大乘小乘诸论之通名，而佛说有对法数法伏法之一切经，亦得斯名。故今经名，即阿毗达摩也。依世亲解，阿毗达摩，凡有四义：谓对法、数法、伏法、通法是。对法者谓对向无住涅槃，能说四谛菩提解脱等故。数法者，谓一一法数数训释自共相等差别义故，数数即屡屡之谓也。伏法者，谓具论处庄严等格式，能立能破，胜伏外道诸异论故。通法者，谓通故素怛缆藏义故。此通法义，唯属菩萨所造之论方有，其前三义，通佛说之一切论议分经，故此经别名阿毗达摩，通名仍属素怛缆所摄，非论藏摄也。所言中者，明依经中一品，非全经故，又下明薄伽梵等，是此经中所言者，薄伽梵者，乃佛通名之一。有具六义破四魔等释，依多含尊贵诸义，故不翻也。然其六义中，有尊贵义，即通译为世尊者是，故云薄伽梵者，等云佛或世尊也。前字显亲在佛前为佛印许之经论，非末世造之论。菩萨者，出能说此摄大乘品之主，已能善入大乘者，乃明说者之德，谓此诸大菩萨，已得三昧神通诸陀罗尼门等，诸大功德故，已能通达大乘法义者故。然为何义说此法门，故曰“为显大乘体大故说”，即出此论之宗义也。所谓显者乃开发义，体即当体，如火热水湿等，大犹云胜，大乘即胜乘，此大乘法体即胜，故大乘体大，此胜体通指十种殊胜为论，非唯真如，今说此法，即为欲开发大乘法当体十种殊胜相故说也。上总叙竟，乙（二）正标纲要分二，丙（初）标列殊胜分三，丁（初）标

从“谓依大乘”至“殊胜语”，谓依据大乘法中，诸佛世尊所有十殊胜相，为显此相，故说十种殊胜语也。下殊胜为能诠语之法，上殊胜为所诠相之德，故重言也。

丁（二）列十种次第，如下自叙，言所知者，谓所应可知，即所知相是，明此相起因，曰所知之依，依者因也。相即三性，又可名为真妄法，圆成及净依他为真，遍计及染依他为妄。然三性之中心，为缘生之依他。阿赖耶为一切缘生法之本因，故称根本依真妄依等，此依之体殊胜，故能诠之语亦殊胜也。（下皆用此训）所知相，相即三自性之体相，所知即相，三性如上解。入所知相者，入谓能入，所知相为所入。而明从之悟入之处，即由悟之门，此门即唯识理，能悟唯识理故。便能发生胜解修胜行证胜果，故此唯识性称能入于所知相之门也。

彼入因果者，谓能入彼之唯识性，顺佛国言，故曰彼入。因即加行位世间施等波罗蜜多，果即地上出世间波罗蜜多。彼因果修差别者，彼因果即上分解，修差别者，谓数数修，于诸地中，展转增上而有差别，即于如是修差别中增上戒者，谓彼修差别中有三学，十地修中依戒而学，此诸律仪唯菩萨有，简声闻故，曰增上也。心慧亦然，即于此中，仍指上言。增上心者，谓定依心学，或在内心，故定名心学。增上慧者，即十地中，无分别慧。彼果断者，谓彼修习，至证果住所有断德，即解脱二谛之无住涅槃也。彼果智者，谓

彼修习至佛果位，离障及种更无对治，四智菩提，此断及智即二转依果也。

丁（三）结　由此中所说，十种殊胜殊胜语，是一切诸佛世尊素怛缆藏诸句深义，故能显发大乘教法，真是佛语，非余能说故。言诸佛者，明佛佛道同，无乖异也。然此结中总为二意，一明此殊胜法是大乘有，二明此大乘法是佛语也。

丙（二）征释殊胜　即于前标列中，欲明殊胜之故，故设征以释也。于中分三，丁初出体显胜，又分为三，戊初征问，复次云何能显者，承上文出征语也。能显有二义，曰何因缘故，此法是大乘，复何缘故，证是佛语，即承上结文与问也。

戊（二）答释，有二，己初异小显胜，又分为三，庚初总显，谓由十十殊胜处，于小乘教法中，曾不见其有所说处，唯于大乘教法之中，则处处见说，故此十法为大乘殊胜法也。庚二别明此十殊胜体是何法，小乘教中不见说耶？曰所知依体，即阿赖耶，于声闻教中，语焉未详。佛岂不欲声闻知耶，曰非，《深密经》云："阿陀罗识甚深细，一切种子成瀑流，我与凡愚不开演，恐彼分别执为我。"彼此可知此法之胜，及佛世尊用意之深也。故此胜法，于声闻乘，不曾见说，唯于大乘教法之中，处处见说。（下之九胜皆依此训）所知相体即三自性，谓依众缘所生一切法，皆名依他起性。即于此性上，妄执我法等义，是遍所执性。若于此性遣除其执，即圆成实。总之，此论所基者，乃依他起性，即列三性次第中，依他居首，亦可见也，所余诸义，至文广释。

入所知相体，即唯识性，体者主体。谓唯识性观，乃从因至果诸行中之主，从多闻薰习以去，若了解唯识性，通达唯识性，修习唯识性，究竟唯识性等是也。彼入因果，体即六波罗蜜多者，谓由唯识性入三自性时，加行所修，世间施等为清净因，能引入地出世施等为清净果，故此若因若果之修，皆依六波罗蜜多为主体也。彼因果修差别之体，谓十地中六波罗蜜，若因若果展转增胜，即差别也。虽言因修，亦含地前，然大乘之胜修，唯十地也。故不说彼，增上戒，以菩萨不共律为体，增上心以菩萨不共定等为体，增上慧以菩萨法空无分别智为体。生空共小，此略不取，彼果断体，即三学果，谓佛世尊，断二障得，具智悲故，不住两边，无住涅槃，即是果主体也。六经瑜伽明此断果，尚兼有余依等并明，故前叙中，立为此宗之基本，至于本论，则高竖法幢，揭言无住，故立为此宗能建立者，彼故果智体，即三种佛身。曰自性身及清净法界，是智之所缘果。曰受用身，此有自他之二：自即四智相应心品，他即平等性智所起。曰变化身，即成事智所现，此之三身为智之极果也。此十法体，于声闻乘，教法海中，均不见说，唯于大乘教海中说，故对异小乘以明十法之殊也。

庚三结胜　谓由上来，十殊胜体，谓声闻中，不见说故。故能显示，唯是大乘，异声闻也。

己二即大显胜　谓殊此以诸佛为最，此为令菩萨成佛故说，由此证唯佛为能说，除佛外无能说，成佛之胜法故，说者胜故，被机亦胜，故此十法，名最胜者。

戊三结成　上来所明，应知此十殊胜殊胜语，唯依大乘教法而说，真是佛语也。

丁(二)约用彰胜，文中分二，戊初征问“复次云何……处处见说”但此所问，乃上义所讲，今即总持所明之义，问有何胜用故，唯于大乘教中处处见说耶。

戊二答释，文自分二，己初长行文中谓此十处者，指前所明殊胜相之殊胜体为十处，此十处之义乃正能引发大菩提果之引因，一切因中，此力最大，故曰最能，此句是总答也。言能引者，约教法说，教能引发解行证故，此大菩提果为佛所证，能引之因，故亦唯佛说，唯菩萨行，非声闻教也。是善成立下，别叙此意，所成立者，是所解境。能善成立此性相境者，即所知依所知相二分。随顺无违，是所起行，即入所知相至增上慧六分，随顺行者，谓依佛所说之唯识即六波罗蜜多等，于未入地前，若顺观唯识，顺修趣菩提之资料，及顺无分别智之加行，是入所知相及彼入因果分也。

无违行者，谓与佛说之行无所乖违，即于地地修六波罗蜜多，及三学是，又与二谛无违，不为二谛所阻碍，皆名无违。

为能证得一切智智者，明所证果。一切智智者，谓佛果位，位智圆满，更无对治，根本如理智起时，证一切法之真如理，故曰一切智。但此智发时，同时后得如量智照一切法之缘生相，故曰一切智智；因佛智无对治故，任运同时发故，曰一切智智。非余位智，可名此也。言证此智时，亦含有断果，能引果者即是教法，故十处教法，是善成立大乘之境，是能随顺无违大乘之行，是能证大乘之果，总为大菩提果之引因，故此十处是大乘法，真是佛话，为最殊胜也。

己二重颂　从“所知依”至“断及智”三句颂义，颂前十殊胜之名，最上乘摄是殊胜句，明大乘摄故胜。最上乘者。犹言第一乘，谓更无能过此者也。或名一乘，谓能摄一切法，更无余乘故。或名佛乘，以佛为究竟果故。或名菩萨乘，为菩萨所修学故。名虽有多，即大乘（简声闻乘）也，谓此十处能摄乘胜故，所摄亦胜也。

此说此余见不见者，明非声闻教法所摄故胜，犹所说之十处，唯于此大乘教法中见说，余声闻教法中不见说之故胜。何以故？声闻教法不见说耶。由此十处，是诸佛最胜菩提之引因故，此句正答长文中问意。下结云。

是故应当共许此十处唯是大乘，真是佛语。由此理故，说此十处最为殊胜，但此颂中，所最重者，在菩提因句，是正答问故，学者应知。

丁三诠次明胜　谓此十法，是能诠教，所有次第，以至究竟，为最胜也。其中分三，戊初征次第由。

复次至十处，问此十殊胜，有何所以？始所知依，终彼果智，如是次第耶。戊二答次第理，谓诸菩萨欲求菩提，于所观境，应当先知，但于境之若相若性，又当先善其因，此因即是阿赖耶识之一切种，故所知依，列第一也。由于此因，已能善巧，然后方得善巧缘起诸法，既了诸法缘起之因，故于缘所生起诸法，应善其相，此相即是依他起也。缘起之因缘，有十五依处十二缘起及六因十因四缘等支，依此众缘所起，名依他起。于此依他起相明了认识，便善能远离于依他起上增益执我法实有，及于依他起上损减拨依圆是无，无边之过也。此是所知法故居第二，此上二分是所观境。

菩萨于境既已通达，故应修行趣所期果。于修行中，第一应正通达此所观境，唯识为性，令心于诸障中，解脱出离。唯识之义，既已了知，应于加行位中，修四寻思，观四如实智，及因清净波罗蜜多，证得此故，应更成满自初所发增上意乐（此意乐者犹言志愿），令其清净。意乐清净，即是初极喜地。

意乐既已清净，所摄出世之六波罗蜜多，应于十地中勤加修习，令其展转增胜，分分差别，要经三无数大劫（从初发心至十向满为初劫，次修加行，从初地至七地满为第二劫，从八地至地满为第三劫）者，简异二乘三生疾修便解脱也。上来三分次第如是，于修习中，戒等三种菩萨学处，应令圆满。

修学既皆圆满,故所应断弃舍者,于金刚无间道中一切断尽。所应证者,于解脱道中方名成佛,涅槃从断惑显故先,菩提因智满证故后也。

戊三结次明胜　故说十处如是次第,即结次也。又此中说一切大乘皆得究竟,即明胜也。谓欲学大乘法者,应知此十摄一切大乘法,更无余剩,故为最胜,如世亲释云:"若欲说缘起,即入阿赖耶识摄,乃至若欲说断及智,即入无住涅槃及三种佛身摄"是也。

上来甲初总标纲要分竟

甲二依标广释分,文分为三,乙初彰胜境,内有二分,即分为二,丙初所知依分,明能变识,第八识即初能变,如唯识论广解。此分为论文之第二,为十殊胜之第一。言所知者,通指三性为能依法,依者即此分所明之识,是所依也。依有二义,此识之种,为一切法之因依,其现为一切法之缘依,故以此识为一切法之因缘依也。但法之与名,宽狭不定,有同一名而法别者,如意识言,贯六七故。有同一法而名别者,如阿赖耶,阿陀那等。盖名义互为客使然也,阿赖耶识与所知依,就法体论,则同是第八识。就义量论,则所知依名通一切法一切位,阿赖耶则唯限杂染法,及二乘无学七地以前之位也。阿陀那名,译为执持,若通持染净法一切法,则与所知依相等。若云此名,指生死间之相续心者,即唯异熟位,较所知依狭也。余名宽狭,例推可知。所知依名,明第八义最宽者也。此分有四:

丁初安立名相,分二,戊初安名,又有三科,己初引教列名,又分为三。

庚初立所知依即藏识,先标名,次征释。辛初论自标名,即"此中最初……阿赖耶识"二句是。谓于此十分中,置余分后论,最初且说所知依也。但所知依中，义有多种，此又于中最初且说即阿耶识义。阿赖耶此云藏，如下广解，亦可云处，为余法之聚依处故，故为标也。

辛二设征证释。

壬初设征，因此识于声闻藏中不说，大乘教中说亦无多，故余不知者皆问曰，世尊于何教法（处）中，说此阿赖耶法耶？又于何教法中，说此法名阿赖耶识耶？故问有二义。

壬二证释有二颂文，癸初第一颂证所知依义，“谓薄伽梵……伽陀中说”即答文，即引证也。伽陀者乃十二分教之讽颂，或云偈者，略而讹也，谓此领中有此识法，然未立阿赖耶名也。此颂在成唯识论中有三解，此不繁引，略谓从久远劫无始时来，无间无断，以至现在，此无始来四字，可通下文等依读之也。

界者因义，即一切法之种子也。又界限义，乃就现行法言。但现行法之限别，亦从因有，如草木之不同，其别在种，非水土日光等缘有别也。

一切法等依者，谓此识为一切法之平等依止，但就赖耶名解之，应为一切有为杂染分法之直接依，其清净法则间隔依，或解亦为清净法依，如七地前初地上之赖耶，亦为无分别智之依也。盖依者未必和合相应同类，若云摄藏则必和合相同类，故此义可明所知依之依义也。

总此二句文义，界即种子依，因也。次句即根本依，缘也。故二句即明因缘，又可云为出阿赖耶识（藏即界故）义，及阿陀那识（持即为依义）义。

由此有者，谓由有此因缘二义，有诸趣及涅槃证得者，明所成就流转还灭之果。盖一有言通上下二文，趣谓所趣之果，即天人修罗饿鬼畜生地狱六道之异熟果是。果非一故云诸，或诸趣言，通能所趣，能感果者即诸业，能发业者即诸惑，能起惑者即迷理无明是也。若如是论，则三杂染皆诸趣摄，此三杂染，皆因迷阿赖耶识执为我之无明起，复由此识异熟为诸趣体，故皆此阿赖耶有，此句即流转法。

及涅槃证得者，及表相违释，涅槃是解脱二障所得之果，证得乃能证得之智果也。此句是还灭法，显亦因此识有，谓要断彼染，方有此净故。此颂虽有所知依义，而无阿赖耶名，故下癸二引第二颂证其立名也。即于此中者，谓即仍于上所引之此《阿毗达摩经》中。后说颂曰，由摄藏诸法者，显藏义也。诸法虽无简别，然依下文中，则唯指一切有为中杂染分而言也。摄与依义不同如上解，一切种子即所名法，识出其体，或谓是出一切种识之名，故名阿赖耶者，正出其名，谓此识有摄藏诸法一切种子之义，所以名藏识也。胜者我开示，明此法非小乘之法也。胜者即佛，无更上者故，菩萨学佛，故亦称胜者，胜凡小故，在成唯识者有二释，此不繁引。为一向封迷者说，令其发见谓之开。为已知大概，或已知少分，或知而后失者说，令其详细明了谓之示。第二颂正释阿赖耶为藏义，次长文中即以三藏义释名阿赖耶也。

初“如是且引……阿赖耶识”为重设征，如是已且引阿笈摩为证，然尚何等之缘故证明此识，说其名曰阿赖耶识耶，是为征问。阿笈摩即阿含，译为至教，即是佛所说语，或佛所印可语，非唯小乘之经曰阿笈摩也。

答中文分二段，初“一切有生……阿赖耶识”明能所二藏义，名阿赖耶，有生者即有为法，简无为法，杂染者是有漏法，简无漏有为也。品即类也，谓一切有为有漏品类诸法，能为此能摄藏之阿赖耶识中，熏生种子，以为彼能熏法所薰生之果性故，所以说此识名为阿赖耶识。此约能藏识释名，又即于此识中所摄藏诸种子，对于彼一切有为有漏法，能为其生起因之性故，所以说此识名阿赖耶识。此约所藏种释名，是故说名阿赖耶识，通缘上能所二名也。

或者显不定义，盖除佛皆名有情，有执者不执者故，情即情识，或情爱，诸表多数也。摄藏显执藏义，执为毁责之言，此依通义云摄，谓或约七地前未入生空观之有情，第七识缘此识之见分，执为自内我体，是故此识名阿赖耶，此约我爱执藏释名，上即以三藏义释名也。上来二颂亦即答上问中佛于何教中说此法，及何处立此名二义也。上来庚初立所知依即藏识竟。

庚二立所知依即持识，分四，辛一标名。

"复次……阿赖耶识"谓上来明所知依曰阿赖耶识。即此阿赖耶识亦名阿陀那识，体虽是一，然约义用差别，故有名多也。如有一身长色黑之人，可云长人，亦可云黑人，名虽异而人一也。阿赖耶有三藏义，约我爱执藏义故狭，约能所二藏义则广也。阿陀那为执持，约持染净种持有根身义则宽，约结生体义则狭，依义不同而名异也。

辛二引证　谓证此名中之阿笈摩（如上解）者，如《解深密经》中颂说，"阿陀那识……执为我"颂，举颂也。

甚深者谓出世性之人天以下有情，不能穷此识之底故。甚细者谓趣寂性之二乘，不能明其相故。总显此识非声闻以下之教法也。一切种子者，谓此识能持有一切法所熏之习气，为将众生法之种子。如瀑流者，以喻显此识非断常义，无始时来，刹那刹那，前灭后生，无稍间断，相续转故，犹如悬崖上之流水，无稍停止。粗观似一，而实流流之衔接也。其余诸义，如广论解，此甚深甚细之法，我对于无出世种性之凡夫，及趣寂种性之愚法声闻，不为开示演唱。何以故？盖佛世尊诚恐彼等，于此识上，分别计度执为自内我体故也。彼分别执我有何过耶？因彼俱生我执虽有，然不至增苦，倘有分别执起，则反增其苦耳。凡夫有分别执，则招三涂报，愚法起分别执则失其小果，引此颂之正义在初句之立名也。

辛三释义分四，壬一设征，上虽引教立名，但有何种缘由，此阿赖耶识亦名阿陀那耶？

壬二总答，谓此识有执持一切有色根不失不坏，与同安危，令生觉受之故。及一切有情之自体，亦依此识以为之取也。有此二种持义，故名阿陀那识。色根即五净色根，有五净色根者，即总身根是，一切者或谓根非一，或谓一切有情，自体即一一有情，各各随业所感之正报，但取胎为自体者，即此识也。此中有至后有中间之闷绝位中，余识不起故，执受者谓此识自取胎执持为我摄令不坏以后，令诸根生觉受也。然此持义，在《成唯识论》中，则尚有持染净诸法种子之一义，因彼论明能持种之识是现行法，所持之种子，非能持识也。故解种为识相分，及解种子与识性之同异中，皆有多释，此论则于所持种能持识，明了分为二法处，故少彼一义释也。然依此论之二义解此识，亦约现行为论，有执根令生受，及为取生之体，二种胜用，实非种子之所有，故虽少一义，亦无相违也。

壬三重征　其二义之所以者为何耶？

壬四广释　谓有色之诸根，由此识执持故方能生觉受，又此诸根能寿命之延夭，随逐而转，及于其中间无有失坏者，皆由此识执持之力，倘非此识之执持力，则与死尸相等。既无觉受，亦不久即当坏失也。其生死位之差别，亦由此判，如无心睡眠等位中，有此识执持故，根不失坏，属有情摄，非死尸之无情法也。

但死位之余尸，不顿灭者，虽无此识之执持，然由先业力之余势，若《成唯识论》解不共中共种变之义，故有枯尸也。此释持有色根义。

从"又于相续……执受自体"是释为取结生体之义，相续者即有情之别名，谓有情识向有轮转，生死相续，无间断也。或训此识为相续生死识，正结生时，即中有至生有之闷绝位，谓正在结合精血识三法，生起胎体时也。由阿赖耶识中一期自体熏习，彼体于此位中生起故，说名彼生。此识摄彼生体为自体故，名取彼生。既执为自体，同安危住，故能令生觉受也。正报依报之别，亦因此识执为自体否之异也。

辛四结名　由上来引证释义二文，是故此识亦复说名阿陀那识也。

庚三立所知依即是心，心字义待后文解，分三。

辛初引教　谓阿赖耶识亦说名心，依何知耶？如佛世尊，于至教中说有心意识三法。心即指此，说此三法之圣教甚多，故不特出经名也。

辛二释意有二，壬初总辨二种意，但此文中，亦兼释识义，故识不单列也。此中意有二种者，即标数，"第一与作……第二杂染"即释二种之相。第一意与现心法作等类无间隔之缘，为现法所依止之性，即现识无间之前刹那已灭之识，能与现行将生之意识，作生起所依止之容受处所也。等者均等，谓同类法，如现刹那眼识，望前刹那眼识为此缘，非望余识为此缘也。无间者，显非同时，一处无能容二体并生故，亦非隔二念相望能为此缘。故前识灭已，乃至无数劫后识生起时，仍用前无数劫之前灭之自类识为此缘也。约意识或前六识之此缘以名意者，乃共小乘之名，但大乘八识自类前望后各各皆为此缘，则非小乘之所共也。第二染污意者，即第七识，因有四惑恒常相应，亦令六识所作善事，皆成有漏，故名染污。萨迦耶见者，即七识执八见分为我之见是。于此执上，持而高举，即名我慢。于实非我法上计我，贪著不舍，即名我爱。此三皆依迷理无明之痴心生，故无明亦云我痴也。

此即是前六识之杂染所依之源，但此净时彼识亦依之而净，故名第七识为染净依也。

前之六识，又因彼第一等无间意为依止而得生，因此第二染污意为染依，而成杂乱染污也。

了别境义下，即出义结二意也。

了别境义故名识句释识义，等无间义，故名等无间意。四惑相应之恒审思量义，故名染污意。依此二义之不同，故意亦成二种。但对于心意识之意字，欲证明不共小乘第二染污意，故下文广解。

壬二别证染污意，等无间意，不违二乘故，非心意识之意故，故不别释。染污第七非声闻法，是此中意，别建立故，故设征问而特以理证成。分二，癸一证有，即以六种道理证明异前六后别有此恒时现行之第七意，非即等无间意也。又二。

子一设征　虽引圣教，言有意识，我等但知等无间意，云何得知别有此与四烦恼相应之染污意识耶？（染污见上解）

子二答证，分二，丑一长行，证有六故，文亦分六。

寅初不共无明不有过　不共无明，凡有二种。曰独头不共无明，即第六意识中，不与余根本烦恼共起，名不共也。曰恒行不共无明，即此意之恒行我痴，非余识有，名不共也。所余无明，皆曰共也。不共无明虽有二种，今取恒行不共无明，即此意之恒行我痴，非余识有，名不共也。所余无明，皆曰共也。不共无明虽有二种，今取恒行，证意有故。彼无明是心所有法，所必依王。但前六识非此所依，有间断故。所依既断，能依非恒，故此无明不依前六。第八虽恒，亦非所依，无覆性故，为一切法之所熏故，倘为此依，则成有覆，非善等熏，是故第八亦非此依。等无间意，是已灭无，故亦非依。有此染性第七意为所依，不共无明方得成立。谓此第七染污意若是无者，恒行不共无明，无所依止之心王故，则能依之无明亦不得有。但圣教中，处处说有此恒行不共无明，即为下文之我执等，此恒行不共无明若无者，便违圣教，成过失故，故应许有染污意也。

寅二五同法不有过　五同法者，谓以五识依五根缘五境而得生起，为意识依意根缘法境生起之同法喻，或以此七为六依作五根为五识依之同法喻皆可，即从六二缘，六识转义，谓六识生起，各有不共俱有依根，若无此染污意，第六识则无依不应生起为过。五识无第六为同法喻为过，第八非此依，是共依故，等无间意非此依，非俱有故，有此染污意识为第六依，便无过失，故应许有也。

寅三训释词空设过　训释词者，即上训释思量为意之词，若无此染污意，彼词亦无依，故为过失。不应以前六识第八心为义，彼别有训释之词故。亦不可说等无间意，彼已灭法，无思量性故，思量是训现行法故。有此染意，便无过咎。若无此意，即成空言之过失也。

寅四二定无差过　无想定者，是外道有漏法，彼定成时，六识王所皆无。从初用功灭粗想立名，彼定非心所法，唯约身心调畅，立名为定。灭尽定者，是三乘圣位无漏法，定成之时，一切染心皆灭尽故。定同上释，一切染心者，即六识灭尽，更灭染意是也。二定差别，即在于此，故云若非于此染污意识，一有一无为异，则外道之无想定，与圣人之灭尽定，灭前六识等故，有何差别？差别若无，则凡圣相滥，故成失也。下自释云，谓外道之无想定，非即圣者之灭尽定者，亦由有无此染污意所显差别也。若非由有无染污意显其差别，则此无想与灭尽二定之差别应无有也。

寅五无想无染过　无想天者，即无想定所得后有，生此天中，初生意识暂起即灭，乃至灭位，意识方生，于其中间，一期之中六识皆无，若无染污意识，便与无漏圣者无别，此成过失，故云又若无此染污意识者，则无想天，无六识之一期生中应无染污法，[谓于中若无我执(即我见)，我慢等染污法]然实是外道法，圣所呵厌。外道异生未见无我执者，彼既外道，岂无执我，是故应许有染污意，我执相应，便无咎也。

寅我执不有过　未证圣果，一切凡夫，于一切性时，我执恒常现行，于善等三心中，皆现可得故。若无此恒行染污意为依者，则六识善等三性之中，唯于不善心中有彼我执等相应，若无记二心中，不应有彼我执等，性相返故。故曰有我我所烦恼现行，定非善无记故，便成过失。以是之故，若立别有此染污意，为彼我执俱有现行之依止，现行于一切三心时，无有上过，非彼六识相应之我执，于一切三性时中，得现行也。

丑二重颂，有二，寅一重颂六理　此颂文中，字句虽齐，文义用有伸缩。初四句文重颂四过。为一气读，若无皆成过失六字，别别连上四过读之，谓若无此染污意，则不共无明无有，故成过失。乃至若无此染污意，则二定别无有故皆成过失。及与二字为相违释，“无想生……染污意”是重颂后二过，谓若无此染污意，则无想生，应无我执，恒现行转，成过失也。若离染污意识，应无有于一切种性中恒时现行随逐有情之我执，故成过失。“离染意无有二……不应有”，结颂六过，谓无染污意，则无有不共无明及五同法之二种故成过。训释词无义唯名，二定无有差别，无想天应是无漏，此三与事理教皆成相违过。又若无此染污意，则于一切处，我执不应有，故成过失。

寅二别颂无明　真义即真实法义之真如是，心即能证此真义之无分别智是，此真义心三字，是明智非诠境也。俱行即是与恒行识俱为恒行义，一切分即除真义心已生前，一切三性之时间空间位置高下等中，谓有一法，于证真实法义之无分别智，当生之前，俱恒行于一切性等分中，常能为无分别智生起之障碍者，即谓之不共无明是也。

癸二辨性　谓辨明此染污意，于善不善，有覆无记，无覆无记，四性之中，是何性摄耶？此意是染污故，是四性中有覆无记性，“与四烦恼常共相应”，即明有覆义也。既与四烦恼常相应转，则应是不善性。何云无记耶？引喻证曰，如色无色二缠之烦恼，虽是烦恼，然是有覆无记性所摄。盖因色无色二缠之烦恼，为奢摩他所摄持含藏，非如欲界烦恼有散动造业之胜用，故成有覆无记别之性。此意微细一类，随前六识，若善若不善等一切时中，恒常追逐而转。若不善者，则不能于善等心时转起，故知此意性是无记。然与四惑常相应故，名为有覆。故虽有烦恼相应，而性是有覆无记。若不尔者，有覆无记，何所属也。相应谓王与所同时同依，所缘境等，和合共辨一事，具四义。奢摩他译曰止，即定之九别名之一也。又随逐者，成云随顺第八所生之界，追逐而缘其见分执为我也。

辛三释心　心体第三者，谓识言诠前六识，意言诠等无间及染污二种意，心之体法数居第三，但此心体，设若离阿赖耶识，更无别法可得为体，亦不可说心是识意之总称。三法并列故，以是之故，成就阿赖耶识，以为此心之体也。又由此心为种子故，第七意及前六识等方得转生。若约心为现法，则云由有此心为持种子之根本依故，意及识等得转起也。设问曰，虽证第八即是心体，但依何种因缘之故，阿赖耶阿陀罗二名以外，亦名为心耶？若心有多义，通俗以肉团为心，此乃色法，实非心也。或以缘虑名心，此通指王所，或以集起名心，谓集诸法所熏成之种子，起未来诸法之现行，唯第八识。若以积集名心，则有能所，能积集者唯前七识，是能熏故。所积集者即第八识，是所熏故。今即约此义为论，谓由种种现行能熏法，熏习成就一切种子于第八识，第八是彼所积集之处，故以积集义训为心也。

己三问答结成，分三，庚一正问答　问曰，彼声乘教法海中，亦说心名，由何缘故？于声闻教法中，不说此心名阿赖耶识，亦不说名阿陀那识耶？答曰，由此二名之所诠相，是深细境所摄故，非彼浅智之境，故不说也。又问曰，以何理而得知耶？答曰，由声闻唯发自利之心，但由缘苦等智能证解脱，彼愿足矣，不更为利他故。断所知障，趣大菩提，故不为彼说此深细之境，返增其恼。一切境即所知相，一切境智，即缘一切相之智。此智所依所缘皆名为处，由彼诸声闻等，不于此缘一切境智处，转现转起，是故对于彼声闻众，虽离此所说之阿赖耶识为境，然彼缘苦等之智，亦得生起。其所期之解脱果，亦能成就，故不为彼说此深细之境，无过失也。若于菩萨则不然，因菩萨发心为利他故，于一切境上尽断其所知障，证一切种智，故决定须于一切境智处转，是故必为说此深细境，令引生法空无分别智，假若不为说此境发此智，则于一切智智，不易证得也。言不易者，显非不能，如般若诸部经中，虽不说此阿赖耶识，亦开示法空等门，证菩提也。然说不易，略有二端，一不知此境修法空者，多有执空为究竟之障，甚至拨无圆成依他，故为趣菩提之知障，知此则一方于依他起上遣除遍计之性，一方又即于此上通达圆成之实，真俗具照，二智圆融，成中道一切智智，故较彼为易也。二阿赖耶故为有漏之大因，一切智智为无漏之大果，知因而克果，尤为简捷，不知此因而修法空者，正因既迷，果岂易晓，故较知此略为难也。

庚二别解释　谓此阿赖耶识，于小乘教法中，佛以密义已为彼说，然彼自不能知，即此所明，故为彼等特别提出解释之也。“复次……阿赖耶”，为总标彼有，谓佛于声闻乘教法中，亦以密义异门，若隐若显，已说此阿赖耶识也。“如彼增一……出现世间”，是第一引有部之教证，爱乐欣喜四名，约总别三世而立，谓世间众生，所以流转生死者，即由有阿赖耶为爱著也。于现在者生乐，于过去者生欣，于未来者生喜，此三同是贪著为性，故总名为爱阿赖耶识也。此名虽四，而体是一，约义即为我爱执藏也。声闻为出世故，欲断如是四名阿赖耶识，故于佛说此正法之时，身心恭敬，摄耳而听，成其闻慧。闻已安住于寻求了解之心，成其思慧。既知所应趣证之法，即起随法道而修证成其修慧。知此法已，赞世尊言，唯如来出世方有如是甚奇希有之正法，出现于世间，此阿赖耶亦为声闻所断。故《唯识颂》云：阿罗汉位舍，即我爱执藏舍之义也。次引《如来出现四德经》中亦说此识，但是异门密义之说耳，谓佛于汝声闻乘教法，《如来出现四德经》之中，亦由此异名之门，不明了之密意，已曾显示阿赖耶识也。但此论未引经文，以待余考，次引大众部至教中说。大众部为佛灭百年后，分上座大众二部，于此大众部阿笈摩（见上解）中，亦用异名之门，不了之密意说此阿赖耶识，名根本识。如余诸识，生起所依之根本故，如树之枝干等，皆依树之根而生长也。但彼根本识，即是阿赖耶，离此无能为根本之识故。次引化地部中说，此为二十部之一，上座部之余派于此部中，则亦以异名之门，不了之密意说此阿赖耶识，名穷生死蕴。穷犹言尽，生死即自凡夫以至三乘金刚道中，未证无学果前，皆有生死，蕴即积集性之法也。因彼部中立三种蕴，曰一念顷蕴，谓一刹那之有生灭法。曰一期生蕴，谓从生有后以至死有前，于此一期生活相续恒随转法，曰穷生死蕴即此所明。此蕴即是阿赖耶识。何以故？谓六识无常，故非此蕴，第七意常，然生空观起时，彼染亦断，其余色等更不待言。无为虽常，然非是蕴，故知彼蕴即此识也。文释此义，曰有无色界诸处，见色法断，故非此蕴，有无心等诸处，见心法断，故亦非蕴，彼色心断时，唯断现行，非阿赖耶识中所藏。彼色心之种子亦有间断：故后离彼无色无心之位，色心仍起，彼种子既不断，故持彼种子识，亦不应断，但除阿赖耶识，更无余法能持彼种（此义如《唯识论》中广释）。故彼部虽假名为穷生死蕴，而其实即是此阿赖耶识也。上来总为别显阿赖耶以异门密义，于声闻乘中亦曾说，非全不说也。

庚三总结成　谓将上来所安立之诸名，总为结束，成此论中所知依也。

如是上来诸种解释，故如此论之所知依法，或以阿赖耶识说之为性，或以阿陀那识说之为性，或说心为其性，或说爱乐欣喜四阿赖耶为其性，或说名根本识为其性，或说名穷生死蕴为其性，等者显有分识等诸异名，皆可说为其性。由此诸多异门解释，故此阿赖耶识，成最广大最正直最明显最平坦，犹如大国王所经之路也。

己三破执显胜　谓于上释诸异门名，即阿赖耶识义，彼小乘诸师恃执否认，故破彼等之鄙执，显成立此阿赖耶识之殊胜也。有二。

庚初破滥义执　“后有一类……义一文异”为出执，彼云佛说心意识三名者。其能诠之文言有多名，而所诠之体义是一法，故汝大乘，不应说心是阿赖耶识也。破云，是小乘之义不能成立，何以故？以意为思量性即染污意第七，或等无间意法识为前六了别境识，此意识两名所诠之两义，既成差别，已可成立非一，是故当知此心名所诠之义，亦应有别异法为所诠也。或曰何故《廿唯识论》中，亦名心意识了四为一法耶。彼依能缘之道义为论，总显一法可立多名，然实诸名各有别义，若不尔者，多说何用。

庚二破异解执　谓有小乘诸师，将增一阿笈摩之四种阿赖耶作五取蕴等三种异解，不许即是第八识也。有二。

辛初出计，有三，壬一计为五取蕴　谓复又有一类之小乘诸师，计谓婆伽梵于阿笈摩中，所说之世间众生爱阿赖耶，乃至广说四阿赖耶，为断闻法生解修行赞佛等，执此中所说四阿赖耶，即是世间众生之有漏五法之爱取蕴，说名阿赖耶，非别说有第八识也。

壬二计为贪俱乐受　谓有除上所计余之一类小乘诸师，说贪心相俱之乐受，此受是世间众生所最爱乐执藏之法，故名赖耶，非别有第八识名阿赖耶识也。

壬三计为萨迦耶见　萨者经部为伪，与有部为有，及大乘为移转诸义不同（如《成唯识论述记》广明此不繁引），迦耶谓聚，指身以言，即身见是，或名我我所见，谓彼计云，世间众生，于身起见，最是所爱乐所执藏之法，故名爱等阿赖耶，非第八识也。

辛二破执，有二，壬初总破所执　谓此三计之小乘师，不依了义教法，及殊胜智证，但由不了义之教，及下劣智证，愚迷于阿赖耶识之若名若相等故，所以作上来此三种执也。如依彼等之执，安立阿赖耶名，非但于大乘教理有违，即随顺声闻乘教法中，安立此名之道理，亦不相应也。何以知之，如下就彼安立道理推破中可知也，若不愚者（即是断法执之菩萨），取用此第八阿赖耶识之法，而安立彼经所说之阿赖耶名，若能如是安立，便能由名得体，断法执、达缘起、证唯识等义皆成。离一切过患，则为最殊胜之教理也。

壬二推破所执　谓将三计之执，次第推征，为破除也，分三，癸初外征　声闻乘教安立道理，果有何咎，大乘教法，安立道理，云何最胜？

癸破执分三，子初破五取蕴执　谓若汝所执五有漏取蕴，名阿赖耶者，在人天道等善道中，固不显其过，但若生地狱极恶趣中之众生，于一向受极苦之处，曾无少乐，此处及身，最可厌恶，违逆其心，彼众生于此处及身，一向不起丝毫爱著乐欲，因为极大之苦故。若云彼众生于此中五取蕴法，起执著摄藏名阿赖耶者，不应道理。以彼常求速舍此身离此处故，故应许有第八阿赖耶识，安立此名，方无上失。

子二破贪俱乐受执　“若贪俱乐……亦不应理”，第四静虑，即色界第四禅诸天，彼诸天又名舍念清净地，其受唯舍更无乐等诸受，若第三静虑，又名离喜妙乐地，尚有乐在。故此文唯取第四静虑以上者，彼等无乐受，岂可云无阿赖耶乎！文谓若汝小乘诸师，以贪相俱之乐受，便名阿笈摩中爱乐欣喜四阿赖耶者，但此乐受不唯于第四静虑以上诸天，皆已无有，且由第三静虑，欲进第四静虑之有情，具彼乐受，为生无乐受处故，常生厌患乐受之心，观为粗苦障故，况已生四静虑者乎。彼第四静虑以上之有情，既已舍彼，汝若言彼诸有情于贪俱乐受中执持摄藏，名爱等阿赖耶者，不应正理。

子破萨迦见执　萨迦耶见即我见是，汝等若执此我见，名世间有情之爱等四阿赖耶者，其于佛正法中，信解无我之理者，此等有情于我见恒常厌逆，唯速求断，若云彼有情，于我见中亦执持摄藏，名爱等四阿赖耶者，亦不应理。

癸三显胜　谓显示大乘之安立，非如彼等有诸过失，成最胜之安立也。有二。

子一释胜　“阿赖耶识内我性故”八字，通下三文，大乘安立阿赖耶识，名阿赖耶，有何缘故最胜无过，因阿赖耶识是第七染污意所托之自内我性故，何故无过，谓虽生恶趣一向受苦地狱处，于彼依正二报苦蕴求舍离者，然彼恒于此阿赖耶识内我性上，仍有第七之爱自内我之爱随逐缠缚，未尝一念求其厌离，因彼愿云，如何能令我之诸苦蕴都无所有，令我恒得受诸乐蕴耶！故知彼诸有情虽厌苦蕴，而不厌此识，故以此识名爱等阿赖耶，无过失也。虽诸生第四静虑以上之有情，于贪俱之乐受虽恒厌逆，然彼有情等于此阿赖耶识则未求离也。因彼于此阿赖耶识恒有爱内我之我爱随逐缚故，故以阿赖耶识，名爱等阿赖耶，则无过最胜也。又虽信解佛正法无我理者，厌逆我见，然于第七恒行我见所执内我，则犹未能厌逆及之，如三果人入生空观时，率尔闻雷声，犹生惊怖，是其证也。若四果则无是怖，已断我执故。因彼未断而信解之有情，于此识上仍恒有第七识之我随缚故，如是安立便无上过。

子二结胜　由上诸理，是故若安立阿赖耶识，名阿笈摩中之四阿赖耶，成就最胜之安名也。（上来安名已竟）

戊二立相　谓依上来能诠诸名，安立所诠之体相也。分二。

己一结前生后　如是上来已说阿赖耶识立异门诸名竟，即结前也。安立此诸名所诠之相，又如何而能见知耶，即生后文问也。

己二广释其义　谓广为解其中所有之义理也，分三。

庚初总立三相　谓安立此诸名所诠之相，广说无尽，唯佛能知。若总略说之，则有三种相，亦摄尽也。即立一相亦能摄尽，但取要者说之，与《成唯识论》同，开为三也。一者安立自相，即安立此识之自体相。二者安立因相，即安立此识为诸法因之相。三者安立果相，即安立此识，是增上力业所引之异熟果也。此中安立下，是释三相。“此中”者，谓此安立三相中（下同此训），“安立阿赖耶自相者”，谓三相中，且说安立此识自相之法。谓依一切前七识之杂染品类能熏之法与第八识，俱灭俱生熏已，阿赖耶识中，所有前七杂染品类能熏法所熏成之气分，即此气分之功能，展转摄持于第八识中，乃至成熟位，复能为彼能熏法之生因（即是彼法之种子）。此是彼阿赖耶识受熏义。由此阿赖耶识独与能摄藏不失执持不坏彼诸法种子之道理最为相应，非余法可与能摄持彼诸种子之道理相应。此是明阿赖耶识持种义。总此受熏持种二义，为阿赖耶识之能藏义，或约所熏法亦兼所藏义。依此能所藏义，是第八识之自体相，离此更无此识体相可知故。“此中安立阿赖耶因相者”，是标三相中之因相。“谓即如是……阿赖耶识”，是指因相之法体，即用如上所明之阿赖耶识中所摄持之一切种子是也。此种与识非一非异，约此种子于各各成熟之一切世间，即能复与彼能熏杂染品类诸法，为现前之生因，故名是此识之因相也。“此中安立阿赖耶识果相者”，此标也，果相即异熟果，谓即因（依即因）彼能熏之杂染品类诸现行法，自无始时来，所有熏习成能招三界异熟果之增上业种，阿赖耶识，因彼种子之引力，故于三界内，前后异熟，相续而爱生，不稍间断。此约总报体为论，是业增上缘所引之果故，名果相也。

庚二别明种习分四，辛一明习义分二，壬初设征　复次以何等法何等义，名为熏习，又熏习所诠之名，以何为所诠之义也。

壬二释义分三，癸初释法　“谓依彼法……是谓所诠”，是正明法。但此文中，正明所诠义，其熏习二字，则未及释。若依《成唯识论》文，能所薰法各具四义，方成薰习。谓依彼薰法，与所薰法俱生俱灭。熏于此所薰法，所有之习气，有能生彼未来之能薰法，此即彼之因缘法，故即取此法此义，是谓薰习名所诠之体也。

癸二引喻，分三子初引世成喻　谓如世人所造之苣胜中，有花香苣习者，薰胜是所薰，华是能薰，取此能所薰二法和合一处，于淹烂后，压以成油。由彼二法，刹那刹那俱生俱灭，是诸苣胜之中，便带有能生彼花香之因，而生其香也。此苣胜中，能生花香之因，便是薰成之种，能生于香便是种生之果，此是一分相似为喻。若依能所薰法四义料简之，则除第八为所薰，前七识善不善性，及诸心所为能薰，余皆非也。复次前七识薰习所成之种子，尚能生彼能薰之法，其苣胜中之香气，不能更生诸华，其非真薰义可知也。

子二引染薰喻　谓如小乘教化有情观机之中，有所立之贪行者，瞋行者等(者谓五蕴和合之假者，有情之代名词也)立此等名之因缘，即因彼有情贪心炽盛，其贪起时，行者由贪薰习，因(即依字)与彼贪，一一刹那俱生俱灭。此行者心带彼前刹那贪所薰成能生后贪之因而生，故后生贪，猛于初贪，后后贪增，故名贪行者，瞋亦然。但此中能薰即贪，所薰唯何，则无明文，故今约行者之五蕴为论，盖彼小乘不知第八识，故无确定之所薰法也。

子三引净薰喻　谓或有有情，名多闻之持法者，因彼有情屡屡闻法，为多所闻之法而薰习故，因此闻法作意心与行者念念俱生俱灭。此行者第二念闻法作意心生时，便带有彼前念心之记忆因而生起，由此多次闻法薰习及能摄持所闻法故，名持法者，此亦同上喻，约人为所薰法。

癸三结成　谓由上明之薰习义故，其第八阿赖耶识，与能薰法所有之薰习道理，当知亦尔也。

辛二种子一异分二，壬初征问　复次阿赖耶识中所有诸能生杂染品类法之种子等，为各别异而住耶？为无差别异相而住耶？若有别异而住，则成定异，便有分量，性亦应别。然许无记，第八相故。若无别异而住，则成定一。如何能生诸杂染品类法耶？故俱有过。此中问者，未明种子是第八识之功能差别，误认如色法，有一一实物为种也。唯约诸种子为异不异问，答文亦通识种不一异明。

壬二答释　非一非异，非彼诸杂染品法种子，除第八外别有自体为一实物，于此阿赖耶识安住。自体既非实物，非可云别异。然此功能差别亦非不异是一，能生诸类杂染法等各别不同，故亦非不异。又此诸非实物即在阿赖耶识，故与识非异。而此种子有时治断，彼识不尔，故与识亦非不异。此正答非一异也。

"然阿赖耶……一切种子识"显正理，既非一异，其理如何，谓阿赖耶识，如是相续现行生起时，法尔亦有能生彼杂染品法之功能差别，即此功能差别名一切种子。种是识之功能差别，故识亦名一切种子识。非可施设识种一异，何况更言种一异耶。

辛三互为因果，谓能所薰法，同一时间，互能为因果也。分二。

壬初征问　因果同时，本为小乘所不共许，况言互为因果耶，欲明斯义，故设外征。问云：复次汝大乘阿赖耶识所薰法，与彼杂染诸能薰法，同一时间，更互为因，亦互为果，此互为因果之道理，云何可见耶？

壬二答释，分二，癸初引喻，分二

子初引焰炷喻　谓譬如明灯之炷，能生火焰，即是火焰之生因，如阿赖耶识所藏种子，能起诸法现行为生因然。但生焰之时，焰能烧炷，即是炷之燃因，如诸杂染法同时能熏阿赖耶识之种子，为熏因也。然焰炷本非因缘，假取相为喻耳。

子二引芦束喻　谓将二支芦草，束为一束，互依不倒，此二芦之得不倒者，乃同时互待，非一芦独能之力也。能所熏之同时亦尔，然所熏之阿赖耶识，则恒常一类现行为余诸有为法依，余有为法则非此依，故亦取少分为喻，然此亦喻同时依持而得不倒之互为因果也。

癸二合法　如上同时因果喻，应观察此阿赖耶识与诸杂染品法，更互为因果之道理，亦如尔也。谓如所熏阿赖耶识种子为生起杂染诸法之因，同时之间，诸能熏杂染法，亦为阿赖耶识种子之因。又前者诸法为阿赖耶识之果，次者同时阿赖耶识之种子亦为诸杂染法之果。互为因果，道理如此也。"唯就如是……不可得故"，简余所立之业感缘起等，皆就增上缘，或所缘缘上，假立因缘之名，非实四缘中之因缘，唯就如是之道理，方是安立真正因缘。又论种现相望是因缘否，有四句料简应知。（一）种生现为因缘，即此中所明之阿赖耶识种子生诸法是。（二）现生种为因缘，则此中所明之诸杂染法熏种子是。（三）种生种为因，谓自能熏法薰后至未起现前，于其中间所有习气于阿赖耶识中，刹那生灭，前望后自类相续者是。又无始本有之无漏种子，于未入见道前，亦寄阿赖耶识，刹那生灭者是，本论未有明文显此。（四）现生现非因缘，如前念现行心法望后念现行心心所法，则成等无间缘。若色心为境，望能缘之心，为所缘缘。除上三缘以外，若顺若违，若种若现等相望，皆增上缘也。

辛四种现隐显，谓种子无差别名隐，现行有差别名显，分二

壬初征问　谓诸能薰法，于所薰阿赖耶识上，薰成种子之时，性类无别异，行相无间杂，及至生起之诸法，其体性既有别异，行相亦有间杂，因无异杂，果亦应尔。果有异杂，因亦应尔，此中无异杂之种子，有何种理由，而能与彼有异杂现法为因耶？

壬二答释分二，癸初引喻　谓如世间缬染衣者，先以众缬衣之具（谓所用之机器及所须之材料），缬成所缬之衣，在当缬成衣之时，虽复未曾别异间杂非一品类之相可得，然入染器染已之后，与染成之时，其衣上便有别异间杂非一品类之相可得，谓染成一色，纹络间杂，纹像显现，别异非一也。此中缬具有多种异杂，非一品类，喻能薰之杂染法，缬成之衣于未入染前，喻薰成之种子无有异杂，染后之纹络纹像种种不同，喻种子所生起之诸法有差别间杂，盖衣染后之不同，因缬时已有差别作用之材料，杂糅其中，故在缬时虽复一色，及出染后，便成异杂等相。诸法亦然，因薰时已有差别之习气，杂薰其中，故在种时虽无异杂，及起现后，便有异杂等法也。

癸二合法　谓阿赖耶识中种子生起诸法之道理，亦复如是。异杂能薰之所薰种，于薰习时，虽复未曾有别异间杂诸相可得见，但果生现前，如衣入染器已后，此现果法，便有别异性也，间杂相也。无量无数之品类差别，诸法显现可得也。此中亦是取少分为喻，非处处皆可例同，明喻者，盖因依他起之因缘所生法，名唯识相，凡夫虽举体咸具，然非入初地证真后不得如实了知。此法相既如是之深细，愍凡夫之无知，故唯有假喻略明少分，皆曰依大士方便悲心之所流露也。

庚三别显缘起，因缘生起之义，上虽屡述，略而未详，故于此段，特别显文，分二

辛初明二缘起，分八，壬初赞起　谓称扬赞叹大乘缘起之深细也。如是缘起者有二义，(一)指上所明因缘兴赞，(二)指下所明二种兴赞。于大乘中者，显示为大乘之教法。极细者，谓二乘觉慧难了知其相故。甚深者，谓异生等难测量其理故。

壬二标列　谓缘起理，差别多种，今总略而说，则有二种缘起，标数也。“一者分别自性缘起”，自性谓一一法之各自体性，此体性有多种分类差别，名分别自性，能使其自性有分别者，即阿赖耶识中功能差别种子之势力，故以阿赖耶识中功能差别种子，为能使一一法自性起分析差别之生缘也。是从阿赖耶识之一切种子相明缘起，是亲因缘。“二者分别爱非爱缘起”，爱非爱，谓异熟果，能使此果有爱非爱之分析差别者。即十二有支缘起，如依善行支为缘，则起可爱之异熟果，若依不善行为缘，则起非可爱之异熟果，故能使果有爱非爱等分析差别即十二有支，此就阿赖耶识之果相明缘起，是增上缘。上是列二缘起之名，为第二缘起三乘共名，若依《成唯识论》作二世释，亦非彼共具知论解，初一为本论所赞之缘起，唯大乘有不共彼也。若配名言等三种习气而论，初缘起具名言我执二种习气，次缘起即有支习气。

壬三释义　此中者，谓此二缘起中，即依止阿赖耶识中功能差别种子，诸法自性分类差别，因此生起，是名分别自性缘起，以此种子能为分析差别种种诸法自性之因缘性故。或云以能使分别种种诸法自性者，即此种子为彼之因缘性故也。又此中有无明、行、识，名色、六入、触、受、爱、取、有、生、老、死十二支之缘起，此十二支，辨爱非爱果之义，略如上述。论自释云，以自十二有支，于善趣能

分别可爱异熟果种种自体，为其缘性，故曰分别爱缘起。于恶趣能分别不可爱异熟果种种自体，为其缘性，故曰分别非爱缘起。二类合说，故名分别爱非爱缘起也。

壬四显迷　谓迷此二种缘起之义，便兴种种妄执也。分三

癸初法释　初出邪执，“于阿赖耶识中”此句通迷二缘起之文，“若愚第一缘起”，谓迷暗阿赖耶识中功能差别为分别自性缘起义，便有如下诸异计也。“或有分别自性为因”，列第一计，即数论师，彼立二十五谛，其本为二元，曰自性，曰神我，神我为各个有情不同，自性遍一切处为一。谓自性有喜忧暗三德，未与神我合前，三德平均，故仅成与神我对峙之二元，及与神我结合以后，因神我之要求，自性失三德之平均相，便将自体变现余二十三谛，即是宇宙一切万有，以是之故，计万有之因即自性，神我但受用者，故非万有因。分别犹言妄计，“或有分别宿作为因”，是苦行及邪命等外道计，宿作者，谓此类外道计万有现世之苦乐报，皆是过去宿世造作为因而成。若将此苦报受尽，便自解脱。现世虽行善等诸行，于事无益，故唯有任运受苦而已。“或有分别自在变化为因”，是大自在天计，谓彼计度万有皆由大自天造就，或谓万有是大自在天变化，此亦如耶教计上帝然。“或有分别实我为因”，是计有实在之自我者，谓有自我为万有因，但其中有计为其体周遍者，其体极微者，大小不定者，即蕴离蕴不即离等。广如《成唯识论》破我中说，此计实我即计自生，计自性等，即计他生，或共生，尚有见自他共生俱有过。欲避其过，计无因缘自然生者，谓乌自黑鹄自白等，即文中“或有分别无因无缘”句是也。此上五计，皆是迷于第一缘起之理者。“若有愚第二缘起”者，谓于阿赖耶识中分别爱非爱异熟果相之缘起理有迷，则于上实我计中，又生出我为受者作者二计差别也。分

别我为作者者，是胜论师计，分别我为受者者，通数论胜论二师计，数论唯计我是受者，受用自性所变之二十三谛，胜论通计我能作受，皆于《成唯识论》中广解。即现代西洋心理学之计，重意志者，亦成此中之计我为作者，重感情智识者，亦成此中之计我为受者，虽名言有异，而义略同也。

癸二喻释　谓因此二缘起深细，彼等又曾所未闻，致以少分之摩索，便计为全体皆是，故以生盲说象，喻其兴计之谬也。譬如有象，多生来即盲之士夫，因生盲故，未曾见过象为何物。复有不盲者，以象之名，及其形状为示说之，彼生盲闻名已，知是有法，然目终不能见，即手摩之，因象体甚大，摩者各获体之少分，谓或有触其象鼻者，有触其牙者，触其耳者，触其足尾脊梁等者。诸有不盲者试问彼言，适汝所摩，象为何物？彼诸生盲，便以习常捉持所知识者，显其象形。故触牙之长者，则说象如犁柄，其触牙之尖者，则说象如杵，其触耳者，则说如箕，触足者说如臼，触尾者说如帚，触脊梁者说如石山（此石山可指石砌之假山），然此诸生盲实以触象一，唯以少分概谓全体，胡可笑也。

癸三合释　谓若不曾解了此二缘起，无始时来为无明所迷者，如生来即盲之士夫，亦复如是者。即以生盲计象体如犁柄等，合外道之计自性等也。“或有计执自性为因……我为作者”，正列所计之相，如盲所说如犁柄等言也。其中象之一法，即喻二种缘起，故文中云，“阿赖耶识……象之自性”，果性等者，等取十二支中诸支，不别列也。

壬五略说　谓上来已广明阿赖耶识缘起相，但恐难知阿赖耶名与因果二名之范围宽狭，故今又为总略而明此识，则显阿赖耶识，即用异熟识果性及一切种子因性，合为其自性。非自性外有因果二性，亦非因果性外别有此自性也。换言之，即将一识全体为自性，分为二分为因果二性是也。欲明此识为有之必要，故云“能摄三界……一切趣等”，三界谓欲色无色三缠，此三界之体即此识，余色心等皆有间断处时故。一切自体，谓一切有情相续之各个自体，亦皆是此识也。一切趣，谓天、人、畜生、饿鬼、地狱五趣，等者等胎卵湿化四生，其体亦皆是此阿赖耶识也。

壬六颂说　即将上来所明若种子义，若熏习义等，今总以颂文，颂其所必具之定义也。

癸初颂种子　初十二字，辨二种之别相。“外”谓身外之谷麦等种，“内”谓阿赖耶识中功能差别诸法种。“不明了”谓无记性，不可明了记别也，是外种性。“于二”谓内种性通于明了之善不善，及不明了之无记二类。“唯世俗”谓外种之法，实非种子，唯就世间俗情之计，假立种子之名，在四世俗中，是初世俗摄也。“胜义”谓内种，实是有法种性，对前外种劣故是胜，外种假故，此是实义，即四胜义中初胜义也。但此种若对真如等胜义，此亦成世俗，即内种通世俗胜义之二，外种唯是世俗也。“诸种子……引自果”二十八字，是明种子之定义。其定义有六种，故云，诸种子者，当知有六种之定义也。刹那灭者，谓表种子之体，刹那刹那，才生即灭，有胜功力，此遮常住真如法性等诸无为法及神我等，非种子也。若亦是种，便非无为，成过失故。俱有者谓表种子之因与现行果，是同时俱有和合，方名种子。此遮前后非现，他身非俱等法，非种子也。“恒随转者”，谓表此功能，要能长时一类相续，至生现行，方名种子。此遮转识转易间断，与种子法不相应故。又此识中功能差别，未至生起，便有对治，因中即断，但名习气，非种子也。“应知”二字通上下文，是教令之辞，云此上三义，及下三义，应当了知也。“决定”者，谓表此功能，随能熏法之差别性，决定各别亲生善等方是种子，此遮异类因生异类果等执，异类相望，仅为增上引因，非亲生种子也。

“待众缘”者，谓表此功能，非独能生，尚待外众缘，以有待故，非一切时皆能生起，是种子义，此遮计自然因等，及缘俱有等执，非种子也。“唯能引自果”者，谓表此功能，唯独能引自类别别心色诸法，换言之，即色种子引生色法，心种子引生心法，乃至若色若心法中，一种子仅引生一法，方是种子，此遮外道一因引生一切果，及余部心色互为因缘等计，非种子也。具此六义，方成种子，精微深义，如广论释。

癸二颂熏习，此中熏习之定义，仅明所熏之四义，因明阿赖耶识故。其文分二。

子初正明，“坚”者，是恒住义，非坚密也。谓表此识一类相续，能持习气，方是所熏。遮声风等其性不住，及前转识有间断等，非所熏也。“无记”者，谓表此识性是平等，无所违逆，能容习气，方是所熏，遮佛第八，性唯是善，不受熏也。“可熏”者，谓表此识自体自在，性非坚密，能受习气，方是所熏，遮真如等及心所法，非所熏也。“与能熏相应”者，相应即和合，谓表此识与能熏法要同时处，不即不离，方是所熏，遮刹那前后，及他身等，非所熏也。“所熏非异此”者，异犹言离，谓此上以四义料简所得之所熏法，非离此阿赖耶识更有余法是所熏也。能熏四义，今略补述。

（一）有生灭，谓表此法非常，习习生灭，乃是能熏。此遮无为等法，非能熏也。（二）有胜用，谓表此法，势力增盛，能引习气，乃是能熏，此遮异熟无记性之心心所等，非能熏也。（三）有增减，谓表此法，有胜用而可增减，摄植习气，乃是能熏，此遮佛果善法，无增减故，非能熏也。（四）与所熏和合而转，谓表此法，同时同处，不即不离，乃是能熏，此遮他身，及刹那前后也。

以此四义料简之结果，唯非异熟之七转识，及彼相应心所，方是能熏，余法俱非。此能所熏八义具时，是为熏习之行相也。此熏习义，亦如《成唯识论》广明。

子二破执　谓小乘诸师，唯计有六识，不许后二，故此熏习，破彼执也。“六识无相应”，是总出彼计之六转识，与熏习之道理不相应也。何以故？若以贪等为能熏，心王为所熏，但此心王，有间断时，则应失一切种子，故成过也。若谓六识互熏，但六识之所依根，所缘境，所托作意，各别别不同，此三既有差别，则不俱起，不俱起故，与熏习之道理成相违也。若言六识前念熏后念者，但二念不能俱时而有，时既不俱，便不能熏习。若复救言，虽有前后及六识之各依缘等不相应，但同是识类，以同类故，便成熏习，则应破言，若以同类故成熏习者，则应例推，余六根前五色根与第六意根，同根类故，应成熏习，余五蕴法，同蕴类故，应有熏习，乃至广说，有为无为有漏无漏若圣若凡，一切诸法，同法类故，应有熏习。若许便无圣凡因果等义，成大邪见。然汝不许，何能以类便成熏习耶？既有如上诸过，应知六转识无熏习义，许有第八，便无过最胜也。

癸三颂引因　文中虽列二因，生因如上广明，恐执为有生因，故出二因，明尚有引因也，引因谓间隔相望有引造残果力之因，非同直接有生近正果力之因也。

此中外内二类种子，各有能生及能引二因义。非唯生因，应当了知。何者为例，故引外种所引远残之枯槁柴草果，及内种所引远残之丧后尸体果为证。若但有生因，如禾割后，即应无谷子及谷草等，人死后即应无尸骸骨等。此二种之不顿灭者，即是由有种子余势，为能引因，令所引自体，任运于后后时中，渐渐灭尽。是故应知，外内二类种子皆有与远残果为引因之义也。此引因之果有三义，(一)不即顿灭，(二)不待余灭，(三)不生新果，应知。

“任运后灭故”，可约喻以明，谓如射箭，其弦之力望箭离弓为生因，望刹那刹那任运至所射处后灭落为引因，外内种义，可例知也。

壬七别颂　谓别以二颂，颂二种之不同也。文云“为的显示内种是真种子，非如外种之假名种子，又显示内种之因果条件，非如外种之不定，故复别说二个颂文以明也。”

第一颂明熏习有无成果，“或”显不定义，谓外种子之成就，其所须之熏习，或有或无，不可决定。如苣藤与花香，可云有熏习，与牛粪等资养料，则无熏习。内种则决定由熏习有(本论同唯识论熏生义)，无无熏习之义，或无漏种子等虽有本有而示，决定由熏习而长(此约二俱义说)。故应当了知，或无熏习之义，唯是外种，非内种子也。换言之，即内种定有熏习，外种有无不定，是其异也。设问曰，内种何故定要有熏习耶？若无何过？答云，且如修学无漏法者，闻所成慧等熏习若无有，其所期之初地无分别智果，乃至佛无上菩提果，能生起者非道理也。无因有果故，则应阐提即如来，罗汉即异生，菩萨三无数量劫修行者，成无益之苦行耳，是故内种定有熏习，不同外种也。

“作不作……相违”二句，是明外种因果有作而反失，不作而反得之乱义，内种不然，故有异也。外种作而反失者，如种谷未发芽而反失坏，又作而反得者，如稊稗等。内种若同外种，则应有不修善而生天，乃至成佛，行善而反堕地狱，造恶不受恶报等。便成过失，是故应知内种外种有分成相违义也(相违犹言不同)。

“外种……熏习”二句，明外种实非种子，内共相种依彼熏习而有也。设问云：内种外种，既同是种子，则功能作用等皆应同，何故而有如上之差别也？答曰，外种约亲顺增上缘，假说名种，实非因缘，如眼根实是眼识之增上缘，然而有假说为眼识种者也。故外种及生引之果，皆仍用内阿赖耶识中共相种子为亲因缘，然此内亲因缘，亦是由前时依能熏习之心心所缘彼器界共相法熏习而成者也。故内种亦为彼因缘，外种实非种也。

壬八缘受　谓上来已广明第八缘起道理，其余诸识名受用者，与此识之缘起关系又如何耶？

“复次其余……能受用者”为总举文，受者识是三乘共名，虽通第七识，今且就前六识为论。“诸趣”即天等五趣，“一切自体”即第八识异熟果，谓其余诸转识，普遍于三界五趣四生一切有情自体，为能受用者，故应知说名能受用者识也。为证此名及与第八互为因果义，引下二至教量也。

（一）如《中边分别论》（即《辨中边论》，谓辨明何者是中边义，何者是边执义，分别即辨也。）中说伽陀（见前释）曰，第“一”阿赖耶识，则名四缘中之“因缘识”，第“二”诸转识当知名“受者识，”即指前六心王，内依六根（自性受），外缘六尘（境界受），故六识是能受用之识也。

此受用义中，能受用是受蕴心所有法，分别是想蕴心所有法，推求是行蕴心所有法，非受者识，乃受者相应之心所也，此颂重在第二句文，证转识名受者。

（二）为证上来根本及二转识，更互为因缘之理由，故引《阿毗达摩大乘经》中所说之伽陀曰，诸法者，通指转识相应心品能所缘等一切诸法，于识藏者，谓于阿赖耶识中摄藏彼诸法之种子，是亲因缘义。无性引瑜伽兼明阿赖耶识现为根本依义名摄藏，是增上缘义。识于法亦尔者，谓阿赖耶识，亦摄藏于前转识等诸法中也。因此识中种亦是彼缘法熏成，以所从能，故言摄藏亦是依因缘义。又无性释中由前转识等之善恶业力，能熏引第八识，令将来受种种异熟报，亦名为于诸法摄藏，是增上缘义。

上来二文各有二说，其正义为因缘二义，非增上缘也。更互为果性者，谓诸法是此识中种子所生之果体性，此识中种子是诸法所熏之果体性。亦常为因性者：谓种子为诸法之生因性，诸法为种子之熏因性，更互二字，及常字，可二句中通用，谓更互常为果性，亦更互常为因性是也。此颂文在《成唯识论》中广解。

辛二开立四缘　此亦承上明本转二识文来，分五

壬初问爱非爱　上来二缘起，若于第一分别自性缘起中，已明本转二识互为因缘，是四缘中之因缘摄，其于第二分别爱非爱缘起中，如是本转二识，在四缘中复是何缘摄耶？

壬二答增上缘　是增上与助力之缘也。如因有无明故，而发诸行，无明为诸行之增上缘。行缘识，识缘名色，亦复如是，唯增上缘。二识相望之增上缘，如上互为因果颂中释也。

壬三问受者识　谓如是六种转识，除因缘外，从几种助缘之所生耶？

壬四答三助缘　谓有三种助缘，内依六根为增上缘（是亲顺能生之增上缘），外缘六尘为所缘缘，依自类前刹那谢灭之开导识为等无间缘，其余作意等亦是增上缘摄，故除因缘外有三缘也。

壬五结成四缘　如是上来所明之分别自性及分别爱非爱并能受用者之三种缘起，随其所应，有具四缘者，谓心心所法，余唯增上因缘之二缘也。论自释云，谓穷尽生死之自性缘起与爱非爱缘起

及能受用识缘起。总之，具有四缘。然色法等，非定具四缘也。此四缘中，主要者是因缘，故论广明，增上兼要（通一切之生起故），然有顺违及疏远等，其余二缘，唯限心法，故文不广释也。

上来安立名相竟。

丁二推证其有　谓此阿赖耶识，若名若相，虽上来引圣教量，证其定有，但又依何种胜理，可见若名若相，唯诠第八，非余转识，而证第八是定有耶？为释此疑，故以下之五义，推出正理，证明其识，决定是有。分三

戊初总推其有，分二，已初总问，"如是已安……非余转识"，亦即是结前生后，"如是……及相"是结前，"复云……转识"是生后，文如上释，故不重述。

已二总答　"由者远离……皆不得成"是总出无第八识，则亦无杂染清净法，故成过也。"谓烦……成故"是列三杂染不成及清净不成之名也。杂染者谓杂乱不纯，染污非净，烦恼者谓烦扰恼害，烦恼杂染，此有二类。

（一）自性杂染，谓根本烦恼及随烦恼心所有法，自体即是烦忧恼害故。（二）相应杂染，谓与烦恼心所俱起之王所，自体或善或无记，非烦恼性，唯因与烦恼心所相应俱起，故亦成烦恼杂染。如镜自体，本是明净，只因与尘垢共住，故亦失其明净之相。此之二类，皆名烦恼杂染。业杂染者，业为诸行业，今唯取杂染者，其体是行蕴中思心所法。以思之发身语意之动作，名为业也。此行业因烦恼发者，故亦是杂染，生杂染者，谓业杂染所引感之异熟果，故亦名杂染，实是无记。又杂染约有漏为论，则有漏心所善行，及异熟果，皆名杂染也。此三杂染，即常徒所谓之惑业苦也。世间清净者，谓是属世间所摄之清净法，指色无色界诸戒善禅定，伏欲界之杂染，

故云清净也。言世间摄，表有漏法，清净表善性，出世间清净者，谓三乘无漏法，非世间摄，此三染二净，是凡圣因果之所基，若拨此染净，则成大邪见，既许有此染净诸法，则亦应许有其所依，其所依定非余转识，至下广明。故知决定别有第八阿赖耶识，为诸净染之所依也。

戊二别证其有谓以三染二净，别别说明，证其识定有也。分二，已初以三杂染证有，分三，庚初以烦恼杂染证，分三。

辛初征　“若无此识，云何烦恼杂染不得成耶?”今当广说。

辛二释，分二，壬初总明　“以诸烦恼……不应理故”，若以诸贪瞋等根本烦恼，及忿恨等诸随烦恼，为能薰法，以六识身为所熏法，则其熏习义，及熏习所作成之彼贪等种子体，于六识身聚中摄藏，俱不应正道理，以六识身非所熏持种之识故。所熏四义如上明，六识既非，云何持种？既不持贪等种子，则现烦恼亦无，故云烦恼杂染不成也。根本烦恼者，谓此贪等亦烦恼，是一切烦恼之依止也。随者有二义，(一)随性，即性类等者，(二)随体，即前分位者，其随染随增二义，如俱舍明。所谓身者，是聚义，谓六识各各起时，必有同起之相应心所等成一聚也。如名身句身文身然。

壬二详辨　即详细辨明，六识身不能受熏持种，别有第八之义也，分三

癸初就当界六识身明(当界即欲界)，分三，子初，以眼识明，分二，丑初出计　“所以者何”是追征语，“若立眼识……成种非余”即正出外计也。谓汝若安立眼识(为所熏法)与贪等六根本烦恼及随烦恼俱生俱灭，此眼识由彼贪等熏习，便成贪等种子，非是余法，故无第八识。

丑二破执，分二，寅初正破分四，卯一，举已灭“即此眼识……

果生不应道理”分三。

辰初明无熏习，所依二义，“即此……可得”，谓即此眼识，倘若已经谢灭，第二念为余耳等生起所间隔，当此无服识之时，贪等未必亦无。如是无眼识故，其熏习义与熏习所依止之法，二皆不可得也。此二既无，如何有烦恼杂染种，故烦恼杂染不成。

辰二别明无熏习义　“从此……无体”谓若依从先前已灭，第二念又为余识所间隔，现在无有自体之眼识，俱生俱灭以成熏习，不应道理。以彼已过去之眼识，现在已无有自体故，即无体则不能与有体法相熏习可知也。

辰三以喻重显无熏等义　“如是过去……不应道理”，业之功能，仅为一次招引异熟之用，如壳等种子，仅发一次芽。过去现无体业，即是已引现法起后灭归过去之业，此业已无体亦无用，若言从此入过去世，现在已无体用之业，更有新异熟果为彼引生者，不应道理。若更能引，则阿罗汉及佛，无舍异熟之一日，亦应更受生死苦也。故成大过。已灭眼识，亦复如是，更无俱熏习及持熏习之义也。

寅二举相应　即明眼识为能熏，贪等为所熏不应理也。“又此眼识……不坚住故”，谓即就现行之眼识，虽可能与贪等俱生，但所有之熏习义，亦不得成就也。因眼识时有间断故。或谓眼识于贪等俱生熏习亦不成就，以此熏习所成种子，不得住贪等心中故。由彼贪欲等唯是能依心所法故，不为余依，非自在故，又以贪等不一类相续常坚住故，故亦非受熏持种之法也。

卯三举余识　若转计云，此贪等相应眼识所熏成种子，住余耳等识中，故无如上诸过，此亦不然。“亦不得住……俱生灭故”谓此眼识及贪等熏习，亦不得安住于所余耳等五识之中，以彼余诸识及此眼识所依之根，各个别故，依既各别，则无定俱生之关系，非如第八为共依也，故余识亦不得持种。

又诸余识，无决定俱生俱灭之定义，故亦无受熏持种之义也。

卯四举自体　谓彼救言，眼识熏者住眼识中，贪等熏者住贪等中，各持自种，为将来生起之因，无上诸过，破此眼识等熏习。亦复不得言各住自体中。何以故？由彼各各法自体是一法，无一念顷有二眼识并生之理故，若是二法，方可云有俱生俱灭成熏习义，既是一法，与谁俱熏习耶？若复救言，眼识与贪等并熏，各种归各法自持，故无过者，此亦不然。并熏非自受熏持种，云何自持，受熏持种互相违故。

寅二结破　以上种种道理，是故应知，眼识与贪等六根本烦恼及二十随烦恼互相为所熏习，不应道理。结前二破，"又复此识非识所熏"，谓此眼识，亦非可以余耳等五识为所熏，所依别故，又无决定俱生灭故。亦非可以自眼识为所熏，自不能熏自故，结后二破。

子二例明余识　如上来说计眼识受熏持种诸过，若计其余耳鼻舌身意五转识受熏持种，亦复有如是诸过。如其耳等各随各应，皆当了知。故前六转识持杂染种皆有过，杂染便不得成，若许别有第八受熏持种，便无过也。

癸二从上地六识明　谓若无赖耶上界来下界生，下界烦恼应无因生，故烦恼不成。"无想"即无想天，此天五百大劫中无六识，"等"即无想以上空识等诸地，无下界染识也。"没"即是死，"此间"即欲界，"所染初识"即从上来下最初为下界本随二类烦恼所染污之结生识也。若谓不许有第八识，唯六识者，则从上界无想天等诸地死后来生此欲界之有情，此有情在来生之时，必应有为下界烦恼及随烦恼所染污之最初生识，但彼无想天诸地中，此下界染识种已无持者（无想全无六识，诸地无下染识）。此间所染初识，其生之时，便应成无因生，无种生故。何故知无？由下界染熏成种所依止之下界六识，于无想天等中已无，所依无故，熏习亦失，并成过去已灭无法。现在皆是无体，故能依之种子，熏习成之种子，亦皆已无，故成斯过。若许有第八识持种来生，便无斯咎。

癸三从圣位转识明　即依三乘初入圣位，所有净智相应转识，明非持染种也。分三

子初明现种应无依　“对治烦恼识”者，烦恼是所对治障，识是能对治道，此明能治，即三乘见道位无分别智所相应净识也。“一切世间余识已灭”者，谓世间摄除阿赖耶识之所余识，皆已谢灭，此约六转识为论，若通第七，第七亦转，则灭染污一分，更有大乘生空二空之别，此不详说。“所余烦恼及随烦恼种子者”，即除三乘见道所断分别烦恼随烦恼现行，及俱生烦恼随烦恼现行。此（位中无染现行法故）所余之俱生烦恼及随烦恼种子，此种定应是有，修道位中起现行故。此种若亦断灭，初果应同罗汉，初地应等如来，便成大过。

又谓能对治烦恼之净识，若已生起，则除阿赖耶外，所余世间摄一切转识便已谢灭，性相违故，如明镜喻。当此见道无染识时，若不许有无记性之阿赖耶识，则所余之俱生烦恼及随烦恼种子，亦应断灭，无所依故。若转谓即在能对治识中者，亦不应道理。何以故？（一）因此能对治识之自性，是极清净解脱法故，何能容彼。（二）此能对治识是清净法（如明），与彼余烦恼及随烦恼，是染污法（如暗），定不能俱生俱灭故。若许有第八识持种，便无是过。

子二明后染应不生　“后时”即修道位，谓复于出见道后，修道

时中，其世间摄之识生，所余烦恼等种亦随起，当尔见道时中，若离阿赖耶识，则彼未入见道时所有之诸熏习，及熏习所依止之染识，于初入见道即灭，久已成过去无现前体之法。此熏习及所依止，且成已无，种更何有？故若有此世识及染法生者，则应成无种子因缘而更能生果之外道。若许别有第八，则无过也。

辛三结　以上来从当界上地圣识三种正理为证，故是应知若离阿赖耶识，则烦恼杂染皆不得成，是故定有此识。

庚二以业杂染证名见上释分二。

辛初征　谓上来烦恼杂染不成已知，又云何可知为业杂染不成之理耶？

辛二答　业即福等三行，若不许有阿赖耶识，则十二支中行为缘生识之理亦不相应也。何以故？六转识于结生时无，次生起乃名色之名，故非此识，染意亦于中有中灭，故无别为此识之法，更何能为名色之缘耶？问曰，若此缘无有何过耶？曰，此若无者，则取支为缘起有支亦不相应也。何以故？以识等种为爱取等润后有生后功能，名有支故。未润之识等尚是无，更何能成已润之有？有取既失，业依何立。以是理故，若离阿赖耶识，业杂染亦不得成也。

庚三以生杂染证分三　辛初征，谓上二杂染不成之理已明，其生杂染云何亦不成耶？

辛二释分三　壬一从生时识明分二　癸一总答，谓若无赖耶识结合赤白，受生相续之理，不相应故。此不相应便不结生，故生杂染不得成也。

癸二别解分三　子一明欲界生不成分四　丑一和合识不成，即文中“识羯逻蓝更相和合”之识，若离此识不相成也。分三。

寅初示结生相　“非等引地”即欲界散心地，等引是定，等引地即上二界定心八地也。“中有”是四有之一，死后生前中间之有情位，名为中有，“羯逻蓝”此云杂秽，即赤白相和，状如凝酥，是胎中初七日位名也。又谓若有有情于此欲界散心地没已，仍于此散心地受生时，彼有情依中有位最后刹那之意根，起染污意识，结合赤白，受生相续不断(是持识力)。但此染污意识，亦于中有位最后刹那中灭，因结生时是极重闷绝故。初入母胎时识与羯逻蓝更相和合，摄持赤白以为自体同安危者，是识即名和合识，亦名相续识，即十二有支中识支是也。

寅二牒计征破分二　卯一牒计　“若即意识至有意识转”，谓若不许有阿赖耶为和合识，计即意识于中有最后刹那与彼羯逻和合名和合识，即此意识与彼和合，次生有最初刹那后，依止此和合识之旧意识“是所依”，于母胎生有位中有新意识转起“是能依”，是故不须别有阿赖耶识为和合识。

卯二破执分三　辰(一)有二意识破，“若尔即应……同时而转”，三乘共许同处同时同类之法不得同起，无容处故，有无用故。故有二意识于母胎中共转，便违三乘共许道理。文谓若计依旧意识有新意识得同时生者，即应有二个意识于母胎中同时而转也。若计即是一意识者，亦不应理，彼和合识恒时是无覆无记性，依起意识则通三性，性不同故，故非理也。若许赖耶为所依识，便无其过。

辰(二)以三因由破　“又即与彼……不可得故”文分二段，“又即至道理”是立宗，谓又决定计与彼羯逻蓝和合之识，是中有位依意根文所起之染污意识，为此和合识体者，不应道理。何以故？有三因故，“依染至得故”是三因，(一)此生有位新生意识之所依识便成染污性故。但结生识定是异熟无覆无记性，故不应理。(二)此和合识即相续识，于中有生有等时皆无断，持赤白故，意识有断(此时是极重闷绝故)，故不应理。(三)意识若有，其所缘之境必明了可得，意识以粗显境为所缘故，但此位中，意识所缘之明了粗显境定不可得，故知此位，定无意识，以此三因，故意识为和合识性，不应道理。若许阿赖耶识即无此过。

辰(三)设双关征破，分三，已(一)牒计，"设和合识即是意识"，谓假设许汝计和合识即是意识。

已(二)设关且问汝意，为此和合意识，即是一切种子识耶，抑为依止此和合意识所生之余意识，是一切种子识耶，此有何过？

已(三)责破 "若此和合……不应道理"谓若计此中有最后刹那，后与羯逻蓝和合之意识即是一切种识者，应知即是阿赖耶识。汝不过以异样之名，将此阿赖耶识，说为意识而已。余转识非能持种名一切种识，前已辨故，若不以和合识为一切种子识，返以能依止此和合识所生新意识，谓是一切种子识者，则所依之因识非一切种子识，能依之果识返计是一切种识，不应道理，以因果相返故。

寅三总非结正 以是理故，成就此中有位后一刹那与羯逻蓝和合之识，决定非是意识(有上诸过故)，但是阿赖耶果相异熟识，(结前二破)亦但是阿赖耶因相一切种子识，(结第三破)二相总合，即是自相，故应知和合识，即是阿赖耶识也。

丑二执受识不成 上和合识，约中有末入生有初结生识明，此执受识，约有生来至未死前识明，在一期中，能执持色根令不坏及生觉受之识，即阿赖耶识，如上已成讫。今唯证非转识而已。文谓从初结生相续不断以来，乃至未死以前，设若离阿赖耶识，能于一期中执持色根，令生觉受之识，必不可得也。以唯阿赖耶识总为诸色根依，其余诸转识，皆各各别有所依根故，故无有一识能独执受有色诸根也。前五识别依可知，第六七识不依色根，故亦不执受。又余转识，性通善恶，忽上忽下，世出世等，不坚住故。若根由余转识执受者，其转易位便应舍而改取。若外救言，色根不必有识执受，此亦非理。若无识执受者，应同死尸，不久当坏，故诸色根于一期中，不应离识，又灭定等位中，有情色根不坏，故执受识，非诸转识，唯是第八阿赖耶识。

丑三相依识不成　“若离异熟……此亦不成”，名者是受想行识四非色蕴，色者即母胎羯逻蓝，识即与彼五蕴对立之和合识。

谓若离此异熟阿赖耶识，如世尊说，识与名色，更互相依，譬如芦束相依而转之识，此识亦不得成，除阿赖耶识，更无可为与彼名色相依而转之识体故，因诸转识，若王若所，皆名摄故，亦不可说。识与名是一法，因同时更互相依，如二芦为束，非一法故，若许别有阿赖耶识，为此识体，便无是过。

丑四识食识不成　食以能资持长养身命令不断为义，佛说食有四种：（一）段食，是色法变坏时，能资养身命，唯人等所食之饭等。（二）触食，是根境相触以资益身命，通六转识。（三）思食，是由希愿之意识，以资益身命。（四）识食，是能任持身命，令不坏灭，故亦名食。谓若离此异熟阿赖耶识，已受生后有情，所任持身命之识食，亦不得成。有前转识，何以不成识食？以六转识中随取其一识，皆不在任持身命（如上不能执受色根中说）故不能作食，又于六转识中，任随取其一识，于三界中皆有间断（二禅上无五识，无想天等无意识）。故于三界已生有情能作食事定不可得，即六识离合亦不能于三界中，能为已生有情作食事，不遍三界故。若许别有阿赖耶识，为已生有情作识食，便无上过。

子二明色界生不成“若作此没至定不可得”，谓若从此下界没，上生于等引地中之有情，于正受生时，是由下非等引散心地之染污意，趣上足地结生相续。但此能趣之非等引地意识中，能为染污之心，是彼定地所摄，以餐定味等为染污，非贪五欲等故。若离异熟阿赖耶识，以余法为持彼上地染污种子之体，定不可故（余不能持种如上明）。持种之识无故，余种子体亦定不有，离所依必无能依故。彼上地染污心种子尚不得有，则所起彼上地之染污现行，更何从能有耶？彼上地染污心若无，则不能生上地，故成过失。换言之，即自欲界死，上生色无色界，于将结生时之意识，仍是欲界所摄。其所有之染污，则上界摄。若不许有异熟识持彼染污种子，则彼种子定不可得。更云何能于将结生时欲界所摄意识上得起上界所摄之染污耶？若许别有阿赖耶识持彼上地染污种子，此时生起便无过也。

子三明无色界生不成　“复次生无色界……应无依持”，无色即空识等四无色天，唯有第六七八识，及其相应心所等。染污善心者，以彼心是定故善，有爱味等是染污，故名染污善心。谓初生无色界之有情，若离第八因相一切种子识，唯第六识者，第六识仍是下界所摄，无能生彼无色界染污善心，故彼染污善心应无种子。若离第八果异熟识，唯第六识者，此下界所摄之第六，非彼无色界染污善心所依，亦非能持彼染污善心种子。彼无色界染污善心无因及依，生不应理。若许别有阿赖耶识所摄受故，从自种生（有因），为所依故（有缘），住便无过。

壬二从出世识明，分二，癸初总明四天　“又即于彼……灭离异熟”，谓又即于彼无色界中，无色身依，亦无第八唯第六者，若出世之无漏心正现在前时，此是能对治世间心，故余世间心此时皆灭尽，则当此无漏出世心正现在时，便应灭离彼无色趣，以唯是出世无漏心故。然实不离，故成相违。若许第八仍属世间，便无上过。

癸二别明二趣　“若生非想……为所依故。”“非想非非想处”者，谓此处非同空无边处，识无边处之有想，亦非同无所有处之无想，故立斯名。即三界最上之有顶，第一有也。此天定重于慧，极为暗钝，非出世无所依生趣。“无所有处出世间心现在前时”者，谓此天之心较明利，能生出世间心，故非非想处之有情，欲起出世心故，必须先转第六识为无所有心，依此方生出世间心（但此时中有情属第一有，第六转识属无所有，依生之出世心非世间摄），若不许别有第八唯第六者，则此出世心现在前时，即应第一有及无所有二趣，悉皆灭离。彼是世间，犹如明暗定不同时，又若无第八识，此出世心，便无依趣，因此出世识不以非想非非想处为所依趣，彼暗钝故，是世间故。亦不应以无所有处为所依趣，心虽明利，亦世间故。然亦不以无余涅槃为所依趣，此出世心初起之时，有余依故，尚有修所断惑种故。所依无故，能依亦无，故亦成过。若许别有第八阿赖耶识，二趣可不灭，此心亦有依，故无咎也。

壬三从没时识明　“又将没时……皆不得成”，“将没时”者，即六识已灭身体尚暖时。“造善造恶或上或下所依渐冷”者，所依即身，为诸根等，所依处故。谓第八识，是持暖寿之识，此识舍时，其身便冷，造善之人，白业引故，死当上生，故所依身，从下渐冷，体全冷时，即命终也。造恶之人，黑业引故，死堕三涂，故所依身，从上渐冷，体全冷时，即命终也。若不信此第八阿赖耶识，唯执有六识者，此死时入闷绝位已无六识故，此上下渐冷事，应不得成。

辛三结　以上诸理为证，是故当知，若离一切种子因相，及异熟识果相之阿赖耶识自相者，非但烦恼业杂染不得成，此生杂染亦不得成也。

己二以清净推证，分二，庚一世间清净，分三。

辛一征问　杂染不成，如上已知，且世间清净不成，云何可见？

辛二解释，分二，壬举下界为证，分二，癸一难余非因，分二。

子一下界加行非上因难　“谓未离欲……不应道理”，缠即现烦恼之别名，谓若无第八唯六识者，未离欲界贪等烦恼，未得色界烦恼相应心之有情（即欲界有情），即用欲界烦恼所系之善心，发心为舍离欲界贪等烦恼故，勤修超出欲界之加行，但此欲界烦恼所摄而生起之加行善心，与色界烦恼相应心不能同时，俱生灭故，不成熏习，同是一意识故。此加行心，非彼色界缠心之所熏法，非无记性故，非俱生灭故，散定相违故。此加行心，尚不为彼色缠心之所熏，为彼色缠种子，不应道理。

子二过去色缠非现种难　转计云，色缠心生，仍以过去曾有色缠心种，现在现起，故无有过。破云，又色缠心，过去多生，种已间断，于其中间，余心隔绝，不应更为今时生色缠定心之种子。何以故？过去色缠心，唯是无有故（即已灭无）。

癸二成此是因　以是之故，成就色缠定心一切种子，是异熟识，从于无始展转传来，为今时色界缠心生起之因缘，便无过也。然则欲缠所摄之加行又有何用耶？谓因缘虽有，若无增上缘，仍不能起，如离眼根，眼识亦不得生。故加行善心，但为色缠心之增上助缘。或引色缠心之等无间缘，非因缘也。

壬二例余界亦然　依上理证，如是其余一切离欲地中，生心道理，如其所应，当了知也。

辛三结过　如是体相之世间清净法，若离此识因相之一切种子识，及果相之异熟识，其事定不能成就也。世间清净，唯伏烦恼而不能断，出世间清净，则有断分别俱生烦恼所知障等不同也。

庚二出世间清净，分二，辛一就闻熏辨，分二，壬一明正理，分三。

癸初征问　出世间清净法，云何亦不得成耶？

癸二答释，分二，子一引圣教　“谓世尊说……正见得生”，世尊说即是显是圣教量。“依他言音”者，即依他出世人所说之言音教法，是所闻境，在能闻边即是闻慧。“及内各别如理作意”，闻者非一，故内各别，如他所说正理，而生起与理相符之作意，是能了心，亦即思慧。由此上来所明之他言音及自作意为因，无分别之正见（即智）即得生起。此正见者，即出世间清净法也，若离第八识，闻熏习不成，则此正见亦不得生，故世间清净不得成也。

子二格正理，分三，丑一耳意二识辨，分二。

寅初征　若不许有第八识者，此圣教中所说之他言音及如理作意，所有熏习，为是熏在耳识中耶？抑为熏在意识中耶？抑为耳意两识俱为所熏耶？

寅二斥　“若于彼法……余识所间”，谓若于彼他音所说正法，起如理思惟之时。当尔之时，耳识且不得生起，故非所熏。又当尔之时，意识亦为种种境界扰乱散动，余识于中间隔，故亦非所熏。此二俱非所熏，例可知也。耳意识既不为所熏，种子应无。种子无故，现从何起，故出世间清净法不得成也。

丑二前后二识辨　“若与如理……相应之心”，谓若待至与如理作意相应之意识心王生时，而此闻所熏之意识，及与彼前时之言音，已久灭尽，成过去无，现在决定无有实体。意识及熏习法即已无体，云何复为种子。而生后时与如理作意相应之记忆心耶？前后二识既不为熏，故出世清净亦不得成。

丑三世出世识辨　“又此如理……不应道理”，谓此与如理作意相应之心是世间心摄，彼与正见相应之心，是出世心摄，此二意识，从无始来，曾未有时俱生俱灭（性相违故是一识故）。是故此世间心，非彼出世心之所熏，既此不被彼熏，以此为彼种子，不应道理。

癸二结成　以是理故，出世清净正见，若离一切种子因相异熟果之阿赖耶识者，亦不得成也。以世间六识中，受闻正法识之熏习，摄持彼出世清净种子，不相应故。理如上明，故应信别有第八阿赖耶识也。

壬二答妨难，分四，癸初答能所治难，分二，子初出难，分二。

丑一染识非净种难　“复次云何……净心种子”，谓上本明一切种子异熟果阿赖耶识是为杂染法因，云何复能为“出世能对治杂染清净心”之种子耶？杂染清净二性相违，阿赖耶识岂能同时为杂染又为清净乎。

丑二无熏应非种难　“又出世心……从何种生”，谓出世净心，往昔劫来，未曾习故，彼出世心之熏决定应无，既昔本无出世心之熏习，现在正见相应之出世清净心，从何种生耶？故纵许阿赖耶识，亦有此过。

子二答释　“是故当知……种子所生”，“最清净法界”，是佛所证之法界，二障之现种及二障所起法俱尽，故云最清净。“等流”者，谓从佛法界均等流出之教法，与佛之法界是平等流类，即所依之他言音也。“正闻熏习”者，于此经教，无倒听闻，即内如理作意也，以此说闻即成熏习，文谓是故应答言，此出世清净法者，是依佛证之最清净法界平等流出之教法，所起之正闻熏习熏成种子之所生，虽以阿赖耶识为所依止，然非以阿赖耶识种为亲因缘，故无前过。故即《法华经》“佛种从缘起”之谓也，亦是《成唯识论》中新熏家义。

癸二答自他性难，分二，子一出难　“此闻熏习……诸佛菩提”，谓此正闻熏习清净法种为是阿赖耶识之自性耶？为非阿赖耶识之自性耶？换言之，即此熏所成之清净种子，既依阿赖耶识，与阿赖耶识为一耶？为非一耶？此有何过，若即是阿赖耶识自性者（若是一者），云何又能是彼阿赖耶识对治法之种，是一体故。若非阿赖耶识自性者（若非一者），便不依彼阿赖耶识。此闻熏习种子之所依处，云何可见，无依处故无种，无正见生，乃至云何能见证得与诸佛平等之菩提，故有第八仍有此过。

子二答释　虽非同性，亦可为依，如眼识可依眼根，非性必同也。“此闻熏习……种子性故”，谓此正闻熏习，随闻者一趣异熟识相续所依转起之处，即寄在彼一趣相续异熟识中，此熏习所成之净种，与彼阿赖耶识，和合俱转，不可分别，犹如水乳和合似一。然此熏习，非彼阿赖耶识，实是彼阿赖耶识能对法之种子故，但随依止，亦无过咎。

癸三明熏习之相，分二，子初征明　“此中依下……得相应故”，谓此熏习中，依三慧修，有三品别。初闻正法为下品熏，次展转增胜为中品，次更增胜力为上品，每品各有三慧。或依闻所成慧为下品，闻思为中品，闻思修为上品，此三品熏习，是依闻思修数数多分修作，得相应故，即生正见也。

子二别辨，分二，丑一略标举　“又此……种子”，谓此正闻熏习种子，下中上三品，应知亦是法身种子，非阿赖耶识也。言法身者，是通指断所知障生得菩提果，摄自性受用变化三身，对断烦恼之解脱身，此名法身，非特指自性身为法身也。

丑二广解释，分二，寅一明净种非赖耶　“与阿赖耶……心种子性”，谓此种子，与阿赖耶识性相违故，非即阿赖耶识。以是出世间最清净法界平等所流之性故，虽初熏时下品中品等位现是世间摄，而实是出世间心种子之性，故非阿赖耶识也。

寅二显熏习有胜能，分三，卯初明治作 “又出世心……诸佛菩萨”，谓此出世心种，虽未生出世心时，然已能损伏对治诸增上贪烦恼缠（即对治烦恼杂染）；已能对治诸险恶趣果，以现无感果之惑故（即对治生杂染）；已能作过去一切所有恶业之朽坏对治者（即对治业杂染）。上三种是断恶，又能随顺逢事一切诸佛菩萨，即作善也。

卯二明身摄 虽此种子仍是世间，应知贤位初修业菩萨所得者，亦是法身摄。若声闻独觉所得者，则唯是解脱身摄，非法身也。又此熏习，虽是世间，定非阿赖耶识，是法身解脱身摄故。

卯三明转依 “如如熏习一切种永断”，谓上来所明下中上三品熏习，如是如是次第渐增异熟果识，亦如是如是次第渐减此异熟果识，渐减，即渐转一切杂染种子之所依，既一切杂染种子所依转已，即舍异熟果识及一切杂染种子识，无复杂染种子依之而转，一切染种至此永断。断染法故，成净法身，此正闻熏习之功力，即依阿赖耶识而得成也。

癸四明和合之相，分二，子一正难 谓云何非阿赖耶识之出世清净种，与阿赖耶识之染杂法，犹如水乳同处俱转，而其阿赖耶识一切染种渐尽，非阿赖耶识一切净种渐增耶。

子二喻释，分二，丑一鹅饮乳喻 谓譬如于水乳和合器中，鹅能饮乳尽而水存，即如见修道中，一切染种净而净种存也。

丑二世离欲喻 谓又如世间欲界有情，得离欲生色无色时，非等引地欲界烦恼熏习渐减，其等引地熏习则渐增多，而得转下劣依成上胜依，见修道中转舍阿赖耶识中染种而增阿赖耶识中净种之理，亦复如是也。

辛二就灭定辨，分二，壬一正辨　又入灭尽定之有情，识不离身，执持寿暖，是圣所说故。但前六转识及第七染分，于此皆灭尽，此中异熟识应成不离身之识，因灭定之有情，非为治此异熟识灭定生故。

壬二破执，分三，癸一破无识执　谓又非出定时此前灭之识后生名不离身，由异熟果识如在定中间断，已便离结生相续之执持，便无重生之理故。便成死尸，不应出定更生。故定中无识成过。

癸二破意识执，分三子一牒计总破　谓又若有执即以第六意识故，立为灭定有心，破云此心不能成立。

子二显过别斥　"定不应成故"者，谓若此定有意识者，则不应成无心定故。若有阿赖耶识为心，此非彼所治故，便无此过。"所缘行相不可得故"者，谓若有意识，其所缘境及能缘行相便应明了可得，然此定中，其所缘行相俱不可得，故成过失。若许赖耶，便无此过。赖耶行相所缘，俱不可知故。"应有善根相应过故"谓此心若是意识者，其性是何性。若是善者，便应有善根等心所相应过故。"不善无记不应理故"者，谓离欲时一切不善皆不有故。故非不善，亦非无记，此定是善定故。"应有想受义行过故"者，谓此心若是善者，便有善根等心所法现行故。想受遍行心所亦应现行，此定便不应名灭受想定，故成过失。"触可得故，"谓此定中有意识者，必有意识相应触故。此亦应然，有触有何过耶？"于三摩地有功能故"，谓于余三摩地中，有触生受之功能故，此亦应生受，有受有何过耶？"应有唯名，灭想过失之故。"故以意识为此中心，不应理也。"应有其思信等善根现行过故。"谓若有触，便有思等，圣所说故，然汝不许，故不应是第六意也。为避前难及违圣教，便转计为此定唯有心王，无心所法。此亦不然，能依心所与所依心王，无始时来未曾稍离，汝今单拔除彼能依心所令离所依之心王，不应道理故。“有譬喻故，如能遍行，此有不故。”谓又有喻明，如语行寻伺灭，语便不起，如是意行思想等灭，意亦不起。外救如身行出入息灭，其身仍在，意亦应然，心行思等虽灭，而意亦应仍在。此救不然。彼身行非遍行，此不有故，此是偏行，故救喻非也。若许有赖耶识者，以无意识故，名无心定，以有赖耶故，名识不离身，便无上种种过咎。

子三结定非意　“又此定中……故不应理”，谓又此定之中，若以由有意识故知为有心者，则此心是善不善无记三性，皆不得成，故不应理。

癸三破色心自类相生执，分四，子一牒计指前破无熏习　谓若复执色心无间生是诸法种子者，此不得成立，如前已说无熏习过故。

子二破灭久不应更生　“又从无色……不应道理”，谓又如从五色界没，此有情五色种，色生不应道理，从无想天没，此有情无心种，心复生不应道理。从灭尽定出，此圣者心种久断，心复生不应道理。故色心各持种，不应正理，若许有赖耶识，便无此过。

子三破阿罗汉应无最后蕴　谓又若前色心为后色心生种者，则阿罗汉之色心亦应为后色心种，永无尽期，便不成最后心，是大过也。

子四许可容有等无间缘　谓此前念现行色心，望后念现行色心，唯可容有等无间缘义，非因缘也。

戊三结成其有，分二，已一直结　“如是若离……决定是有”谓如是之故，若离一切种子及所依异熟果识，杂染清净皆不能成。以是之故，成就如前来所说之相之阿赖耶识，决定是有也。

己二颂结　谓如前转识转依不成之理，此中有三颂明之，分二，庚一征计　“菩萨于净心……云何汝当作”，谓菩萨于出世净无漏心时，便远离眼等五识，亦无余世间有离善等。若有赖耶，可作一切杂染种子，此染种无故，便名心转依。汝既不许有阿赖耶，菩萨尔时之心转依，汝云何当作耶？

庚二破执，分二，辛一破对治为转依执　“若对治转……永断成过”，谓若计对治起时便是转依者，不然，对治起时非全永断，故不成也。若对治即全永断者，则果之罗汉如来，与因位有学菩萨，应无差别，于永断之理成过失故。

辛二破转识为转依执　若不许阿赖耶识者，其净心起时，彼世间转识便灭，即无染种，以无世间识故，又或无体。若许转识为转依者，无种体二法可言无故，有转依义不应道理，以必断染方转依故。

丁三示差别相，分二，戊一征起　复次此阿赖耶识之差别众相，云何可知耶？

戊二答释，分二，己一总答三四　“略说应知……相貌差别”，谓总略言说，此识之差别相，应当知道，或为三种相，或为四种相，此三四中，且说三种相者，谓三种熏习差别故，说三种相也。“一名言熏习差别”，谓种种戏论名言熏习，第八后来生起种种法之差别种子也，是亲因缘。“二我见熏习差别”，谓我见烦恼执我执他熏习，而成后来生自他差别之缘也。“三有支熏习差别”，谓三有善不善不动行之熏习，而成后来生诸趣差别之缘也。此二是增上缘，四种相者，谓一引发差别，二异熟差别，三缘相差别，四相貌差别，此四如下广释。

己二别释四种，分四，庚一引发差别　“此中引发……应不得成”，即能引发现行诸法品类差别之业也。“谓新起熏习”，即最初所起引发识等之熏习也。“此若无者……应不得成。”谓此最先所起之熏习若是无有者，则后之行为缘识及取为缘有等，皆不应成，便成过失。若许有此种相，便无咎也。

庚二异熟差别　“此中异熟……生应不成”，谓上明之行有为缘于诸趣中所引之异熟果，种种差别。此阿赖耶识之差别无者，则无有种子，后有诸法眼等色根等异熟法，生应不成。许有赖耶，便无是过。

庚三缘相差别　“此中缘相……应不得成，”谓即此阿赖耶识见分，为意中我执烦恼所缘之我相，故亦是第八相，此识若无者，则染污意中我执所缘之我相，亦应不得成也。

庚四相貌差别　即是阿赖耶识中种子生起诸法之种种相貌也，分二，辛一略标举　“此中相貌差别者……种子相等”，即举共相等名也，等下文粗重轻安等相。

辛二庚解释，分二，壬一明依正差别相，即明依报名共相，明正报名不共相，“共相者谓……应不得成”，分三。

癸一依标释相　“共相者……生种子”，共相者谓即是阿赖耶识中共相种子所起之器世间诸法，为阿赖耶识之共相。不共相者，谓由各各有情阿赖耶识中不共相种子所起之别别内六处法，即是赖耶不共他之相也。“共相即是无受生种子”者，谓生外共相之种子，即是无有觉受生起之种，“不共相即是有受生种子”者，谓各各有情别别能生内处之种子，即是有觉受生起之种子也。

癸二明对治心异，分二，子一总明内外不同　“对治生时……

但见清净”谓有对治无漏心生时，此共不共二类种子，唯不共相所对治灭，其共相法，亦有他有情分别所持，故不治灭。但随行者之净心，而见共相法亦成清净法而已。

子二别明外随心异　“如瑜伽师……取唯有识”谓如修瑜伽诸师，因各各心行不同，于一物中起种种胜解不同，有种种所见之异境，然皆得成立。如于一水上，天人鱼鬼等所见之不同也，为显此义，故引二颂，“难断难遍知应知名共结”者，谓共相种是由共同之结使所起，此共相广大无边，又似外现，故难断而且难遍知也，“瑜伽者心异”，即显能见之心为主，“由外相大故”显外器世间相广大无量，“净者虽不灭，而于中见净”者，外相虽大安布，瑜伽之净者，虽不能灭除，然由各各心异，而于其中见为净法，亦能成立也。“又清净佛土，由佛见净故”，是引即染即净喻，谓又诸清净佛土之所能净者，亦是由佛之四智照见清净故而成清净，非由染见之有情能见为净土也。复引一别颂，对前所引证之瑜伽师种种胜解而所见有种种境皆得成立之理，今更进明，皆唯是识也。

“诸瑜伽师（出能见人）于一物（出所对境）种种胜解各不同（出心异），种种所见（出所见境）皆得成（明成立），故知所取唯有识（成唯识），即《解深密经》所谓无有少法能取少法义也。

癸三结成　此识若是无者，则诸器世间之共相，及有情世间之不共相，生起差别等等皆应不得成也。

壬二种种差别相，分四，癸一粗重轻安相　“复有粗重……应不得成”，谓此又有粗重相及轻安相二种差别，粗重相者，谓即无所堪能之烦恼种子是。轻安相者，谓即有所堪能之有漏善法种子是。此二相若无者，则所感之异熟果，有无所堪能及有有所堪能之二类异熟，此二异熟所依之差别应不得成，故成过失。若有此二相为所依差别，便无咎也。

癸二受尽无尽相 “复有亦受……应不得成”谓复更有有受尽相及无受尽相二种相。有受尽相者，谓已成熟异熟果（是所成熟）之善不善种子（是能成熟），此种子是指业种（有支种子），唯能引一次果，果既已熟，其受生之功能便尽，故名有尽期之相也。无受尽相者，谓即是名言熏习种子，此种子无始时来是为种子戏论流出转成之种子故，转至断前曾无尽日，故名无受尽种子。此二种相，若是无者，无有受尽相故，则久远劫之已作毕不更起之善不善业，与果之功能受尽，应不得成也。倘此若不尽，则如来罗汉，亦应更受异熟流转之生死苦，故成大过。无无受尽相故，则从名言上更新生之名言熏习生起，亦应不得成也。

癸三譬喻相 “复有譬喻……应不得成”，谓复有幻等应譬喻为相也。谓即此阿赖耶识，以幻焰梦翳等为譬喻相，显其不实，为颠倒缘也。此如幻等譬喻相若无者，则由诸不如实种种虚妄遍计种种缘故，有颠倒缘相，亦应不成也。

癸四具不具相 “复有具足……应不得成”，具足谓具足第八之染种或伏或断也。文谓复又有具足相及不具足相二种相，谓诸具缚之有情（者即有情之代名词）染种具在，故名具足相。世间离欲界之有情，暂伏下界染故名损灭相。有学位之声闻，及诸菩萨，或断绝一分烦恼障，或二障俱断绝一分，名一分永拔障种之相。阿罗汉及独觉与如来，名烦恼障全永拔尽相，但如来又名烦恼所知二障全永拔尽相，非罗汉独觉亦能，故曰如其所应也。此等诸差别相若无有者，如是次第异生杂染如来等还灭应不得成也，以有如是诸相故，是故应知定有第八识也。

丁四辨性无覆，分二，戊一问 有何种因缘之道理故，其善不善能感异熟法，感成之异熟果是无覆无记性耶？

戊二答　由异熟果是无覆无记性方能与善不善俱不相违，善与不善二性互相违故。若异熟果是善不善，其杂染还灭俱应不得成。何以故？以是善则不为染熏，无染熏故，便无杂染。无杂染故，亦无断染净所得之还灭，皆应不得成。若是不善性，则不受善熏，其过可知也。

应用理论类

佛法总抉择谈

太　　虚

昔基师既著《唯识料简》，于《法苑义林》复有总料简章之作，顷获读竟无居士之《唯识抉择谈》，十之八九，与吾意吻合无间；然以之专谈唯识一宗，虽无不可，而置之佛法总聚中，则犹须为抉择之抉择焉！故今之佛法总抉择谈，即对于竟无居士之《唯识抉择谈》而作。

今作佛法总抉择谈，将以何为准据而抉择之耶？曰：依三性。盖三性虽唯识宗之大矩，实五乘法之通依也。故今依以为抉择一切佛法之准据焉！而抉择之先，当略明三性之梗概：

一者，遍计所执自性，其能周遍计度而倒执者，则六七二识烦恼相应诸心心所也。其所周遍计度以倒执者，则于一切依他起法，周遍计度，不能适如其量，或增益之，或损灭之，而倒执为圆成实也。云何遍计所执？谓计度彼依他起法，或增益之，或损灭之，颠倒执为圆成实性。若但唯依他起而不起增损之二执，固无妨遍计焉！但遍计执自性即是倒执，倒执解即无所谓遍计执自性，故所计之依他起及所执之圆成实，概唯虚妄。

二者，依他起自性，依他所起之法，则一切有漏无漏之有为法是；以相用不空而无实自体为其自性。其所依之他，若分别言之，则众缘是；若概括言之，则一切杂染依“他”起法皆依“倒执”起，一切清净依“他”起法皆依“正智”起，然倒执由迷真如违真如故起，而正智由悟真如顺真如故起；间接言之，则谓彼违真如之杂染法，由能迷真如之恒行无明起，彼顺真如之清净法，由所悟真如之二空真如起，亦无不可。

三者，圆成实自性，乃一切法圆满成就真实之体，以无欠余不变坏离虚妄为自性者。不变坏遮非依他起，离虚妄遮非遍计执，无欠余表是圆成实；若依遣遍计执断依他起之所遣清净所断清净以言圆成实，则唯无为真如是圆成实。若兼能遣清净能断清净以言圆成实，则亦兼摄无漏有为是圆成实。若唯无为是圆成实，则佛果具圆成实及净依他之二性，或兼离执之遍计性（唯识宗是），若摄无漏有为是圆成实，则佛果唯圆成实性（真如宗是），有处以“真如”“无为”与“圆成实”等量齐观，故亦言佛果唯真如或唯无为（真如宗经论是）。

依此三性以抉择佛法藏，其略说依他起之浅相而未遣遍计执者，则人乘天乘之罪福因果教也，亦世出世五乘之共佛法也。其依据遍计之法我执以破除遍计之人我执，而弃舍依他起者，则声闻乘之苦、集、灭、道教也；亦出世三乘之共佛法也。至于不共之大乘佛法，则皆圆说三性而无不周尽者也。但其施设言教所依托所宗尚之点，则不无偏胜于三性之一者，析之即成三类。一者、偏依托遍计执自性而施设言教者，唯破无立，以遣荡一切遍计执尽，即得证圆成实而了依他起故，此以《十二门》《中》《百》论为其代表；所宗尚则在“一切法智都无得”，即此宗所云“无得正观”亦即“摩诃般若”，而其教以能“起行趣证”为最胜用。二者、偏依托依他起自性而施设言教者，有破有立，以若能将一切依他起法如实明了者，则遍计执自遣而圆成实自证故。此以《成唯识》等论为其代表，所宗尚则在“一切法皆唯识变”，而其教以能“建理发行”为最胜用。三者、遍依托圆成实自性而施设言教者，唯立无破，以开示果地证得之圆成实令起信，策发因地信及之圆成实使求证，则遍计执自然远离而依他起自然了达故。此以《华严》《法华》等经《起信》《实性》等论为其代表，所宗尚则在“一切法皆即真如”，而其教以能“起信求证”为最胜用。此大乘三宗之宗主，基师尝略现其说于唯识章曰：“摄法归无为之主，故言一切法皆如也，摄法归有为之主，故言诸法皆唯识，摄法归简择之主，故言一切皆般若。”法苑义林章卷三八页摄法谓统摄法界一切法罄无不尽也，其所宗主之点，虽或在如或在唯识或在般若，而由彼宗主所统摄之一切法则罄无不同，故三宗摄法莫不周尽也。譬唯一中华民国之中央政府，或设之在北京亦统摄此全国，或设之在汉口亦统摄此全国，或设之在南京亦统摄此全国，其能统摄之中央政府设在地虽有或北京或汉口或南京之异，其所统摄之全国则无异也。昔尝以此三宗判摄中国大乘八家之学，除净律分属各宗外，其嘉祥、慈恩、禅宗、天台、贤首、密宗之六家，为表如下：——

摄一切法归
- 简择主之般若宗………………（即摄论之得此清净）……嘉祥
- 有为主之唯识宗……慈恩
- 无为主之真如宗
  - 全体真如…（即摄论之自性清净）…禅宗天台
  - 离垢真如…（即摄论之离垢清净）…贤首
  - 等流真如…（即摄论之生境清净）…密宗

然此三宗虽皆统一切法无遗，其以方便施设言教，则于所托三性各有扩大缩小之异。般若宗最扩大遍计执性而缩小余二性，凡名想之所及皆摄入遍计执，唯以绝言无得为依他起圆成实故；故此宗说三性，遍计固遍计，依他圆成亦属在遍计也。唯识宗最扩大依他起性而缩小余二性，以佛果有为无漏及遍计执之所遍计者皆摄入依他起，唯以由能遍计而起之“能执”“所执”为“遍计执”及唯以无为体为“真如”故；故此宗说三性，依他固依他，遍计圆成亦属在依他也。真如宗最扩大圆成实性而缩小余二性，以有为无漏及离执遍计皆摄入圆成实，复从而摄归于真如无为之主，唯以无明杂染法为依他遍计故；故此宗说三性，圆成固圆成，遍计依他亦属在圆成也。

然此三宗，虽各有当，若从策发观行而伏断妄执以言之，应以“般若宗”为最适，譬建都要塞而便于攘外安内故。若从建立学理，而印持胜解以言之，应以“唯识宗”为最适；譬建都中部而便于交通照应故。若从决定信愿而直趣极果以言之，应以“真如宗”为最适；譬建都高处而便于瞻望趋向故。要之于“教”以真如宗为最高，而“教所成益”每为最下，以苟非深智上根者，往往仅藉以仰信果德故，于“教”以般若宗为最下，而“教所成益”却为最高，以若能绝虑忘言者，必成妙观而发真智故，于“教”以唯识宗为处中，而“教所成益”亦为处中，以如实了解唯识者，虽或进未行证而必非仅能仰信故。

由上来所说以观之，《起信论》等与《中》《百》论及《唯识论》各为一宗，而其为圆摄法界诸法之圆教则同，虽同为圆教而胜用又各有殊。依此于诸教法抉择记别，可无偏蔽，转观竟无居士所瑕玼《起信论》者，亦可得而论决矣。

尝闻持贤首家言者，传述竟无居士据《起信论》“依如来藏故有生灭心所谓生灭与不生灭和合非一非异名阿黎耶识”一文，斥为同于数论自性与神我和合而生二十三谛之外道论，然吾未观居士之著于文言也。但唐以来之误解于《起信论》者，未尝不可以此斥之，而非《起信论》之本义有斯过咎，《起信论》以世出世间一切法皆不离心故就心建言，实无异就一切法建言也。一切法共通之本体，则真如也，即所谓大乘体。真如体上之不可离不可灭相（真如自体相），如来藏也，换言之即无漏种子，亦即本觉，亦即大乘相。所起现行即真如用，即能生世出世间善因果之大乘用，其可断可离相，则无明也（一切染法皆不觉相），换言之即有漏种子，即违大乘体之逆相，所起现行则三细六粗等是也。无始摄有顺真如体不可离不可灭之本觉无漏种未起现行，亦摄有违真如体可离可灭之无明有漏种恒起现行，故名阿黎耶识。译者译为生灭不生灭和合尔。言依如来藏者，以如来藏是顺真如体不可离灭之主，而无明是违真如体可离可灭之客，故言依也。又《起信论》宗在真如，从真如以起言，而此上真如门中唯以体名为真如，不可言依真如而有生灭；譬不可言依湿性有波浪，但可言依水有波浪，故取真如体上不可离断之本净相，言依如来藏也。标如来藏是主，不可离灭，而应离灭可离灭之无明有漏，亦此论宗旨之所存。譬如有一讲台于此，或言由植物成（喻唯识宗），可见其为物理学家，或言由原质成（喻真如宗），可见其为质化学家，于此可见此论为“真如宗”亦然。

真如宗以最扩大圆成实故，摄诸法归如故，在生灭门中亦兼说于真如体不离不灭之净相用名为真如，以诸净法（佛法）统名“真如”，而唯以诸杂染法（异生法）为遍计依他，统名“无明”，或统名“念”，此《起信论》所以有“无明熏真如，真如熏无明”之说也。无明熏真如者，如目病（无明）病（熏）体自离病之目（正智或心之自证体）而观（熏）净空（如）有诸狂华，依净空实不变生狂华言，言真如不受熏，据因目病所观故即净空有狂华现，亦可寄言真如受熏。要之其病（无明）共好目净空（真如）相和合（熏）而有病目空华，可以喻此所云“无明熏真如”义。真如熏无明者，以一切净法（真如体及于真如体不可离灭之净相净用）皆名真如故，一切佛法皆名真如，以一切染法皆名无明故，一切众生法皆名无明，众生（无明）见闻（熏）诸佛真如等流所示身言（真如）而生信解而起思修（熏），“真如熏无明”也。以见闻信解思修故，而自内本具之无漏智种（真如）渐渐引起能破（熏）于烦恼（无明），亦“真如熏无明”也。唯识宗以扩大依他起故，只以“诸法之全体”名真如，而真如宗时兼净相净用统名真如，此于“真如”一名所诠义有宽狭一也。唯识宗于熏习专以言因缘，真如宗于熏习亦兼所缘等无间增上之三缘以言二也。明此则唯识宗正智现行唯熏正智种子，无明现行唯熏无明种子，且不可言正智无明相熏，何况可言无明真如相熏，而真如宗则可言无明熏真如，真如熏无明也。二者各宗一义而说，不相为例，故不相妨；如闻击柝，或言木声，或言四大种声，均无不可。

《唯识决择谈》中引被《成唯识》所破之分别论与《起信论》对例者凡二条，其第二条完全牛头不对马嘴，兹可不论。其第一条，心性本净客尘烦恼所染污故名为杂染，虽为小乘说假部之所计，《成唯识论》卷二，亦唯以其错解心性本净之故破之，非并其所用教文破之也。故曰然契经说心性净者乃至名心本净云云，所本契经，《述记》谓即《胜鬘经》自性清净心难可了知，心为烦恼所染亦难了知等文。解《起信论》者，复兼引《楞伽经》如来藏是清净相客尘烦恼垢染不净等文，则此固赫然契经之圣言也。乃竟无君仅视为分别论之说，连同《起信》破之，抑何谬耶？然唯识宗乃依用而显体，故唯许心之本净性是空理所显真如，或心之自证体非烦恼名本净。若真如宗则依体而彰用。（以有真如法故有于无明云云亦即依体而彰染用可知）故言是心从本以来自性清净而有无明，（应如此断句不应于自性清净字下断句）其所言之自性清净，固指即心之真如体而亦兼指真如体不可离断之净相用也。此净相用从来未起现行，故仅为无始法尔所具之无漏种子。所言从本以来自性清净，不但言真如而亦兼言本具无漏智种于其内，然此心不但从本以来自性清净，亦从本以来而有无明，（此心从本以来六字应双贯自性清净及而有无明读）为无明染而有染心，则无始有漏种子恒起现行而成诸杂染法也。虽有染心而常恒不变，则虽有漏现行而真如体及无始无漏种不以之变失也。此在真如宗之圣教无不如是说者，故基师于《宗轮论记》设问答云："有情无始有心称本性净，心性本无染，宁非本是圣？答曰：有情无始心性亦复有心即染，故非是圣。又问：有心即染何故今言心性本净；说染为客，客主齐故？答曰：后修道时染乃离灭，唯性净在，故染称客。"据此一文，亦可见于真如体不可离不可灭之净相净用，得称为主之性净也。此诸圣教可诽拨者，则摄一切法归无为主之真如宗经论应皆可诽拨之，故今于此不得不力辨其非也。

至立种子义不立种子义除般若宗专破计执，然当不立之外，在唯识宗以扩大依他起性故，立法尔具染净种子。而真如宗以扩大圆成实性故，诸有漏杂染种说为不觉，或名不相应染，故曰不相应义者谓即心不觉，诸无漏清净种说为本觉，或兼真如名如来藏，故曰二者相大；谓如来藏具足无量性功德故。天台宗就全体真如以言，其所谓性具亦种子义也，其所谓事造亦现行义也。在真如宗宗依真如而起言说，义应然也；此则但取义立名之不同，而非于法有所增减。

君又谓《起信》不立无漏种子，于理失用义，于教失《楞伽》；以三细六粗连贯而说，于理失差别，于教违《深密》，以《楞伽》正智真如并谈，而《起信》合为一故。然《起信论》于正智真如诚不定分，而有时亦不定合，如曰法身显现（真如）智淳净故（正智），又曰法身（真如）

智相(正智)之身等文,若据此必谓《起信》违《楞伽》者,亦可指《唯识》违《楞伽》,以五法分别(识)与正智(智)并谈,乃《唯识》则唯分别故,且亦可曰《唯识》于理失净用也。彼既不然,此何云尔!至《起信》之三细六粗,古来解者诚多未善,尝察起信全文为表如下:

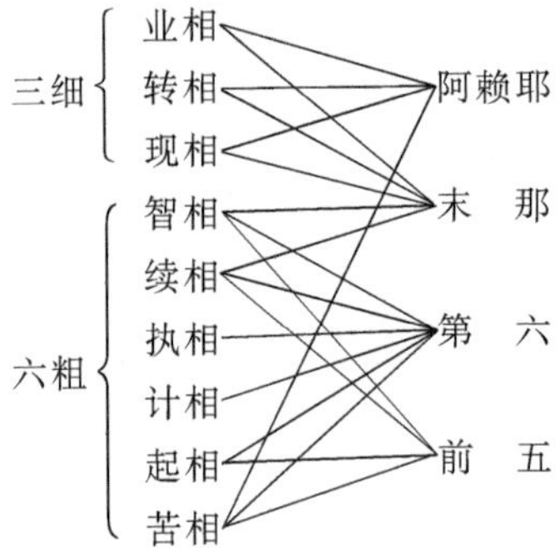

观此可知并非竖说八识,不违《深密》,平说八识,亦不违差别也。

至于《掌珍论》偈与《楞严》一偈同,吾初阅藏时亦曾疑及之,但清辨护法于那偈虽未标明圣言,然亦未尝标明其非圣言。而《楞严》属密部之经,奘师所传鲜及密宗,故皆不足致疑。而此一偈依般若宗摄一切法归简择主以扩充遍计执言之,有无为皆遍计所执境故,一切空之,亦无何过,护法等各据一宗以相辨,亦借之以极显自宗之义而已。

其十谈中余说大都契同,间有一二处亦可以前文会之,故不复一一(唯用因明处亦间成差错)。比年游目佛法藏者日多,往往因智起愚,自生颠倒分别,以蔽其明,盖其心习侧重于是,即落窠臼,执此为是,斥余为非,不能砉然四解,说法无碍,得吾说以通之,庶几裂疑网于重重。

成大乘论

交芦子

皈心分第一

皈心无方自心体，自心常如真实性，广大清净德相海，无碍圆明微妙用。及彼满成大菩提，究竟正觉自心者，刹身庄严不思议，愿轮平等周法界。大智大悲大修行，无量无尽无上士，遍入同体微尘国，利喜众生穷未来。出世正道解脱圣，受用三昧真寂乐，与彼种种随意欲，五乘发心趣果者，积集福德禅定力，有大功用大方便，善能主导诸世间，护持正法为饶益，自心情与无情类，空散消沉断命品，形形色色毛尘种，一切融遍如来藏。我今略说少分义，回施安利人非人。望垂加被同摄受，随喜成就无间歇！

述意分第二

何因何缘，作成大乘论耶？曰：为开陈自宗，简择融摄一切宗教故。何因何缘，简择融摄一切宗教耶？曰：觉悟有情之迷罔故，遣除习俗之封执故，随顺习俗名言，略开示自心本性自智本德故，引发有情信乐，渐证入自心本性自智本德故。交芦子曰：夫自心本无迷罔封执，迷罔封执，在乎有情之展转积习，有情展转积习之迷罔封执，还即有情之自心。一切有情，皆吾同体，一切有情之迷罔封执，即吾心之迷罔封执，自心觉悟，遣除自心之迷罔封执。新沐弹冠，新浴振衣，理有固然，事所必至。其充生乎不能自已者，又岂有待而然哉？

性相分第三

交芦子曰：有法尔之常道，有证成之定理，有观待之体象，有作用之德能，贯持乎体象德能之常道定理曰性，充塞乎常道定理之体象德能曰相，非性不相，非相不性，性相同根，言说殊致。问曰：何为说性耶？曰：为印定名理故。是观念真妄所由分故。何为说相耶？曰：为缘起想思故。是言诠本末所依止故。以何性几性印定名理耶？曰：有三性：一者圆成实性，二者依他起性，三者遍计执性。以何相几相缘起想思耶？曰有五相：一者自相，二者共相，三者差别相，四者因相，五者果相。问曰：奚谓圆成实性？曰：训其名义，则圆者遍融明妙，成者满善净乐，实者真常一如，而明净即实，妙常即成，如满即圆，故此三义，不可离减，举其定理，则真有妄无，凡真有者，一切具足，是名圆成实性。奚谓依他起性？曰：训其名义，则依者借仗，他者因缘，起者转变，转变之相，即是因缘所作，因缘之起，由于互相借仗，仗因借缘，乃成转变之相，故此三义，不可离减，举其定理，则名实玄纽，有而不真，一切如幻，是名依他起性。奚谓遍计执性？曰：训其名义，则遍者真理周遍，计者取相妄计，执者逐名迷执，非取相妄计，不致逐名迷执，非逐名迷执，不障真理周遍，非真理周遍，不显计执迷妄。故此三义，不可离减，举其定理，则有妄无真，但离妄见，一切空寂，是名遍计执性。而此三性，又各互具，以互具故，得论九种：一曰圆成实性之自性，是圆成之实体，亦是依他遍计之还减。二曰圆成实性之依他起性，是圆实之成德，亦是无漏依他之缘起。三曰圆成实性之遍计执性，是成实之圆用，亦是远离计执之遍观。四曰依他起性之圆成实性，即是因源缘本。五曰依他起性之自性，即是转变幻相。六曰依他起性之遍计执性，即是交借相仗。七曰遍计执性之圆成实性，即是遍观法界之概念。

八曰遍计执性之依他起性，即是计相立名之乱想。九曰遍计执性之自性，即是执名为实之倒见。而此九种，又相离合，离合互殊，真妄相杂，是故转成重重真妄差别。然转成重重差别者，但增语转，非实义也。试以方理，巧为譬说：今有多人，处深山中，常观日轮，从东山出，渐渐升空，向西山没。如是乃至有人处海处村处市，各依所处，观日出没，夫人心日光，交涉相遍，随心方位，随人行止，见日东出，而从西没，尽宇宙人，皆如是观，本是圆成实性。今日从东山出，向西山没，如是乃至从东市出，向西市没，盖是处山处海处村处市之人，习见不同，变呈碍相，则依他起性也。若取此碍相，决说日轮。东山所出，且有出穴，西山所没，必有没藏，除此深山，更无日轮。设山之东，复有人者，定见日轮，但从西山，起往西方。设山之西，复有人者，定见日轮，但从东方，来入东山。如是处海处村处市，各如是说，执为实然，是遍计执性矣。人心日光，各住自相，即是圆成实性自性。心日相缘，东出西没，是圆成实依他起性。尽宇宙人，皆如是观，是圆成实遍计执性。人日山村，各住自相，是依他起圆成实性。日出东海，或没西市，即是依他起性自性。山村海市，各各方位，是依他起遍计执性。东西方位，宇宙普同，不以山人，碍见转移，是遍计执圆成实性。分别日是东市所出，或分别是西村所没，或依同山同海之人，先所分别，随顺计著，是遍计执性依他起性。执此分别，决为实然，更增文饰，互相告教，净然净否，起诸烦扰，种种推求，逐妄不休，即是遍计执性自性。遍计执性，纯无非有，宇宙方位，亦心观念，若离人心，决无方宇。执为实有，纯妄非真，依他起性，亦无亦有，亦真亦妄，人日山村，自相当有。村观则东，海观则西，此东西观，实义皆无，人日山市，合成碍见，日出东山，或没西市，其相幻有，圆成实性。人体日光，宇宙方位，皆唯心故，纯有非无，纯真非妄，此三定理，不可引转。可引转者，但由所处各各碍相，妄见取著，而有差别，有定理故，故有真妄，有转相故，故有差别，说此差别，即是增语，随顺山海村市之人，所有名言，令得解悟，引以超出山等碍相，同观大宇，心光圆遍，兴不思议自由妙用，受无障碍平等真乐，故设三性，甄择名理，法喻难齐，比显微分，而其重重真妄差别，历事而辨，不可备陈。交芦子曰：试举三性，以释三明：学术一明，但遍计执，人伦明兼依他遍计，唯宗教明，有圆成实。问曰：奚谓自相？曰：自在之体，是谓自相。唯无分别，现量智得，从安立谛，即智即得，非安立谛，无智无得，一相无相，一性无性，离诸戏论，绝诸对待。虽复远离名言想念，名言想念，皆托之起。若无此一，不有后四，所谓无不从此法界流，无不还归此法界者是也。奚谓共相？曰：大共之名，是谓共相。一名既生，二义随待，如曰有为，即非无为，有为无为，摄一切法，罄无不尽，故曰大共。如是乃至有物无物，有情无情，有言无言，才立名字，便有异共，同者则共，不共则异，所谓自无以适有者是也。奚谓差别相？曰：共中之别，是谓差别。此曰：有为，有为之法，总该心物，即是共相，有为中物，是差别相。又如曰物：物为共相，物中之人，是差别相。又如曰人，人为共相，人中之舜，是差别相。又如曰舜：舜为共相，舜目重瞳，是差别相，累差积别，巧历莫穷，则谓自有以适有者是也。奚谓因相果相？曰：就差别相，责其生缘，今得如此，先当如彼，即果穷因，是因相也。以先如后，故今如此，察因知果，是果相也。此因果相，实无前后，以此故彼，以彼故此，二相同现，一念并著，所谓如称两头，氐印时等者是也。交芦子曰：法法莫不彻本该末，故兹五相，一切同具，思想有封，言诠斯殊。试举五相，以历三明，则人伦明，唯后三相，而学术明，但无自相，在宗教明，遍摄五相。交芦子曰:由相观性,自相即是圆成实性,差别因果,是依他起,共差别相,是遍计执。由性诠相,则自相及五相之体,皆圆成实,后之三相及五相之事,皆依他起,共相之理及五相之名,皆遍计执。渊哉性相,义类无边。大纲粗举,网目可寻。

回向分第四

交芦子曰:乘者运也,法轮恒转之谓运。乘者载也,性空普容之谓载。即运是载,生死如实际,涅槃等虚空,佛不度众生,众生不成佛。全载为运,一切有情心中之正觉;已乘今乘,一切正觉心中之有情。今乘当乘,尽乎十方;无内无外,极乎三际;无始无卒,唯兹一乘,故曰大乘。诠大乘义,是大乘论,持大乘论,是有情心,即有情心,得大乘体,本不曾坏,今亦无成,本自完成,今亦无作,无作如是作,无成如是成,我交芦子,已略说竟。愿见闻者,速登正觉!

四 现 实 观

(一)无始恒转观　三种活动系之无始存在，盖无时不流动而转变也。以聚散变化而转变，小则地面沧桑陵谷，大则星球住坏空成。以死限生殖而转变，隐则刹那阴阳消息，显则一期幼壮死生。以永续统摄而转变，近则一有本死中生，远则三界升沉往返(分段生死)。其式如下：

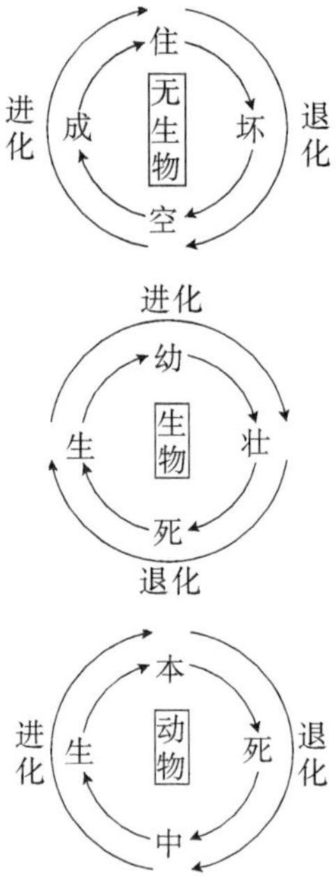

此有待解释者，则生物由壮到生之为退化也。盖此生乃生殖之生，壮时生殖果子，离自体为他体，即为自体趋死之道，故依父母之自体言，即为退化。尽有若稻麦若蚕蛾，一生殖果子即死者，吾友卫中博士，在其政治与教育，谓生殖力为至宝而不容丝毫滥费者，亦斯意也。由上观之，可知于此无生物及生物流动恒转之公式中，说为进化，说为退化，皆偏不全，然亦不说为循环轮回者，以此可引起一误解，即谓循一定轨道而复其旧也（儒道家邵雍之轮化论有此意）。然实不循其旧，而有微异突异之变化新样者，故但应谓之流动恒转而不可谓之循环轮回。然动物有自觉心故，若能打破一分于现实之愚昧（佛书谓之破无明），能保证自觉心永不退时，则可依现实真相之悟契，走上进化于善美之通路，易为进化恒转（变易生死），由自觉之进化恒转到达圆满，则又易为均化恒转，则为佛果之“相续常”与“无尽常”，故恒转无始而亦无终也。然亦可有区别，流动恒转无始有终，进化恒转有始有终，均化恒转无始无终。以始觉心有始而本觉心无始故，由是可洞明现实（现实是现变实事义）无始无终之真相。

（二）无性（或无我）缘成观　物理之聚散也，生理之生殖也，生理之统摄进化也，皆有与他物他生他心之关系。故三种活动系中之别别潜能，表现为别别单个时，皆借无数量，或亲或疏，或近或远之他系他类他个关系，而得表现成立，一原子以阳电子中心而聚环许多阴电子得成，乃至一地球以一热力动力中心而聚环许多原质得成，此其以亲而近之他缘关系得成者。更有疏而远之他缘，则生物系之吸收呼舍也，动物系之摄受改变也，皆为无生物多样多式表现之关系。至于生物，其理更明，一果子之成立也，由父母祖父母辗转遗传变化及吸收呼舍于物理等关系得成，其发生长大更有借于水土日光空气等疏而远者，且有动物系之摄受改造等关系，以之有生物多样多式之表现。至于动物，其相尤显，一人生之成立也，基于永续统摄之一切种识无始来流转熏习多类多别之潜势力，摄受“生理父母遗体”“物理物质空气”及衣食等无数关系得成。而一切种识更借三界诸有情中转展熏习，得统摄多类多别潜势力，永续不已，自觉心之发现，进化业之增胜，亦借“潜能”“遗传”“环境”及“先觉”之教化而得成。由此观之，一原子一果子一人生一心识之表现流行也（现行），其真实相皆为全宇宙（或全法界）之众缘而无单个独有之固定自体性（无自性或无我或空），而个体但为众缘和合连续之假相（假），无性故缘成，非无性则不假缘成，缘成故无性，非缘成则不显无性（中），以无性缘成缘成无性故，活动变化，自由无碍。印度之中观学，中国之天台六即三观学，华严法界六相十玄观学，日本之真言宗六大三密曼荼罗学，皆发挥斯义耳，由此可洞明现实（现实是现事实性义）无边无中之真相。

（三）无相真如观　夫无始恒转与无性缘成皆就相对之关系上说明，其立足点近于爱恩斯坦之相对论。据一刹那（假定为最短时）时间为主，十世古今皆摄于一刹那而为其伴，然其伴中各各刹那皆可为主，皆可摄十世古今为其伴，则时重重无尽，长宙都在一刹那中，而了无恒转之转相可得。据一原子（假定为最小空）空间为主，十方星球皆摄于一原子而为其伴，然其伴中各各原子皆可为主，皆可摄十方星球为其伴，则空重重无尽，大宇都在一原子中，而了无缘成之缘相可得。推论之无尽而现实自如，分别之无尽而现实自如，善能分别诸法相，于第一义而不动，观固善观，说固善说，其如观之说之，无得于现实乎。到此诚有竭世枢机，如一滴投于大海，穷佛玄辩，如一毫拟于太虚之概，心欲虑而知亡，舌欲谈而言丧。心言绝故，一切寄于知识言论之分别相，都无安立之处。于是无分别故，无所得故，自明现实如是即现实如是故，自明现实真是如此即现实真是如此故，一切之“分别言说相”到此悉皆退还，更无“能所知”及“能所诠”相，亦无现实如如真如之相，亦无无相名相。大彻悟之现实（不分人生宇宙）如此，然为开示未悟者故，设为无相，说为真如，说亦无相，说亦真如，为亦无相真如，悟亦真如无相，无为而为，为即无为，无说而说，说即无说，无悟而悟，悟即无悟，真如故无相，无相故真如，真如真如，现实真是如此。或因真如之名，迷为未有现实前之本体，由此本体创生万物，复弥贯于万物之中而为万物之主，则沾染于唯神论之大梵上帝真神说而错解，非此无相真如之谓。而中国之禅宗学，则发明斯旨者也。由此可洞明现实（现实是现量实相义）真如绝对之真相。

（四）无元心枢观　由无始流转无性缘成则为自然法则支配而不能自由，由无相真如则无可分别言说而无出路，然则现实人生宇宙，岂不为机械死物乎，又安能趋入进化均化无碍自由乎，于是有无元心枢说。然无元心枢说，不同唯心论也。盖唯心论皆为有元说而非无元说。有唯物的唯我唯心论也，虽认知者我所知识之现象皆唯心变现，而别认有不可知之物体（若哲人以我为万物计量等，亦是康德及承认境随心转之学者等）。有唯物与唯神或唯我之唯心论，虽认意识现象皆为意象，而别认有发生境象之物体与发生意识之我体或神体（若穆勒是）。更有唯物与唯我唯心论也，则数论之以神我要求受用而自性三德变生万物，复由神我觉悟后不要求受用而万物复还为自性之德，耆那教与叔本华亦近之。有唯我的唯心论也，主张皆由作者我之创造进化而有万物，若胜论及尼采柏格森是。前此之四种皆可谓之自我唯心论。有唯神的唯心论也，推人及物皆为心之变现，主张宇宙绝对唯一真心（亦可谓之宇宙唯心论，绝对唯心论，他物唯心论，汎神唯心论，一神唯心论等）。要之皆有元唯心论，非此无元心枢说也。后人误解大乘起信论等为唯神的唯心一元论，说如来藏缘起同于上帝真神缘起，此亦由沾染唯神论邪思惟邪教而妄谈，非此无元心枢说也。然有虽为无元心枢说而未完成者，则为业感缘起之唯心论。此虽知无始流动恒转有识心造业感苦之关系为枢纽，由现实之识心于觉悟以后不造业而得解脱于苦（小乘），未知无始无终而永续统摄自觉进化之一切种识，故解脱于苦而不能自由于乐。今此无元心枢云者，三种活动系皆无始存在，恒时转变，故无有始，亦不以何为本元体，但第三系表现之有情类。有永续统摄性故，能摄持自系他系一切潜能（一切种）而为转动之枢。有自觉进善性故，能于一切种识之潜势力中，现起情意知识，自觉自系（心理现象）他系（生理物理现象）一切现实而为进化枢纽。有永续统摄性故，不同第一第二系表现之无生物植物，可析其质断其种而使之散灭，且渐能统摄一切为自身依资，不全受自然法则支配而转能习熟自然法则，恢恢乎游刃有间而自由无碍，变化无方。有自觉进化性故，不同第一第二系表现之无生物植物，可解其体（若冶金割木等）食其生而为之列用，且渐能进善一切为自身依资，不全受自然法则支配而转能明了自然法则，恢恢乎游刃有间而自由无碍，变化无方。然其自觉必进化至于现实之“无始恒转”“无性缘成”“无相真如”皆完全显了正确觉知时（真现量），乃能打破迷现实之无明耳。

相宗新旧两译不同论书后

太　　虚

此论为梅撷云居士著。居士相宗著述颇多，覃研法相，几三十年。视欧阳竟无犹早。（按竟无初习贤首，民三以刻《唯识枢要》等乃研法相。）况韩清净等乎？宣统二年，居士服官广州，余亦应粤人请，在广州设佛学精舍。旋住持白云山双溪寺，与居士时相过从，蒙赠余《成唯识论述记》。为余对于识论研究之一助。余初从八指头陀参禅及依水月禅师（七塔寺方丈）诵持《楞严》《法华》等，亦从道阶法师杨仁老谛闲法师等，究天台贤首教义及《相宗八要》《唯识心要》诸书，与圆瑛（现天童寺方丈）云泉（已故）静观（现金山方丈）昱山等为友。然于佛法之悟入，乃在兹溪西方寺之阅《大般若经》。由此以融照禅净台贤及《华严》《法华》《楞严》《涅槃》与《起信》《中观》《大智度》《十住毗婆娑》等论，皆灿若心影了无疑滞。然未涉律藏陀罗尼藏，而于法相经论，则犹往往惮其艰涩。其持佛法以入世救人之心则激发于清季兴学校毁佛寺之事，及谭嗣同章太炎严又陵梁启超等关于佛学之议，乃起而为护法宣教振僧兴学之运动。此为余光绪三十四年至民国三年间之心境。民三闭关普陀，禅隙乃专观法相经论以及律藏，间及密部，遂知整僧在律，而摄化学者世间需于法相，奉以为能令久住正法饶益有情之圭臬。逮今又十四五年矣。然自居士以《述记》赠余，携身畔者数年，暇即一览，当时亦未尝非诱余闭关普陀之一缘欤。

顾自宣统二年冬，居士移官湖北提法司之后，二十年来，迄未晤面。民二十年元月，余自峨嵋返厦，由鄂过京，乃与居士相值，当荷赠以近著三四，而此论即其一也。途次阅之，触想不少，复以此论虽已刻行，而见者犹寡，拟付《海潮音》转载之，因乘暇隙，一叙居士与余之夙缘，并附商榷之意焉。

此论先辨传世亲学三大译师，关于世亲时代之先后，遂以流支真谛为旧，玄奘为新。论八义不同，并附唐灵润所举十四不同义。终推两译所由以不同之源。归于从空至有之学级历程，始粗终精所致，理明辞晰，既为时彦谈唯识古学新学所依准矣，但余有商榷之二事。

一、世亲之时代　释尊示世年代，近人因锡兰所传与《众圣点记》相近，遂一依《众圣点记》计之。此论以流支为世亲同时之人，亦依此以言。但观较先流支在华译传世亲学之勒那摩提佛陀扇陀，梵本不同，译文互异，似皆非亲承正传世亲之学者。由此可知其时世亲之论著已广流布，以古代交通抄写传习种种之不便，一学说新兴至广流布，终须阅五十年百年方可。故余意《众圣点记》年代，必须推早百余年，始于中国古来许多译经之史实，才得无阂。如此则流支应后世亲百余年。故世亲较早罗什，陈那较早真谛，罗什得译世亲之《百论释》，真谛得译陈那诸论也。否则罗什译《百论》之释者，纵可说为另一婆薮，而较早陈那之真谛，壮年即来中国，中间又未回印土，乃已携陈那所著而为翻译，终为不可解之史实。即此流支勒那佛陀等亦来华颇早，于同厥年代世亲其人之学，已各从不同之处而来国外译传，亦同为不可解之事。故时代上余以为世亲应早流支百年，真谛百余年，玄奘三百年也。

二、传学之泛正　世亲造论既广，殆从小乘而旁及大乘全部。

虽自所宗成熟在唯识，而不必对于释任何经论，皆一本其严格之自宗以说，而无随大乘通义，或随他人意之说也。故亲承世亲之学者，亦不妨所传有异，如奘门或传《俱舍》，或传《唯识》，亦不一致。按初期译世亲论著，固以流支为夥。然除《十地论》之翻译，涉及摩提扇多三人外，摩提又译有世亲之《法华论》，扇多又译有世亲之《摄大乘论释》(此译内容尚未研考)。而当时所传为地论宗之说者，则出扇多弟子慧光，传系慧光糅合扇多摩提流支三人异译所成。而此三人态度相异。扇多以传禅著称，不重传译经论。摩提泛传大乘经论，似不专重世亲者。流支似专传世亲学，但其译传者，乃在世亲泛释诸大乘经之释论，而不在其特明所宗之唯识学。故可云初期流支等所传译者为泛世亲学。而慧光所据以折衷者，且在扇多之说。吾意扇多即禅宗初祖菩提达磨，而慧光即二祖慧可神光，其以第八识为真心即真如，乃是禅宗宗本之真心，所谓元是菩提本无烦恼者。如此则初译之地论宗所传，一因系泛世亲学，二因又牵强被夺于禅宗师之意旨(相传流支与达磨交恶，当亦因此)，故而如此。如后代永明及憨山紫柏等禅师之说法相唯识，多以摄唯识归禅宗为旨，而非悉由其时学级未穷之所致也。至于真谛则传译摄大乘世亲释及转识显识大乘唯识诸论，似传译专宗唯识之正世亲学者。然细观其误阿陀那为第七末那一事，可见其学无根柢，每多随意揣测为说。则其以阿摩罗(即庵摩罗)为第九识即真如，及第八阿黎耶为真妄和合识等，可知其亦由对于世亲学误解意揣而致此，似元明清台贤宗人等说法相唯识学，每多误解意揣之词气者然，而非悉由学级未穷之所致也。故吾意学级历程亦诚有关，如唯识学至护法乃确然可立纯粹以精是也。然其中若以第八识为真如，及以阿陀那为第七识等，则不能诿以学级始粗末精之关系。以世亲之《百法论》已显然将第八识列于有为心法，而真如则列于无为法，又《三十论》亦显然已将阿赖耶列为初能变。凡此皆为世亲已显然指定之法相，流支及真谛等之所传，乃误谬于世亲之自说，非仅不合于传世亲学之护法等所说。故不应以旧译之异于新译者，为亦系正传世亲唯识学者，但当视为传泛世亲学且误传者。而正世亲学乃唯应以新译为准也。

佛疑今解

太　　虚

一　中有身(死鬼问题)

康南海尝语予曰,佛家“五趣生死”“三世因果”之说,大有稗于人群道德,但其所依以施设“有情流转相续”之根本法,乃在乎“中有身”,若中有身之事实不明,则五趣流转三世相续之义,即无从安立。今按世尊说法,应机浅深,对人天机说“续有情”以除异生断执,对出世机说“人无我”以离外道常执,对大乘机说“唯有识”以空余乘法执,通人无我,达唯有识,则不须立此中有身,自明诸趣流转之因果相,而康氏宗在人群道德,则人天之机也,应说续有情以治异生断执,故当一解中有身义。

中有身古译中阴身,有谓诸有,阴谓五阴,正译五蕴有即五蕴,非五蕴外之有,蕴即诸有,非诸有外之蕴,表蕴是有云有,表有是蕴曰蕴,故蕴与有,名异事同。伽耶译身,是“一聚”义。有诸蕴法集为一聚,是为有身,亦曰蕴身。云中有身中阴身者,谓于一期生死分为四有:一、生有当初受生位,二、本有当已生未死之位,三、死有当正死之位,四、中有当乍死未生之位,谓于“现报身已舍”,“后报身未得”之中间所有之“一蕴聚”,名曰中有身也。然舍“死有五蕴身聚”而得“中有五蕴身聚”,其“蕴聚”虽有粗细幽显之区别,为“一蕴聚”则同。然死有身舍而中有身得,中有身实一新生起之聚,非从本有,或死有中所离出之一分,故不同俗见所指潜躯壳内之“灵魂神我”。盖俗计之“魂神”，是一实常之体，活时栖躯壳内为躯壳主，死时离躯壳而独存，再取他种躯壳栖托。此“中有身”，乃是死初，别成一幽隐微细五蕴聚，即指此幽微五蕴聚曰中有身而已。故中有身备具形状饮食根识寿量，实为别一过渡之业报身。经论言之参差，难具征引，兹录《瑜伽师地论》一则，以资依据。

又诸众生将命终时，乃至未到惛昧想位，长时所习我爱现行，由此力故谓我当无，便爱自身，由此建立中有生报。若预流果及一来果，尔时我爱亦复现行，然此预流及一来果于此我爱由智慧力数数推求，制而不著，犹壮丈夫与羸劣者共相捔力能制伏之，当知此中道理亦尔。若不还果尔时我爱不复现行，又解肢节除“天”“那落迦”，所余生处一切皆有。此复二种：一重，二轻。重谓作恶业者，轻谓作善业者。北拘卢洲一切皆轻，又色界没时皆具诸根，欲界没时随所有根或具不具。又清净解脱死者名调善死，不清净不解脱死者名不调善死。又作恶业者将终时识于所依从上分舍，即从上分冷触随起，如此渐舍乃至心处。造善业者识于所依从下分舍，即从下分冷触随起，如此渐舍乃至心处。当知后识唯心处舍，从此冷触遍满所依。云何生？由我爱无间已生故，无始乐著戏论因已熏习故，净不净业因已熏习故，彼所依体由二种因增上力故，从自种子即于是处中有异熟无间得生，死生同时如秤两头低昂时等。而此中有必具诸根。造恶业者所得中有如黑羺光，或阴暗夜。作善业者所得中有如白衣光，或晴明夜。又此中有是极清净天眼所行，彼于尔时先我爱类不复现行，识已住故。然于境界起戏论爱，随所当生即彼形类中有而生。又中有眼犹如天眼无有障碍唯至生处，所趣无碍如得神通亦唯至生处。又由此眼见己同类中有有情，及见自身当所生处。又造恶业者眼视下，伏面而行。往天趣者上，往人趣者傍。又此中有若未得生缘极七日住，有得生缘即不决定。若极七日未得生缘，死而复生，极七日住。如是展转未得生缘乃至七七日住。自此已后决得生缘。又此中有七日死已，或即于此类生，若由余业可转中有种子转者便于余类中生。又此中有有种种名：或名中有，在死生二有中间生故。或名健达缚，寻香行故，香所资故。或名意行，以意为依，往生处故。此说身往，非心缘往。或名趣生，对生有起故。当知中有除无色界一切生处。又造恶业者谓屠羊鸡猪等随其一类，由住不律义众同分故，作感那落迦恶不善业及增长已，彼于尔时犹如梦中，自于彼业所得生处，还见如是种类有情及屠羊等事，由先所习喜乐驰趣，即于生处境色所碍，中有遂灭，生有续起。彼将没时，如先死时见纷乱色，如是乃至生灭道理，如前应知。又彼生时唯是化生，六处具足。复起是心而往趣之：谓我与彼嬉戏受乐习诸伎艺，彼于尔时，颠倒谓造种种事业及触冷热。若离妄见，如是相貌尚无趣欲，何况往彼？若不往彼便不应生如是那落迦？如是于余似那落迦鬼趣中生当知亦尔。如瘿鬼等，又于余鬼傍生人等及欲色界天众同分中将受生时，于当生处见己同类可意有情，由此于彼起其欣欲，即往生处，便被拘碍。死生道理如前应知。

于是有疑问焉：诸业报身，不出五趣，或说六道即于天人鬼畜趣中之阿修罗另离出为一道故加为六此中有身既为一业报身，于五趣中属何趣乎？若已属于五趣之一，如何乃非“后有”而是“中有”？若非属于五趣，如何乃有“趣所不摄”之“业报身”？今解之曰：中有身虽亦业报身，但以此身专为前报已舍，后报未得，中间稍有寄泊而受，故或言至久唯七日，或言可七七日，或言虽不限长短而七日必一生死，古师喻为调任候用之官，前任乍卸，后任未定，于其中间，暂为旅驿舟车之客，即兹旅驿舟车之客喻中有身。在官固有专职，在客亦有定分，故亦业报；然以为迁转经过上暂寓而受，故为五趣不摄之中有身。但犹有疑：若以中有身寿量短故不属五趣摄，则蜉蝣类朝生暮死，寿量更短，如何仍在旁生趣摄？今解之曰：对前有后有曰中有，而论中有身之自位亦可属鬼趣中化生鬼摄，化生鬼中属健闼缚古音乾闼婆译寻香阴类摄；然此非“健闼缚”而是“五趣所不摄之中有身”者，以健闼缚乃正由健闼缚业而受健闼缚之报，而中有身则仅于转趣未定之流栖上暂类“健闼缚”而已。故“健闼缚”譬犹“操旅驿舟车之业者”，而“中有身”则“旅客”也。中有身之为“物”健闼缚类与其为“义”是中有身非趣所摄于是乎可明矣。

然此中有身为诸趣生死流转时所必经者乎？抑或可不经乎？应解之曰：不须定经。由五趣中任何一趣转生余趣，多有此死彼生，如秤低昂两头时等无稍停者，故不定须经中有位。但转生人畜者，每经中有身位而已。疑曰：然则可由人死而中有生，亦可由人死而天畜鬼生。且由人死而中有生，与由人死而鬼畜生，及由中有身死而人畜生，事无区别，佛教何“故”施设此五趣不摄之中有身乎？施设此中有身亦何补于诸趣生死流转以说明乎？应解之曰：世间或执人死断灭，或怖人死断灭，告以某人此死，已转生彼某人某牛某神，故不断灭。复疑此人彼牛之间若无有一连续之物，由此人而彼牛，则彼牛自彼牛，与此人何所关涉乎？而曰彼牛为此人转生也。通达无我唯识，可无此疑，而在未通达者，终疑断灭，世尊方便除其疑故，乃依事实现有之中有身，中有身天眼所能见亦应能相见以明此人彼牛之间相连续者曰中有身，用除彼断灭之疑怖，令信“有情诸趣生死相续”而已。此“中有身”不唯修得之天眼通能见，而人间亦往往发现人死后之灵事，即俗间所云之鬼魂，可为证明。中有身与鬼不同者：鬼为由鬼业所酬之鬼报，而中有身为流寓上暂同鬼趣中之健闼缚类，然俗间发见之鬼魂则混“鬼”与“中有身”而一之，故呼人死所“续存者”曰鬼，实则人死虽有为“中有身”或为“鬼”者，亦有直接为天为人为旁生为地狱者，而“中有身”与“鬼”，亦有由天趣旁生趣而转成者，不必皆由人死转成，故认“鬼”为人之所归，实为谬误。但世人所以误认“鬼”鬼及中有合名为鬼为人死之归者，以人死或超出三界，或转生天趣旁生趣人趣地狱趣，或因报障，或因界隔，皆不易重现前身于亲故，唯“中有身”及“鬼”游食人间，偶或一现，故每见人死后之显灵也。于此或由求食之鬼，稍有神通，伪托人间知名之先圣贤及其祖先，以图供事，若今之各处扶乩坛之类，予尝譬之为扮演鬼戏之鬼戏台也。圣教亦因世俗习知人死后有鬼灵，故施设人死后有“中有身”，为今生与众生之间一连续位，俾易除断灭之见也。昧者或迷“中有身”为世俗所云“灵魂”或“鬼”及迷为圣教所云“阿赖耶”，皆不知中有身仍为一“五蕴和合聚”，类似鬼趣中之“健闼缚”耳。上来明治异生断见，应说续有情以安立“中有身”竟。

然悟无我唯识，何以不须安立“中有身”耶？曰明十二有支缘起之流转故，悟无我未悟唯识者，以过去二支惑业，现在七支苦惑，未来三支业果明诸趣生死相续。达唯识者，明现在十支未来二支之生死流转，皆已明非常非断之因果相者，三世因果义成，故不须更立中有身，而同时亦明中有身唯五蕴及唯识，了“中有身”之实相也。其详当究《大毗婆娑论》《俱舍论》及《瑜伽师地论》《成唯识论》。

二　托胎识（生机问题）

生理学者刘子通尝询问予曰：依佛教之传说，人身之生虽赖父母精血成胎，尤仗有投托于胎之识神乃能生长，然近世生理学者实验之所知，则人身者实由父精之精虫中有一或二之强力者先占入母之卵珠中，由此一精虫为主力，借卵珠为营养而得成胎者也，此佛学与实验所得科学知识相违之处，其将何理以通？

夫“托胎识”不明，则人者身生而始有，身灭应即断灭归无，则无前世亦无后世，三世流转之因果义何自安立？于此问题若无一正当之解决，不惟不足以通生理学者之难，而佛教之教义亦根本推翻矣。故必明“托胎识”，乃明“自识”与“父精”“母血”同为构成“胎”之三要素。故“自识”不从“父精”“母血”有，不从“胎”有，虽刹那生灭而无始相续恒有，新新不停如急水流，有之无始故亦无终。而此“识”暂“托胎”生人类中，应有前世亦有后世，故明此“托胎识”，较之明“中有身”为尤要也。

世间一切有情色身，得生所从，不出胎卵湿化四种形式，而各有“识”托中，以为之主。此四生中，胎生尤艰，而胎生之类通于人，傍生，鬼等。吾侪为人，生理学亦就人身言，故今当就人类“托胎识”以明之。欲明人类有托胎识，必取生理学之精虫说研究之，知其说有未圆满处，然后得申“托胎识”义。予于生理学书虽亦稍尝涉略，实无所知，姑取怀疑之点试从诘之。

男精中有精虫，女精中有卵珠，此诚易为试验之事，予既无疑，而按之所治之佛书尤有左证。

如《治禅病秘要经》云：子藏者在生藏下熟藏之上，九十九重膜如死猪胞，四百四脉从于子藏犹如树柢散布诸根，如盛屎囊。一千九百节似芭蕉叶，八万户虫围绕周匝，四百四脉及以子藏犹如马肠直至产门，如臂钏形团员大小，上圆下尖状如贝齿，九十九重，一一重间有四百四虫，一一虫有十二头十二口，人饮水时水精入脉布散诸虫入毗卢虫顶，直至产门半月半月出不净水诸虫各吐，犹如败脓，入九十虫口中，从十二虫六窍中出，如败绛汁。复有诸虫细于秋豪，游戏其中，诸男子等，宿恶罪故，四百四脉，从根本散四肢，流注诸藏，至生藏下，熟藏之上，肺脾肾脉，于其两边，各有六十四虫，各十二头，亦十二口，宛绻相著，状如指环，盛青色脓，如野猪精，臭恶巨甚。至藏阴处分为三支，二支在上如芭蕉叶，有一千二百脉，一一脉中生于风虫，细若秋毫，似毗兰多鸟嘴。诸虫中生筋色虫，此虫形体如筋，连持子藏，能动诸脉，吸精出入，男虫青白，女虫黄赤，七万八千共相缠裹，状如彖环，似瞿师罗鸟眼，九十八脉，上冲于心，乃至顶髻，诸男子等，眼触于色，风动心根，四百四脉，为风所使，动转不停八万户虫，一时张口，眼出诸脓，流注诸脉，乃至虫顶，诸虫崩动，狂无所知，触前女根，男精青白，是诸虫泪，女精黄赤，是诸虫脓。

又如小乘《正法念处经》云十种虫有行于髓中，有行精中。何等为十？一名毛虫，二名黑虫，三名无力虫，四名大痛虫，五名烦闷虫，六名火虫，七名滑虫，八名下流虫，九名起身根虫，十名忆念欢喜虫。

按所谓筋色虫在男青白者即精虫，在女黄赤者即卵珠。复云有行于精中者，第九曰起身根虫，起身根者或言男根由此虫故而起，或言所生胎身色根由此生起，此起身根虫是指精虫言，事尤明确，故生理学所言"人胎"由"男精虫"及"女卵珠"以成，及精虫卵珠之有诸情态，可为佛学明证而初无所违也。

然吾于生理学中"由一精虫占一卵珠以成胎"之说彼固从何征验以得其实，则极怀疑者也。夫适当男女和合以成胎之际，男女二人之自身既无从察验，此男女二人外之他人亦无从察验，若于后时取其既成胎者为验，则但得既成之胎状，至当时如何构成此胎之情状，终不明了。若但依男精置温水中所显之虫状，即推定但由一虫占入卵珠以成胎，斯则惟是臆决之谈，非征验之实矣。由诸虫凝聚成男精，何以知不由诸虫凝聚之精和合女卵成胎身，乃必由“精虫聚”中之“一虫”独占卵珠以成胎乎？又何以知置空气或温水中之男精所现虫之情状，非入空气及温水后转变而起之游离状，既非在男身中时之本状，亦非和合女卵转变成胎时之状乎？故科学征验之所知，乃只知精中之有虫而已，过此限度以外则虚谬之推想，不得冒充为实验也。

抑昔尝见剖母鸡者，腹中所藏之卵累如贯珠，以十百计，有形大如鸟卵黄者，亦有形小如豆粟者，而所出之卵则或有雄精，或无雄精。其有雄精者能育鸡，其无雄精者则不能育鸡。卵中雄精凝聚成点，在日光中隔壳照观之乃影大如豆，可知能育鸡之鸡卵乃由“全聚雄精”凝合“全聚雌卵”以成，非“精聚”中须用显微镜乃见之“一细精虫”独入所成。鸡卵如是，人胎何独不然？但生理学家所以计由一精虫独成胎者，殆由既见精中有虫，又见精中诸虫有互相聚散杀活之情状，复计“多虫生命”不应合为“一人胎生命”，遂推想由精虫聚中一强有力之虫，将余虫排杀后，独占胚珠以化成人体耶？信然者则人之身命实由父精中之一虫继续长养而成，人者不过一精虫之扩充，绝非一新生之身命，固不容有托胎之识，亦非父母精血和合所成，乃适为怪谈矣。意彼谬想，必因计一身命由一身命进展而来，故计人由精中一虫变成，此由执著“个体”为实，不知细至一虫粗至一人皆一“和合之聚”故耳。夫人身乃一虫聚也，男精女精亦虫聚也，何因必不许人胎亦为一虫聚，而定由一虫一卵以成哉？

或谓今见一禾由一谷生，一橘树由一橘核生，精虫既为人之元胚，故“一人”应从“一精虫”以生，否则一杆之禾应从众谷合生，宁不有违世人共见之事实乎？

答曰：一谷一核可喻精虫卵珠所合成之“一个胚胎”，不得喻彼为合成胚胎原料之“一个精虫”。故“一个人身”由“一个胚胎”之所长成，乃如“一杆禾”由“一粒谷”长成耳。或谓不然，应以“一粒谷”喻“一个精虫”，而“卵珠”则犹所依“田土”耳。答曰：若以“卵珠”喻同“田土”，则所依母腹又喻之为何？是故应以母腹喻彼田土，而初所成之胚胎则犹谷核耳。至“精虫卵珠”则犹能用之以构成谷核之“元素”，非是所构成之谷核。故不应以是“一人”故，而计彼精虫卵珠亦定唯一个，且如由“多原质原子”构成“一谷”，故亦应由“多精虫卵珠”构成“一胎”也。既知由“一精虫”发展为“一人身”之说不能成立，则“托胎识”之义可得而申。兹先节录《瑜伽师地论》文一则为据：

又于余鬼傍生人等，及欲色界天众同分中，将受生时，于当生处见已同类可意有情，由此于彼起其欣欲，即往生处便被拘碍。死生道理如前应知。又由三处现前，得入母胎：一、其母调适而复值时，二、父母和合俱起爱染，三、健达缚正现在前。复无三种障碍：谓产处过患所作，种子过患所作，宿业过患所作。云何产处过患？谓若产处为风热癊之所逼迫，或于其中有麻麦果，或复其门如车螺形，有形有曲有秽有浊，如是等类产处过患应知。云何种子过患？谓父出不净非母，或母非父，或俱不出。或父精朽烂，或母或俱，如是等类，种子过患应知。云何宿业过患？谓或父或母，不作不增长感子之业，或复俱无。或彼有情不作不增长感父母业，或彼父母作及增长感余子业，或彼有情作及增长感于父母业，或感大宗叶业，或感非大宗叶业，如是等类宿业过患应知。若无如是三种过患，三处现前得入母胎，彼即于中有处自见与己同类有情为嬉戏等，于所生处起希趣欲，彼于尔时见其父母共行邪行所出精血而起颠倒。起颠倒者，谓见父母为邪行时，不谓父母行此邪行，乃起倒觉见己自行，见自行已便起贪爱。若当欲为女，彼即于父便起贪；若当欲为男，彼即于母起贪亦尔，乃往逼趣。若女于母欲其远去，若男于父心亦复尔。生此欲已，或唯见男或唯见女，如如渐近彼之处所，如是如是渐渐不见父母余分，唯见男女根门，即于此处便被拘碍。死生道理如是应知。若薄福者，当生下贱家，彼多死时及入胎时便闻种种纷乱之声，及自妄见入于丛林竹苇芦荻等中。能多福者，当生尊贵家，彼于尔时便自闻有寂静美妙可意音声，及自妄见升宫殿等可意相现。尔时父母贪爱俱极，最后决定各出一滴浓厚精血。二滴和合住母胎中合为一段，犹如熟乳凝结之时。当于此处，一切种子异熟所摄执受所依阿赖耶识和合依托。云何和合依托？谓此所出浓厚精血合成一段，与颠倒缘中有俱灭，与灭同时即由一切种子识功能力故，有余微细根及大种和合而生，及余有根同分精血和合抟生。于此时中说识已住结生相续，即此名为羯罗蓝位。此羯罗蓝中有诸根大种，唯与身根及根所依处大种俱生，即由此身根俱生诸根大种力故，眼等诸根次第当生。又由此身根俱生根所依处大种力故，诸根依处次第当生，由彼诸根及所依处具足生故，名得圆满依止成就。又此羯罗蓝色与心心所，安危共同故名依托，由心心所依托力故，色不烂坏，色损益故彼亦损益，是故说彼安危共同。又此羯罗蓝，识最初托处，即名肉心。如是识于此处最初托，即从此处最后舍。

问曰：然以今此察验所知，男女所出二滴精血，既有多数精虫卵珠，此之多数精虫卵珠何以不由一虫占一卵珠独成胎身？乃由此二滴中多数之精虫卵珠合成一胎也？答曰：一一卵珠有生命否今且不论，假定一一精虫一一卵珠各有一一生命，然彼一一精虫一一卵珠乃是一一受“精虫卵珠业报”之有情，非受“人业报”之有情，于彼“自类之身”一一自生自灭与人身生灭之关系特如人类与地球成坏之关系而已，其受“人业报”之有情别生为一“人身”，绝非由彼“一虫”或“一卵”或谓男胎由一精虫占入卵珠为主而成女胎由一卵珠占入精虫为主而成之身命扩充而成，故不应由一虫占一卵珠成为人之胎身。

问曰：然则各有一身命之多数精虫卵珠因何得凝合成一人之身命乎？答曰：此其凝合之“故”，即为托胎之“识”，论中所谓一切种子异熟所摄执受所依阿赖耶识有此“识”和合依托于彼两聚“精”“卵”中，彼之两聚“精”“卵”，乃因此受人报业所牵“识”为中心力，遂得凝合成胎，故曰即此名为“羯罗蓝”位。若无此“识”依托，则男女精即归散坏，而诸精虫卵珠或别游离，或皆死亡，便不成胎。但成胎否于其父母身心缘具不具及碍有无关系亦深，如上瑜伽论文所述。既成胎已，渐渐长成人之形体，故曰由彼诸根及根依处具足生故，名得圆满依止成就。

问曰：由受人报之“业力所牵识”为主，凝合无数“精虫卵珠”成“胎身”时，彼一一精虫卵珠之生活复如何乎？云何可将多数虫卵生命合为一人之生命乎？答曰：实不由彼多数虫卵生命并合为一人之生命，其理可为两说如下：

一曰：诸虫卵死而一人生，一人生而诸虫卵死，彼死此生，死生一时，此乍生之“一人身”乃用彼乍死“诸虫卵身”为之质素，搏合成就，于彼时中“诸虫卵之生命”已舍，而“一人之生命”别新生得，并非由“诸虫卵生命”并合成此“一人生命”。此义如何？予昔尝闻长沙释开悟言：彼处山中，于深秋逢西风作时，往往见有“一蛙及多蚱蜢”变成“一蛇”之事：谓先由“一蛙”伏草上迎风极力声叫，续续不已，彼时陆续即有诸蚱蜢衔此蛙之尾，堆聚衔接，渐长成一蛇形，此时其蛙声叫尤力，由蛙首即渐渐变至衔聚诸蚱蜢等，不一时乃成为一蛇，蜿蜒而去。予谓此即“化生之蛇”，由有须受“化生蛇身”之“业牵识”聚其时应死之“蛙”及“诸蚱蜢”，以整成蛇形而化生也。蛇生而蛙等死，蛙等死而蛇生，事之显然无所疑者。彼“一人胎”生而“诸虫卵”死，亦复如是。“一人胎”生之后，于胎又生适宜于“胎身中”之“诸细虫”生活，则犹一地球成，于地球上又生诸生物耳。故曰：“所出浓厚精血合成一段，与颠倒缘中有俱灭，与灭俱时，即由一切种子功能力故，有余微细根及大种和合而生，及余有根同分精血和合抟生。”精即精虫及白血胞 血即卵珠及红血胞

二曰：男精一虫聚也，女精一虫聚也，至人身亦一虫聚也，彼羯罗蓝位之胎身，仍亦一虫聚也。既始终皆是一虫聚，但能于彼一一微虫生活不极妨碍，则所依之一聚虽有若何变化，彼仍可自类相续以营其生活，或其生活亦随之须与他族类调剂，若精虫与卵珠相调剂起若干之变迁，犹自成一天地之中国人生活，忽然为西洋人闯入，不得不变成今日之新生活耳。故男精虫之生活可变成人身之白血轮生活，而女精卵之生活可变成人身之红血轮生活。其余所依资之材料，则又可取之以造成皮毛筋骨等项者也。

上之二义虽皆可通，而第一说尤为可取。盖诸虫于人身犹人类于地球，于共业所感之依报必依其坏而死，亦依其成乃生，且于瑜伽论文亦有明证，故兹取之。

前来所说，虽由教及理以成立，非由现量证知，然使彼生理学

家于乍成胎时，实亦不能亲见由一精虫入一卵珠以成，其所说义亦从推想而得，则吾可断定彼所推想者决属谬误，而吾说必为不易之真理。不宁惟是，彼科学家虽尚无术于男女和合时灼见其成胎之情状，而在修得天眼通之圣者固能灼然亲见由“男精”“女卵”及“健达缚”和合成胎时之情状者，今所引之论文则圣者依其所亲见之事实而说者，故诸有智应信从之。

既知胎成由“识”，有托胎“识”，复知此“识”无始恒转若流，未有断绝，则今生之前非无前生，今生之后亦非无后生，而所为或善或恶之业皆熏持于此识中，将牵之以受种种身。生死流转，则其有三世因果也明矣。

三重法界观

太　　虚

华严宗立四重法界，一理，二事，三理事无碍，四事事无碍，而统以一真法界。今以其所言者未切符心境，另立三重法界为法本，回互交络，以观其义。

何谓三重法界？

（一）物我法界

（二）心缘法界

（三）性如法界

（一）物我法界者，物谓“各个体相”，我谓“个体主意”。不越此“各个体相”及“个体主意”之范围者，则谓“物我法界”。若异生及二乘，但见佛之应化身土，则虽观“佛”亦不越于“物我”之域。观余更可知矣。故二乘之涅槃，必灰身泯智而后证，即彼观佛亦未至灰身泯智，则不越物我之范围也。依此以观之，则法界者，物我而已矣。举心动念，无越于物我者。故契经云：“汝才举心，尘劳先起。”又云：“以生灭心，辨净圆觉，彼净圆觉，亦同流转。”盖除尘劳流转无心境也。

（二）心缘法界者，心谓“虑知灵觉”，缘谓“转变依持”。观一切法，无有越于“虑知灵觉”所“转变依持”之域者，则谓“心缘法界”。在佛大士，虽观地狱亦心识所变所缘境。于其自住三摩地境，更可知矣。故登地大士，证法界不离心故，见佛身土相好无量。经云：

“诸识所缘，唯心所现。”又云：“无有少法，取于少法。”盖法界无非灵妙变通之心心所缘境耳。

（三）性如法界者，性表“常遍真实”，如遮“变异虚幻”。都非“变异虚幻”之一切法而一切法唯是“常遍真实”，强名“性如法界”。离名言相，离心缘相，法界泯绝，无说无证。

今用此三重法界观，以略观诸教义。

一、观圣教三学：

第一单观，第二复观，第三圆观。今先单观。

物我法界……戒唯依此以辨持犯
心缘法界……心唯依此以辨定乱
性如法界……慧唯依此以辨真妄

二乘法中三增上学，要唯如此。戒唯止持，借作助止，心唯静定，观化取静，慧唯灭真，厌生欣灭。由灭证真，灭尚非真。盖但悟物我法界之患之空，未悟余二法界之德之不空，故灭有患而取灭有患所成之空也。

次复观者，表解如下：

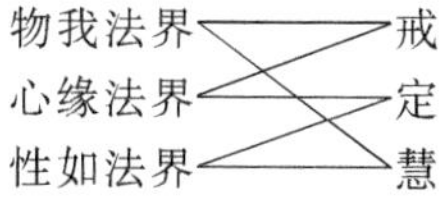

大乘凡位三增上学，大致如此。戒曰心戒，定曰性定，慧曰空慧。若三论宗之慧，当属于此，利者能见性德不空，钝者但见物患之空。

次圆观者，表解于下：

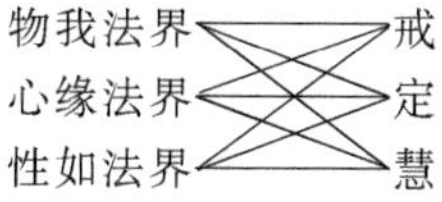

大乘圣位三增上学，义见于此。（一）物患泯乎心性，性德充乎

物心；心光炳乎物性，故曰金刚心地宝戒。（二）心离乎物而契乎性，性持乎心而显乎物，物现乎心而寂乎性，故曰海印三昧。（三）性周遍乎心物，物交彻乎性心；心含照乎性物，故曰法界海慧（注曰大乘入地为圣，地前为凡。）

二、观佛华三法：

（一）单复观

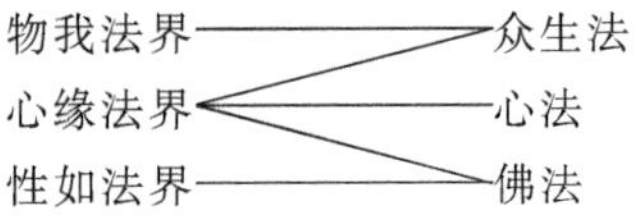

举一心为众生，亦举一心为佛，心虽非生非佛，可为生佛交通，故得成无差别之义。

（二）复圆观

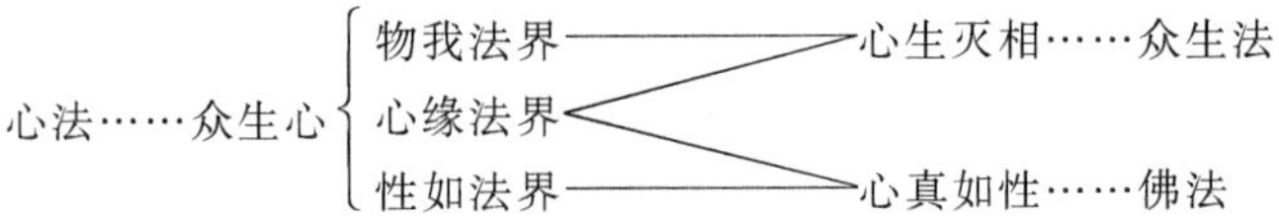

《大乘起信论》之一心二门，可作如此观法。

（三）圆圆观

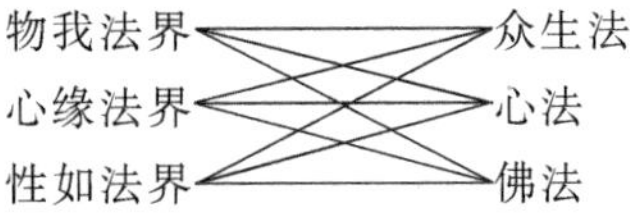

心者物之用，性者物之体，未有不具体用之众生者，故众生法全摄心法佛法，平等平等。物者心之相，性者心之性，未有不具性相之心者，故心法全摄众生法佛法，平等平等！心者性之智，物者性之境，未有不具境智之佛者，故佛法全摄心法众生法，平等平等！如此乃极成三无差别义。

三、观法相三性：

(一)单观

物我法界……遍计执性……妄执唯空

心缘法界……依他起性……从缘幻有

性如法界……圆成实性……本有如真

(二)复圆观

(三)圆圆观

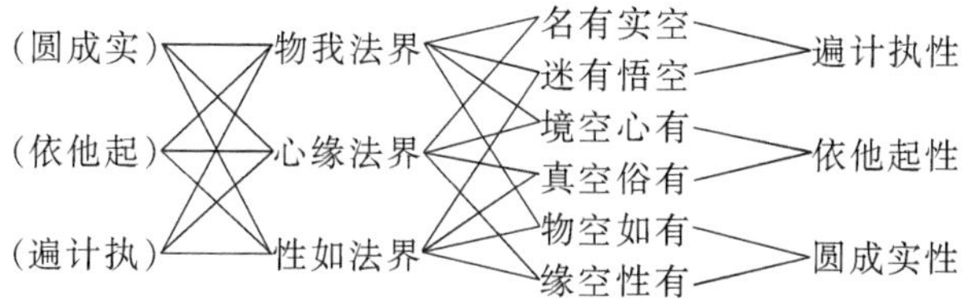

如此方尽三自性,三无性之理。

四、观天台谛观:

(一)但单观

假观俗谛境……物我法界……真谛空观智

中观中谛境……心缘法界……俗谛假观智

空观真谛境……性如法界……中谛中观智

初观从假入空,从俗入真,则从物我法界,到于性如法界,证性如法界之空观真谛境,成物我法界之真谛空观智。次观从空出假,从真出俗,则从心缘法界,又到物我法界,证物我法界之假观俗谛境,成心缘法界之俗谛假观智。三观从二入中,则从物我法界,到性如法界,同时又从性如法界,到心缘法界,故证心缘法界之中观中谛境,成性如法界之中谛中观智。此为次第谛观。

(二)复观

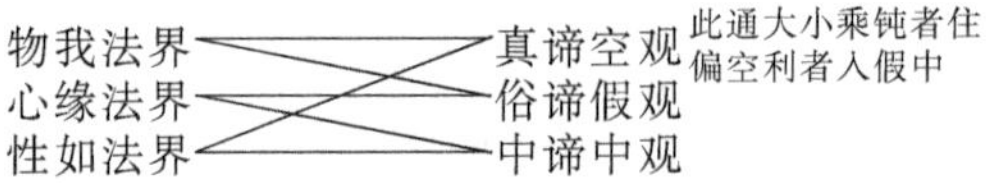

此亦次第三谛三观：

（三）圆观

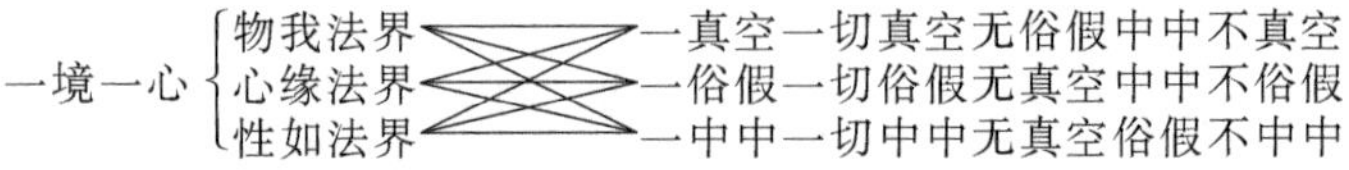

此为一境三谛：一心三观之圆融谛观也。

五、观贤首法界：

（一）单复观

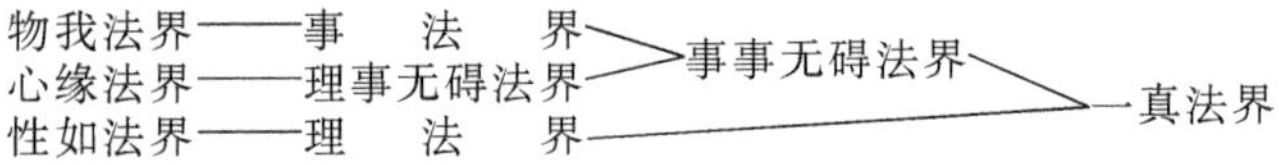

（二）复复观

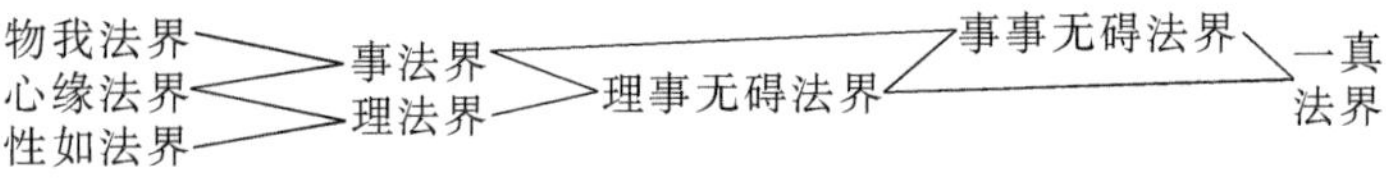

（三）圆圆观

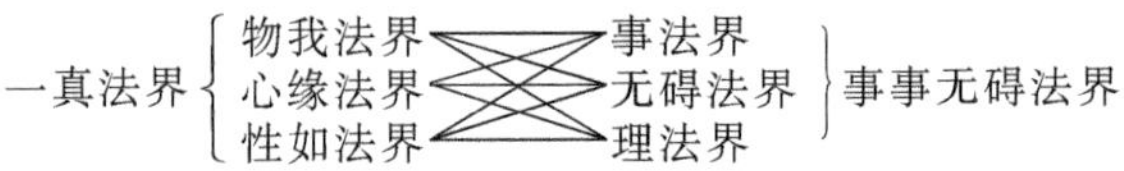

兹仅略明其致，广开其义无尽。要之“物我”者，业所集生之假相，非体能覆于体，无用能碍于用，诸浮现世间者皆是。心缘者果所由起之实用，非体能缘于体，无相能起于相，诸世间转依者皆是。性如者非业非果之真体，非相不住于相，无用不舍于用，若能心不随物，心契乎性，则物我覆碍空，性如朗显，心缘自在，成佛之要无捷于此。

缘起抉择论

太　　虚

缘起在指出“为缘能起”之法是何法。但由诸法缘生四缘生法以观之，固无一法非缘之所起，亦无一法非为缘能起。然则尚何缘起论之有歧异，而须待抉择之耶？唯施设言教，本在方便开导，引之令趣行证果，是则就为缘能起之诸法中，观说何法为发行得果之胜方便，即说何法为缘起之主。于是有缘起论之殊说！佛经说：十二有支之流转还灭为“缘”，能“起”杂染清净诸法，正可谓之无明缘起，业感缘起耳！唯是诸经所说，浅深不同，而菩萨造论，古德判教，又复解释有异，故缘起之通相，虽在于无明业感而有说赖耶缘起者，有说真如缘起者。华严家综合之曰：业感缘起，赖耶缘起，真如缘起，自居为法界缘起，而加前三之上。日本真言宗之东密派，仿列前四，自居为六大缘起，而加前四之上，统计各家自命后来居上之缘起名数，不出下列五项：

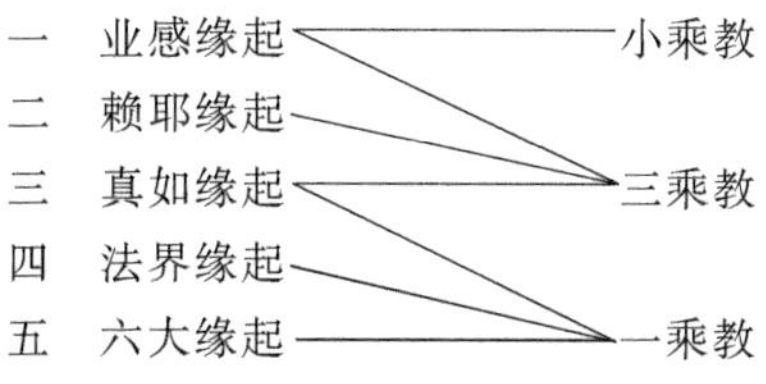

上为华严真言等家，依缘起论判教浅深之常途说。由今观之，依彼各教，显由浅至深之程序，虽亦不无片面之理，按其实则不能尽然！盖六大者，乃依坚、湿、暖、动、无碍、了知之六性所立地、水、火、风、空、识之六相前四色法，后一心法，第五则为非“色有质”，非“心能虑”之非二法，从非色以反显出者，色非色为五，而心总为一，是谓六大！指此六大为情与无情为缘能起之根本，只是心物二元论耳。此心物二元论，实为凡情外道共易知者。若希腊原始哲学，多计水火风等为万物本元，而胜论之实谛地、水、火、风、(空时方)空、(意我)识之九法，与六大仅开合略殊而已。初见者为地形，进察流变之质为水，更进察能令凝流之变化力用为火(今西洋物质文明多得力于火)，更进察形质变化之极，仅存浮动之轻气为风，轻动所通过之无碍性法为空。反之，乃始悟更有能了知之心为识。如此逐层增进，认识此六性相，遂认此六性相为万有生起之本元，固为稍能观察者之所易知也！故前文所举之五种缘起，于所知法，于能知人，皆当以六大缘起为最浅。且兹以更有正名之必要，另列为三式之程序如下：

(一)以所知所得法判浅深之程序

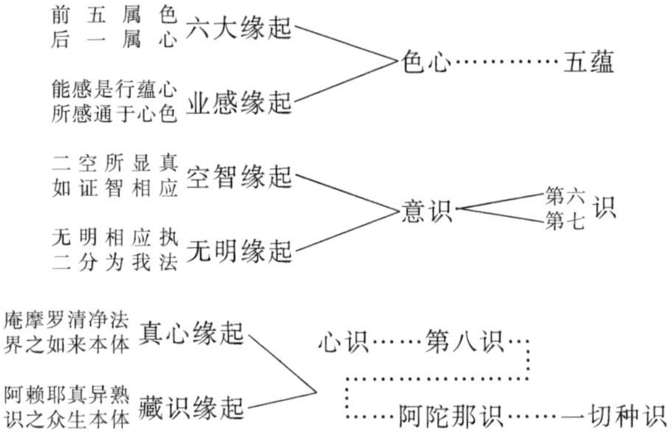

(二)以能知人判浅深之程序表间接闻他而知

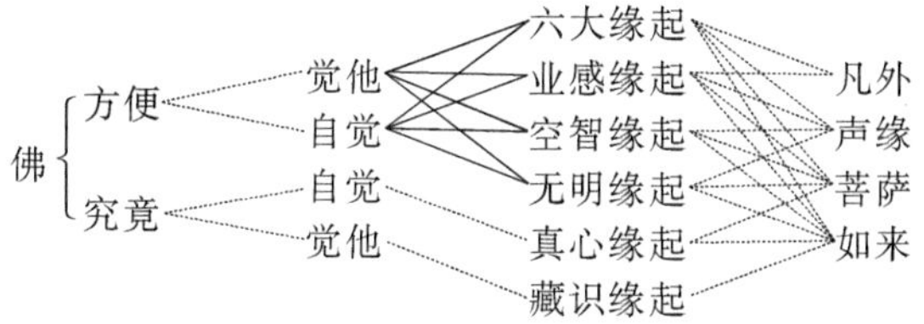

（三）以能得人判浅深之程度此中“空慧”等三宗可参观佛法总抉择谈

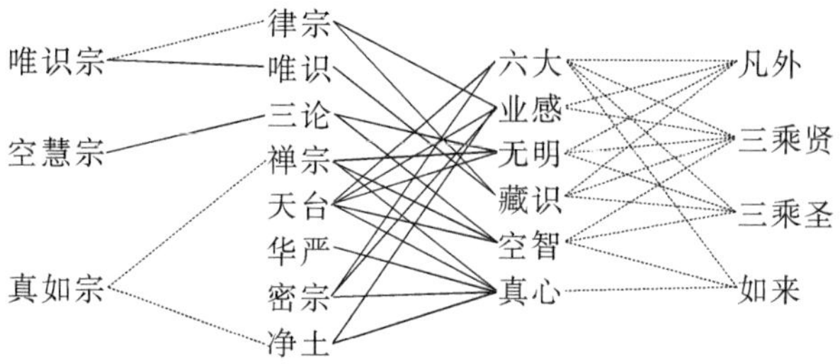

能得人者，谓能成就此法之人。依此第三“能得人”之浅深程度观之，故华严真言之浅深说，亦不无片面之理！此中“业感”，专指能感三界异熟之有漏善及不善业，三乘圣人已不造之，故不成就！若就无漏业感变易生死言，则三乘圣亦成就。若就无漏业感无漏果言：佛同成就，则广义之业感，应与六大皆众生如来所同得！故密宗之三密与净土之净业，其功用全在于业感！自觉以华严为专极，而天台密宗净土，皆以觉他之方便胜之，言觉他之方便，当以净土为最方便，而唯识则为究竟之觉他！盖凡外二乘虽成就无明而非所知，凡外三乘虽成就藏识而尤非所知，菩萨之知藏识，亦由佛之开示知少分耳。以第八识从不与慧相应，一与慧相应即成佛，故藏识非佛不知也。

今依“所知法”及“能知人”言：六大缘起最为粗浅，地、水、火、风、空为色法，识为心法。别详色法为五，总合心法为一。此乃异生常情如是！例之五蕴，虽同色心并列，略色详心，犹视六大为进。至业感缘起，已能别提出行蕴一分为能缘起，以五蕴聚为缘所起，所明者已稍进深细，然尚是色心并立之粗相而已。进至真如（空智）缘起，无明缘起，则于五蕴内别提出最深之识蕴中独强之意识心心所一分，以为能缘起法，尤深细矣！

然此中意识兼意及意识合名意识，以八个识；第七别名为意，正名意识。第六别名为识，应名识识，随不共依立名，亦名意识，故此意识一名，综括七、六二识云。“真如”缘起者，正名“空智”缘起，“空智”谓达二“空”，证真如正“智”，妙观察智相应心品 平等性智相应心品相应意及意识心品。然此“正智”由达二空所显“真如”而发，故亦展转名为“真如缘起”。第六七识，于菩萨地“有漏无间，发生无漏”，则证二空所显真如。此通菩萨见修道位！但修道位，又时有“无漏无间发生有漏”者，此由无漏而至有漏，即由正智相应意识而至执障相应意识，亦即《起信论》等常途所谓真如不守自性，不觉心动，忽然念起，而有无明是也！

《起信论》文：（一）所言不觉义者，谓不如实知真如法一故，不觉心起而有其念。

按不如实知真如法一者，即六七识无漏无间，不觉心起而有其念，即由无漏无间发生有漏。不觉（或不如理作意）即大随烦恼中以无明为性之失念，心起谓由失念有漏心起，有其念谓有二执二障相应之意及意识虚妄分别。

（二）一者无明业相，以依不觉故心动。（三）以依阿黎耶识，故说有无明不觉而起。（四）以不达一法界，故心不相应，忽然念起，名为无明。

按此等文，皆可照上消释！

由是观之，《起信论》所言之觉相，亦依第六七识，由有漏无间所发生之无漏智而说可知，故其文曰：所言觉义者，谓心体（根本智）离念。离二取分别而无分别离念相者等虚空界，无所不遍，法界一相，即是如来平等法身。此指二空所显真如即登初地时所证遍行真如依此法身说名本觉。此言"本觉"，犹所云"根本智"。依此法身说名本觉，即是以所证真如为诸法根本，故名根本。能证此根本之智，故名根本智。以法身为本能觉此本名本觉除根本智及佛果智而外，其余信智，顺解脱智，顺抉择智，及菩萨地之后得智，皆名始觉。故曰：本觉义者，对始觉说，以始觉者即同本觉。后得智仿同根本智始觉义者，依本觉故而有不觉。依未得根本智而名不觉[1]及由无漏无间发生有漏皆是此中依本觉故有不觉义依不觉故说有始觉。依未得根本智名不觉故说有顺解脱智等位始觉依无漏无间发生有漏名不觉说有菩萨地后得智始觉是所缘故即以佛智曰究竟觉，亦曰一切种智，一切智智。

由是观之，《起信论》云：心生灭者，依如来藏故有生灭心。所谓不生不灭，与生灭和合，非一非异，名为阿黎耶识。此识有二种义：能摄一切法，生一切法。云何为二？一者，觉义。二者，不觉义。此言如来藏，即初地以上六七识相应后得智所缘之变相真如。云依此有生灭心者，谓由后得智相应末那，无漏无间生有漏执障相应末那，重执第八为我爱藏，故曰："所谓不生不灭与生灭和合，非一非异，名为阿黎耶识。"言此识有"觉""不觉"之二义，盖由"智相应末那"缘之，则为如来藏之觉，由"执相应末那"缘之，则为阿赖耶我爱执藏之不觉而已。

---

① 论云：又心起者，无有初相可知，而言知初相者，即谓无念。是故一切众生，不名为觉，以从本来念念相续，未曾离念，故说无始无明。

由是观之，《起信论》于生灭门之前所说真如门，当知即指菩萨真见道根本智所证非安立谛实体真如，而真如门之后所说生灭门如来藏，当知即指菩萨相见道后得智所观安立谛之变相真如，由无漏意识后得智，忽生有漏意识，无明执障，遂为心意意识之生灭相。所云依一心法有心真如心生灭门二门，各总摄一切法不相离故，亦是依菩萨见道位心，说真见道根本智位，即心真如门。真如依言分别有二义已通入相见道位相见道后得智位即心生灭门觉义。见道位后无漏无间，忽生有漏执障相应意识，重执阿赖耶为我法，即心生灭门不觉义。此三即证发心中之三种心：一真心，二方便心，三业识心。如次相配，根本智证真如，摄一切无为无漏法，后得智摄一切有为无漏，心生灭门不觉义，摄一切有为有漏无明染法。故各摄一切法！

由是观之，可知《起信论》等之缘起义，乃依登地以上菩萨心境而说。无漏无间续生无漏，无漏无间忽生有漏，可云真如缘起！正云空智缘起亦云法性缘起真如指根本智所证实体真如如来藏指后得智所缘变相真如或如来藏缘起。有漏无间忽生无漏，有漏无间续生有漏，可云无明缘起！以末那无明相增故，以无明为杂染依故！起信论以一切染法皆是不觉相故而天台家常言"法性""无明"互依无住之义，亦可于是明之！兹真如及无明之缘起义，一分生空真如及一分人我执无明，亦通二乘。故此犹为三乘共教之缘起理，未是大乘至极不空之一切种识缘起理。一切种识唯佛无漏，一无漏永无漏，无有忽有漏，忽无漏之变，无始法尔有无明种，种在忽忽现伏，种断永不复起，亦无有"由真如忽生无明"之义。彼言由真如忽生无明者，或言无明无因托空而忽起者，皆三乘圣智未通达"一切种识"之谬言耳！

进言"一切种识缘起"，即从第八阿陀那识明缘起也。第八识别名心，故云："心识缘起。"于此分二：其一即华严宗之"一真法界缘起"说，兹曰"真心缘起"。第八识别名心，此即无漏第八庵摩罗识，是无倒清净圆成实性摄，故曰真心。此真心即大圆镜智相应心品，海印三昧相应心品，此即佛果大智大定亦即一切种智！果上识转曰智换言之，即持一切清净种之心，故曰清净法界。界即"种"义，清净法界，犹云清净法种，或持清净种之心义，清净法界，犹云持清净种之心，由此识清净种而现行一切法，故一切法莫非佛法！华严"称性缘起"，及密教曼荼罗，如是如是。其二即唯识之一切种识缘起，兹曰藏识缘起，具三藏义，简别真心缘起之庵摩罗识故。亦得名真异熟缘起以简别之此二同为从一切种之亲因缘，以明其缘起者，乃缘起之最深微义，唯佛所知，以本心唯佛有大圆镜智相应故，除佛而下，皆仗佛言教得少分知耳！

然真心缘起，是佛一切清净种缘起，唯佛法界。藏识缘起，是众生一切染净种缘起，通九法界，亦由进转成佛法界。前者是佛自证智之究竟。后者是佛悟他智之究竟。佛智以悟他为究竟，不为自利求菩提故！故尤以藏识缘起为至极。真心缘起，唯佛自受用之境界，华严等虽依诸菩萨随分所证，略明大概，于诸异生，则才令大凡依所举果起信心而已。欲开其解，而令由解起行，由行入证，仍非从众生分明其藏识不可！故华严若善财童子，所以成其大乘习所成之种姓者也！从华严得信心成满，乃从唯识之解行位悟入究竟。举果令信，在令观自齐佛，故教是顿。示心令解，在令悟自成佛，故教是渐。顿为未入劫以前事，属十信位，渐为入劫以后之事，属十住位以上。然顿是渐之顿，信由佛生，佛由渐成故。渐亦是顿之渐，住由信来，信由佛起故。顿渐相依，佛生交摄，此二"心识缘起”，有共同之义二，为他种缘起义所不具者如下：

一　各现各种　现现增上遍诸法

二　顿起顿灭　起起不到摄十世

达此二义，则知贤首十玄无碍六相圆融之说，实华严唯识之共义，不得谓唯识无此也！

此“心识缘起”与前“意识缘起”不同者，按《成唯识论》说二所转依：一持种依，谓本识，二迷悟依，谓真如。意识缘起，正是从迷悟依以说缘起，悟真如即空智缘起净法，迷真如即无明缘起染法，故此二者，亦可总名“真如缘起”。依“真如”而悟而迷故！然彼迷悟等心心所诸分，实皆各从自种子生，而真如仅为其所缘缘增上缘而已。即空智相应心品，与无明相应心品，亦各从其自种子生，而空智无明等，亦谓等无间缘，若无漏无间生有漏等所缘缘增上缘而已。故此正应谓之缘起！但明增上等三缘故，此心识缘起虽从持种之本识立名，实从此识所持之一切种以谈生起，故曰各现各种，谓各各现行之法，各各亲从其自种子辨体而生起也。故此二者，亦可总名“法种或曰法界界即种义或曰法性性亦种义或曰法体体亦种义缘起”！此一切种，正一切法各各亲辨自体之因，属四缘中之因缘摄。通名可曰缘起，四缘摄故，别名应曰因起！或曰性起界起种起体起正是亲因缘故。然此亲因之性起义，佛华严等虽明其概，必瑜伽唯识等乃详其致，故立言善巧，建义显了，以唯识为最！

由是观之，“心识缘起”义与前诸缘起义，有一大别，即前诸缘起皆未明实因缘法之一切种，依增上缘等无间缘所缘缘等，假说因缘，六大与诸事物是增上缘，业于所感果亦是增上缘！由未明一切种，于是或计六大为万物因，或计诸业为众生因，或计真如为万法因，或计无明为杂染因，皆莫明其本因，遂滋过谬。而真心缘起（或曰真界缘起如曰大哉真界万法资始）虽如证而显，说亦未了。至藏识缘起，乃尽发其秘，历破前谬，而彻体显了之，故为无上无容究竟了义！齐此再加分别，则唯有更退还于妄执耳。此论缘起顿渐之义，在色义缘起中六大为顿，以是同时之因果故，业感为渐，以是异时之因果故。顿浅渐深，三乘渐法门由此立，在意识缘起中，空慧为顿，以我法本空理则顿悟故，无明为渐，以习气难净，事须渐除故，顿主渐伴，大乘顿法门由此立！禅宗所云前念迷即众生后念觉即是佛又云佛迷即众生众生悟即佛此皆菩萨地智有如是义而佛藏识觉即不迷在心识缘起中真界为顿，佛观众生同佛，众生皆具如来智慧德相亦令众生观自性齐佛故。藏识为渐，就众生观众生，令观虽具如来种性，而须熏习资粮，加行修习，乃究竟成佛故。顿始渐终，顿他渐自，而为佛法，非顿非渐，即顿即渐，圆满法门，此心识二缘起有图如下：

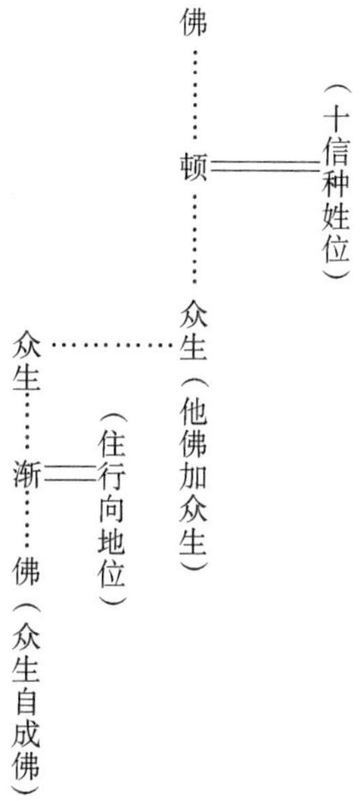

由上重重道理观之，唯识虽专在明藏识缘起，已能具明前五缘起，且除去前五缘起说上之迷谬，故缘起之说，须以唯识所言为最详决也！今论非横欲将古人定案一翻，盖由迩来由日本输回诸故籍，各宗复兴，而日本诸近著，往往列举古来诸缘起说，如陈刍狗，徒状狼藉，不能令阅者生决了之智，有不得不加以抉择之势，机之所在，说由以兴，诸聪智者，幸思察焉！

曹溪禅之新击节

太　　虚

达磨别传一宗，至曹溪而大行中国，宋时虺及朝鲜日本，迄今流衍未衰，可为盛矣。然自达磨以逮曹溪，虽别传之心宗实超教外，而悟他之法要不离经量。曹溪曰："吾传佛心印，安敢违于佛经。"又曰："《涅槃经》吾为讲说，无一字一义不合经文，乃至为汝终无二说。"又云："执空之人谤经，直言不用文字。既云不用文字，人亦不合言语，只此言语，便是文字之相。"又云："直道不立文字"，即此不立两字，亦是文字，见人所说，便即谤他言著文字，汝等须知自迷犹可，又谤佛经，不要谤经，罪障无数，故达磨慧可授受楞伽，黄梅曹溪宏演金刚也。夫楞伽乃大乘妙有法轮之天枢，而金刚亦大乘真空法轮之斗杓。洪源遥流，酌之不改初味，雪山宝林，湛焉有如新泻。每读信心之铭，证道之歌，观般若瑜伽诸经论，辄觉涣然融释，妙洽无痕。惟后时宗徒既混入知解，谓荷泽等宗徒而教徒亦强挺荆榛。四教先乱般若五教尤乱瑜珈江西石头以下诸师，为救其弊，数变其法，或由旁敲侧击使亲悟，或由电骤雷轰令顿契，然皆要期自证，不为语通，绝言思之妙心，终不用父母所生口为说，故曰若能不触当今讳，也胜前朝断舌才。虽易临机之用，不失教外之传，而要以曹溪法宝为综前开发之大规范，今者般若瑜伽重畅，试为一拈唱焉。

一　曹溪之自悟

夫诸法缘生，生空无性，此大乘般若之轮也。诸法唯心，心幻无性，此大乘瑜伽之轮也。破我法之执，彰真俗之谛，发理量之智，证性相之境，说或小异，揆无不同。曹溪闻说金刚般若，心即开悟，即悟此也。后呈其悟，故书偈云："菩提本无树"，以诸法唯心故。"明镜亦非台"，以心幻无性故。"本来无一物，何处惹尘埃"，以诸法缘生，生空无性故。然此二轮犹收教内，教外之传，尚须一征。其夜五祖以袈裟遮围为说金刚经。至应无所住而生其心，乃言下大悟一切万法不离自性。（自性二字见下）遂言何期自性，本自清净，何期自性，本不生灭，何期自性，本自具足，何期自性，本无动摇，何期自性，能生万法。五祖知悟本性，（即下本心）谓曹溪曰：不识本心，（即上本性）学法无益，识自本心，（无性本心）见自本性，（心本无性）即名丈夫天人师佛。此大悟界，唯迥绝言思之妙心，（触讳罪过）名想之所不能安立，故教下虽强名一真法界，或曰本如来藏妙真如性，旋曰非安立谛，废诠不诠。此云言下大悟，实非言悟能到，故为教外别传之"宗"。此"宗"何指，姑借一言，假为诠表，则曰无性空心心圆众妙，心幻无性故应无所在，无性真心故而生其心。心（此无性空心即曹溪所云自性）圆众妙，本自清净，本不生灭，本自具足，本无动摇，能生万法也。由是总其悟旨，可归二言，诸法唯心，心幻无性，（亦可诸法缘生生空无性）无性空心，（亦可无性幻心）心圆众妙。后世三关之意，亦不外是：诸法缘生而生本空，一也。诸法皆心而心如幻，二也。无性妙心，心即诸法，三也。夫至无性妙心，心即诸法，则随手举来，莫非涅槃本空无性妙心也明矣。然此实非比智假诠可及，故云教比智假诠外别传。

二　曹溪之悟他

曹溪说法悟他，皆从自悟境界流出，然以大悟之界，须人自达，故其所言不离教内空有二轮，说空破有，说有破空、遣除邪执发生正智而已。意在教外，言不离教，此曹溪禅所由高也。由此其说法之纲要，只是万法心生生空无性，非风幡动仁者心动法心生也佛性无常诸法是常空无性也俗真真俗，出没即离。其言外之旨，在使人执亡意消，跃然自得，故曹溪曾唤其门人法海等曰：汝等不同余人，吾灭度后，各师一方，吾今教汝说法，不失本宗，按坛经载然须传授从上以来默传分付不得匿其正法若不同见同行在别法中不得传付损彼前人究竟无益恐愚人不解谤此法云云此所云同见同行即已悟可为一方师者分付即付嘱其悟他说法之典要令不失本宗后世一般邪魔外道秘为六耳不传之据谬甚先举三科法门，动用三十六对，出没即离两边，说一切法不离自性。忽有人问汝法，出语尽双，皆取对法，来去相因，究竟二法尽除，更无去处。案此曹溪传其入室弟子说法之要亦犹洞上有参同契及宝镜三昧等其密传不令众知者皆为护持不同见同行在别法中者恐彼谤法获罪执语障悟别无他义

此上来所举，祖自有释，今按动用对法，出语尽双，即离两边，来去相因，乃运空有二轮以摧有空二见者也。究竟二法空有真俗等相对法尽除，尽除者是教下假诠，说一切法五阴十二入十八界等三十六对法不离自性，不离者是教外妙心，指一切法离言自性在般若瑜伽诸经论，指其要归，无不如此。故曹溪乃真通教意真能说法者也。又曰，若有人问汝义，问有将无对，问无将有对，问凡以圣对，问圣以凡对，二道相因生中道义，其为志

彻说涅槃经常无常义，又为神会说见不见痛不痛义。对卧轮有伎俩曰：惠能没伎俩。对住心观静长坐不卧曰，是病非禅，拘身何益。对空知无见曰，不见一法存无见，大似浮云遮日面，不知一法守空知，还如太虚生闪电。对念佛生西曰，西方只在目前。误十万亿佛土为十万八千里此因不观经文未解经义之故此其与人解缚去粘抽钉拔楔之妙，如所谓马前相扑倒便休，活泼泼地，赤洒洒地，坦荡荡地，露堂堂地，诚有不可言喻形容之者。其曰吾有一物，无头无尾，无名无字，无背无面，问诸人还识否？才被神会唤作本源佛性，即呵之为知解宗徒，以说一切法虽不离这个，而这个终不能言陈出之。神会名作本源佛性，以为假智假诠可得，遂滞于名相知解中，而失教外之传，此与贤首等之知解教徒，以诸美辞种种形容绘画绝言思之一真法界，自谓超越先哲，能言龙树世亲诸祖所不能言，同一僭妄。殊不知诸祖岂不能言哉！特以实非言思之所及耳。虽构种种形容绘画之说，徒益名想之影，反障证悟之门，故曹溪力呵之！有曹溪力呵之！故虽有神会等知解宗徒，而宗风仍畅。慈恩等于知解教徒未力呵斥，故四教五教兴，嘉祥慈恩之教轮辍，清凉引而化之。陷泥已深，圭峰则由知解宗徒兼为知解教徒，宗下承曹溪风能斥去之，故宗弥盛。而清凉于圭峰又不能呵却之，故教益晦。厥后永明顺而正之，落草愈甚，宗徒教徒殆皆没入知解。不期离言妙悟，封著名相，二三真禅，唯用峻险或截击为法门，务以飏落知解为事，以延教外之传。故堕于知解者，不唯失宗，亦失于教。若曹溪之说法悟他，不唯得宗，亦得于教。昔一居士请云门曰：三藏十二部教意即不问，如何是祖师西来意。门曰，祖师意且置，汝道如何是教意，士罔措。门大加呵斥而去。故宏宗演教者，当学曹溪悟他，以知佛祖说法之妙。

三　曹溪之自性

曹溪于其叙悟及教说法等中，若诸偈言及长行等，三科法门三十六对，亦是常途语句，最关要者，唯在“自性”一名。于其自叙及教他中，若不识“自性”一名何所指，必难了然。其自叙中叙悟“自性”本清净等，其教他中令说一切法不离“自性”等，皆必知其“自性”所名，乃有着落。好在曹溪曾自释云：自性能含万法，名含藏识，此指第八识本若起思量，即是转识。此指第七末那多以转识为心如云心为地性为王性在心存性去心坏性指一报之主之异熟识心指前七生六识，出六门，六根见六尘，如是十八界，皆从“自性”指含藏识起用。从藏识所藏之十八界种子起十八界现行曰起用即以前六三不起现行为息用粗似易经寂然不动为体感而遂通为用亦似中庸未发为中发而中节为和核于成唯识论等义此种见解犹有疏谬以异熟识非真寂故“自性”若邪，起十八邪。有漏异熟识缘有漏种起有漏现行“自性”若正，起十八正。无漏无垢识缘无漏种起无漏现行若恶用即众生用，善用即佛用，由此有诸趣及涅槃证得用由何等，由“自性”有。无始时来界一切法等依依此观之，曹溪确指“第八识”名“自性”，明矣。其颂四智，亦曰大圆镜智性清净，平等性智心无病，亦此以“第八”名“性”，“第七”名“心”者。谓自性第八若清净，即大圆镜智。自心第七若无病，即平等性智也。然第八识名义纠纷，颇难分解，通名或曰一切种识，或曰阿陀那识，或曰本识，或正曰心。在有漏位，或曰阿赖耶识，或曰界趣生体，或曰异熟识。在无漏位，或曰庵摩罗识，或曰大圆镜智，或曰真佛身。就有漏中指无漏界曰如来藏，亦曰佛性。以假智诠指绝言思界曰一真法界，亦曰真如。真如一名诸经论中多指遮空二执空理然起信云唯是一心名为真如又说真如之自体相及真如用楞严亦说本如来藏妙真如性曹溪亦说真如自性是真佛及说真如用此等所言真如每与指一真法界或如来藏同非但二空空理而曹溪言"自性"，亦复通此多义。言"自性"本自清净等，是指如来藏，或"一真法界"也。言自性邪正起十八邪正，是指异熟识或阿赖耶识，或庵摩罗识，或一切种识也。其名义之玄纽，若此之甚，无怪因起信论"真如"一名，生后人历久之诤欤？禅宗悟本体禅主人翁禅，所悟虽亦离言法界，在异生位仍即"阿赖耶异熟识"。前六刹那不生，末那我爱执藏暂现，此若执实，虽悟唯心，不悟无性，或入外道，了幻无性，取无性空，不透末后，或归二乘，进悟"无性心源含融万法"，乃大彻了。故深密云："阿陀那识甚深细，一切种子如瀑流，易经说为寂然不动中庸说为天命之性未发之中可知不当我于凡愚不开演，恐彼分别执为我。"执为我即执为性我义即性义未悟无性故入外道然在凡位欲求顿悟，除悟此亦别无真体。故大佛顶曰：恐迷真非真，迷此非真欲别求真，终亦无真可得。呜呼，此可知曹溪"自性"一言所关之大已。

然"自性"应专指"诸法离言自性"，亦曰诸法离言自相若曹溪说为"含藏识"，不如易以通名，名以"一心"，或名"自心"为当，故吾有取于永明之举一心为宗，照万法如镜。

唐圭峰以瑜伽为法相宗，般若为破相宗，自居为法性宗，曰一乘显性教，以有情有本觉真心，名如来藏，又名佛性。此亦以"如来藏"名法性者，不如名以真心为当。然其不脱知解，不悟诸法离言自性。作禅源诠，尝曰"心"是其"名"，"知"是其"体"，"知"之一字，众妙之门，以为举知字即能得心体。宗门或斥之曰，知之一字，众祸之门，明永觉贤以真心具空寂与灵知之二义。补曰空寂之知，谓圭峰取知遗"空寂"，不了"真心"。今按"空寂"即"无性"义，空寂灵知即无性心。"即心"不悟"无性"，故成妄执妄心。若悟无性，即契真如。故空寂知始是真心。彼执知为心体，且不悟心无性，更何解乎无性心哉。故后世宗师于曹溪所云“自性”，亦讳言之，但云“这个”，这一“着子”，以指示之，诚以说似一名即不中也。

缘起性空之人生宇宙观

太虚法师在厦讲　常惺记

久慕贵大学为南方学府，太虚昨在南普陀寺，与诸教授相见，济济一堂，皆海内知名之士，良足欣幸。今日承邀讲演，故愿贡其一得之愚，以就正于诸位之前。讲题为“缘起性空之人生宇宙观”。先将人生宇宙之界说略加说明，后以缘起性空而决择之。

通常以人生二字，专属于全人类，不及其他一切有机物。今此二字虽随世沿用，而内包较广，人类及以外之一切有生命者，如飞潜蠕动等皆属之，即佛典所说有情世间者是也。宇宙本由时间空间交互组成，无具体之实物，今则以吾人所对一切有情除外之环境皆属之，如矿植虚空等，即佛典所谓器世间是也。

此二种（人生宇宙）之起源为如何？各家学说不同。在昔印度有主一神论者，如梵天派，则以一切万有皆以梵天为本源，与基督教等大同。有主二元论者，如僧佉派，以一切有情，各各有一自我，此我竖穷横遍而无相，为精神的我之对面，有微隐而不可知的原素，略同中国所言太极，谓之自性。由此自我向自性要求享受，乃和合而起作用，转变成人生宇宙形形色色之万有。此则偏于精神方面，似西洋之唯心论。更有主张唯物者，从现实之万有，仔细分析，分至不可分处，彼则以此为万有之本源，故有主张唯动暖坚湿之微子者，与近今之唯物的一元论略同。

综观上说，虽纷岐不同，然有一共同点，即皆从所生现实之果，而推究现实外能生之因不得，于是乃从现象因果以外，复立一本体为万有之起源。若以佛法观之，虽各有相似道著之处，但落于偏见，未能彻底明了万有之真相。惟佛法不从现象以外建立本体，但观缘起现象而了其性空。缘即万有现行所必需之关系条件，然不能确指一物。以万有现象各别不同故，其所必需之关系条件，亦各别不同，万有但从此各别不同之关系条件所起，非专从一天神，或自我自性，或地水火风等所生。其现象如何，即说明其为如何，不再画蛇添足，建立本体，故曰法尔如是。诸家不明此理，妄有所说，若衡以缘起之义，实无存在之性，是以佛陀兴世，外道披靡也。

复次一法生起，关系条件，多至不可纪极，仔细剖析，复有亲疏不同。凡为此法生起之主要条件者，谓之亲因缘。凡助成此法之生起者谓之增上缘。有情心法之生起，其增上缘中更有前后引生连持不断之等无间缘，及为能缘之所虑而托彼生起之所缘缘。由此亲疏二缘论之，一法生起，表面虽似简单，而内容至为繁赜。如吾人渺小七尺之躯，浅识者但知从父母所生，不知父母但为疏远之增上缘，而构成人身之主要条件，为过去精神活动之业识，而此精神活动，又各有其必需之自类条件，递而上之，条件中更有条件，前前乃不见其始。而吾人现身之活动，又影响他种事物，为构成他种事物之主要条件，或助成条件，推而下之，后后乃不见其终尽。故吾人之一举一动，影响于社会人群者，至为重大。但由各个人毅力之雄否，其结果有迟速之不同耳。非是强者得果而弱者消灭也！此但就人身主要条件，推其繁赜，若更从增上缘论之，父母所生成之吾身，又必有其资生必要条件，若衣食居处，若亲戚朋友，而衣食居处亲戚朋友等，又各有其自类条件，横而论之，无有边际。故华严家讲法界缘起，以一法生时，横而论之，与大宇内万有诸法，皆有增上关系。竖而论之，过去过去，未来未来，皆有亲因增上或无间关系，非此法决定从某时间，或依某法而单独生起。以缘起法界，无始终，无内外，无中边，光光相遍，互存无碍，法尔如是也。虽集各种关系条件而使此一法现前，而在各种关系上，实无此一法之实性，亦非有一大力创造者，主宰乎其间，故曰性空。明此性空之理，诸法但有因果条件关系，非离此法现象外，而另有一实体存在，此佛说所以异于外道说，而亦性空真胜义性之所在也。既知诸法性空，而大乘佛说复建立种种缘生因果相者，以愚昧者，不了缘起性空之理，妄执一因不平等因，故佛方便假说，除其种种迷执，欲其证入圆明空海，得无上正遍知觉也。故以俗谛论之，法法全彰，因果不乱，以真谛论之，相相全空，因果俱泯。有真谛故，即世离世，得成超人之正觉。有俗谛故，不舍世间，得成大悲之普渡。佛法无边，二谛摄之，亦无不尽，但在各人善观而自得耳。

今此所言，疏略殊甚，尚祈各位加以评判而指正之。

文化人与阿赖耶识

太虚在汉口文化学院演讲　学生斯继唐记

诸位！今天是我们中华民国的国庆日。在此欢欣鼓舞的日子，到贵院来与诸位谈谈，使我得到分外的快慰，分外的荣幸。今天就与诸位谈谈文化罢。题目是“文化人与阿赖耶识”。去年我到德国的时候，在那里有四种新的教育思潮，其中的一种，就是今天我要讲的“文化人的教育思潮”。这种教育思潮的意义，简而言之，就是“文化的人”。文化的人有两方面的意义：一是历史性的，一是社会性的。姑先就历史性的来讲。生长在现时代的人，无论是任何国的，任何种族的人，生成就有继承以往古人所遗传下来的文化的义务和权利的。如已尽了继承以往文化的义务，享了继承以往文化的权利了，那么更当以这固有的文化为根据为利器，去开拓新的文化，而发扬之，光大之，使文化生生不已，隽永地在世界上光耀着。尽继承以往文化的义务，享继承以往文化的权利，而为之开拓新道路，给文化以新生命者，即历史性的文化人也。

再就社会性来讲。我们是中国人，生活在中国的社会里，就受中国文化的陶镕。中国固有的民族性，也就人人各得一分。假使我们生活在任何其他国的社会里，也必受该国文化的陶镕。我们固有的民族性，也就渐渐的以至于磨灭，而该民族的文化，便取而代之了。这是无可疑的。好比菜瓜浸在酱油里，久久以后，酱油渗透了瓜的各部，菜瓜就变成酱瓜了。这酱油就比之于文化，酱菜瓜便等于经过文化陶镕的人。这种只受局部空间文化陶镕的人，还不能算是整个的社会性的文化人。再须扩而充之，去吸收世界各国的文化的长处，而不是生吞活剥的吸取，当根据本国固有文化，融会而变化之，使之充实，使之适应，同时发扬至全民族、全人类，使全世界人类，无不主伴重重，涉入无尽，而确立其为全人类的最高文化。

历史性的与社会性的文化的总合结晶，就叫做"文化人"。那种教育思潮的目的，就在要造成功这庄严完美的"文化人"。未受教育的是素朴的文化人，因为他生来具有继承以往文化，吸取异空间的文化的长处，而能有总合发扬的才能的。这种教育思潮的目的，在造成功人人变为"文化人"。历史性和社会性总合起来，就是"宇宙性"。宇宙间事事物物的变化关系的条例，即是文化。结合这变化关系条例的，就是"文化人"。因这是全宇宙古往今来纵横上下的总合，所以也可说文化人就是宇宙人。总合全宇宙文化，而发扬光大之者，即文化人。这种人与全宇宙全人类，有极密切关系的，他的生命是永续地与世并存的。

现在再以贵院来讲。抽象的缩小范围讲得近一点，不过是空间中的一所小小的学院。具体的扩大范围讲得远一点，却是一个包罗一切总合宇宙文化的学院，因为他是造成宇宙性的人格的学院。

再用文化人的教育思潮的本意，比较地来讲佛学教育。文化人的教育思潮，据现在一般学者批评起来，都承认它是世上最完美的教育思潮。这种教育主义，与吾国教育"促进世界大同"的宗旨，是非常相符的。文化人的阿赖耶识的意义，简言之，就是佛学教育。全宇宙的一切有情众生，每人都有阿赖耶识的。阿赖耶识的说明，可分时间和空间两方面。阿赖耶识的时间性，可用“恒”“转”二字来阐明。因阿赖耶识是无始无终的，是永远存在的，所以可名之曰“恒”。但阿赖耶识时时在转变的，新生旧灭的变化，是无时或息的运动的，因此他永远是新的，因阿赖识“永远的新”，是依靠转变的，所以可名之曰“转”。阿赖耶识的空间性，可用“共”与“不共”二字来说明。阿赖耶识因有“不共”，才有“个性”，因有“共”，才有“通性”。在同空间，以共通性的联合而普遍宇宙。但其共通之中，实含有“不共性”。比如，一间房子里，燃上五盏灯，其光普照全室，以其有共通性也。而每盏灯的光线各异，以其有不共性含于共性中故也。社会世界是有情众生的共同力量所创造的，因为每人都有需要社会世界的共通性使之然者，而每人所希望或贡献于社会世界的各各不同，以其“共”之中有“不共”在也。但在共变之中，仍有不共性，在区别之中，仍有共性。每个人的变成，内中的一部分，是自变自有的个性。而其余多部分，是共通性。就是每人有不共的个性，和共通的世界性存乎其内也。就是素朴的文化人，虽未受教育，而此“不共”与“共”之性，生来是有的，因每阿赖耶识有时间上的“恒”与“转”，空间上的“共”与“不共”。所以素朴的文化人，受了教育，即由“增上缘”的功用，便成为一个完美庄严的文化人了。增上缘的意思，就如一株菜，种在田里，用种种肥料去营养他，使他发荣滋长的意思，是一个样子。也就是文化人的造就，须靠教育培养一样。

我们如要稽考历史上的伟人的思想和人格，固然要晓得他的时代背景、社会环境。但最要紧还是在明了他的特性，就是阿赖耶识。如孔子，大家都知道他是春秋战国时代的人，因春秋战乱的环境，才造成他伟大的思想和人格。那么处在春秋战国时代与孔子同时的人，为什么个个不成孔子？因这一问，我们就知道要稽考古人的思想，只明白他的生平和时代背景等条件，是不敷应用了。要彻底的考究，非明了他的阿赖耶识不可。因为孔子的所以伟大，使中国自汉迄今的文化，皆为孔化所统驭的原因，是在他的不共性，即个性，他的阿赖耶识的"恒"与"转"，与普通人不同。他所接触的全宇宙的一切，比一般人繁复；他的学问上的造就，自然出类拔萃，超乎万众之上了。只要明了阿赖耶识，这种都不希奇。又如释迦牟尼佛，大家都以为他生长在气候温暖物产丰富不忧明日的印度。因物质上已得到至高的享受，所以遂有求精神慰安的动机。更因外道在当时的发达，影响了他的思想，而成功今日的释迦牟尼佛。但为什么与他同时，同地、同环境的人，个个不成普度众生的释迦牟尼呢？要解答这个问题，很直捷的可以说，是他的个性超群的缘故，他以他的不共性，去共世界的共通性，他与众生的关系，非常密切，因为他是普度众生的救世主。

文化人的共性，虽然与众无异，而各有各的特性的。能发展不共性，而能互摄世界的共性的，就是文化人。文化人的阿赖耶识的意义，也就是这样。贵院的名目，是文化二字，所以可实行文化人的教育主义，要实行文化人的教育，须深刻的去研究佛学中的阿赖耶识。我对诸位要讲的，尽于此了。

性　释

太虚法师 讲　大圆 记

中国自古言性，如孔子曰性相近，孟子曰性善，荀子曰性恶，扬子曰善恶混，乃至漆雕开世硕公孙尼王充言善恶以人殊上中下三品，皆为性上之差别义，而于性之本义尚未谈及。今此论性，当先定性之为义，即必如何乃谓之性，非此即不得谓之性。此义有三：一者本现成义，谓凡言性，必是从本以来，现在成就，此简由积集后起不得言性也。二者不变坏义，谓凡言性又必常住不变，永存不坏，此遮随缘改转有变有坏者不得言性也。三者遍一切义，谓凡言性，复须遍一切法无所偏缺，此遮各有体用义相，不得言性也。持此三义以衡法界诸法，而观世间及圣教等所言性之为物，今试约为十种述之。一者指"诸法离言自性"(亦曰诸法离名种分别之自相，亦曰胜义胜义。)以为性，此即强名一真法界，又名非安立谛，所谓言语道断，心行处灭也。二者或指诸法空理以为性，此即我法二空所显之真如理，真如理与诸法不一不异。若说定一，则无为与有为应无分别；若说定异，则应不是诸法之理性而别有一物曰真如。然即诸法本来空寂之性名曰真如，亦即诸经所说之三无性。三者或指诸法不增益不损减之如实相以为性，此即唯识等所说之三自性。谓一切法遍计所执自性，从本以来乃至究竟是虚妄。一切法依他起自性，从本以来乃至究竟是如幻。一切法圆成实自性，从本以来乃至究竟是真实。此三自性不增不减，法尔如是，如其实相而为施设，故名实相。以上三种言性，皆是无为，实即一法，惟随方便施设而异。以第一非安立，二三皆属安立。二就遮诠安立名法空，即三论宗之所明。三就表诠安立名实相，即唯识宗之所明。四者指心心所之自性以为性，此即觉体。在庄子名灵台，后人或名灵觉，亦名灵知。在佛法如云：一切有情皆有佛性者，即说凡属有情皆有心之知觉，虽其觉有分量不同，不可言无，若无觉则不可言心，亦不名有情。如言火定有热性，无热则不得名火；言水定有湿性，无湿不得名水；言心定有觉性，亦复如是。五者指各各有情之自体以为性，此即一切有情一期生中之总报体，即第八果相之真异熟识是一报之主体，于有情受生先至，将死后去，即《八识规矩颂》所云"去后来先作主公"者是也。六者或指诸现行法亲能生之种子因以为性，此即第八识所藏无始以来亲生诸法一一自果之功能差别，名一切种，以种为诸现行法各各之自因，故多说为诸法所由生之本性。七者或指亲能生起无漏佛智之无漏种以为性，依此说为佛性，故说佛性三无二有。《涅槃经》等说一切皆有佛性，指一真法界言，或指心之觉体而言。此言佛性，即无漏种亦名二空智种，谓有此智种方能起二空智断我法二执，圆满清净无漏成大菩提。八者或指异生之分别二执所俱生之二障种子以为性，此即二十四种不相应中之异生性，与佛种性圣种性相违者。然论指分别所起之二障现行分位言，故属假法；今指其种子言，故亦属实。如以无漏种为圣性佛性，若得二空五分别智现前时即能断除。九者指诸法相似不相似之差别分位以为性，此即通俗所云类性，胜论所谓同异性，小乘萨婆多部所谓同分，大乘百法明门所谓众同分之分位假法。如人与人有其相似同类分，天与天亦有其相似之同类分，兽与兽等亦复如是。又人与天与畜等相望，复各有其不同类之分，即指此类与不类之分理曰性。十者指所谬计妄执之一个实在质体以为性，盖一切法皆缘生自性空，无实在之体质，而异生从依他起上起遍计执，执为有固定实在之体质。简单言之，即我法二执所执之我法实质性。盖能执是心心所法，所计似我法相，乃心心所所变之相分。如病目者，见空中有华，本不了无华，执实有华，了华本空，华即无实。目惟有病，虽了是病，而病犹有。一切异生之所言性，不出此所执我法性。然皆于依他上不了而起，或依心体，或依报体，或依内种，或依类分，执为实我法之本体，故不能通达三自性三无性，遣二执而证真法界。如是已分别所言之性竟，今更总辨。如前说一至三，虽皆无为，而实相以三自性分之，则依他属于有为，而所执无法，则非有无为。自四至九，概属有为，其十则双非有无为。前三及第七唯属无漏。但第三依三自性分，亦可依他一分及遍计属有漏，第五第八及第十唯有漏，余通有漏无漏。前二全真，三则通真幻妄，四至九皆幻，十则全妄。一至八皆实，九十皆假。一至九皆有法，十属无法。如是种种观察，可知世间圣教之谈性者，在通达诸法离言自相者，其谈性皆方便假施设言。要之未悟一切法皆缘生如幻无自性，此缘生如幻无自性之诸法自相，终非比智假诠能及，则所谈性，总不离遍计所执实我法性而已。严核于必如何乃谓之性之三义，则十中唯第一第二足当之耳！故唯识性亦指此二，而余则皆唯识相也。

从“无我”“唯心”的宇宙观
到“平等”“自由”的人生观

太虚大师 讲
弟子芝峰 记

泉州，在全中国的文物的地位上讲，可称“人文荟萃”的地方。虽然，在本地的人们，觉得有今不如昔之慨，但在我们来参观游览的人看起来，还是很完美的泉州。今天承泉州各界的人士开欢迎会，很不敢当，但乘此机会，把我个人向来所研究的佛学，提出来和在座的各位讨论，那是我个人最称心快意的。

讲到“佛学”，它的范围非常大，所谓三藏十二部，许多的书籍，不知从哪里讲起。我就把今天委员会——民众欢迎委员会——所发的宣言里的“无我”“唯心”的两个名词来谈谈吧。

怎样叫作无我呢？——平常一般人所认为“我”的，就是各个人的自身，假使这个我没有了，那不是连各个人的身体都没有吗！故佛学所提出“无我”的问题，同平常一般人的常识是相反的。

佛学所讲的无我道理，是很深是很有意义合于科学而且是事实的。根据佛学或科学的无我，来推究一般人所认为自我的，到底是指什么东西呢？这样一推究，一般人常识所认为自我的就摇动了。例如我们去问他——一般的人——以什么为自我？他就用指指自己的鼻子，意思就是认这个身体为自我，鼻子是作全身的代表罢了。执定这身体为自我的，依科学和佛学的实验观察来解剖一下如次：

依科学的生理学来讲这一般人所认为自我的身体，不过是脏腑肝肺骨骼筋肉呼吸血液……各机关所构成功的集合体。进一步讲，这许多集合的机关是由无数的一个一个细胞组合的各一部分小集团，把这个整个的身体来观察，乃是一个很大的很复杂的小集团所构成大团体罢了。这个团体不是固定的，它的本身时时刻刻地把这团体以外的东西吸收进来，溶化成为团体里头的成分；同时在这团体里头的成分，被排泄出去变成非自身团体的东西了。依物理化学来讲：各个人的身体，乃是由十四种原素所组成的，无论什么人的身体，没有单元变成的，依佛学的名辞来讲，是地水火风四大所假合的，而平常人执定自我的身，依化学及佛学的四大眼光来观察，无非是各种原素集成，没有固定自体的东西。

再稍为详细的来说明一下：如我们各人身体生理上所发生的呼吸，这口气未呼出去的时候，是自身里头的东西；一呼出去的时候，变成自身以外的东西了。假使认呼吸为自我，那末这个自我就忽焉在内，忽焉在外了。而且一呼一吸，前后相续，没有一口呼吸的气是相同的。那么，不是更为无数的我吗？再说生理机关所组成的血液细胞本来生长在身体以外的一切营养料，被我吃进之后，经了胃肠化学的作用，不适宜的渣滓，排泄出去，适宜的变成为自己的血液细胞了。而成了细胞这东西以后，又不是一成不变的，全身的细胞，依生理学上的说明，经过六七日全身的细胞已统改换过。假使认全身的细胞为自我，前一刹那为自我时，次一刹那就被排泄出去成为非我了；平常不承认为自我的营养料，一经吸收变成血液的时候，又成为自我了。这样，自我的忽成为非我，非我的忽成为自我，在这些我与非我之间，实不能指定那一种为自我。

依化学原理来讲，人体是十四种原素所组成的，但觉得太成为专门的名辞了，我现在还是应用佛学所讲的“地”“水”“火”“风”来说明。怎样叫地？凡是全身里头的固体，如毛发爪齿骨骼等；水呢？凡是周流全身的液体，如汗血涕泪唾便等；怎样叫火呢？即是全身的体温热度等；风呢？就是屈伸出入的运动呼吸等是。倘是固执地为自我，则墙壁瓦砾等凡是固体的东西都为自我了，那自我是不局于渺小的一身了；倘执水为自我，那末洛阳江的水，和洛阳江以外的海洋的液体都为自我了，执风执火为自我时，除身以外的吹动的风和热温的火，也都为自我了。其实，一般的人是不承认这些为自我的。这真觉得奇怪了，因为身上的地……等与身外的地……本没有什么区别的，在这没区别中，却强生自我与非我分别的固执。试将我们全身的固体的地还与地大；液体的水还与水大；呼吸的风还与风大；温热的火还与火大，这个自我究竟在那儿站足呢？所以一般人认为自我的，不过是常识上的“根本”谬误。——一经科学与最浅近的佛学来推究，便不成立了。

进一步来讲，曾经过一番推论的哲学知识上所认为自我的，这自我不是物质的而是精神的，或叫为“灵魂”。但我们也可审问他：你所认为精神的自我所指的是什么东西？假定他是这样的说：倘使没有精神的我，谁来感觉苦痛和快乐啊？这样，我们来考察他所谓苦痛快乐的感觉，不过是心理的现象，没有苦乐后面特有的自我。所以苦乐的感觉，就是苦乐的感觉。但有些人说：能知道这苦乐感觉的为自我。我们不妨也作再进一层的考察，这能知道苦或乐的，乃是知识，知识，亦是心理的一部分作用，知识后面没有什么这自我的存在。又有些人说：自我是能行善行恶的行为，人生的行为既有善有恶，故必有一个自我。其实，行善行恶的行为是有的，而在行为的后面主持行为的自我是没有的，——所以哲学上所指的精神自我或灵魂等，都是没有的。以佛学来分析，就是五蕴中的受想行识；在科学的心理学上来解，唯有心理现象的感觉感情以及知识的判断，意志的作用，……而已。

照上面的推论，一般人所认为的自我，和哲学知识论上所认为的自我，在佛学的眼光来观察，不过是地……四大色法的变动，与受想行识心法的作用；用科学的方法去实验，不过是物理生理心理三种的现象。无论依佛学或科学的说法，这些物质的或精神的东西，在时间上讲：时时刻刻地新的生起旧的灭下去，转眼间全身全宇宙都重新变换过了，换句话来讲：没有一个东西能占两个刹那以上的，不过在这新旧变换前后相续罢了。在空间上讲：这个单位的个体和其他的单位个体，时时刻刻地发生吸力和抗力的作用，由吸力的作用，故和其他的个体聚合拢来组织成为一个团体，同时因抗力的作用，又把其他的团体，或被其他的集团，分散开来，这一聚一散的前灭后生，就是五蕴诸法离合变化的作用而已。所以彼此此彼，事实上是互相通变的，所谓天地一体，万物同根，平常人没有这觉悟的能力，误认自己几十年的相续，以为是个固定的自我，那里知道这几十年相续，不过同长片的电影很迅速的纵逝与前后相持的连续，不知者以为是完整一个的活动，我们的人生，在这个大宇宙的幕上，不过呈其五蕴生灭幻影的连续，或物理的生理的心理的现象聚散变换而已，自我到底躲在那里呢？

上面的话，都在讲无我。现在要转到唯心的问题去：——

怎样叫唯心呢？——五蕴生灭幻影连续的人生，物理生理心理现象聚散变换的人生，究竟能使之连续，能使之聚散变换，这伟大的权力，操在什么高能的手中呢？这里要注意——这伟大的权力不是离开生物以外的什么神或超越的东西，乃就是我们心理作用的活动力，是感觉感情意志，知识的集团所发生的活动力，能够把生灭的东西连续起来，聚合的使之分散，分散的使之聚合，宇宙万有的成坏变换动力的来源，都是依着心理作用为中心点，为出发点，为归宿点，——这就叫作一切法唯心。

有些人一听到心的名辞，就联想到我，以为心，就是我的别名，其实是不然的。所以说之为心者，是指苦乐的受用，爱憎的感情，善恶的意志……这些集合起来共同出发的力量而言。不但各个人的自心的集团的力量不能分开，就彼人与此人之心理作用的力量，也不能绝对的分开，所谓"一人向隅，举坐为之不欢"，可见人与人之间心的作用，原是相通相应。再引用一句古话来讲：就是"人同此心心同此理"，没有空间把它隔住，就是这一刹那心起来，其来源很久，其影响于将来也是很长，故我们一起心动念之间没空间没时间地普遍的影响到宇宙大集团的全体，各个的单位的一切，换言之，其他各个人们或生物的心理的力量，也同我们一样的伟大，故这大宇宙间的一切的生物，一刹那一刹那的心，虽各各的尽管不同，而却各各都互有相感相应的，没有滞呆固定的，故可以叫之为无我的唯心，或唯心的无我。

从无我而唯心的理说来，对于唯心的问题，还要特别提出的讲一下：例如上面所讲的"无我"是事实只有物理的生理的，心理现象的存在；而"唯心"似乎只有讲到心理的现象。在这，是有两重的理由：其（一）现象就是彼此生灭的变化，其变化上虽有物理的生理的心理的现象不同，其变化的原动力都从心理的活动出发的，故物理生理的活动，是跟着心理的活动而活动，其（二）现在我们在学问知识上所认为一切事实现象的存在，皆是存在知识中的，知识，这样东西，不是刚才说过是心理现象的一部分吗？故物理生理的存在，也都存在心理上。由上面的两种理由，故谈唯心，并不否认物理与生理，不过物理生理都是心理的而已。

上讲无我唯心的原理，即是一种无我唯心的宇宙观。

拿这种宇宙观的原理应用到人生实际的行为，有什么意义与价值呢？根据无我原理，应用到人生，就见到人生是最平等了。因为一方面知道无我，同时又于各各假定的自身与自心，都彼此相通相应，互相变化聚合离散生灭相续的，由此故能成立为平等的人生观。通常社会上的人们所以有不平等的发生：就限定一个自我范围，除自我外的为非我，于是将自我抬高，把非我的压伏下去，就形成了个人、家庭、国家、社会、种族等的不平等。与自我直接或间接有利益的关系，把它抬高；非自我或与我有违损的，一起压伏下去，由此产生种种争斗。倘使全世界的人们都能了达人生无我的原理，这抬高和压伏的恶剧，就不会在人类的舞台开演了，——这是从无我的宇宙观到平等的人生观。

再拿唯心的宇宙观应用到人生观是怎样呢？平常人以为所要作的事业和创造事业的力量，都操在神或天的手中，于是人就要听人以外的东西所指挥，人就失其自由的能力。不但神和天是这样，就是这能力是存在于一切机械的物质东西里面，那么，这变成的大宇宙，亦不过是一部大机械而已；而所谓人者，是这大机械里一个渺小机械的一分子耳，如自鸣钟的一个小轮齿耳。这听命于万能的神或机械的物，都是知识上的谬误，科学虽能打破第一种的谬误，而它的谬误点，正是陷于第二者而不能自拔。依佛学的研究，物理生理的现象，是不离心理作用的活动，人们所要作的事业和创造力，是各人的自由，不但不听命于神，而且不听命于机械的物质。

再进一步，这机械物质宇宙的万有，运用人们心理的力量，去认识它的真面目，同时依自然活动力的法则，去改善人生，改进宇宙，使我人所处的国家社会乃至全世界全宇宙，把不良的旧习惯一一的将它消灭了，良善的美好的新习惯，尽量的发达，直至于究竟圆备无缺陷新人生新宇宙为止境——这是依唯心的宇宙观的原理构成功为自由的人生观。

近代世界文明的进步，同这人类所大呼所希望的自由的平等的人生，成为现代世界的大运动，但大都对于根据宇宙观而来的人生观出发点的原理，没有看得清楚，所以还没多大的效果。佛学的自由平等的人生观，是从无我唯心的宇宙观来，其出发的动力，就是各人的心理为中心点，这样去作自由平等的运动，才有把握，不会落空，全世界的人们都能依着无我唯心的宇宙自然的法则去活动，平等自由的人生目的就会实现了。

今天所贡献给诸君的是与人生有密切关系的，不是高谈玄学，与实际的人生漠不相关的闲话，现在将他归纳起来，得如下的结论：

无我的唯心的宇宙观之下一个平等自由的人生观。